LA CORRESPONDANCE LITTÉRAIRE
DE GRIMM ET DE MEISTER

COLLECTION ACTES ET COLLOQUES

*1. — *Les anciens textes romans non littéraires* (Colloque, Strasbourg, 1961). Actes publiés par G. Straka. *Épuisé.*

2. — *Jean-Jacques Rousseau et son œuvre* (Colloque, Paris, 1962). *Épuisé.*

*3. — *L'Humanisme médiéval dans les littératures romanes* (Colloque, Strasbourg, 1962). Actes publiés par A. Fourrier. *Épuisé.*

*4. — *Actes du 10e Congrès international de Linguistique et Philologie romanes* (Strasbourg, 1962), publiés par G. Straka. *Épuisé.*

*5. — *Le vers français au XXe siècle* (Colloque, Strasbourg, 1966). Actes publiés par M. Parent.

*6. — *Le réel dans la littérature et dans la langue* : Actes du 10e Congrès de la Fédération internationale des langues et littératures modernes (FILLM) (Strasbourg, 1966), publiés par P. Vernois.

7. — *Mme de Staël et l'Europe* (Commémoration de Coppet, 1966).

*8. — *Positions et oppositions sur le roman contemporain.* Actes du colloque sur le roman contemporain (Strasbourg, 1970), publiés par M. Mansuy.

*9. — *Les dialectes de France au Moyen Âge et aujourd'hui. Domaine d'oïl et domaine francoprovençal* (Strasbourg, 1967). Actes publiés avec le concours de la Société de Linguistique romane par G. Straka.

10. — *L'esprit républicain* (Colloque d'Orléans, 1970). Actes publiés par J. Viard.

*11. — *La linguistique catalane* (Colloque, Strasbourg, 1968). Actes publiés par A. Badia Margarit et G. Straka.

12. — *Paul Valéry contemporain* (Colloques, Paris, Strasbourg, 1971). Actes publiés par M. Parent et J. Levaillant.

13. — *La gloire de Dürer* (Colloque, Nice, 1972). Actes publiés par J. Richer.

*14. — *L'onirisme et l'insolite dans le théâtre français contemporain* (Colloque, Strasbourg, 1972). Actes publiés par P. Vernois.

15. — *Statistique et linguistique.* Colloque organisé par le Centre d'analyse syntaxique de l'Université de Metz (1973). Actes publiés par J. David et R. Martin.

*16. — *Héroïsme et création littéraire sous les règnes d'Henri IV et de Louis XIII* (Colloque, Strasbourg, 1972). Actes publiés par N. Hepp et G. Livet.

17. — *De la galanterie à la sainteté : Antoine Godeau (1605-1672)* (Colloque, Grasse, 1972). Actes publiés par Y. Giraud.

18. — *Le préromantisme, hypothèque ou hypothèse ?* (Colloque, Clermont-Ferrand, 1972). Actes publiés par P. Viallaneix.

Les astérisques indiquent quels sont les Colloques et Congrès organisés par le Centre de Philologie et de Littératures romanes de l'Université des Sciences Humaines de Strasbourg (directeur : Georges STRAKA).

ACTES ET COLLOQUES

19

LA CORRESPONDANCE LITTÉRAIRE
DE GRIMM ET DE MEISTER
(1754-1813)

Colloque de Sarrebruck (22-24 février 1974)
organisé par le Romanistisches Institut
et l'Institut d'Études Françaises de l'Université de la Sarre
avec le concours du Centre d'Étude des XVIIe et XVIIIe Siècles
de l'Université Paris-Sorbonne
Laboratoire associé du Centre national de la Recherche scientifique

Actes du Colloque publiés
par
Bernard BRAY, Jochen SCHLOBACH, Jean VARLOOT

Publié avec les concours du Centre national de la Recherche scientifique
et de l'Université de la Sarre

ÉDITIONS KLINCKSIECK
11, rue de Lille, Paris - 7[e]
1976

Ouvrage publié avec le concours de l'Universität des Saarlandes, Sarrebruck, de la Wissenschaftliche Gesellschaft des Saarlandes e.V. et du Centre national de la Recherche scientifique.

La loi du 11 mars 1957 n'autorisant aux termes des alinéas 2 et 3 de l'article 41, d'une part que les « copies ou reproductions strictement réservées à l'usage privé du copiste et non destinées à une utilisation collective » et, d'autre part, que les analyses et les courtes citations dans un but d'exemple et d'illustration, « toute représentation ou reproduction intégrale, ou partielle, faite sans le consentement de l'auteur ou de ses ayants-droit ou ayants-cause, est illicite » (alinéa 1er de l'article 40).

Cette représentation ou reproduction, par quelque procédé que ce soit, constituerait donc une contrefaçon sanctionnée par les articles 425 et suivants du Code Pénal.

ISBN 2-252-01787-2

© Éditions Klincksieck, 1976.

AVANT-PROPOS

Il aurait paru inconcevable, dans un passé peu éloigné, de consacrer un colloque international à la Correspondance littéraire *de Grimm. La « gazette confidentielle » rédigée par un « folliculaire étranger » peint de façon souvent méprisante par les historiens des Lumières, semblait avoir perdu tout intérêt, malgré le rang princier de ses destinataires, l'éminence littéraire et philosophique de certains de ses collaborateurs, et le scandale qu'avaient suscité en la révélant les éditeurs du siècle précédent.*

Quelques érudits apercevaient cependant, hors des champs bornés et battus des disciplines littéraires, l'importance historique d'une revue qui fut comme une plaque tournante des courants d'idées et des mouvements esthétiques dans la seconde moitié du dix-huitième siècle. Le renouveau des travaux consacrés à Diderot, d'une part, l'intérêt suscité par les périodiques littéraires comme documents d'histoire et sources d'inédits, d'autre part, provoquèrent un retour vers la Correspondance littéraire *de Grimm, et aboutirent bientôt à la découverte de ses parties inconnues, que Maurice Tourneux lui-même avait négligées.*

C'est l'extension et l'importance de ce mouvement de recherche qu'a mises en lumières l'histoire du colloque dont on va lire les Actes. Conçu d'abord comme une petite table ronde de quelques spécialistes appartenant à l'Université de la Sarre et au Centre national de la Recherche scientifique, il a finalement réuni, autour de vingt-deux communications, des dizaines d'auditeurs, dont beaucoup participèrent aux débats.

La nouveauté du champ de recherches aurait pu faire craindre qu'il ne fût abordé en ordre dispersé, si l'objet du colloque n'avait été libellé ainsi par les initiateurs : « Problèmes de la Correspondance littéraire *». C'était le consacrer essentiellement à la définition des orientations de recherche, des méthodes de travail, des thèmes et aspects de l'œuvre. C'est dans cet esprit que furent établis la liste et l'ordre des interventions, et que Jean Varloot fut chargé d'ouvrir la première séance par un essai de prospective.*

Le déroulement du colloque fit ressortir à la fois l'enchaînement et l'indépendance relative des différents domaines de recherche ; l'histoire de la revue *(rédaction, collaborations, destinataires, influence)* ; *sa place dans l'histoire des journaux (définie par une comparaison avec d'autres périodiques) ; la signification de son contenu pour l'histoire des idées, l'histoire de l'art, et l'histoire des mouvements littéraires.*

Tous les points de vue auxquels l'érudit doit se placer furent-ils désignés avec l'importance que chacun d'eux mérite ? Assurément non : un jeune participant a signalé, dans le débat final, que l'aspect économique de l'histoire du périodique avait été négligé. On peut néanmoins affirmer que ces Actes *fournissent une documentation très riche, en grande partie originale, et indiquent des orientations de recherche parfois très neuves, dont bénéficiera tout lecteur un peu initié aux problèmes du dix-huitième siècle.*

Un autre mérite du colloque de Sarrebruck est sans doute de montrer une fois de plus que l'avance actuelle des études et la compréhension entre les peuples peuvent faciliter un colloque international, mais avec des résultats d'autant plus fructueux que le sujet en est limité et précis.

Il faut enfin mentionner le profit indirect, mais important que doivent en recevoir la critique et l'édition des œuvres de Diderot et de Voltaire, et surtout la possibilité apparue et saisie d'une édition enfin complète de la Correspondance littéraire.

*La préparation, et le succès, de ce colloque sont dus à une collaboration devenue institutionnelle, entre le Romanistisches Institut de l'Université de la Sarre et le Centre d'étude des XVII*e *et XVIII*e *siècles, où sont associés l'Université de Paris-Sorbonne et le Centre national de la Recherche scientifique. L'Institut d'Études françaises de Sarrebruck a également prêté son concours à l'entreprise. La publication des* Actes *est assurée en commun ; elle a bénéficié de l'aide généreuse accordée par la « Zentrale Forschungskommission » et la « Wissenschaftliche Gesellschaft » de l'Université de la Sarre et d'une subvention du Centre national de la Recherche scientifique.*

Les textes, enregistrés, puis transcrits, ont été soumis à tous ceux qui ont pris la parole. Sauf exception motivée par le sujet traité et le besoin de précision sur les sources, les communications sont telles qu'elles ont été présentées, et les discussions ont été maintenues à leur place dans le déroulement du colloque. Nous espérons ainsi avoir sauvegardé l'allure spontanée de table ronde qui fut un de nos buts expressément recherché, et que nous espérons avoir atteint.

B.B.   J.S.   J.V.

ALLOCUTION DE M. FRIEDRICH HILLER
Doyen de la Faculté des Lettres

Mesdames, Messieurs, chers Collègues,

Le Président de l'Université de la Sarre, le Professeur H. Faillard, empêché, m'a prié de l'excuser de ne pouvoir ce matin accueillir personnellement les congressistes qui aujourd'hui et demain vont consacrer leurs travaux aux problèmes de la *Correspondance littéraire*. C'est donc très volontiers que je me charge en son nom de cette tâche agréable.

C'est une justice à rendre à l'Université sarroise, qu'elle était tout particulièrement indiquée de par sa situation géographique, mais aussi de par une vocation qui remonte à son origine, pour l'organisation d'un colloque consacré à ce monument de l'interpénétration culturelle franco-allemande qu'est la *Correspondance littéraire*. L'importance de son département de Romanistique, la présence en ses murs d'un « Institut d'Études Françaises », les ressources de sa vaste bibliothèque centrale, sans oublier la bienveillance de ses organismes administratifs, ont facilité à ce que j'ai appris, la tâche des organisateurs.

Sans vouloir anticiper sur vos travaux, je tiens seulement à vous souhaiter à tous une cordiale bienvenue. Je salue d'abord nos hôtes étrangers, américains, suédois, hollandais, belges, suisses, ainsi naturellement que l'importante délégation française ici réunie, puis nos collègues de la République Démocratique Allemande, enfin les professeurs et chercheurs venus des villes parfois fort lointaines de la République Fédérale.

L'Université de la Sarre, et particulièrement la Faculté des Lettres et la Bibliothèque, sont heureuses de pouvoir mettre à votre disposition les installations qui vous sont nécessaires, et font confiance à tous les enseignants et étudiants-assistants du Département de Romanistique ici présents, pour qu'ils rendent aussi favorables que possible les conditions de votre travail.

J'exprime mes vœux pour le succès de votre entreprise, en souhaitant qu'elle marque, dans son domaine bien déterminé, le début d'une fructueuse collaboration internationale, qui culminera peut-être dans l'établissement d'une nouvelle édition complète et scientifique du périodique franco-allemand que vous étudiez, et j'ai le plaisir de déclarer maintenant ouvert le colloque consacré aux « Problèmes de la *Correspondance littéraire* ».

(traduction)

Réponse de M. Jean Varloot, président de la première séance.

Je veux d'abord remercier, en mon nom et au nom de tous les assistants, M. le Doyen de la Faculté des Lettres pour l'accueil chaleureux qu'il vient de nous manifester ; ses paroles font bien augurer de l'ambiance de coopération qui, nous l'espérons, sera celle du colloque. Elle est souhaitée même par ceux qui n'ont pu se rendre ici en personne, et j'en donnerai comme exemple le professeur Herbert Dieckmann qui m'a dit, dans une lettre très récente, son regret de ne pas pouvoir participer à ce colloque consacré à une œuvre dont il s'est occupé voilà très longtemps : il rappelle qu'il fut l'un des premiers à parcourir l'exemplaire de Gotha, puis ceux de Stockholm, d'Upsal et de La Haye ; toutes ces bibliothèques gardent la trace de son passage sur leurs registres, dans les années 1949-1950, époque où justement j'eus le plaisir de le rencontrer à ce sujet.

Je présente d'autre part les excuses du Professeur Robert Mauzi, directeur du Centre d'étude des xviie et xviiie siècles ; il m'a demandé de le représenter et de vous dire à quel point il s'intéresse à nos travaux. C'est au sein du Centre d'étude des xviie et xviiie siècles de l'Université Paris-Sorbonne, Laboratoire associé 96 du Centre national de la Recherche scientifique, que j'ai vu se développer peu à peu, dans les équipes dont j'ai la responsabilité (celle qui s'occupe du dépouillement des périodiques et celle qui se consacre à l'édition des œuvres complètes de Diderot), sinon des vocations, du moins un intérêt grandissant pour l'étude de la *CL*.

Cette extension des études, phénomène relativement nouveau, consacrées au périodique de Grimm, correspond à celle que l'on a constatée à l'Université de la Sarre, sous l'impulsion de J. Schlobach. D'ailleurs nous n'en resterons pas là : une demande d'Action thématique programmée vient d'être présentée en commun au C.N.R.S. ; je suis persuadé que la réponse sera positive et que cette action sera une nouvelle étape dans notre coopération et dans les études sur la *CL*.

Enfin il est réjouissant de constater que le souci de participer à l'étude de la *CL* s'est manifesté de façon spontanée et individuelle, en bien des lieux de l'érudition internationale, comme le prouve la liste des communications que nous allons entendre.

C'est par cette liste seulement et surtout depuis mon arrivée que j'ai appris par exemple l'importance du groupe d'étude d'Upsal, dont va nous parler U. Kölving-Rodriguez. Mais dans l'ensemble j'ignore où en sont ces travaux, et parfois même le nom de ces chercheurs isolés. Je ne pourrais donc, au début de ce colloque, établir ce que l'on appelle un état présent des recherches en cours. J'ai considéré que ma tâche consistait plutôt à dresser le tableau des recherches nécessaires et souhaitables. Voilà pourquoi j'ai intitulé cette espèce de morceau d'ouverture : « Prospective et méthodes de recherche ». Bien entendu, un certain nombre des orientations que j'ai essayé de répartir dans un plan général sont déjà entamées, sinon menées à bien. C'est aux participants au colloque de nous en informer et aux *Actes* du colloque d'en fournir le bilan.

J'ai visé à la brièveté. C'est pourquoi, en accord avec mon ami Schlobach, mon plan vous a été distribué : qu'on n'y voie pas un cadre imposé, encore moins une doctrine. Mon but est de faciliter et d'accélérer les échanges de vues, qui doivent tenir en trois séances. Mais si j'ai essayé de cataloguer la plupart des problèmes, c'est à vous aussi de dire ceux auxquels je n'ai pas pensé.

PARTICIPANTS

Armogathe, Jean-Robert (Paris).
Banuls, André (Saarbrücken).
Baum, Richard (Bonn).
Bender, Karl-Heinz (Trier).
Bigott, Karl-Udo (Göttingen).
Brandt, Ghislaine (Saarbrücken).
Bray, Bernard (Saarbrücken).
Carriat, Jeanne (Paris).
Cassidy, Hélène Monod (Madison).
Chouillet, Jacques (Paris).
Chouillet, Anne-Marie (Paris).
Christmann, Hans-Helmut (Tübingen).
Dafgard, Sigun (Uppsala).
Dethloff, Uwe (Saarbrücken).
Dulac, Georges (Montpellier).
Garagnon, Jean (Lyon).
Hallgren, Agneta (Uppsala).
Hell, Victor (Strasbourg).
Hirdt, Willi (Bonn).
Jansen, Paule (Paris).
Kapp, Volker (Trier).
Klesczewski, Reinhart (Saarbrücken).
Kölving-Rodriguez, Ulla (Uppsala).
Krauss, Werner (Berlin, DDR).
Kuhfuss, Walter (Trier).
Lacant, Jacques (Paris).
Leipold, Roland (Göttingen).
Lizé, Émile (Ottawa).
Marez-Oyens, Éric de (Amsterdam).
Moureau, François (Mulhouse).
Mühlemann, Suzanne (Fribourg, Suisse).

Neuschäfer, Hans-Jörg (Saarbrücken).
Nivelle, Armand (Saarbrücken).
Opitz, Alfred (Nancy).
Peyronnet, Pierre (Paris).
Racevskis, Karlis (Dayton/Ohio).
Ricken, Ulrich (Halle, DDR).
Sauter, Hermann (Mainz).
Save, Maria (Uppsala).
Scheel, Hans-Ludwig (Saarbrücken).
Schlobach, Jochen (Saarbrücken).
Schnelle, Kurt (Leipzig, DDR).
Sieburg, Heinz-Otto (Saarbrücken).
Van Dijk, Suzanne (Utrecht).
Varloot, Jean (Paris).
Vercruysse, Jeroom (Brussel).
Voss, Jürgen (Paris).
Wandel, Peter (Saarbrücken).
Wobido, Hanne (Saarbrücken).
Zimmer, Wolfgang (Saarbrücken).

ABRÉVIATIONS

CL   *Correspondance Littéraire*
Les références sont incorporées au texte; elles renvoient à l'édition Tourneux :
Correspondance littéraire, philosophique et critique par Grimm, Diderot, Raynal, Meister etc.,
16 vol., Paris, 1877-1882.
Le tome est indiqué en chiffres romains, les pages en chiffres arabes.

Manuscrits

Gotha I (G I)	Gotha, Forschungsbibliothek, Schloss Friedenstein, cote B 1138 (A-Z).
Gotha II (G II)	Gotha, Forschungsbibliothek, Schloss Friedenstein, cote B 1265-1281.
Ville de Paris (VP)	Paris, Bibliothèque historique de la Ville de Paris, cote provisoire 3850-3875.
Moscou (M)	Moscou, Archives Centrales d'État, cote F 181 N 1433.
Stockholm (S)	Stockholm, Kungliga Biblioteket, cote VU 29 (1-16).
Zürich (Z)	Zürich, Bibliothèque centrale, cote M 44.
Arsenal (Ars)	Paris, Bibliothèque de l'Arsenal, cote 4978-4979.
B.N. 4200	Paris, Bibliothèque Nationale, cote n.a.fr. 4200.
B.N. Firm.	Paris, Bibliothèque Nationale, cote n.a.fr. 12 961.
Upsal (U)	Upsal, Universitetsbiblioteket Carolina, cote F 523, 3.
Weimar (W)	Weimar, Goethe-Schiller-Archiv, cote 96 Nr. 965.
Weimar (W I)	Weimar, Staatsarchiv cote E XIII a) 16.
Dresde (D)	Dresde, Sächsische Landesbibliothek, cote R 69.
La Haye (LH)	La Haye, Koninklijke Bíbliotheek, cote 128 F 14.

PREMIÈRE SÉANCE

PROSPECTIVE ET MÉTHODES DE RECHERCHE
par Jean VARLOOT (Paris)

Une prospective est le contraire d'un bilan. L'étude de la *CL* est encore dans l'enfance. Elle doit parfois s'inscrire dans un schéma traditionnel (je risque dans ce cas d'énoncer des vérités premières), mais elle doit utiliser les méthodes les plus récentes. Essayons de dresser un programme ; à l'issue du colloque pourrait s'ébaucher un calendrier.

I — *LE TEXTE ET SON HISTOIRE INTERNE*

La plupart des travaux parus à ce jour se fondent sur l'édition Tourneux, incomplète et non scientifique. L'inventaire de Jean de Booy, publié dans la revue *Dix-huitième siècle*, concerne seulement Diderot. L'édition Diderot du Club français du Livre tient compte surtout, et inégalement, du fonds Vandeul. Pour l'ensemble de la *CL*, tout reste à faire, et d'abord sur le plan du texte. J'entends par là le texte du périodique et son histoire interne.

Le texte

Un journal manuscrit s'étudie dans les manuscrits : en l'occurrence il n'y a presque jamais d'autographe, ou du moins un texte initial. Il y a des exemplaires qui sont tous des copies.

1°) *Recherche des différentes copies*

— On peut dresser la liste des copies connues. Bien que n'étant pas toutes accessibles encore, comme celle de Moscou, ou étant difficilement consultables comme celles de Gotha, elles existent, et c'est l'affaire des chercheurs, dont la circulation est maintenant plus facile, que de les consulter, de les différencier (on sait qu'il existe deux et non une seule copie à Gotha, la seconde étant mal cotée par J. de Booy, la première comportant des corrections manuelles de Grimm. J. Schlobach a retrouvé à Weimar la copie signalée par Tourneux et vainement recherchée par H. Dieckmann).

— Démêler les rapports entre les copies, quelle que soit leur situation géographique, ne doit pas être trop difficile, à condition d'en avoir des reproductions exactes ou un inventaire précis. Cette confrontation permettra sans doute de résoudre des problèmes tels que celui des livraisons absentes de l'été 1769 : toute hypothèse est possible, à condition de savoir que dans les manuscrits de Gotha la livraison du 1er octobre est numérotée 19.

— C'est seulement après avoir fait l'histoire des copies et établi les concordances, au besoin à l'aide des moyens de l'informatique, qu'on pourra faire et comprendre l'histoire des éditions imprimées postérieures de la *CL*. Les premières remarques intelligentes que j'ai rencontrées sur ce point sont de Dubos-Dilange en 1911. Mais sans doute est-ce plutôt l'affaire des dix-neuviémistes, car il est plus urgent de comprendre en quoi a consisté l'intervention de Maurice Tourneux. Il a eu entre les mains la copie cotée 1138 de Gotha, comme le prouvent une note du catalogue et de nombreuses indications marginales correspondant à des coupures. Mais un prêt d'une durée de huit années et commencé au cours de l'établissement de l'édition des *Œuvres complètes* de Diderot par Assézat demande qu'on en fasse l'histoire. Assézat a pu se servir de Gotha et Tourneux le négliger, en préférant parfois, on ne sait pourquoi, des éditions précédentes de la *CL*. Et puis de quand date la reliure de l'exemplaire coté 1138 à Gotha ? Car il en existe une description qui ne correspond pas à la distribution de l'exemplaire relié. Questions qui ne peuvent être résolues sans une description des manuscrits.

2º) *Étude scientifique des manuscrits*

Les copies de la *CL* doivent être traitées comme tout manuscrit (le mot copie a quelquefois un aspect péjoratif dont il faut se méfier). Les historiens de la littérature ignorent souvent les méthodes les plus récentes. C'est à nous de les employer :

— un manuscrit s'étudie, comme tout objet ancien, par les procédés de la physique et de la chimie, et même de la physique nucléaire ; je ne m'étendrai pas ici sur les procédés d'analyse des papiers, des encres, etc. On en trouvera un bon résumé dans les actes d'un colloque de l'Institut de recherche et d'histoire des textes du C.N.R.S., tenu en octobre 1972 (et par exemple l'utilité de l'analyse par le bêtatron) ;

— mais déjà on peut obtenir des résultats par des mesures précises (en particulier pour les formats), par une description inspirée de la textologie moderne, telle qu'elle a été énoncée par W. Kirsop et J. Vercruysse :

la répartition des « feuilles » de 4 pages, l'utilisation des alinéas doivent permettre aussi des observations utiles ;

— plus particulièrement, il faut faire l'étude des écritures : elle permettra de distinguer les copistes et peut-être, si on la mène systématiquement et avec le sérieux des véritables paléographes, à coordonner l'inventaire de *tous* les copistes des manuscrits clandestins du XVIIIe siècle. Les travaux de Ira O. Wade et de Paul Vernière trouveront ainsi le cadre général et rigoureux qu'ils méritent. C'est à l'intérieur de cet ensemble que pourra se faire, dans la diachronie et la synchronie, l'histoire du périodique.

Histoire du périodique

Un périodique est un être vivant qui appelle une biographie. Cette histoire interne d'un journal concerne, sommairement parlant, le directeur, l'entreprise et les abonnés.

— Premièrement, *le directeur* : Friedrich Melchior Grimm requiert à lui seul plusieurs thèses. Du strict point de vue de la *CL*, on voit surgir les questions suivantes.

1) Acclimatation de Grimm en France : son arrivée à Paris dans les milieux allemands, puis orléanistes ; ses rapports avec Raynal, les grands journaux français, les autres journalistes, les savants. Grimm commence sa carrière dans un journal appelé « étranger » mais sait déjà rédiger dans une langue qui désormais ne lui est plus étrangère : ce n'est pas parce qu'il est allemand qu'il écrit « auguste » pour désigner le mois d'août, alors que Raynal écrit « aoust », mais parce qu'il suit le conseil de Voltaire.

2) D'où lui est venue l'idée et comment a-t-il eu la possibilité de devenir le correspondant littéraire des princes de Gotha ? et surtout d'avoir rapidement dépassé le niveau d'un simple correspondant comme Thiériot, pour organiser un véritable journal : ni des « nouvelles », ni un bulletin politique, mais ce qu'on appelle de nos jours une revue.

— Deuxièmement, *l'entreprise*. L'irrésistible ascension de Grimm doit à coup sûr beaucoup aux services rendus dans la diplomatie, mais son entreprise littéraire demande à être étudiée objectivement comme toute autre :

1) quelle en fut l'organisation ? quels furent les copistes et les collaborateurs ? Comment se fit plus tard le remplacement par Meister ?

2) quel en fut le financement ? Nous avons quelques documents sur les ressources de Grimm, mais il conviendrait d'examiner systématiquement d'une part s'il existe des traces de ses dépenses (copistes, collaborateurs, papier), d'autre part si l'on peut recenser ses recettes, non seulement celles qui concernent l'abonnement proprement dit à sa revue, mais aussi pour les revenus annexes, consistant selon moi essentiellement dans le courtage ou les commissions reçus soit des libraires-vendeurs,

soit des acheteurs de livres. Ces maniements de fonds ont peut-être laissé des traces dans les archives des notaires et banquiers (nous connaissons quelques noms). Il est possible aussi que les frais d'acheminement des exemplaires soient notés quelque part : l'expédition n'a pas dû être facile, surtout pendant la guerre de Sept-Ans, sinon par les valises diplomatiques.

— Troisièmement, *les abonnés*. On débouche ici sur des abonnés qui sont des princes. Grimm est en quelque sorte leur chargé d'affaires, affaires privées parfois, affaires financières (achat de tableaux, etc.), affaires diplomatiques difficiles à démêler. Cette polyvalence explique sans doute la rupture avec Frédéric II : peut-on travailler pour plusieurs souverains à la fois ?

Mais le rang élevé des abonnés permet justement de retrouver des traces des abonnements et leur suite chronologique, peut-être les raisons profondes de leur point de départ ou de leur cessation. Les rapports presque amicaux de Grimm avec la duchesse de Saxe-Gotha sont plus froids avec d'autres. Aussi semble-t-il (mais c'est à vérifier) avoir quelque peu modulé la composition de son journal suivant les destinataires. Mais le nombre croissant des abonnés rendit sans doute la chose peu facile, et quand Meister prit les commandes, il fallut se borner à une livraison standard, quitte à en censurer d'avance la composition (il y eut une autocensure de Meister, mais Grimm semble l'avoir contrôlée quelques années durant).

N'allons cependant pas grossir le nombre des abonnés, tentation à laquelle cédèrent Frederika Mac Donald et Albert Cazes. Dès le début, Grimm a refusé de communiquer sa revue à des gens comme Helvetius ; en 1761, Diderot ne nomme que trois abonnés ; le *Sermon* du 1er janvier 1770, une demi-douzaine. Nous sommes très loin des chiffres avancés à la légère. C'est, selon moi, l'existence de copies-anthologies (*Arsenal*, *Firmiani*) qui explique ces illusions. L'histoire interne de la revue est en tout cas à mener avec la plus grande rigueur, d'autant que d'elle dépend la possibilité d'une étude externe exempte d'erreurs grossières répercutées dans l'interprétation historique générale.

II — *ÉTUDE EXTERNE DE LA REVUE*

J'appelle étude externe de la revue le fait de considérer la *CL* comme un objet intellectuel fini et mesurable, une création humaine d'ordre culturel dont il faut apprécier la place dans l'histoire de la civilisation. Ici encore la prospective ne vaut qu'en tenant compte des méthodes récentes.

L'analyse du journal

J'ai bien dit « le journal », au sens actuel des mots journalisme, journaliste. Ce concept socio-culturel naît au XVIIIe siècle. Et c'est cet aspect qu'il faut étudier.

1) *Nature de la revue.* Un périodique n'est pas une œuvre littéraire au sens traditionnel (encore moins un chef-d'œuvre). La confusion provient souvent ici de l'importance donnée d'abord et longtemps au rôle de Diderot. C'est la revue qu'il faut étudier comme telle.

— *Les collaborations.* Un journal n'a pas d'ambition créatrice. Même Diderot semblait considérer ses contributions comme non littéraires et ne les a presque jamais révisées. Cependant la *CL* a publié un grand nombre d'œuvres littéraires, selon la coutume des autres revues imprimées ou non. Il suffit d'apporter à cette constatation deux réserves : les œuvres sont souvent insérées sans le consentement des auteurs ; beaucoup d'entre elles sont ce qu'on appelle alors des « pièces fugitives ». Mais on a trop négligé, à cause de Tourneux, les nombreux collaborateurs, dont chacun mérite une étude : un relevé comme celui que j'ai donné dans les *Mélanges offerts au professeur Werner Krauss* (grâce à qui j'ai pu accéder un des premiers à la copie de Gotha et que je tiens à remercier publiquement et chaleureusement ici) vaut seulement pour l'histoire de la revue, non pour l'appréciation des œuvres insérées, encore moins pour leur identification.

— *Les attributions.* Il faut en effet poser le problème des attributions des textes anonymes. Il ne s'agit plus ici des omissions de Tourneux. Grimm nomme beaucoup d'auteurs ; le fait-il toujours ? Le reste du journal est-il de sa plume ? En réalité la question concerne d'abord :

— des collaborateurs permanents comme Mme d'Épinay, son ou ses secrétaires ;

— des spécialistes de l'*extrait* dramatique (ils notaient au maximum, de façon analogue aux sténographes, le texte des pièces de théâtre encore connues seulement par l'oreille : c'est une source unique pour les historiens du théâtre, car beaucoup de ces pièces n'ont pas été imprimées) ;

— Diderot enfin. Pour ce dernier, si l'on veut chercher ce qui pourrait être signé de lui, peut-on se fier à autre chose qu'aux listes du fonds Vandeul et au témoignage de Naigeon ? Il faut résister à la tentation qui consiste à établir des rapprochements de fond ou de forme qui n'ont rien de scientifique ; les thèmes et les formules sont souvent communs à beaucoup de contemporains et la prudence doit être de règle, tant qu'une analyse linguistique des textes n'est pas faite (et j'entends par textes tous les anonymes de la *CL*, par comparaison avec les textes authentiques de Grimm : Delisle de Sales parle de « germanismes dissonants » à son sujet ; est-ce une calomnie ?) Nous en arrivons donc une fois de plus à la nécessité d'un inventaire intégral et d'un dépouillement.

2) *Le dépouillement*. Ce mot doit être pris au sens technique.

— Bien sûr, une table des matières, un recensement global auraient dû être procurés depuis longtemps, sans attendre la possibilité d'établir une édition intégrale de la revue. Celle-ci se heurte aux hésitations des éditeurs qui ne veulent pas y reproduire les beaux textes littéraires qui se retrouvent ailleurs (Voltaire, Diderot) et considèrent comme peu intéressantes les autres pages négligées par Tourneux. C'est cependant grâce à des tables complètes (*index nominum, titulorum, locorum*) que les chercheurs pourront trouver dans la revue les éléments de l'étude comparative qu'ils peuvent désirer mener. Encore faut-il que des références précises soient données à un texte de base, qu'il soit manuscrit et folioté, ou imprimé et paginé.

Mais j'entends par dépouillement une analyse qui comporte aussi un registre thématique. La chose est possible, et elle peut être menée assez rapidement si l'on utilise comme au L.A. 96 l'informatique et l'ordinateur. Expérimentée surtout jusqu'à présent dans la synchronie d'une tranche annuelle d'un ensemble de gazettes, cette méthode peut aussi être appliquée à la diachronie d'une gazette, dans sa durée, et elle doit permettre beaucoup de conclusions statistiques concernant l'importance relative donnée aux thèmes et sujets traités, y compris même une certaine périodisation des tendances à l'intérieur d'une seule année. Seul un dépouillement entendu de cette façon permettra de faire définitivement l'histoire externe du contenu du périodique en tant qu'objet culturel et de l'insérer dans le contexte historique, sans erreur de perspective. Cela ne doit cependant pas nous empêcher de tenter dès maintenant des approches à ce sujet.

La place dans le contexte historique

Cette recherche peut être menée, selon moi, en se plaçant à trois points de vue que je nommerai : reflet, originalité, impact.

1) *Le reflet*. Il s'agit d'un type de recherches banal : confronter la réalité culturelle française avec l'image qu'en offre la *CL*. On disait jadis « apprécier son objectivité » ; peut-être faut-il rendre cette étude plus rigoureuse en s'y prenant non par grands panneaux, mais par petits points, en attendant des synthèses. Je pense ici au travail d'annotation et aux commentaires explicatifs que requiert une réédition, si l'on trouve des commentateurs dévoués, compétents et persévérants. Mais on peut songer aussi à des études portant sur les grands thèmes, par exemple « la musique dans la *CL* ».

2) *L'originalité*. L'originalité d'un périodique s'évalue par comparaison avec les autres.

— Le dépouillement scientifique dont j'ai parlé tout à l'heure est appliqué globalement pour une même période à tous les journaux littéraires imprimés ou manuscrits, ce qui est indispensable pour mesurer rigoureusement l'originalité de tel ou tel. En disposer pour toute l'histoire de la presse, c'est utopie. Il faut donc nous borner provisoirement à la vieille méthode artisanale de la lecture individuelle et aux sondages, sauf quand il existe déjà un dépouillement global pour une période restreinte ; c'est le cas pour l'année 1768, comme doit le montrer Paule Jansen.

— Cette confrontation, quelle qu'en soit actuellement la méthode, sera certainement instructive. Je serais tenté pourtant d'aller plus loin dans ce domaine : au risque de me faire imputer un retour au vieux démon de la critique, j'attribue à la *CL* une valeur littéraire authentique. Mon expérience de lecteur assidu m'y a fait, finalement, découvrir une certaine saveur, épisodique mais constituant pour moi son originalité propre, journalistique. Si l'influence de Diderot sur les sujets, sur le ton, est sensible dans beaucoup de cas, elle n'est quand même pas un cachet de rédaction et de style. Selon moi, la *CL* a une personnalité. A d'autres de dire si c'est illusion ou réalité.

— Il est possible plus prosaïquement de se borner à une confrontation de témoignages du même type. La *CL* est un « journal étranger » à l'envers, je veux dire un témoignage sur la vie française destiné à des étrangers. Il en existe d'autres, y compris dans les correspondances privées ou diplomatiques non encore dépouillées, qu'elles comportent des signatures allemandes ou russes. L'optique de Grimm me paraît être restée en partie celle d'un étranger ; c'est une des raisons qui font de la *CL* un journal international. A ce titre, il mérite d'être étudié dans une coopération multinationale, comme c'est le cas pour les instituts qui ont organisé le présent colloque. Il en résulte que cette étude doit enfin porter sur l'impact exercé par la revue.

3) *L'impact*. Qu'on me pardonne ce terme moderne. Le mot « diffusion » conviendrait mieux à un journal, mais en l'occurrence la diffusion n'est pas quantifiable. Il s'agit d'une influence à plusieurs détentes comme des tiroirs successifs, exercée sur leur entourage immédiat, puis sur un milieu plus large, par les princes abonnés.

— Est-il possible de trouver trace (mémoires, correspondances) de l'effet produit par les livraisons venues de Paris sur, par exemple, le milieu de la cour de Hesse ou de Wurtemberg ? Peut-être est-ce plus facile, mais moins probant, pour le petit cercle francisé de Deux-Ponts, et beaucoup plus difficile pour les cours de Suède et de Russie.

— Un moyen d'appréciation qui vient à l'esprit consiste à examiner les bibliothèques des princes : d'abord les copies de copies (il y a à Gotha au moins une demi-douzaine de copies de *Jacques le Fataliste*, deux de *La Religieuse*, trois du *Rêve de d'Alembert* : elles ont été prêtées à quels lecteurs ? courtisans, intellectuels, grands écrivains comme Schiller et

Gœthe, mais encore ?). Une bibliothèque comme celle de Hesse-Darmstadt est bien connue par l'inventaire du professeur Brauning-Oktavio, mais ne faut-il pas confronter celui-ci avec l'importance donnée aux mêmes livres par la *CL* ?

— Ces recherches sur l'impact réel de la revue doivent permettre de porter un jugement sérieux sur la nature de l'influence, philosophique ou autre, qu'elle a eue en tant que véhicule des Lumières. Sans doute Tourneux a-t-il été influencé par ses propres idées et celles de ses amis, en la présentant surtout comme une revue d'idées, d'idées restées fort hardies dans l'Europe de Bismarck et de Mac-Mahon. Ainsi déjà Naigeon avait réagi contre Roederer, et Buisson contre Delisle de Sales et La Harpe. Mais si l'image a été forcée, elle n'a pas été faussée, et nous n'avons pas à la renverser totalement. La *CL* a été sûrement un moyen de diffusion des idées philosophiques ; elle a, dans une certaine mesure, qu'il s'agit d'apprécier, « éclairé les despotes »... Encore faut-il bien distinguer entre la *CL* de l'époque de Diderot et celle de Meister, surtout après le guillotinement du monarque absolu.

*
* *

En conclusion, je reprendrai volontiers les termes de Dubos-Dilange en 1911 : « écho des faits, des écrits, des mœurs, des idées... et transmis par un homme, ou, si vous voulez, par un concours d'hommes qui alliaient les qualités du grand reportage à celles de la critique littéraire et artistique ».

Assurément une revue, même littéraire, ne saurait être comptée parmi les chefs-d'œuvre littéraires. Ceux-ci ne tombent cependant pas du ciel ; ils poussent dans le champ de la vie culturelle qui les conditionne, où ils sont destinés, par leurs auteurs mêmes, à porter une ombre qu'on ne peut mesurer sur le ciel. Mieux encore, on peut s'intéresser à la *CL* si on aime l'histoire des mentalités, l'histoire internationale. Quel moyen plus agréable de revivre une époque qu'en en lisant les journaux. On peut même, enfin, les lire comme une œuvre d'un genre spécial, comparable avec les autres genres. Bref il n'y a aucune anomalie intellectuelle à la recevoir encore en nous comme une *correspondance* venue du passé qui, nous associe à un monde *littéraire*, c'est-à-dire culturel, qui est encore le nôtre par beaucoup d'aspects.

PROBLÈMES D'ATTRIBUTION ET DE TEXTE : L'ARTICLE DE DIDEROT SUR LA *SUIVANTE GÉNÉREUSE*

(Comparaison de l'autographe et de la CL des 1er et 15 juin 1759)

par Jean GARAGNON (Lyon)

Cette communication pourra sembler porter sur un sujet bien limité : venant après les vastes perspectives ouvertes par Jean Varloot, elle produira sans doute un effet fort semblable à la juxtaposition pascalienne de l'infini de grandeur et de l'infini de petitesse. L'infiniment petit, toutefois, pourra ici n'être pas négligeable, et pourra même illustrer sur certains points les problèmes soulevés par Jean Varloot, voire leur apporter, à propos d'un cas particulier, un début de réponse. Cette étude vaudra donc, non point en elle-même, mais à titre d'exemple et d'illustration.

Illustration de quels problèmes ? De deux principalement, tous deux signalés par Jean Varloot :

1. L'insuffisance des instruments de travail disponibles jusqu'ici sur la *CL* et sur Diderot, malgré leurs progrès constants. Cet article de Diderot sur la *Suivante Généreuse* n'a en effet jamais été recensé ni publié complètement :
   — Tourneux n'a publié que le préambule de la première partie (IV, 113-14 ; livraison du 1er juin 1759)
   — Jean de Booy, dans son *Inventaire...* pourtant si précieux, signale bien le caractère incomplet de Tourneux, mais omet lui-même de signaler la seconde partie de l'article (livraison du 15 juin 1759)[1]
   — Roger Lewinter enfin, dans son édition des *Œuvres Complètes* de Diderot au Club Français du livre, publie bien les deux parties

---

1. J. de Booy, « Inventaire provisoire des contributions de Diderot à la *CL* », *Dix-uitième Siècle*, 1969, 1, p. 361.

de l'article (t. III p. 515-526), mais multiplie dans la seconde les lacunes et fautes de lecture que pourtant le manuscrit de Gotha aurait pu permettre de combler ou de corriger[2]. L'article sur la *Suivante Généreuse* illustre donc bien, sur ce point, le travail qui reste à faire sur la *CL*.

2. Problème de l'attribution à Diderot d'articles non signés de la *CL* et problème des modifications éventuelles que Grimm aurait apportées à leur texte original. Sur ces deux points, problèmes d'attribution et problèmes de texte, on va voir à quel point l'article sur la *Suivante Généreuse* constitue un cas particulièrement clair et privilégié.

I — *Préalables de méthode* :
Intérêt des contributions de Diderot
à la *Correspondance Littéraire* pour l'année 1759

Replaçons tout d'abord l'article sur la *Suivante Généreuse* dans l'ensemble des contributions de Diderot à la *CL* pour l'année 1759. On s'accorde pour attribuer à Diderot, en 1759, les quatre articles suivants, parus dans cinq livraisons de la *CL* :

— 15 mai 1759 — Compte rendu du *Mémoire pour Abraham Chaumeix contre les prétendus philosophes Diderot et d'Alembert*.

— 1er juin et 15 juin 1759
— Compte rendu de la *Suivante Généreuse* de Sablier, imitée de la *Serva amorosa* de Goldoni.

— 1er nov. 1759   — *Salon* de 1759.

— 15 déc. 1759 — Compte rendu de *Dom Carlos*, du marquis de Ximenès.

L'attribution de ces quatre articles à Diderot ne fait aucun doute, et pour plusieurs raisons :

1. Pour le *Salon* et le compte rendu de *Dom Carlos*, Grimm lui-même les signale dans la *CL* comme étant de Diderot.

2. Pour chacun des quatre articles, il existe à la Bibliothèque Nationale un manuscrit autographe : ces quatre autographes sont rédigés sur le même papier de petit format, ils portent les traces de pliure

---

2. Ce sera chose faite dans le texte publié ci-dessous, et dans la nouvelle édition des *Œuvres Complètes* de Diderot (édition Dieckmann-Proust-Fabre-Varloot). Notre (modeste) contribution personnelle à cette édition a été l'occasion de la présente étude.

d'une lettre (Diderot les a en effet envoyés à Genève, où Grimm se trouvait depuis le 7 février 1759), et ils portent même des marques de crayon, sans doute le crayon de Grimm, puisque les modifications ainsi apportées au texte se retrouvent dans la *CL*. Pour le *Salon*, il était non seulement joint, mais intégré à une lettre, puisque c'est dans le corps même de sa lettre à Grimm du 15 septembre 1759 que Diderot insère ses réflexions sur le *Salon*. L'existence de ces autographes suffirait à établir l'attribution[3].

3. Enfin, et quand bien même nous n'aurions plus les autographes, nous avons leur « bordereau d'envoi » dans la correspondance de Diderot, c'est-à-dire la lettre qui les accompagnait et signalait leur envoi. Pour les articles sur le *Mémoire pour Abraham Chaumeix*, la *Suivante Généreuse* et *Dom Carlos*, la lettre d'envoi est celle du 5 juin 1759, où Diderot écrit à Grimm :

> Voici encore un volume pour vous ; pourvu que cela vous serve. C'est l'analyse de la tragédie de Dom Carlos de M. de Chimène ; c'est l'analyse de la Suivante Généreuse, qu'on vient de jouer aux François ; c'est un feuillet volant sur la brochure de Chaumeix (...) faites de ce bavardage ce qu'il vous plaira[4].

Pour le *Salon*, le « bordereau d'envoi » est constitué par la lettre même où il est inséré, et où l'on retrouve d'ailleurs des formules exactement parallèles à celles de la lettre précédente :

> Voici à peu près ce que vous m'avez demandé. Je souhaite que vous puissiez en tirer parti (...) Tâchez de réchauffer cela[5].

Tous ces éléments rendent donc indiscutable l'attribution à Diderot.

On voit alors l'intérêt de ces quatre articles de 1759 pour étudier les problèmes de texte posés par les contributions de Diderot à la *Correspondance Littéraire*. Ils se présentent en effet, du point de vue méthodologique, dans des conditions privilégiées :

1. *Pour l'attribution* : leur attribution à Diderot est incontestable,

---

3. Il est vrai, comme me l'a fait remarquer J. VERCRUYSSE, qu'un texte écrit de la main de Diderot peut avoir été recopié et n'être pas *de* Diderot. Mais ici le pli de la lettre et les traces de crayon attestent que c'est le texte de Diderot qui a été l'original adressé à Grimm et utilisé pour la *CL*, et non l'inverse.

Ces quatre autographes sont signalés par DIECKMANN dans son *Inventaire du fonds Vandeul* (p. 16, 18, 14 et 21). Pour sa part, J. de BOOY ne signale que ceux des articles sur le *Mémoire pour Abraham Chaumeix* et sur la *Suivante Généreuse*, puisque ce sont les deux seuls articles non attribués à Diderot dans la *CL* elle-même, et pour lesquels la mention de l'autographe est nécessaire pour établir leur attribution.

4. DIDEROT, *Correspondance*, éd. Roth-Varloot, Paris, 1955, sqq., t. II, p. 151.

5. *Ibid.*, t. II, p. 247 et 257 (lettre datée par Grimm du 15 septembre 1759.)

d'après les critères externes que l'on vient d'indiquer. Cette certitude va donc permettre de juger la valeur des critères internes d'attribution : ceci sera intéressant pour tous les cas où l'on trouve dans la *CL* un article qui n'est pas attribué à Diderot, qui présente cependant des traits diderotiens, et pour lequel il n'existe, à la différence des articles de 1759, aucun critère externe d'attribution (copie dans les fonds Vandeul ou de Léningrad, sans parler des autographes ou des « lettres d'envoi »).

2. *Pour le texte* : les quatre articles de 1759 nous offrent un état premier attesté par les autographes, un état final attesté par le manuscrit de la *CL*, et nous savons que les modifications ne peuvent être dues qu'à Grimm, puisque l'éloignement géographique (de Paris à Genève, ou du Grandval à Genève) interdit à Diderot de revoir le manuscrit, une fois celui-ci posté. Nous avons donc ici un cas particulièrement clair pour mesurer l'écart entre le texte original et la version donnée dans la *CL*, pour étudier la *réécriture* d'un article de Diderot par Grimm.

Or parmi ces quatre articles de 1759, le compte rendu de la *Suivante Généreuse* présente des traits particuliers qui rendent son étude spécialement révélatrice. Certes, c'est l'ensemble des quatre articles que Diderot avait invité Grimm à modifier à sa guise et à utiliser comme il l'entendait pour la *CL* : « Faites de ce bavardage ce qu'il vous plaira », « Tâchez de réchauffer cela ». Mais cette invite ne peut guère s'appliquer au *Salon* ni à l'article sur *Dom Carlos*, que Grimm attribue nommément à Diderot, et qu'il ne s'est guère senti le droit de modifier (de fait, les changements opérés par Grimm dans ces deux textes sont assez réduits) ; au contraire, dans les articles sur le *Mémoire* et sur la *Suivante Généreuse*, qui ne sont pas attribués à Diderot, Grimm s'est visiblement senti plus libre : il a profité pleinement de l'autorisation de Diderot, et a largement arrangé ces deux textes, où sa « réécriture » se laisse donc mieux étudier. De plus, et par rapport cette fois à l'article sur le *Mémoire*, le compte rendu de la *Suivante Généreuse* présente l'avantage de la longueur : l'éventail des modifications observables y est donc plus riche. Enfin il offre une particularité matérielle qui achève de le singulariser : il se trouve inséré dans deux livraisons fort minces de la *CL*, pour lesquelles Grimm manquait visiblement et de copiste (il a recopié de sa main une partie de la livraison du 15 juin) et surtout de copie : l'écriture est grossie pour arriver à remplir quelques maigres pages, l'article de Diderot est étalé sur deux livraisons (alors qu'il ne couvre que quatre pages de petit format dans l'autographe), et la tentation a été forte pour Grimm (si forte qu'il y a cédé) de délayer le texte de Diderot, de lui apporter des modifications qui ne visaient qu'à le gonfler. C'est là une cause supplémentaire de différence entre l'original et la version de la *CL*, et c'est par là que l'article sur la *Suivante Généreuse* est intéressant : il représente une sorte de *cas extrême*, d'*écart maximal* (et exactement mesurable) dans cette réécriture de Diderot par Grimm. Venons-en donc à cet article.

II — *Problèmes d'attribution*

Si nous ne disposions pas de critères externes d'attribution (autographe de Diderot et lettre d'envoi) et si nous étions donc réduits au texte anonyme de la *CL*, quels indices d'attribution ce texte pourrait-il nous offrir ? Son examen conduirait à deux séries de constatations contradictoires.

1. *Cet article ne semble pas être de Diderot*, et pour deux raisons. Tout d'abord on y parle de Diderot à la troisième personne, alors que l'auteur de l'article dit « je » : il semble donc y avoir une distinction entre l'auteur anonyme et Diderot — distinction d'autant plus probable que le passage consacré à Diderot est un éloge trop appuyé pour être de lui, même sous le couvert d'un anonymat qui lui permettrait de parler de lui à la troisième personne :

> Le seul endroit qu'on y ait goûté est une traduction littérale de ce que le Père de famille dit à son fils (...) Encore la prose de M. Diderot est-elle bien supérieure aux vers que les auteurs de la Suivante Généreuse en ont faits.

Quelque fierté que Diderot ait éprouvée de son *Père de Famille*, un éloge aussi vif (et hypocritement anonyme) est peu vraisemblable sous sa plume[6].

Autre indice qui irait contre l'attribution à Diderot : un indice stylistique. Toute la deuxième partie (la livraison du 15 juin 1759, c'est-à-dire la critique proprement dite de la pièce, puisque la livraison du 1er juin 1759 n'en était que l'analyse) est d'un style un peu lent, parfois même mou : cette mollesse s'expliquera par la suite (elle tient à l'intervention de Grimm), mais en tout cas, à la lecture, elle plaide indiscutablement contre l'attribution à Diderot.

2. D'autres indices au contraire conduiraient à penser que *cet article pourrait bien être de Diderot*.

---

6. Tout au plus cite-t-il des jugements élogieux d'autrui, comme dans sa lettre à Grimm du 1er mai 1759 (*Correspondance*, éd. Roth-Varloot, t. II, p. 127) : « MARMONTEL vient d'imprimer dans le *Mercure* qu'on avait joué le *Père de famille* à Toulouse avec le plus grand succès ». Mais il parle en son nom, et cite l'auteur de l'éloge ; au demeurant, il s'agit d'une lettre (non d'un article qui doit être publié), et l'éloge reste modéré.

Il y a tout d'abord les allusions à une actualité qui touche particulièrement Diderot. Allusion aux anti-philosophes Palissot et Poinsinet : or Palissot vient d'attaquer Diderot dans ses *Petites lettres sur les grands philosophes*, la coterie anti-philosophique vient d'obtenir, le 8 mars 1759, l'interdiction de l'*Encyclopédie*, et les noms des anti-philosophes reviennent dans les lettres que Diderot adresse à Grimm pendant tout l'été 1759. Allusion aussi au couple du financier Bertin et de Mlle Hus : or on va retrouver leur présence dans le *Neveu de Rameau*, rédigé en 1761, et dont les figures centrales devaient donc occuper l'esprit de Diderot dès les années précédentes. Allusion encore à la réforme du théâtre faite par le comte de Lauraguais (les spectateurs avaient été bannis de la scène à la réouverture du Théâtre-Français, le 23 avril 1759) : or Diderot, dans sa lettre à Grimm du 1er mai 1759, applaudit vivement à cette réforme[7].

Une autre allusion paraît encore plus probante, car elle constituerait en même temps une vengeance personnelle de Diderot : c'est l'allusion à Goldoni. On avait accusé Diderot d'avoir plagié Goldoni dans le *Père de famille*. Il retourne ici l'accusation : c'est la *Suivante Généreuse* qui plagie le *Père de famille*, et même (flèche du Parthe) ce passage plagié est le seul que le public ait applaudi.

Le style offre aussi des traits diderotiens : on le voit en particulier dans le vocabulaire critique, qui se retrouve largement dans d'autres articles attribués expressément, eux, à Diderot. Les situations dramatiques intéressantes, mais dont « on n'a pas su tirer parti », qu'on a « manquées » ; le cinquième acte « croqué », sont autant d'expressions très fréquentes chez Diderot.

Il n'est pas enfin jusqu'à deux plaisanteries qui ne fassent penser au « Philosophe » : sans être exactement spirituelles, elles n'en sont pas moins d'un enjouement et d'une fantaisie bien diderotiens. L'une se trouve au début de l'article :

> Voilà le sujet de la pièce ; en voici la conduite, les incidents et les détails, autant qu'il est possible de se les rappeler après une seule représentation ; mais s'il m'arrive d'y changer quelque chose, j'espère que l'ouvrage n'en sera pas plus mauvais pour cela.

L'autre plaisanterie se trouve à la fin :

> Cette teinte de gaieté qu'on a voulu conserver au caractère de Marine nuit à l'intérêt. Elle ne paraît pas mettre beaucoup d'importance à ses projets, et le spectateur traite la chose comme elle.

---

7. *Correspondance*, t. II, p. 128 : « Grâce à M. de LAURAGUAI, enfin nous avons quelque chose qui ressemble à un théâtre ».

Telle est donc la série d'indices et de présomptions qui tendraient à prouver que l'article est bien de Diderot. Aucun de ces faits n'est évidemment décisif, aucun n'exclut absolument que Grimm (ou Madame d'Épinay) n'en soit l'auteur : les pointes contre Palissot, Poinsinet, Bertin-Hus ou Goldoni peuvent très bien être de Grimm, solidaire de son ami face à la coterie anti-philosophique ou à un auteur rival ; quant aux tours de style, aux expressions et même aux plaisanteries, ils peuvent être devenus un fonds commun dans le groupe des amis de Diderot, et peuvent donc être repris par Grimm[8]. Ce qui est sûr en tout cas, c'est que nous nous trouvons devant un texte *d'allure diderotienne* : et les critères externes que nous avons feint d'ignorer un moment, nous disent qu'en effet l'on ne se tromperait pas en attribuant à Diderot ce texte qui lui ressemble.

Du moins, on ne se tromperait *pas beaucoup* : car il reste maintenant à voir dans le détail du texte ce que Grimm a apporté à cet article, comment il l'a modifié. C'est ce que la comparaison entre l'autographe et le texte de la *CL* va permettre de mesurer exactement.

III — *Les problèmes de texte*

Voici tout d'abord les deux textes à comparer. On les donnera intégralement, y compris dans leur première partie (l'analyse de la pièce) où ils sont à peu près identiques : Grimm, qui n'avait pas vu la pièce, ne pouvait guère en modifier le résumé. Cette extrême similitude permettra de mesurer visuellement à quel point, même dans un article aussi réécrit que celui-ci, l'apport diderotien prédomine de façon écrasante.

Autographe de Diderot[9]	Texte de la *CL*[10]
Les crochets [...] indiquent un passage que Grimm n'a pas repris dans la *CL*.	Les italiques soulignées indiquent soit une modification de l'original, soit une addition.
	(Livraison du 1er juin 1759)
On vient de donner aux Français une imitation de la *Serva Amorosa*	On vient de donner *sur le théâtre de la Comédie française* une imita-

---
8. C'est ce que démontre involontairement J. de Booy, dans son *Inventaire...*, p. 361. Citant la première des plaisanteries que nous avons indiquées, il dit que cette « boutade est très typiquement de Diderot » (ce qui est vrai), mais, pour démontrer son caractère « très typique », il la rapproche de deux autres boutades qui sont... de Grimm. On ne saurait mieux montrer que, jusque dans les plaisanteries, un ton commun s'était créé chez les amis du Philosophe.
9. Bibliothèque Nationale de Paris, n. a. fr. 24.932, fol. 109 r°-112 v°.
10. Gotha I, année 1759, fol. 49 r°-50 v° (livraison du 1er juin 1759) et 54 r°-55 v° (livraison du 15 juin 1759).

Autographe	Texte de la *CL*
de Charles Goldoni, sous le titre de la *Suivante Généreuse*.	tion de la *Serva Amorosa* de Charles Goldoni, sous le titre de la *Suivante Généreuse*.
Oronte a deux enfants de deux lits. Éraste, l'un, est un jeune libertin. C'est l'enfant du second lit. Clitandre, sage, honnête, vertueux, est l'enfant du premier lit. Béatrix mère d'Éraste et belle-mère de Clitandre a chassé celui-ci de la maison paternelle. Il s'est réfugié chez Marine, suivante de la mère de Clitandre. C'est cette suivante qui par amitié pour cet enfant malheureux et bien né et par reconnaissance pour son ancienne maîtresse, l'a nourri, vêtu, logé, soutenu jusqu'à ce jour.	Oronte a deux enfants de deux lits. Éraste, l'un, est un jeune libertin. C'est l'enfant du second lit. Clitandre, sage, honnête, vertueux, est l'enfant du premier lit. Béatrix mère d'Éraste et belle-mère de Clitandre a chassé celui-ci de la maison paternelle. Il s'est réfugié chez Marine, suivante de la mère de Clitandre. C'est cette suivante qui par amitié pour cet enfant malheureux et bien né et par reconnaissance pour son ancienne maîtresse, l'a nourri, vêtu, logé, soutenu jusqu'à ce jour.
Béatrix non contente d'avoir éloigné Clitandre, a médité de le faire déshériter par son père, afin qu'Éraste plus riche puisse être un parti plus sortable pour Rosalie, fille unique de Géronte leur ami et leur voisin.	Béatrix non contente d'avoir éloigné Clitandre, a médité de le faire déshériter par son père, afin qu'Éraste plus riche puisse être un parti plus sortable pour Rosalie, fille unique de Géronte leur ami et leur voisin.
Marine aimée de Dubois, intendant de Géronte, et de Frontin, valet d'Éraste, s'instruit de tout ce qui se passe dans les deux maisons ; réussit à réconcilier Clitandre avec son père et avec sa mère et à le marier avec Rosalie.	Marine aimée de Dubois, intendant de Géronte, et de Frontin, valet d'Éraste, s'instruit de tout ce qui se passe dans les deux maisons ; réussit à réconcilier Clitandre avec son père et avec sa mère et à le marier avec Rosalie.
Voilà le sujet de la pièce ; en voici la conduite, les incidents et les détails, autant qu'il est possible de se les rappeler après une seule représentation ; mais s'il m'arrive d'y changer quelque chose, j'espère que l'ouvrage n'en sera pas plus mauvais pour cela.	Voilà le sujet de la pièce ; en voici la conduite, les incidents et les détails, autant qu'il est possible de se les rappeler après une seule représentation ; mais s'il m'arrive d'y changer quelque chose, j'espère que l'ouvrage n'en sera pas plus mauvais pour cela.
Acte 1er	Acte *premier*
Scène 1re. Oronte, père d'Éraste et de Clitandre, et Géronte, père de Rosalie, ouvrent la scène. Ils s'entretiennent de leur ancienne amitié, de leur domestique, de leurs enfants. Ils devraient bien cimenter leur liaison par un	Scène *première*. Oronte, père d'Éraste et de Clitandre, et Géronte, père de Rosalie, ouvrent la scène. Ils s'entretiennent de leur ancienne amitié, de leur domestique, de leurs enfants *etc*. Ils devraient bien cimenter leur liaison

Autographe	Texte de la *CL*
mariage. Géronte y consent. Oronte propose son fils Éraste. Éraste est connu de Géronte pour ce qu'il est, et Clitandre lui conviendrait davantage. « Clitandre est un vaurien. — Un vaurien ? Ce n'est pas ainsi qu'on en parle ». Géronte allait entamer Oronte sur la dureté avec laquelle il en use avec son fils Clitandre, lorsque Béatrix qui redoute les conseils de Géronte, survient.	par un mariage. Géronte y consent. Oronte propose son fils Éraste. Éraste est connu de Géronte pour ce qu'il est, et Clitandre lui conviendrait davantage. « Clitandre est un vaurien. — Un vaurien ? Ce n'est pas ainsi qu'on en parle ». Géronte allait entamer Oronte sur la dureté avec laquelle il en use avec son fils Clitandre, lorsque Béatrix qui redoute les conseils de Géronte, survient.
Scène 2. Oronte, Géronte, Béatrix. Béatrix se met au fait de leur conversation. Elle se déchaîne contre Clitandre. Géronte le défend. Elle insiste sur le mariage d'Éraste avec Rosalie ; Géronte sur le retour de Clitandre dans la maison de son père. « S'il rentre ici, il faut que j'en sorte. — Non, mon amour, ne vous fâchez pas ; vous ne sortirez point. Clitandre ne rentrera pas. — A la bonne heure, dit Géronte, mais je ne décide rien sur le mariage de ma fille soit avec Éraste, soit avec Clitandre, que celui-ci ne soit rentré dans tous ses droits ». Géronte [et Oronte] se retire [nt], et Béatrix reste avec Oronte son mari qu'elle tâte sur le testament.	Scène *2*e. Oronte, Géronte, Béatrix. Béatrix se met au fait de leur conversation. Elle se déchaîne contre Clitandre. Géronte le défend. Elle insiste sur le mariage d'Éraste avec Rosalie ; Géronte sur le retour de Clitandre dans la maison de son père. « S'il rentre ici, il faut que j'en sorte. — Non, mon amour, ne vous fâchez pas ; vous ne sortirez point. Clitandre ne rentrera pas. — A la bonne heure, dit Géronte, mais je ne décide rien sur le mariage de ma fille soit avec Éraste, soit avec Clitandre, que celui-ci ne soit rentré dans tous ses droits ». Géronte se retire, et Béatrix reste avec Oronte son mari qu'elle tâte sur le testament.
Scène 3. Béatrix mécontente de la conduite de son fils Éraste qui s'est précipité dans toutes sortes de travers, le fait appeler par Frontin.	Scène *3*e. Béatrix *seule*. Mécontente de la conduite de son fils Éraste qui s'est précipité dans toutes sortes de travers, *elle* le fait appeler par Frontin.
Scène 4. Éraste vient. Béatrix lui reproche sa mauvaise conduite. Il s'excuse ; il se défend ; il s'applaudit. Béatrix lui annonce le dessein qu'on a de le marier avec Rosalie, et le conjure de tenir à l'avenir une conduite qui rapproche Géronte. Éraste fait assez peu cas de ce conseil. Béatrix le laisse. Il appelle Frontin.	Scène *4*e. Éraste vient. Béatrix lui reproche sa mauvaise conduite. Il s'excuse ; il se défend ; il s'applaudit. Béatrix lui annonce le dessein qu'on a de le marier avec Rosalie, et le conjure de tenir à l'avenir une conduite qui rapproche Géronte. Éraste fait assez peu *de* cas de ce conseil. Béatrix le laisse. Il appelle Frontin.

Autographe

Scène 5. Frontin vient. Éraste lui confie le projet de sa mère. Le marier, lui, à l'âge qu'il a ! Cela leur paraît très ridicule. Cependant cette Rosalie n'est pas laide. Mais Géronte ne veut pas l'accorder à un libertin. Mais est-ce qu'on a besoin d'un père pour avoir sa fille ? « Frontin, il n'y a qu'à l'enlever ; tu aimes Marine, dis-tu ; tu enlèveras Marine de ton côté ; et nous serons contents tous les deux. »
Voilà qui est décidé. Rosalie sera enlevée ; Marine sera enlevée ; Frontin préparera tout pour cela ; et le premier acte finit.

Acte 2.

Scène 1. Marine ou la suivante généreuse et Dubois intendant de Géronte. Il déclare à Marine l'amour qu'il a pour elle. C'est un honnête homme que les propos que le séjour de Clitandre chez Marine fait tenir, n'ont pas effarouché. Elle ne s'éloigne pas de l'écouter ; mais c'est à deux conditions, l'une qu'il servira Clitandre auprès de son maître ; l'autre qu'il lui enverra Rosalie. Dubois sort. Frontin entre.

Scène 2. Marine et Frontin. Ce valet amoureux aussi de Marine, lui apprend le projet qu'a Béatrix de faire déshériter Clitandre, et celui qu'a son maître Éraste d'enlever Rosalie.

Scène 3. Marine voit Rosalie ; elle la sonde sur son goût. Elle plaint le sort de Clitandre. Elle dessert Éraste qu'on lui destine. Clitandre vient. Rosalie se sauve.

Scène 4. Marine parle à Clitandre de Rosalie. Elle lui dit qu'elle est belle. Clitandre lui répond qu'elle est belle en effet ; mais que Marine est à ses yeux cent fois plus belle

Texte de la *CL*

Scène 5e. Frontin vient. Éraste lui confie le projet de sa mère. Le marier, lui, à l'âge qu'il a ! Cela leur paraît très ridicule. Cependant cette Rosalie n'est pas laide. Mais Géronte ne veut pas l'accorder à un libertin. Mais est-ce qu'on a besoin d'un père pour avoir sa fille ? « Frontin, il n'y a qu'à l'enlever ; tu aimes Marine, dis-tu ; tu enlèveras Marine de ton côté ; et nous serons contents tous les deux. »
Voilà qui est décidé. Rosalie sera enlevée ; Marine sera enlevée ; Frontin préparera tout pour cela ; et le premier acte finit.

Acte *second*

Scène *première*. Marine ou la suivante généreuse et Dubois intendant de Géronte. Il déclare à Marine l'amour qu'il a pour elle. C'est un honnête homme que les propos que le séjour de Clitandre chez Marine fait tenir, n'ont pas effarouché. Elle ne s'éloigne pas de l'écouter ; mais c'est à deux conditions, l'une qu'il servira Clitandre auprès de son maître ; l'autre qu'il lui enverra Rosalie. Dubois sort. Frontin entre.

Scène 2e. Marine et Frontin. Ce valet amoureux aussi de Marine, lui apprend le projet qu'a Béatrix de faire déshériter Clitandre, et celui qu'a son maître Éraste d'enlever Rosalie.

Scène 3e. Marine voit Rosalie ; elle la sonde sur son goût. Elle plaint le sort de Clitandre. Elle dessert Éraste qu'on lui destine. Clitandre vient. Rosalie se sauve.

Scène 4e. Marine parle à Clitandre de Rosalie. Elle lui dit qu'elle est belle. Clitandre lui répond qu'elle est belle en effet ; mais que Marine est à ses yeux cent fois plus belle

Autographe	Texte de la *CL*

encore. Il lui fait une déclaration fort chaude, et lui propose de l'épouser. Marine lui répond qu'il prend de la reconnaissance pour de l'amour, et lui annonce le projet qu'elle a formé de le marier à Rosalie. Il n'en veut pas entendre parler. Il sort et Rosalie rentre.

Scène 5. Marine presse Rosalie davantage. Elle découvre que cette jeune fille hait Éraste et a du goût pour son frère Clitandre. Elle appelle celui-ci. Il vient. Marine fait l'amour à Rosalie pour lui qui n'ose ni avouer ni désavouer les discours de Marine. Cependant après une déclaration d'amour faite à Marine, il en fait une autre à Rosalie. Ils en sont là lorsque Béatrix vient. Les amants se sauvent. Marine reste.

Scène 6. Marine et Béatrix. Béatrix acharnée à la perte de Clitandre vient proposer à Marine de l'épouser. Marine sent toutes les suites de cette proposition, ne s'y prête ni ne s'y refuse. Elle y pensera. Elle verra Clitandre. Béatrix sort.

Scène 7. Marine seule. Elle rêve à la proposition de Béatrix ; à l'enlèvement qu'Éraste a projeté ; aux autres projets de Béatrix ; elle arrange le sien, et l'acte finit.

Acte 3

Scène 1. Marine voit Dubois qui lui annonce son maître.

Scène 2. Géronte maître de Dubois entre. Marine l'attendrit sur le sort de Clitandre. Elle continue à desservir Éraste. Elle lui apprend le projet qu'Éraste a formé d'enlever sa fille. Ce projet va s'exécuter. Il n'a qu'à attendre là un moment pour s'assurer de la chose par lui-même.

———

encore. Il lui fait une déclaration fort chaude, et lui propose de l'épouser. Marine lui répond qu'il prend de la reconnaissance pour de l'amour, et lui annonce le projet qu'elle a formé de le marier à Rosalie. Il n'en veut pas entendre parler. Il sort et Rosalie rentre.

Scène 5e. Marine presse Rosalie davantage. Elle découvre que cette jeune fille hait Éraste et a du goût pour son frère Clitandre. Elle appelle celui-ci. Il vient. Marine fait l'amour à Rosalie pour lui qui n'ose ni avouer ni désavouer les discours de Marine. Cependant après une déclaration d'amour faite à Marine, il en fait une autre à Rosalie. Ils en sont là lorsque Béatrix vient. Les amants se sauvent. Marine reste.

Scène 6e. Marine et Béatrix. Béatrix acharnée à la perte de Clitandre vient proposer à Marine de l'épouser. Marine sent toutes les suites de cette proposition, ne s'y prête ni ne s'y refuse. Elle y pensera. Elle verra Clitandre. Béatrix sort.

Scène 7e. Marine seule. Elle rêve à la proposition de Béatrix ; à l'enlèvement qu'Éraste a projeté ; aux autres projets de Béatrix ; elle arrange le sien, et l'acte finit.

Acte *troisième*

Scène *première*. Marine voit Dubois qui lui annonce son maître.

Scène 2e. Géronte maître de Dubois entre. Marine l'attendrit sur le sort de Clitandre. Elle continue à desservir Éraste. Elle lui apprend le projet qu'Éraste a formé d'enlever sa fille. Ce projet va s'exécuter. Il n'a qu'à attendre là un moment pour s'assurer de la chose par lui-même.

Autographe

Scène 4. Tout ceci se passe dans l'obscurité. Frontin valet d'Éraste arrive en tâtonnant. Il cherche Marine ; il la rencontre. Marine lui dit de se retirer un moment ; que Rosalie n'est pas encore arrivée ; mais qu'elle ne tardera pas. Frontin se retire sur le fond du théâtre. Entre Béatrix qui veut savoir de Marine si elle a vu Clitandre et si le mariage qu'elle a proposé à Marine aura lieu. A peine Béatrix est-elle sur la scène qu'Éraste y paraît avec l'empressement qui convient à son dessein.

Frontin est sur le fond de la scène comme j'ai dit. Dubois, Géronte et Marine sont d'un côté ; Éraste et Béatrix de l'autre. Éraste prend Béatrix sa mère pour Rosalie et lui tient tous les propos d'un ravisseur. Géronte les entend. Il appelle de la lumière. On en apporte. Béatrix se trouve entre les bras de son fils. Elle en jette un cri, Éraste un autre. Marine, Dubois, Géronte, Frontin disent chacun un mot selon qu'ils sont affectés, et l'acte finit.

Acte 4.

Scène 1. Marine s'applaudit de ce commencement de succès.

Scène 2. Elle voit Rosalie et achève de fixer son goût sur Clitandre. Rosalie sort. Clitandre vient.

Scène 3. Elle réconforte Clitandre qui ne voit aucune fin à ses peines. Géronte entre.

Scène 4. Marine sort et laisse Clitandre avec Géronte à qui Clitandre expose tout ce que Marine fait pour lui.

Scène 5. Marine rentre. Elle

Texte de la *CL*

Scènes suivantes. Tout ceci se passe dans l'obscurité. Frontin valet d'Éraste arrive en tâtonnant. Il cherche Marine ; il la rencontre. Marine lui dit de se retirer un moment ; que Rosalie n'est pas encore arrivée ; mais qu'elle ne tardera pas. Frontin se retire sur le fond du théâtre. Entre Béatrix qui veut savoir de Marine si elle a vu Clitandre et si le mariage qu'elle a proposé à Marine aura lieu. A peine Béatrix est-elle sur la scène qu'Éraste y paraît avec l'empressement qui convient à son dessein.

Frontin est sur le fond *du théâtre* comme j'ai dit. Dubois, Géronte et Marine sont d'un côté ; Éraste et Béatrix de l'autre. Éraste prend Béatrix sa mère pour Rosalie et lui tient tous les propos d'un ravisseur. Géronte les entend. Il appelle de la lumière. On en apporte. Béatrix se trouve entre les bras de son fils. Elle en jette un cri, Éraste un autre. Marine, Dubois, Géronte, Frontin disent chacun un mot selon qu'ils sont affectés, et l'acte finit.

Acte *quatrième*.

Scène *première*. Marine s'applaudit de ce commencement de succès.

Scène *2e*. Elle voit Rosalie et achève de fixer son goût *pour* Clitandre. Rosalie sort. Clitandre vient.

Scène *3e*. *Marine* réconforte Clitandre qui ne voit aucune fin à ses peines. Géronte entre.

Scène *4e*. Marine sort et laisse Clitandre avec Géronte à qui Clitandre expose tout ce que Marine fait pour lui.

Scène *5e*. Marine rentre. Elle

| Autographe | Texte de la *CL* |

n'était sortie que pour donner le temps à Clitandre de toucher Géronte. Elle y fait aussi ses efforts. Ils lui peignent l'une et l'autre leur triste situation. Géronte se laisse toucher. Il s'intéressera pour Clitandre auprès de son père. Il fera tout pour le mieux. Marine propose à Géronte de prendre en attendant Clitandre dans sa maison. Géronte s'y refuse, mais on sera content de lui.

Scène 6. Marine reste avec Clitandre. Celui-ci se désespère. Marine le rassure, et l'acte finit.

Acte 5.

Béatrix est furieuse contre son fils. Elle maltraite Frontin. C'est un brigand qui le dérange. Elle demande Éraste. Éraste est embarqué dans une partie de jeu ruineuse. Oronte paraît. Elle met tout en œuvre pour l'amener au testament. Le notaire arrive. Oronte se trouve mal ; il n'est pas en état d'entendre parler d'affaires. Béatrix entraîne le notaire pour arranger tout avec lui. Oronte reste. Il est attaqué successivement par Marine, par le voisin Géronte, par son fils Clitandre. Il s'attendrit sur lui ; il l'embrasse. Béatrix rentre ; elle jette feu et flamme. Frontin entre. Il apprend à Béatrix que son fils s'est ruiné, et que les escrocs qui lui ont gagné son argent lui auraient ôté la vie si Clitandre ne l'eût secouru ; qu'il en sera quitte pour sa bourse et pour un bon coup d'épée dont il guérira... Béatrix est fort fâchée. Clitandre se jette à ses pieds. Il ne demande point à rentrer chez son père, puisque Béatrix ne le veut point. Il se tiendra éloigné. Ces procédés touchent Béatrix. Oronte, Marine, Géronte se joignent à lui. On la

n'était sortie que pour donner le temps à Clitandre de toucher Géronte. Elle y fait aussi ses efforts. Ils lui peignent l'*un* et l'autre leur triste situation. Géronte se laisse toucher. Il s'intéressera pour Clitandre auprès de son père. Il fera tout pour le mieux. Marine propose à Géronte de prendre en attendant Clitandre dans sa maison. Géronte s'y refuse, mais on sera content de lui.

Scène *6*e. Marine reste avec Clitandre. Celui-ci se désespère Marine le rassure, et l'acte finit.

Acte *cinquième*.

Béatrix est furieuse contre son fils. Elle maltraite Frontin. C'est un brigand qui le dérange. Elle demande Éraste. Éraste est embarqué dans une partie de jeu ruineuse. Oronte paraît. Elle met tout en œuvre pour l'amener au testament. Le notaire arrive. Oronte se trouve mal ; il n'est pas en état d'entendre parler d'affaires. Béatrix entraîne le notaire pour arranger tout avec lui. Oronte reste. Il est attaqué successivement par Marine, par le voisin Géronte, par son fils Clitandre. Il s'attendrit sur lui ; il l'embrasse. Béatrix rentre ; elle jette feu et flamme. Frontin *survient*. Il apprend à Béatrix que son fils s'est ruiné, et que les escrocs qui lui ont gagné son argent lui auraient ôté la vie si Clitandre ne l'eût secouru ; qu'il en sera quitte pour sa bourse et pour un bon coup d'épée dont il guérira... Béatrix est fort fâchée. Clitandre se jette à ses pieds. Il ne demande point à rentrer chez son père, puisque Béatrix ne le veut point. Il se tiendra éloigné. Ces procédés touchent Béatrix. Oronte, Marine, Géronte se joignent à lui. On fléchit

Autographe	Texte de la *CL*
fléchit. Rosalie est accordée à Clitandre ; Marine à Dubois ; et la pièce finit.	*Béatrix*. Rosalie est accordée à Clitandre ; Marine à Dubois ; et la pièce finit.
	(Livraison du 15 juin 1759)
	Il nous reste à dire un mot sur la Suivante Généreuse dont nous avons exposé le plan, l'intrigue et la conduite.
Voici maintenant ce qui me semble de cette pièce.	
Elle est écrite en vers libres, et le style m'en paraît très facile. Le dialogue est sans esprit, sans idées, mais assez naturel.	*Cette pièce* est écrite en vers libres et le style m'en *a paru* très facile. Le dialogue est sans esprit, sans idées, mais assez naturel. *C'est un défaut très ordinaire aux pièces italiennes de manquer d'esprit. Ce n'est le plus souvent qu'un recueil de scènes vides (...)ées*[11], *et les auteurs français de la Suivante Généreuse n'ont pas pourvu à ce défaut.*
J'ai été choqué au premier acte de la manière dont Éraste parle à sa mère de ses travers. Cela est impertinent et faux.	J'ai été choqué au premier acte de la manière dont Éraste parle à sa mère de ses travers. Cela est impertinent et faux.
L'enlèvement projeté par Éraste au second acte est une extravagance sans aucun fondement.	L'enlèvement projeté par Éraste au second acte est une extravagance sans aucun fondement. *D'abord il regarde l'état de mariage comme un ridicule pour lui ; ensuite il change subitement et veut enlever une fille que ses parents et toutes les circonstances concourent à lui faire épouser. C'est un homme qui vole ce qu'on doit lui offrir en présent.*
Ce n'est point Marine qui confesse Dubois et Frontin ; ce sont eux qui viennent se confesser à elle.	Ce n'est point Marine qui confesse Dubois et Frontin ; ce sont eux qui viennent se confesser à elle... *Passe encore pour Dubois ;*

---

11. Le début de ce mot est pris dans la reliure.

Autographe

Texte de la *CL*

mais que Frontin vienne confier à Marine le projet d'enlèvement, cela n'a pas le sens commun.

On ne voit pas avec plaisir Béatrix entre les mains d'Éraste son fils prêt à l'enlever. Cela est indécent.

On ne *peut voir sans dégoût* Béatrix entre les mains d'Éraste son fils prêt à l'enlever. Cela est indécent *sans compter que la représentation de toutes ces méprises manque nécessairement toujours de vraisemblance.*

Le quatrième acte est vide, absolument vide. Il n'y a que la scène de Géronte touché par Marine et par Clitandre, dont on n'a su tirer parti.

Le quatrième acte est *absolument* vide. Il n'y a que la scène de Géronte touché par Marine et par Clitandre ; *encore n'a-t-on pas su en* tirer parti. *Telle qu'elle est, elle ne produit rien et est totalement inutile à l'action : Géronte est prévenu en faveur de Clitandre dès le commencement de la pièce. On s'intéresse vraiment bien à voir prier un homme sur les choses qu'il est tout disposé à faire.*

Le cinquième acte est croqué. On a craint de le faire long, et l'on a manqué toutes les situations.

Il n'y a aucune liaison dans les scènes. On sort, on entre sans savoir pourquoi. Ce défaut a choqué tout le monde.

Le premier acte est froid, et n'a point eu d'applaudissement. Il en a été de même du second acte. Le seul endroit du second acte qu'on ait goûté est une traduction littérale de ce que le Père de famille dit à son fils lorsqu'il lui montre toutes les suites fâcheuses de son mariage avec Sophie. *Vous la haïrez, vous haïrez ses enfants.* [Vous vous souvenez bien de cela.] Encore ma prose m'a-t-elle paru meilleure que les vers qu'ils en ont faits.

Le cinquième acte est croqué. On a craint de le faire long, et l'on a manqué toutes les situations.

En général il n'y a aucune liaison dans les scènes. On sort, on entre sans savoir pourquoi. Ce défaut a choqué tout le monde.

Le premier acte est froid, et n'a point eu d'applaudissement. Il en a été de même du second acte. Le seul endroit qu'on *y* ait goûté est une traduction littérale de ce que le Père de famille dit à son fils lorsqu'il lui montre toutes les suites fâcheuses de son mariage avec Sophie. *Vous la haïrez, vous haïrez ses enfants etc.* Encore *la prose de M. Diderot est-elle bien supérieure aux vers que les auteurs de la Suivante Généreuse* en ont faits,

| Autographe | Texte de la *CL* |

Quant aux caractères, il n'y en a qu'un, c'est celui de Marine. Elle occupe tant de place que les autres en sont étouffés. Son protégé Clitandre est un benêt, de tous les benêts le plus insupportable ; il ne sait ni parler ni agir. Rosalie n'est rien. Géronte peu de chose. Oronte nul. Frontin est un valet impertinent et faux comme tous les autres.

La pièce n'est ni gaie ni touchante. On a voulu lui conserver ces deux caractères, et on les a manqués tous les deux.

Il m'a semblé qu'en général le ton de tous les caractères n'était pas monté assez haut.

Marine est toujours gaie. Cependant elle est dans l'indigence, dans l'embarras ; et sa réputation fort suspectée par son commerce avec Clitandre ne lui revient presque point en pensée, quoique tout le monde lui en parle.

Les pièces italiennes sont en trois actes qui, divisés chacun en deux en font presque six. D'où il arrive qu'on a trop de matière pour trois actes français, que nous ne faisons point de pièces en quatre actes, et qu'on n'a pas assez de matière pour cinq. Ainsi il arrivera presque toujours qu'il y aura dans ces imitations de l'italien un acte vide.

La teinte de gaieté du caractère de Marine nuit à l'intérêt. Elle ne paraît pas mettre beaucoup d'importance à ses projets, et le spectateur traite la chose comme elle.

La déclaration d'amour que Clitandre a fait à Marine le rend tout à fait ridicule dans la scène suivante où il se trouve engagé par Marine et en présence de Marine d'en faire une autre à Rosalie.

La pièce est tombée à la première représentation. On l'a retirée à la troisième.

—

Quant aux caractères, il n'y en a qu'un ; c'est celui de Marine ; elle occupe tant de place que les autres en sont étouffés... Son protégé Clitandre est un benêt, de tous les benêts le plus insupportable ; il ne sait ni parler ni agir... Rosalie n'est rien... Géronte peu de chose. Oronte nul. Frontin est un valet impertinent et faux comme tous les autres.

La pièce n'est ni gaie ni touchante. On a voulu lui conserver ces deux caractères, et on les a manqués tous les deux.

Il m'a semblé qu'en général le ton de tous les caractères n'était pas monté assez haut.

Marine est toujours gaie. Cependant elle est dans l'indigence, dans l'embarras ; et sa réputation fort suspectée par son commerce avec Clitandre ne lui revient presque point en pensée, quoique tout le monde lui en parle.

[voir ci-dessous A]

Cette teinte de gaieté *qu'on a voulu conserver au* caractère de Marine nuit à l'intérêt. Elle ne paraît pas mettre beaucoup d'importance à ses projets, et le spectateur traite la chose comme elle.

La déclaration d'amour que Clitandre a fait à Marine le rend tout à fait ridicule dans la scène suivante où il se trouve engagé par Marine et en présence de Marine d'en faire une autre à Rosalie.

[voir ci-dessous B]

Autographe	Texte de la *CL*
	Et puis point de traits de caractère ; peu de goût ; point de génie.
On la donne à MM. Bertin-Hus, Buchelet, Richelet, Palissot, Poincinet et Compagnie.	On donne *cette pièce dans le public* à M. *Bertin, l'ami de Mademoiselle Hus*, à MM. de *Buchelay, fermier général, MM.* Richelet, Palissot, Poincinet et Compagnie.
	[B] *Elle* est tombée à la première représentation ; on l'a retirée à la troisième.
Au reste ces messieurs n'auront pas à se plaindre des acteurs ; ils ont joué comme des anges.	*Les auteurs ne pourront pas* se plaindre des *comédiens, ni leur attribuer le mauvais succès de la pièce ; elle a été jouée supérieurement.*
C'est la Dumesnil qui faisait Béatrix, à ravir, et c'est la Dangeville qui jouait Marine, très bien.	C'est *Mademoiselle* Dumesnil qui faisait Béatrix, à ravir, et c'est *Mademoiselle* Dangeville qui jouait Marine, très bien.
Il y a aussi par-ci, par-là des tirades qu'on n'a pas oublié de mettre et que le spectateur n'a pas manqué d'applaudir. Cela est dans la règle.	Il y a aussi par-ci, par-là des tirades que *les auteurs n'ont* pas oublié de mettre et que le *parterre* n'a pas manqué d'applaudir. Cela est dans la règle.
J'ai été charmé du théâtre.	J'ai été charmé du théâtre. *Plus de petits maîtres, plus de foule.*
Cela est on ne peut pas mieux. Les décorations et de la pièce nouvelle et des *Précieuses* qu'on a données après, m'ont fait plaisir. Tout poète qui a du génie doit être content de cette réforme.	Cela est on ne peut pas mieux. Les décorations et de la pièce nouvelle et des *Précieuses Ridicules* qu'on a données après, m'ont fait plaisir. Tout poète qui a du génie doit être content de cette réforme.
	[A] *Au reste, je crois que nos jeunes gens font mal de chercher des sujets dans les comiques italiens et de tenter de les accommoder à notre théâtre. Le malheureux essai des auteurs de la Suivante Généreuse doit les dégoûter un peu de cette ressource. Vous savez que* les pièces italiennes sont en trois actes qui divisés chacun en deux, en font presque six. D'où il arrive

Autographe	Texte de la *CL*
	qu'on a trop de matière pour trois actes français, *et comme* nous ne faisons point de pièces en quatre actes, qu'on n'a pas assez de matière pour cinq. Ainsi *il y aura dans ces imitations de l'italien presque toujours* un acte vide, *ou si le poète veut y suppléer, il risquera d'en faire un hors-d'œuvre. Mais ce n'est pas là encore le plus grand inconvénient. Un bien plus grand se trouve dans le sujet. Ce sujet est presque toujours le même pour le fond, pour l'intrigue, pour la conduite ; c'est un canevas sur lequel on brode différentes scènes de farce : car le ton et les mœurs de la comédie italienne ne sont presque jamais au-dessus de ce genre abject. Or nos poètes, en empruntant ces sujets, veulent en déguiser la bassesse et les ennoblir par le ton, les tirades et autres tours de métier ; et il en résulte des bigarrures qui ne ressemblent plus à rien.* *Je ne dois pas oublier de remarquer que le premier et le dernier acte de la Suivante Généreuse se passe dans la maison d'Oronte et les trois autres chez Marine ; ce qui est encore très vicieux. Il faut espérer que nos poètes dramatiques ne s'affranchiront jamais de la règle de l'unité de lieu sans laquelle il n'y a plus de vérité dans la représentation.*
[Ma Sophie, sa mère, sa sœur, Mademoiselle Boileau étaient à la	

Autographe

seconde des premières. Ce qui ne m'a pas autant empêché de voir et d'entendre que je l'aurais dû.

Voilà, mon ami, tout ce que j'ai pu faire pour vous.]

Si maintenant l'on recense les modifications apportées à l'original, on s'aperçoit que l'on peut en gros les répartir en six types, correspondant à différentes préoccupations de Grimm — ou même, de façon plus implicite, à des tendances spontanées de son esprit. Cette classification sera nécessairement sommaire (ne serait-ce, par exemple, que parce qu'une modification donnée peut ressortir à deux catégories à la fois) : elle permettra cependant, au moins en une première approche, de prendre une vue d'ensemble claire.

1. Il existe tout d'abord des *variantes sans signification spéciale*, des modifications indifférentes. Remplacer « Acte 2, Acte 3 » par « Acte *second*, acte *troisième* », ce n'est évidemment pas changer le texte, et relève uniquement des habitudes du copiste. De même, remplacer « Frontin entre » par « Frontin *survient* » (à l'acte 5) ne révèle aucune intention particulière : Diderot emploie ces deux termes indifféremment, sans donner valeur de coup de théâtre à l'un plus qu'à l'autre, et le contexte confirme bien en l'occurrence que le « *survient* » de Grimm n'a pas la signification dramatique que l'on pourrait lui attribuer. De même enfin remplacer « les auteurs n'auront pas à se plaindre des acteurs » par « les auteurs *ne pourront pas* se plaindre des acteurs » n'est qu'une substitution indifférente. Des modifications de ce type sont sans conséquence : elles sont d'ailleurs rares[12].

2. Une seconde série de changements consiste en la *suppression des adresses personnelles de Diderot à Grimm*, qui rappellent, au sein même d'un article de critique théâtrale, le genre épistolaire et familier. Lorsque Diderot mentionne le passage du *Père de famille* imité par Goldoni, il ajoute à l'adresse de Grimm : « vous vous souvenez bien de cela ». Cette phrase est supprimée dans la *CL*. Supprimée aussi la dernière phrase : « Voilà, mon ami, tout ce que j'ai pu faire pour vous ». Supprimée enfin

---

12. Certaines de ces modifications, indifférentes par elles-mêmes, peuvent résulter de modifications plus importantes, et, elles, significatives. Ainsi lorsque Diderot parle de la gaieté du personnage de Marine, puis d'un autre aspect de la pièce, puis à nouveau de la gaieté de Marine (en reprenant : « La teinte de gaieté... ») ; Grimm modifie l'ordre des remarques pour rapprocher les deux passages sur Marine et reprend alors très normalement : « *Cette* teinte de gaieté... ». La modification insignifiante de « la » en « cette » n'est que la marque d'un changement plus important : celui de l'ordre.

l'allusion à Sophie (qui aurait d'ailleurs été une signature) et le badinage qui la suit :

> Ma Sophie, sa mère, sa sœur, Mademoiselle Boilleau étaient à la seconde des premières. Ce qui ne m'a pas autant empêché de voir et d'entendre que je l'aurais dû.

Grimm supprime donc tout ce qui s'adresse de Diderot à lui-même, pour ne garder que la communication directe de Diderot au lecteur. Est-ce modestie de l'éditeur qui s'efface ? Est-ce pour s'adapter à son public, étranger et peu au fait de son amitié avec Diderot ? Serait-ce, plus gravement, incompréhension devant un aspect si important du génie de Diderot : son aptitude à organiser un jeu de miroirs, à multiplier les niveaux de la narration et de la communication, à faire intervenir un tiers interlocuteur ? Cette dernière hypothèse nous montrerait Grimm, plus « classique », réduisant l'article de Diderot à un niveau unique et quasi-utilitaire (communication linéaire de l'auteur au lecteur). En tout cas ces suppressions, sans être très importantes quant au contenu, sont regrettables pour le ton : une certaine fantaisie familière est perdue, l'article revu par Grimm prend une allure plus sérieuse.

3. Grimm *développe des allusions pour les rendre plus explicites*. Ainsi « aux Français » devient : « *sur le théâtre de la Comédie-Française* ». « Les Précieuses » deviennent : « Les Précieuses *ridicules* ». « Buchelet » est précisé par : « *de* Buchelay, *fermier général* ». La réforme de Lauraguais est indiquée de manière plus explicite : « J'ai été charmé du théâtre. *Plus de petits-maîtres, plus de foule*. Cela est on ne peut pas mieux ». Ces modifications sont tout à fait compréhensibles, étant donné le public étranger auquel Grimm s'adressait, et de plus elles ne changent évidemment rien quant au fond (puisqu'elles ne visent au contraire qu'à l'expliciter). Mais là encore c'est le ton qui en est appauvri : on y perd une certaine familiarité allusive, une vivacité complice, et parfois moqueuse. Ainsi lorsque le couple terrible, que Diderot nommait ironiquement « M. Bertin-Hus », devient l'explicite (et plat) « Bertin, *l'ami de Mademoiselle* Hus ».

4. Une catégorie assez large pourrait regrouper toutes les *modifications stylistiques de détail*, qui correspondent d'ailleurs chez Grimm à des soucis différents. Souci de faire plus poli, ou plus décent : « ces messieurs » est remplacé par « *les auteurs* », « comme des anges » par « *supérieurement* », « la Duménil, la Dangeville » par « *Mademoiselle* Duménil, *Mademoiselle* Dangeville ». Un côté familier (voire un peu canaille avec les actrices) est ainsi perdu. Souci de faire plus clair, plus explicite : c'est ainsi que, dans l'analyse de la pièce, Grimm rétablit souvent, à la place des pronoms personnels, le nom des personnages qu'ils représentaient ;

un « on » pourtant clair (« des tirades qu'on n'a pas oublié de mettre ») est remplacé par « *les auteurs* » ; un autre « on » (lui aussi pourtant clair) est doublé d'un complément qui l'explicite : « on donne cette pièce *dans le public* à MM... ». Souci enfin d'élégance (ou peut-être de fausse élégance) lorsque Grimm supprime certaines répétitions. Là où Diderot écrivait : « Le quatrième acte est vide, absolument vide », Grimm n'écrit plus que : « Le quatrième acte est absolument vide ». Là où Diderot écrivait : « Il en a été de même du second acte. Le seul endroit du second acte qu'on ait goûté... », Grimm corrige : « Le seul endroit qu'on *y* ait goûté... » (ce qui évite effectivement une répétition, mais donne à la pensée un lié qu'elle n'avait peut-être pas : il pouvait s'agir de deux remarques successives, dont la première se rattacherait plutôt à ce qui venait d'être dit du premier acte).

Toutes ces corrections stylistiques de détail donnent indiscutablement au texte plus de poli, de lié et de facilité : mais elles lui enlèvent par là même les irrégularités qui faisaient son caractère, sa vivacité allusive et ses sautes d'idées. Parfois même elles tendent au faux-sens. C'est le cas pour la phase : ''(Marine) voit Rosalie et achève de fixer son goût sur Clitandre », que Grimm corrige en : « achève de fixer son goût *pour* Clitandre ». Il est bien vrai qu'on parle du goût d'une personne *pour* une autre, et c'est sans doute sur ce modèle que Grimm a voulu régulariser la phrase de Diderot. Mais ce faisant, il a cru que « Clitandre » était le complément de « goût » (le goût de Rosalie pour Clitandre), alors qu'il l'est de « fixer » (il faut fixer sur Clitandre le goût qu'éprouve Rosalie) : il a compris, assez banalement, que le goût de Rosalie pour Clitandre était un sentiment acquis, qu'il ne s'agissait plus que de renforcer et de rendre définitif (« fixer »), alors que la phrase suggère, d'une façon plus originale et peut-être digne de Marivaux, qu'il s'agit de fixer sur Clitandre un goût que Rosalie éprouve sans qu'il ait encore d'objet, ou plutôt sans qu'elle soit encore consciente de son objet. Cette correction apparemment mineure visait à régulariser l'expression : elle la banalise aussi et en réduit le sens.

5. D'autres interventions de Grimm visent à *étendre le texte*, à *l'étoffer* (c'est le besoin de copie que l'on a signalé plus haut), avec le résultat fréquent de le délayer. C'est le cas dans toute la seconde partie de l'article (le commentaire critique de la pièce) : là où Diderot donnait une série de remarques brèves et vives, Grimm les reprend une à une, les développe, et, ne leur ajoutant rien de vraiment nouveau, ne fait guère que les répéter sous une seconde forme plus générale, ou les gloser parfois lourdement. Exemple de reprise sous une forme plus générale (et un peu sentencieuse par sa généralité même) :

> Le dialogue est sans esprit, sans idées, mais assez naturel. *C'est un défaut très ordinaire aux pièces italiennes de manquer d'esprit.*

Exemples d'amplification par des gloses :

> L'enlèvement projeté par Éraste au second acte est une extravagance sans aucun fondement. *D'abord il regarde l'état de mariage comme un ridicule pour lui ; ensuite il change subitement et veut enlever une fille que ses parents et toutes les circonstances concourent à lui faire épouser. C'est un homme qui vole ce qu'on doit lui offrir en présent.*
> Ce n'est point Marine qui confesse Dubois et Frontin ; ce sont eux qui viennent se confesser à elle. *Passe encore pour Dubois ; mais que Frontin vienne confier à Marine le projet d'enlèvement, cela n'a pas le sens commun.*

Dans aucun de ces deux exemples, Grimm ne fait rien qu'un lecteur attentif n'eût pu faire de lui-même : les arguments qu'il développe pour appuyer les critiques de Diderot sont tirés non d'une connaissance directe de la pièce (qu'il n'avait pas vue), mais de l'analyse que Diderot lui en fournissait dans l'article lui-même. On ne saurait certes rêver plus de fidélité sur le fond, puisque c'est dans la première partie de l'article que Grimm trouve les matériaux qu'il va utiliser pour développer la seconde ; mais quelle infidélité dans le ton ! Là où Diderot faisait confiance à son lecteur, qui saurait bien retrouver dans l'analyse de la pièce ce qui expliquait telle remarque ou tel reproche d'invraisemblance, il faut que Grimm explicite et glose ; l'allure de toute la seconde partie en est changée : le texte est plus long, plus docte, et peut-être plus terne.

6. Une dernière tendance de Grimm se laisse enfin voir à travers les modifications du texte : une *tendance à la dissertation, à la généralité*. Cette tendance se confond parfois avec le trait précédent : certaines additions de ton général (comme celle qu'on a signalée sur le « manque d'esprit » des pièces italiennes) peuvent s'expliquer aussi bien par un penchant spontané de Grimm à la généralisation, que par le besoin qu'il avait, dans le cas particulier de cet article, d'étoffer sa livraison de la *CL* et donc d'étendre le texte de Diderot. Il y a des cas cependant où cette tendance à la dissertation se laisse voir plus nettement. Elle se laisse voir d'abord, de façon discrète mais révélatrice, dans des modifications de *l'ordre du texte* (là où ne peut donc jouer le besoin de gonfler l'article) : quand deux remarques de Diderot, éloignées l'une de l'autre, touchent au même sujet (ou paraissent y toucher), Grimm les regroupe pour en faire comme un petit chapitre, plus consistant, et apparemment plus cohérent. Ainsi lorsque Diderot parle successivement :

(a) de la gaieté de Marine, qui rend le personnage peu vraisemblable ;
(b) de la structure en trois actes des pièces italiennes, qui explique l'acte vide et languissant de leur transposition française ;
(c) à nouveau de la gaieté de Marine, qui empêche le spectateur de prendre le drame au sérieux et le fait rester froid ;

Grimm rapproche alors les remarques (a) et (c) qui paraissent porter sur le même point : rapprochement d'autant plus révélateur qu'il est en fait indû, puisque le même thème de la « gaieté » de Marine conduit à deux considérations bien différentes, la première sur l'invraisemblance d'un personnage, et la seconde sur le manque d'intérêt de l'intrigue ; en fait la remarque (c) est bien plutôt liée à (b), car toutes deux visent à expliquer que l'action de la pièce ne suscite guère l'intérêt. Mais on devine ce qui a pu déterminer Grimm : le désir d'ordonner, de regrouper deux remarques éparses qui semblaient avoir trait au même problème de la « gaieté » de Marine, et le désir de rejeter à la fin, par la même occasion, la remarque (b) qui, faisant un parallèle des pièces italiennes et des pièces françaises, permettait de clore l'article par un beau développement théorique.

Autant que les modifications de l'ordre du texte, ce sont aussi certaines *additions* d'allure générale qui marquent bien cette tendance de Grimm à la dissertation théorique. C'est le cas à la fin de l'article avec les deux développements sur le caractère farcesque de la comédie italienne, et sur la nécessité de l'unité de lieu ; ces additions sont indiscutablement diderotiennes quant à leur contenu, et sont probablement l'écho de conversations que Grimm et Diderot avaient eues ; mais, insérées dans cet article, elles en faussent la tonalité : elles transforment en dissertation, voire en manifeste théâtral (« je crois que nos jeunes gens font mal de chercher des sujets dans les comiques italiens et de tenter de les accommoder à notre théâtre... ») ce qui était le compte rendu immédiat et vivant d'une pièce donnée ; les notations directes de Diderot, les impressions éveillées en lui par la rencontre singulière d'un texte, ne sont plus, à la limite, que prétexte à des développements généraux — et d'ailleurs maladroits, puisque, perdant la spontanéité de remarques cursives, ils n'atteignent pas pour autant à la cohérence d'un essai. C'est ici que ce que l'on a appelé (peut-être avec excès) le « pédantisme » de Grimm révélerait le mieux sa gaucherie, lorsqu'il essaye de s'accrocher aux notations vives et souples de Diderot.

J'ai voulu mesurer l'écart entre un texte de Diderot et la version remaniée que Grimm en donnait dans la *CL*, et j'ai choisi à dessein un cas où cet écart était sans doute extrême : la logique de l'étude a donc conduit à mettre l'accent sur les modifications, et à privilégier les *différences* entre les deux textes ; en sorte que, parvenu au terme de cette analyse, l'on a sans doute l'impression qu'un texte réécrit par Grimm n'a plus grand-chose de commun avec l'original. C'est pourtant sur l'impression inverse que je voudrais conclure : trois conclusions simples, et somme toute rassurantes, semblent en effet pouvoir se dégager.

1. Sur le problème de l'attribution, pourquoi ne pas admettre la valeur empirique d'une certaine *intuition* ? Les indices d'attribution que nous offrait le texte n'avaient rien de déterminant, et constituaient un simple faisceau de présomptions concordantes : or ils ont été confirmés par les preuves externes. Leur valeur, en l'absence d'autre élément, est donc assez forte. Inversement, les indices qui semblaient interdire l'attribution s'expliquaient facilement par quelques interventions de Grimm, interventions en général d'autant plus simples et limitées que l'indice qu'elles expliquaient avait paru fort...

2. Sur le plan du texte, on reconnaîtra d'abord l'*honnêteté* (au moins négative) de Grimm : il ne remanie un texte que lorsque Diderot l'y engage formellement (« faites de ce bavardage ce qu'il vous plaira »), et il ne met pas l'article ainsi remanié sous le nom de Diderot.

3. Enfin et surtout, on peut définir l'espèce de *fidélité paradoxale* de Grimm : au moment même où il fausse le ton propre à Diderot et détruit ce qui fait peut-être le caractère de celui-ci, son bavardage vif, irrégulier et allusif, il ne le fausse que parce qu'il veut le rendre plus clair et plus explicite. La glose dont il alourdit Diderot, c'est pourtant une idée qu'il a reprise de Diderot et qui lui est scrupuleusement fidèle[13]. Sa maladresse est souvent celle de l'amitié et de la dévotion.

Allons jusqu'au bout de ce laxisme coupable : si l'on n'avait pas disposé de l'autographe, se serait-on au fond beaucoup trompé en publiant l'article remanié de la *Correspondance* comme étant de Diderot ? Sans doute non : même à travers le poli ou le « pédantisme » grimmiens, dont nous avons recensé les manifestations, c'est encore, incontestablement, Diderot qui parle.

---

13. Preuve par l'inverse de cette fidélité : lorsqu'au contraire la glose vient de Grimm et contredit Diderot, Grimm indique exactement ce qui est à attribuer à chacun. L'exemple le plus connu (mais non le seul) en est le dialogue clairement organisé des *Salons*, où les remarques et objections de Grimm, insérées dans le texte de Diderot, en sont soigneusement distinguées par des astérisques.

VOLTAIRE " COLLABORATEUR " DE LA *CL*

par Emile LIZÉ (Ottawa)

Contrairement à certains périodiques publics comme la *Gazette littéraire de l'Europe* ou le *Journal encyclopédique* de Bouillon, ou même comme les feuilles littéraires manuscrites que Thiériot fournissait à Frédéric, la *CL* de F. M. Grimm et Meister n'a jamais compté Voltaire parmi ses collaborateurs. D'ailleurs, Voltaire ne feignait-il pas d'ignorer tout des activités de correspondant littéraire du baron allemand ? Ce ne fut pourtant pas faute d'en avoir été informé par la trompette Thiériot :

> Le Roi de Prusse, auprès de qui mes petites fonctions ont cessé ; il y a un peu plus de 15 ans, me fit demandé par M. Catt (...) si je voulois reprendre ces mêmes petits services.
> C'est une feuille Littéraire etc. pour Sa Majesté (...). Il y a environ 6 semaines que j'ai commencé avec ordre de n'en rien dire à qui que ce soit. La raison était que Grimm qui exerçoit la correspondance fut payé, avant que le bruit se répandit que je lui succédois[1].

A la mort de Thiériot, Voltaire proposera « frère la Harpe » pour lui succéder si « le prophète Grimm n'est déjà en fonction »[2].

Et pourtant ! Plus de sept cents écrits de Voltaire sous forme de copies ont été insérés dans les feuilles manuscrites de la *CL* par Grimm et ses copistes. On sait que les trois éditeurs de la *CL* ont écarté délibérément la plupart des textes de Voltaire. Écoutons plutôt Tourneux s'en expliquer :

> Raynal, Grimm et plus tard Meister, prenaient à tâche d'adresser à leur clientèle princière les nouveautés qui circulaient sous le

---

1. VOLTAIRE, *Correspondence and related documents*, definitive edit. by Th. Besterman, Genève et Oxford, 1968 sqq. (Best. D.)-Best. D. 13309, XXX, p. 231. Pour les années de la correspondance non publiées dans l'édition définitive, nous nous référons à VOLTAIRE, *Correspondance*, ed. by Th. Besterman, 107 vol., Genève, 1953-1965 (Best.).
2. Lettre à d'ALEMBERT du 8 décembre 1772, Best. 17004, LXXXIII, p. 191.

manteau et dont les exemplaires étaient presque toujours si rares
qu'il fallait en faire des copies. Voltaire défraya pendant plus
de vingt ans la curiosité légitime excitée par le fruit défendu (...).
Personne assurément ne nous reprochera la suppression de l'*Épître
au président Hénault*, de *Babouc*, de *Pauvre Diable*, de *l'Homme
aux quarante écus*, etc. mais nous aurions inutilement grossi un
recueil déjà fort volumineux (I, v)[3].

On relève, parmi cette abondante production, quelque quatre cent cinquante lettres, soixante rogatons en prose dont les plus longs semblent être les *Questions sur les miracles* ou le conte *Le taureau blanc*, et environ deux cents contes en vers, quatrains, épigrammes, satires de toutes sortes.

Au-delà de l'aspect purement quantitatif, l'intérêt d'un tel inventaire est multiple. Il faut savoir d'abord (et les spécialistes de Voltaire, notamment R. Pomeau[4] avec son édition critique du *Taureau blanc* et J. Vercruysse[5] avec celle de *La Pucelle*, le savent) que les textes copiés par Grimm sont pour la plupart ceux des manuscrits de Voltaire qui couraient à Paris avant l'impression. L'importance du relevé des variantes à partir de ces textes que l'on peut considérer fort proches du texte original écrit par Voltaire n'est plus à faire : nous en avons relevé une que nous croyons significative. Nous extrayons de l'article *Apis* du *Dictionnaire philosophique* le passage suivant :

> Je consens que dans les temps presque inconnus, ils (les Égyptiens)
> aient conquis la terre, mais dans les temps de l'histoire ils ont
> été conquis par tous ceux qui s'en sont voulu donner la peine,
> par les Assyriens, par les Perses, par les Grecs, par les Romains,
> par les Arabes, par les Mamelucks, par les Turcs, enfin par tout
> le monde, excepté par nos croisés, attendu que ceux-ci étaient
> plus malavisés que les Égyptiens n'étaient lâches. Ce fut la milice
> des Mamelucks qui battit les Français[6].

On aurait pu s'interroger longuement et gloser (on ne l'a pas fait) sur ces fameuses milices de Mamelucks. Ne lit-on pas, en effet, dans le texte inséré uniquement dans le manuscrit de Stockholm[7]. « Je consens que

---

3. Des quatre pièces citées, deux (*Babouc* et l'*Homme aux quarante écus*) ne se trouvent pas dans les manuscrits que nous avons utilisés soient ceux de Gotha I, Stockholm, Bibliothèque historique de la Ville de Paris, Bibliothèque de l'Arsenal, Paris, Bibliothèque Nationale, 4200 et Firmiani, Bibliothèque Nationale, n. a.fr. 12961.

4. VOLTAIRE, *Le Taureau blanc*, édition critique par R. POMEAU, Lyon, 1956.

5. VOLTAIRE, *La Pucelle d'Orléans*, édition critique par J. VERCRUYSSE, *Œuvres complètes de Voltaire*, t. VII. Institut et Musée Voltaire, Les Délices, Genève, 1970.

6. VOLTAIRE, *Dictionnaire philosophique, comprenant les 118 articles parus...*, Édition revue et corrigée par ETIEMBLE, Paris, Garnier, 1967, p. 30.

7. S VU 29, 5 ; *CL* du 15 septembre 1764. Les articles *Fanatisme*, *Gloire*, *Tyrannie*, *Convulsion* seront également insérés dans S et non dans G I.

dans les temps... que ceux-ci étaient plus malavisés que les Égyptiens n'étaient lâches. Ce fut la *malice*[8] des Mamelucks qui battit les Français ». Ce qui nous semble évident d'après le contexte.

Comme l'a déjà fait remarquer J. Varloot[9], la contribution de Voltaire ne commence vraiment qu'après le séjour de Grimm à Ferney en 1759. Le 15 octobre 1755 Grimm, affirmait pourtant :

> Tout ce qui sort de la plume de M. de Voltaire est toujours précieux par quelque côté. Aussi ramassons-nous ici tous ses billets. Voici une lettre qu'il vient d'écrire à Mme la comtesse d'Egmont qui s'est fait carmélite l'an passé[10].

Jusqu'en 1759, les seuls textes importants seront *Le Sauvage et le Bachelier — Second dialogue* (G I, 1138 B, fol. 390 r°/391 r°) ainsi qu'une *Épître à M. de St Lambert à Cirey*, « Tandis qu'au-dessus de la terre... » (G I, 1138 B, fol. 361 v°) que Grimm annonce ainsi :

> Voici une épître de M. de Voltaire qui n'est connue que de très peu de personnes quoiqu'elle ne soit pas nouvelle. Elle mérite d'être mise à côté de ce que cet illustre poëte a fait de plus agréable en ce genre. Elle est du tems de sa retraite à Cirey en Lorraine avec Mme la marquise du Chatelet.

L'année 1759 se révèle également assez pauvre si ce n'est deux articles du *Dictionnaire philosophique* : *Des Allégories* (G I, 1138 C, fol. 47 r°/48 v°), *De l'antiquité du dogme de l'immortalité de l'âme* (G I, 1138 C, fol. 68 r°/69 v°), un conte : *Le Bramin et la vieille* (G I, 1138 C, fol. 42 r°/43 r°) ainsi que les trois conférences qui composent le dialogue *Le mandarin et le jésuite* (G I, 1138 C, fol. 80 r°/87 v°). L'insertion de ce dialogue à cette date corrige la note de Beuchot (Moland XXVII, note 1, p. 19) assignant aux *Entretiens chinois* une date postérieure à la *Relation du bannissement des Jésuites de la Chine* (1768). A la suite d'un *Fragment d'une lettre de M. de Voltaire*[11] au Roi de Prusse après la bataille de Rosbach (G I, 1138 C, fol. 56 v°), Grimm ajoute de sa main « Je dois supplier S.A.S.

---

8. C'est nous qui soulignons.
9. J. VARLOOT, *La CL de F. M. Grimm à la lumière des manuscrits de Gotha...* in : *Beiträge zur franz. Aufklärung...*, Festgabe W. Krauss, Berlin, 1971, p. 439.
10. G I, 1138 B, fol. 227 v° ; *CL* II, 88. Ce court passage amène deux remarques de détail. C'est dans la livraison du 1er septembre 1755 que sont repris ce passage et la lettre annoncée dans l'édition Tourneux. D'autre part, suivant l'exemple des premiers éditeurs, Tourneux écrit « Voici une lettre qu'il vient d'écrire à Mme de Monrevel ». La destinataire est-elle Mme la comtesse de Neuville comme le veulent certaines copies de cette lettre, Mme d'Egmont comme l'écrit Grimm ou Mme de Monrevel comme l'affirme M. Besterman (Best. D. 6432, XVI, p. 240) qui date cette lettre du 23 août 1755 en s'appuyant sur Tourneux ?
11. Best. D. 8283, XX, pp. 148-149.

de ne point donner copie des morceaux de M. de Voltaire que j'ai l'honneur de lui envoyer et que je pourrai envoyer par la suite » (G I, 1138 C, fol. 56 v°).

A partir de 1760, et peut-être en raison du voyage que Grimm effectua à Genève de février à octobre 1759, en compagnie de la « belle philosophe », Madame d'Épinay, les contributions non épistolaires de Voltaire vont s'accroître. La querelle des *Philosophes* et le discours de Le Franc de Pompignan amènent l'irascible Voltaire à lancer ces petits « brûlots » qui ont pour nom *Les Pour* « dédié par Christophe Oudran », *Les Qui* « offert par Isaac Le Dru », *Les Quoi* « de la part de Jérôme Boudy » (G I, 1138 C, fol. 168 r°/169 v°). Il faudrait sans doute s'interroger sur les pseudonymes sous lesquelles « ces particules » sont annoncées. Puis suivront *Le Pauvre diable*[12] (G I, 1138 C, fol. 203 r°/212 v°), *La Vanité* (G I, 1138 C, fol. 216 v°/217 v°), le *Plaidoyer de Ramponeau* (G I, 1138 C, fol. 222 r°/223 v°), *Le Russe à Paris* (G I, 1138 C, fol. 224 r°/229 v°), etc... Il est curieux de constater que ces quatre pièces sont, dans le manuscrit de Gotha, insérées dans les livraisons postérieures au 1er juin 1760, alors que dans cette livraison, à la suite des *Frérons* (G I, 1138 C, fol. 190 r°/v°), F. M. Grimm écrit :

> Le Pauvre diable, la Vanité, le Russe à Paris, les Qui, les Quoi, le Plaidoyer de Ramponeau, la lettre de Jérôme Carré, les Frérons, tout cela nous est venu des Délices, et a été imprimé successivement après avoir couru longtemps en manuscrit. Le public n'a pas approuvé les notes du Russe dont les vers sont charmans ainsi que tout le reste, excepté le Plaidoyer de Ramponeau qui n'est pas trop bon et les Frérons qui j'espère ne seront pas imprimés.

Tout s'explique si l'on se réfère au manuscrit de Stockholm. En effet, le passage cité précédemment apparaît dans la livraison du 15 août 1760 (S, VU 29, 1, p. 229), après que Grimm y ait eu inséré *Les Frérons* et *La Vanité*. Il faut ajouter que *Le Pauvre diable* et *Le Plaidoyer de Ramponeau* ne sont d'ailleurs pas repris dans S. Par contre, dans la livraison du 15 juillet 1760 de S, Grimm ajoute *La mule du pape par feu M. Petitpied*[13] (S. VU 29, 1, pp. 193-194), *Des Allégories* (S, VU 29, 1, pp. 209-212) et d'autres pièces qu'il avait envoyées à Gotha en 1759. De même ce n'est qu'en avril 1761 que Grimm enverra à Stockholm *Du politéisme* inséré dans la livraison du 1er novembre 1760 de Gotha I,

---

12. La page de garde porte comme indication : « à Paris 1758. Il vient d'arriver de Genève. » Au début de chaque réplique, les deux indications suivantes sont en surcharge : ' N ' et ' P.D. '.-' P.D. ' pour « Pauvre diable » ; on croit deviner que ' N ' voudrait signifier « nous ».

13. J. VARLOOT nous signale que cette pièce qui ne se trouve pas dans le manuscrit G. 1138 figure dans le manuscrit E XIII n° 16, fol. 297 r°/v°, conservé aux Archives de Gotha.

1138 C, fol. 277 r°/278 v°. Pour terminer l'année de 1760, Grimm fera parvenir à Gotha et non à Stockholm, les chants huitième, neuvième et dix-huitième (devenu chant dix-neuvième) de la *Pucelle d'Orléans* dont les variantes ont été relevées par J. Vercruysse. Il faudrait ajouter d'ailleurs à l'inventaire de J. Vercruysse[14] le chant dix-huitième dit chant de la capilotade inséré dans la livraison du 1er avril 1764 (G I, 1138 E, fol. 267 r°/272 v° et S VU 29, 5).

Indépendamment des morceaux en vers adressés à Madame de Chatelet et dont on trouvera en appendice quelques inédits attribués à Voltaire, l'année 1761 constitue, par ailleurs, une date importante dans les contributions de Voltaire à la *CL*. A la suite de la livraison d'avril 1761, les éditeurs de la première édition de la *CL* ont donné le texte de 17 lettres à Damilaville qui vont du 11 juillet 1760 au 11 avril 1761. Cette série de la « correspondance du Patriarche » étant absente des manuscrits[15], on en est réduit aux hypothèses quant à la véritable place de ces lettres dans les feuilles de Grimm. Les différents problèmes que pose l'insertion de cette correspondance dans la *CL* ont déjà été abordés par J. Schlobach[16]. Ce dernier, ne disposant à cette époque que du manuscrit du margrave d'Anspach, s'était interrogé sur un certain nombre de points auxquels nous pouvons aujourd'hui apporter une réponse partielle.

Des 501 lettres de Voltaire à Damilaville[17] recueillies par M. Besterman, 344 avaient été insérées dans les manuscrits de la *CL*. Les indications des premiers éditeurs laissaient croire que les lettres de Voltaire avaient été copiées le mois même où elles furent écrites. Qu'en est-il véritablement ? La première série s'arrêtait avec une lettre du 16 avril 1761. Il faudra attendre le 1er septembre 1763 pour que Grimm annonce : « Vous ne serez pas fâché peut-être de lire la suite du commerce épistolaire du grand apôtre des Délices... ». Cette série englobant des lettres du 10 août 1763 au 15 septembre 1763 sera encartée dans les livraisons du 1er au 15 septembre 1763[18], donc quasi-simultanément à leur réception par Damilaville. Pourtant ce n'est qu'après un délai d'une année[19], soit dans la livraison du 1er septembre 1764, avec une épître du 17 octobre 1763 que Grimm donnera la « suite de la correspondance du Patriarche ». Un délai variant

---

14. *Op. cit.*, p. 90.
15. On rappellera pour mémoire que la première édition de la *CL* a été faite à partir d'un manuscrit trouvé à Berlin et qui a servi sans doute de copie aux imprimeurs.
16. J. SCHLOBACH, « Lettres inédites de Voltaire dans la *CL* », *Studi Francesi*, 42, 1970, pp. 418-450.
17. Ce chiffre est avancé par J. SCHLOBACH, *ibid.*, p. 422.
18. G I, 1138 E, fol. 143 r°/144 v° et fol. 148 r°/150 v°.
19. Nous écartons de notre propos deux lettres à Damilaville des 14 et 16 mars 1764 qui figurent dans l'ordinaire du 1er juin 1764 (G I, 1138 E, fol. 295 v°/297 r°) et qui ne font pas partie de la série de la « correspondance du patriarche ».

entre un an et huit mois va séparer l'insertion de ces lettres de Voltaire[20] dans les feuilles de Grimm et la date à laquelle elles étaient envoyées.

Si, comme l'a fait remarquer J. Schlobach, Grimm a, dans l'ensemble, respecté le texte de Voltaire, les éditeurs de la première édition n'ont pas été aussi scrupuleux. Ainsi, cette phrase de l'« Épître aux fidèles, par le grand Apôtre des Délices »[21] : « ... la vérité ne doit point être vendue » y est-elle soigneusement tronquée. Il faut lire en effet : « ... la vérité ne doit pas être vendue, comme les prêtres vendent le baptême et les enterrements ». Taschereau, malgré sa note[22], a repris exactement les mêmes lettres que Michaud et Chéron et n'a pu évidemment s'apercevoir des coupures de son prédécesseur puisqu'il ne disposait pour son édition que d'un exemplaire non cartonné de l'édition de 1813[23].

En contrepartie, le texte publié par la première édition de la *CL* est parfois plus complet que celui des manuscrits. On pouvait penser en conséquence, que les lettres du patriarche étaient remaniées en fonction des correspondants. Nous n'avons, à l'occasion d'un sondage portant sur une centaine de lettres, relevé qu'une seule variante[24].

L'examen des manuscrits de Gotha et Stockholm permet également de confirmer les observations de J. Schlobach, à savoir que « les lettres transmises à la postérité par l'édition Beaumarchais Kehl étaient des textes remaniés, alors que ceux de la *CL* présentent un texte sinon toujours complet, du moins correct de Voltaire »[25]. Une réserve cependant s'impose : Grimm a, dans certains cas, altéré le texte de Voltaire afin de protéger l'incognito de Damilaville. Cette censure est d'une grande inconstance. Ainsi dans l'épître du 1er mai 1765 à Damilaville[26], Grimm

---

20. Cette série se termine par une « Épître du premier Clerc, Chef du Consistoire du Patriarche », du 19 avril 1768, VP 3851, *CL* du 15 avril 1769, fol. 96 v° — N° 52, de Schlobach, *op. cit.*
21. *CL* du 1er août 1763, G I, 1138 E, fol. 125 r° — *Correspondance littéraire, philosophique et critique adressée à un souverain d'Allemagne, depuis 1753 jusqu'en 1769*, éd. Michaud et Chéron, 6 vol., Paris, Buisson et Longchamps, 1813 ; t. 3, p. 460 — Best. app. D. 233, XXVI, p. 444.
22. *Correspondance littéraire, philosophique et critique de Grimm et de Diderot*, depuis 1753 jusqu'en 1790, éd. Taschereau, 15 vol., Paris, Furne, 1829-1830, t. 3, p. 38.
23. On trouvera trace de cet aveu dans le t. II, p. 41, note 1.
24. Des difficultés pratiques ne nous ont pas permis une comparaison systématique. Ce sondage a porté sur les années 1760-1765, entre G I et S et 1768-1769, entre G I et VP. Cette variante concerne une épître du 21 mai 1764 (G I, 1138 E. fol. 437 v°) ; le passage « Il (le comte de Creutz) m'a dit que le nouveau catéchisme imprimé à Stockholm commençoit ainsi D. Pourquoi Dieu vous a-t-il mis au monde ? R. Pour le servir et être libre. D. Qu'est-ce que la liberté ? R. C'est de n'obéir qu'aux lois etc. N'est-ce pas là le catéchisme des Welches. » n'est pas repris dans S VU 29, 5. On notera également que la lettre du 10 septembre 1766 (*CL* 1813, I, v, p. 377 — Best. D. 13540, XXX, pp. 423-425), ne figure pas dans le manuscrit de S VU 29, 8.
25. J. SCHLOBACH, *op. cit.*, p. 425.
26. G I, 1138 F, fol. 280 r°/v° — Best. D. 12578, XXIX, p. 76.

modifie le texte original « Je tremble pour le paquet à Me Gaudet »[27] par « Je tremble pour le paquet que je vous ai adressé ». Pourtant la lettre du 4 mai 1765 n'a pas été censurée et contient la remarque suivante :

> J'ai bien peur, mon cher frère, que vous n'aiez point reçu le Bazin de Hollande, et que la voie de Me Gaudet n'ait pas été meilleure que celle de Me de Raimond[28].

Deux ultimes remarques à propos de cette contribution épistolaire de Voltaire : d'une part, Grimm, en commençant un nouvel abonnement, par exemple celui d'Anspach, annonce ainsi ces suppléments.

> La correspondance que le plus illustre d'entre les Philosophes de nos jours entretient avec un des fidèles de l'église invisible, demeurant à Paris, est une récapitulation aussi instructive qu'agréable de notre littérature. Vous lirez sans doute avec grand plaisir des fragmens de cette correspondance[29].

Cependant, il ne modifie en rien l'ordre d'insertion des lettres de Voltaire par rapport aux manuscrits d'abonnés de plus longue date. D'autre part, jusqu'à la livraison du 1er décembre 1765, ces suppléments de la correspondance du patriarche sont, quoique placés en fin de livraison, intégrés à l'ordinaire. Toujours placés en fin de livraison, ils seront dorénavant ajoutés à la suite des envois réguliers, ce qui permettait sans doute de les détacher.

Outre cette correspondance à Damilaville, un très grand nombre de copies de lettres de Voltaire à divers destinataires figurent dans les feuilles de Grimm.

Une question d'un plus grand intérêt s'impose. Comment Grimm à Paris obtenait-il tous ces textes de Voltaire ? Nous touchons là au problème complexe de la diffusion des écrits philosophiques au dix-huitième siècle. En fonction des données de la *CL* et de la correspondance de Voltaire, nous avons rassemblé un faisceau de présomptions susceptibles d'y apporter quelques éléments de réponse.

Premier cas.

La lettre ou la pièce de Voltaire courait à Paris en manuscrit. Des preuves, apportées par Voltaire lui-même ou par l'édition subséquente dans un des journaux du temps, ne laissent aucun doute quant aux

---

27. Rappelons que Gaudet était directeur des Vingtièmes et donc supérieur hiérarchique de Damilaville.
28. G I, 1138 F, fol. 280 v° — Best. D. 12580, XXIX, p. 78.
29. *CL* du 1er janvier 1768, VP 3850, fol. 10 r°.

sources de Grimm. Familier des salons, secrétaire du duc d'Orléans, il lui était facile d'« attraper » des copies. Ainsi en est-il pour la « Lettre de M. de Voltaire à M. le marquis d'Adhémar »[30] au sujet de laquelle Voltaire écrira à Thiériot le 22 mars 1758 : « Je vois avec douleur que le marquis Dadémar fait courir les lettres qu'on lui écrit (...) Envoyez-moy je vous prie copie de cette lettre qui court... »[31]. Ces morceaux qui circulent sont la plus grande source de Grimm jusqu'en 1760. Il faut y ajouter des lettres que ces collaborateurs lui confient. Ainsi Desmahis sera-t-il à l'origine de l'insertion de la « Réponse de M. de Voltaire à M. Desmahis, des Délices du 15 Xbre 1757 »[32] de l'« Épître de MM. Desmahis et de Margency à M. de Voltaire, de Paris du 6 janvier 1759 » et de la « Réponse de M. de Voltaire à MM. Desmahis et de Margency »[33].

Deuxième cas.

De multiples morceaux ont été envoyés directement par Voltaire à Madame d'Épinay, qui, n'en doutons pas, les transmettait à son ami Grimm.

Le 5 août 1759, Voltaire prie sa « belle philosophe » de vouloir bien envoyer les allégories[34]. Clogenson pense qu'il s'agit de l'article du *Dictionnaire philosophique*, Beuchot affirme le contraire. M. Besterman se refuse à prendre position. Il ne fait aucun doute, à la lumière de la CL qu'il s'agit bien de l'article du *Dictionnaire philosophique*, ce dernier se trouvant en effet inséré dans la livraison du 15 mai 1759 (G I, 1138 C, fol. 47 r°/48 v°).

Le « frère » Gabriel Cramer sert parfois d'intermédiaire. Ainsi, précisera-t-il à Grimm, au mois de mai 1760 :

> J'étois il y a quelques jours dans une Terre en Suisse à sept ou huit lieües d'ici, je reçeus les *Pour*, des *qui*, des *que*, des *quoi*, la poste alloit partir, je n'eus que le temps de les copier et de les mettre à la hâte dans un chiffon à l'addresse de Madame d'Épinay...[35]

Grimm, comme le montre la lettre qu'il reçut de Voltaire du 11 juillet 1760[36] fut également chargé des démarches auprès du colporteur Robin,

---

30. G I, 1138 B, fol. 435 r°/v° — Best. D. 7636, XVIII, pp. 430-431. Cette lettre sera publiée dans le *Journal Encyclopédique* (Liège, 1ᵉʳ juillet 1758, V, I, pp. 117-119).
31. Best. D. 7691, XVIII, p. 482.
32. Cette lettre inédite est publiée par nos soins dans *Dix-huitième siècle*, 6, 1974, pp. 250/51.
33. Respectivement G I, 1138 C, fol. 15 r°/16 r° — Best. D. 6662, XVI, pp. 455-457 et G I, 1138 C, fol. 17 r°/v° — Best. D. 6663, XVI, pp. 457-458. Ces deux lettres sont datées 1755 - 56 par Th. Besterman.
34. Best. D. 8420, XX, p. 297. Voir le commentaire de Th. Besterman.
35. Best. D. 8911, XXI, p. 306.
36. Best. D. 9057, XXI, pp. 458-459.

pour la publication à Paris de certains rogatons. Aussi, ne faut-il pas s'étonner, que le rédacteur en chef de la *CL* envoyait en « bonnes feuilles » à ses abonnés princiers les textes[37] que lui confiait Voltaire.

Cette source va se trouver fortement renouvelée par Étienne Noël Damilaville dont on peut dater le début de sa longue liaison épistolaire avec Voltaire du 11 juillet 1760[38]. Familier du salon de d'Holbach, ami de Diderot et de Grimm, « frère vingtième » se révèlera être le grand pourvoyeur des écrits de Voltaire insérés dans la *CL*. En envoyant à Damilaville et Thiériot la « conversation de l'abbé Grisel et de l'intendant des menus », Voltaire prie les destinataires de ne la montrer « qu'au petit nombre des élus dont la conversation vaut mieux que celle de M^e Le Daim »[39]. Grimm sera bien entendu parmi ces privilégiés[40].

Il en sera de même[41] pour l'*Épitre sur l'agriculture*[42], la *Lettre de M. Clocpicre à M. Eratou* (D. 86 r°/87 r°), de l'*Entretien d'Ariste et d'Acrotal* (D. 103 r°/104 v°), des *Étrennes aux sots* (D. 192 r°/194 v°), de *Balance égale* (D. 236 v°/238 v°), d'un *Extrait de la gazette de Londres du 20 février 1762* (D. 253 r°/v°), du *Petit avis à un jésuite* (D. 289 r°/290 v°), de *L'homme selon le cœur de Dieu* (autre titre pour la tragédie de *Saül et David*, (D. 395 r°/411 r°).

Pour les années 1763 et 1764, on y remarque, outre diverses facéties sur Pompignan, *Le Caloyer* (E 126 r°/131 v°), le *Supplément du Discours aux Welches* (E 335 r°/337 v°), la *Seconde lettre du Quaker* (E 342 v°/344 r°), et une série de contes en vers — *Ce qui plaît aux dames* (E 201 r°/206 v°), *L'Éducation d'une fille* (E 211 r°/212 v°), *Macare et Thélème* (E 242 v°/244 r°), *Les trois manières* (E 248 r°/253 v°), *L'Éducation d'un prince* (E 259 r°/262 r°), *Azolan* (E 227 r°/278 r°), *L'Origine des Métiers* (E 283 r°/v°).

---

37. Voltaire y réfère dans sa lettre à Madame d'Épinay du 30 juin 1760 (Best. D. 9014, XXI, p. 416) : « Je crois que Mademoiselle Vadé vous a envoyé le pauvre diable de son cousin sous l'enveloppe de M. d'Épinay. Je tiens la vanité d'un frère de la doctrine chrétienne. Ayez la charité d'accuser la réception de l'une et de l'autre. On m'a parlé du Russe à Paris, (...) Mais il faut savoir si le profète a reçu le paquet adressé au secrétaire de Mg le duc d'Orléans au Palais Roial. Comment faut-il faire d'ailleurs pour adresser ses paquets ? esce à mr d'Épinay à l'hôtel des postes ? ».

38. Best. D. 9055, XXI, p. 457.

39. Best. D. 9800, XXIII, p. 233 (datée par Th. Besterman du 31 mai 1761).

40. Cet écrit de Voltaire sera en effet inséré dans la *CL* du 15 mai 1761, G, 1138 D. fol. 61 v°/67 v°.

41. Nous ne signalons dans le cadre de cette communication que les écrits de Voltaire les plus importants, non repris par les éditeurs de la *CL*. Un relevé complet et détaillé, collationné sur tous les manuscrits que nous avons eus à notre disposition, fait l'objet d'un chapitre volumineux d'une thèse de 3e cycle, préparée sous la direction de R. Pomeau, soutenue à l'Université de Paris-Sorbonne en juin 1974. Désormais, nous donnerons nos références seulement au tome du manuscrit de Gotha 1138, au moyen d'une lettre majuscule suivie du foliotage.

42. D. 38 r°/39 v° ; cette pièce fut envoyée à Damilaville avec Best. D. 9684, XXIII, p. 111.

Indépendamment des épîtres à Damilaville, les années 1765 et 1766 comportent notamment *Les Questions sur les Miracles...* (F 578 r°/617 r°).

Nous avons retenu en 1767 et 1768 *Monsieur Guignard ou de l'Hypocrisie* (G 35 r°/36 v°), les *Anecdotes sur Bélisaire* (G 129 r°/132 r° et G 173 r°/175 v°) ainsi que *La guerre de Genève* (*Premier chant* — G 85 r°/87 v° ; *Chant troisième* — G 149 v°/152 r° ; *Chant second* — G 259 v°/265 v° ; *Chant quatrième* — G 368 v°/371 r° ; *Chant cinquième* — G 376 v°/378 v°). A la suite de ce dernier chant, Grimm ajoute :

> On s'apperçoit aisément que ce poème tourne court tout à coup, et que le dénouement n'en est ni préparé ni heureux. Aussi le prétendu éditeur dit qu'il donnera le sixième chant dès que l'auteur l'en aura gratifié. Au reste Madame Oudrille est un nom en l'air. M. Cramer est un homme de mérite, très aimable, très gai, de très bonne compagnie, mais n'est pas un gros réjoui. L'auteur a eu tort de traduire l'honnête M. Tissot comme un ivrogne, aussi a-t-il mis à sa place le nom de Bonnet, Médecin de Genève trépassé depuis quelque temps. Il a aussi travesti les autres noms des magistrats et bourgeois de Genève qui jouent un rôle dans son poème, excepté celui du grand Covelle qui sera fameux chez la postérité tandis que c'est l'homme de la plus chêtive apparence et le bourgeois le plus mal tourné qu'il y ait dans tout Genève. Il y a avant et après le poème de la *Guerre de Genève*, des prologues, des épilogues, des postscrips adressés à divers libraires qui sont d'une grande gaieté et d'une grande folie, mais l'auteur n'a pas su garder la mesure avec Jean-Jacques Rousseau qui est excessivement mal traité dans les notes[43].

Quoique la mort de Damilaville en décembre 1768 mette fin aux suppléments de la « Correspondance du Patriarche », la contribution de Voltaire à la *CL* ne va pas cesser pour autant. Grimm devra, on l'imagine, compter plus sur lui-même. Aussi Voltaire enverra-t-il avec sa lettre du 1er novembre 1770, à son « cher prophète des rogatons dépareillés qui (lui) sont tombés sous la main »[44].

En 1769 et 1770 seront insérés l'*Épître à Boileau* (H 64 r°/66 r°), l'*Épître à l'auteur du nouveau livre des Trois Imposteurs* (H 73 r°/74 v°), l'*Épître à M. de St Lambert* (H 83 v°/84 r°), *Les deux siècles* (H 348 r°/349 v°), *Le Père Nicodème et Jeannot* (H 356 v°/358 r°), l'*Épître au Roi de la Chine* (H 362 r°/364 r°).

Les abonnés de la *CL* en 1771 et 1772 ont pu y lire la *Lettre en vers de Ben-Aldaki à Cara Mousté, femme de Giafar le Barmécide* (I 37 v°/38 r°), l'*Épître au Roi de Danemark* (I 45 r°/47 r°), l'*Épître à M. d'Alembert* (I 105 v°/106 v°), l'*Épître à l'Impératrice de Russie* (I 115 v°/116 v°),

---

43. G I, 1138 G, fol. 379 r°.
44. Best. 15713, LXXVII, pp. 60-61.

l'*Épître au Roi de Suède* (I 119 v°/120 r°), l'*Ode pindarique à l'occasion de la guerre présente en Grèce* (I 123 v°/124 v°) et « autres pièces fugitives qui sont arrivées de Ferney cet ordinaire » telles que *La Bégueule* (I 261 r°/263 v°)[45], *Les Cabales* (I 273 r°/275 r°), les *Systèmes* (I 284 v°/286 r°), l'*Épître à Horace* (I 335 r°/338 r°)...

Henri Meister, de 1773 à 1778, pourra faire copier l'*Épître à Marmontel* (I 519 v°/520 v°), le conte *Le taureau blanc* (I 556 r°/560 v° - 574 r°/579 r° ; J 13 r°/16 r°), *La Tactique* (I 561 r°/563 r°), l'opéra comique *L'Éducation d'un prince* (J 29 r°/36 r°), le *Dialogue de Pégase et du Vieillard* (J 86 v°/89 r°), *Le Dimanche ou les Filles de Minée...* (J 326 v°/330 v°). *Le temps présent* (J 404 v°/405 r°), *Sésostris* (K 13 r°/14 r°), les *Remontrances du Pays de Gex au Roi* (K 38 r°/39 r°), *Les Finances* (VP côté provisoire 3863 fol. 63 v°/64 r°), l'*Épître à un homme* (VP côté provisoire 3863 fol. 87 v°/88 r°)...

La *CL* n'est pas seulement ce monument de la critique littéraire de la seconde moitié du siècle des Lumières que Gustave Lanson considérait comme « le chef d'œuvre du genre »[46]. Les diderotistes ont depuis longtemps reconnu l'importance des contributions avouées et rémunérées de Diderot aux feuilles de Grimm[47]. Afin d'agrémenter leur revue, Grimm puis Meister eurent également et amplement recours, à son insu, « à la meilleure plume journalistique, celle du patriarche, toujours jeune et combatif, de Ferney[48] ». Cette « collaboration » dont on retrace difficilement[49] les moyens après 1770, ne s'arrêtera pas totalement en 1778 avec la mort de Voltaire. Meister, quoique admirateur de Rousseau, continuera jusqu'à la Révolution à inclure dans ses feuilles quelques pièces fugitives retrouvées de l'immortel M. de Voltaire...

Signalons, pour terminer, aux bibliographes de Voltaire, quelques éditions inconnues à Bengesco et Besterman que Grimm et Suard[50] ajoutèrent à leurs feuilles pour les illustrer :

1. (Double filet) INSTRUCTION / PASTORALE / *De l'humble évêque d'Alétopolis,* / *à l'occasion de l'Instruction pasto-*/*rale de Jean George humble évê-*/*que du Puy*[51].

---

45. GRIMM a dû en faire une copie sur celle adressée par le patriarche à Schomberg (Best. 16688, LXXXII, p. 23).
46. G. LANSON, *Histoire de la littérature française*, Paris, 1912, p. 822.
47. Voir à ce sujet J. de BOOY, *Inventaire, op. cit.*
48. J. VARLOOT, *op. cit.*, p. 440.
49. Faudrait-il supposer que d'Alembert, à qui Voltaire envoyait la plupart de ses pièces, approvisionnait alors les rédacteurs de la *CL* ? Rien ne permet de l'affirmer.
50. La présence de ces imprimés à l'intérieur des feuilles manuscrites de Grimm et de la *Correspondance* de Suard a été expliquée par J. VARLOOT, *op. cit.*, p. 428, n. 6 et p. 430, n. 9.
51. Source : G I, 1138 E, fol. 371 r°/372 r°. Cet imprimé est placé à la suite de la livraison du 1ᵉʳ septembre 1764 avec *Les chevaux et les ânes ou Étrennes aux sots*, s.l.n.d.

(S.l.n.d.) Petit in-12 de 5 pages + 1 page blanche non-chiffrée.

2. (Double filet) TRADUCTION / *Du Poème de* Jean Plokof, *con-/seiller de Holstein, Sur les affaires/présentes*[52].

(S.n.l.d.) in 8º de 7 pages + 1 page blanche non-chiffrée ; sign. *4.

Grimm dans l'ordinaire du 15 juin 1770[53] annonce ainsi cette brochure :

> Il nous est venu de la manufacture de Ferney une très petite feuille en six petites pages précieuse à conserver. Elle a pour titre : *Traduction du poème de Jean Plokoff, Conseiller de Holstein, sur les affaires présentes*. Les affaires présentes sont la guerre que la Russie soutient contre l'Empire ottoman. Le conseiller et poète Plokoff conseille bien, mais vraisemblablement, il aura à faire à des sourds. Il exhorte les puissances de l'Europe à profiter des succès des armes de Russie pour chasser les barbares turcs des contrées usurpées jadis sur l'empire romain, et les renvoyer dans les déserts d'Arabie. Cette entreprise, paraît aujourd'hui aussi aisée qu'elle serait glorieuse et à jamais mémorable. Ce serait la plus grande révolution depuis la découverte du nouveau monde, il en naîtrait un nouveau siècle, et le siècle de Catherine remettrait le génie et les arts en possession des provinces sur lesquelles ils ont régné du temps de Periclès et du grand Alexandre. Le conseiller Plokoff fait voir les avantages que la maison d'Autriche et les autres puissances pourraient trouver dans cette révolution. Son poème n'a que douze strophes qui sont écrites avec une grande élévation et dans la prose la plus noble et la plus harmonieuse. Cette prétendue traduction est en un mot un des plus beaux morceaux que le patriarche ait fait depuis quelque temps ; c'est le chant d'un cygne de soixante-seize ans qui a conservé tout le feu de sa première jeunesse : malheureusement, cette sublime exhortation a une croisade de gloire et d'honneur pour effacer le souvenir de tant de croisades absurdes et funestes à l'Europe, ne fera aucune impression sur les puissances. Nous sommes incapables de rien entreprendre pour la véritable gloire, pour l'avantage réel du genre humain. Nous sommes en Europe une foule de grandes nations très respectables à en juger par notre morgue et notre vanité qui ne sont pas petites ; celui qui nous traiterait en polisson passerait mal son temps : cependant nos cabinets les plus estimés ne savent que se conduire d'après leurs petites jalousies secrètes, que calculer leurs petits intérêts et leurs petits profits mercantils (sic), et l'histoire de leur noble science se réduit tout juste à ce que nous voyons pratiquer un jour de marché aux Halles d'où la défiance et la petite ruse bannissent toute idée de grandeur et toute association pour un but honnête.

Petit in-12 de 6 pages (Bengesco 1691) et la *Lettre d'un Quaker* (...), s.l.n.d. in-12 de 14 pages (Bengesco 1692).

52. Source : VP 3853, fol. 152 bis rº/vº, 153 ter rº/vº et 163 rº/164 vº (les feuillets sont en désordre).

53. VP 3853, fol. 132 vº/133 rº — G I, 1138 H, fol. 300 vº/301 rº.

3. *Extrait d'un Ouvrage nouveau.* / Des / Dictionnaires / De / Calomnies. (lettres ornées) / Article 15[54].

(S.l.n.d.) in-8º de 7 pages + 1 page blanche non-chiffrée ; sign. a⁴.

Cet article paru pour la première fois dans le volume intitulé *Fragments sur l'Inde, sur l'histoire générale et sur la France* (s.l.n.d.), 1774, p. 254 et suivantes (C.V. Beuchot 308), forme l'article XVI de *Fragment sur l'Histoire générale* (Des *Dictionnaires des calomnies*). Selon Bengesco nº 1831, cet article est devenu la XXVIIe des *Honnêtetés littéraires* dans l'édition de Kehl (t. XLVIII, pp. 72-77). Il est repris dans Moland XXIX (pp. 279-283).

4. (Double filet avec ornement typographique) Dialogue / De Pégase / et du Vieillard[55].

(S.l.n.d.) in-8⁷ de 24 pages ; sign. a⁴ b⁴.

Ce dialogue occupe les pages 1-7. Il est suivi des Notes / *De Monsieur De Morza* (pp. 8-20) et de la Lettre / De / Mr. De Voltaire a un / Académicien de ses amis (pp. 21-24).

---

54. VP 3859, fol. 209 rº /212 vº.
55. Source : VP 3861, fol. 110 rº /121 vº.

APPENDICE

Couplet de M. de Voltaire à Madame La Marquise du Chatelet, lors de son exil[56].

Tyran dont la main sépare
Deux amans qu'unit le sort,
Est-il un cœur plus barbare,
un plus Sacrilège effort ?
Ton adroite tirannie
Donne en nous laissant la vie
l'amertume de la mort.

*

Par les Zéphirs embellies
Fleurs, séchez vous sous mes pas
Vous ne serez point cueillies
Par ses mains pleines d'appas.
Pourquoi chantres des bocages,
Redoublez-vous vos ramages ?
Eglé ne vous entend pas.

*

Ah, quel fut le jour d'allarmes
Qui de ses yeux m'éloignait !
Quand de ses touchantes larmes
Son tendre amour me baignait ;
Quand mon ame déchirée
Allait languir séparée
De l'être qui l'animait.

*

Esprit, grace enchanteresse
Qui régnez dans ses discours,
Doux baisers, fatale yvresse,
Me fuyez-vous pour toujours ?

---

56. Source : G I, 1138 D. fol. 18 r°/v°, S VU 29, 2, *CL* du 1er février 1761.

Dieux ... s'il en est d'autres qu'elle,
Protecteurs d'un cœur fidèle
Dieux, rendez-moi mes amours !

**
***

Ciel ! C'est églé qui s'avance
Eglé qui me tend les bras :
Je vois la foi, la constance,
Le secret a ider ses pas ;
et Cent vertus immortelles
Avec des graces nouvelles
qu'Amour ne connaissait pas.

***

Souveraine de ma vie
Divinité de mes sens,
Reçoit mon âme attendrie
Dans tes chers embrassemens ;
Que nos deux êtres s'unissent,
Que les feux qui les remplissent
Durent au delà des tems.

***

Hélas, douce erreur d'un songe
Dont mon cœur était frapé,
Plaisirs enfans du mensonge,
Pourquoi m'avoir échapé ?
J'étais plein de mon délire
L'amour avec un sourire
M'apprend que je suis trompé.

***

N'importe, mensonge aimable,
Fantôme de mon bonheur,
Toi qu'un amour véritable
A fait naitre dans mon cœur
Viens, peins moi ce que j'adore,
Reparais, redouble encore
L'yvresse de mon erreur.

***

Cette pièce est sans doute le n° 70 des *Pièces mentionnées dans la liste envoyée par M. Vauger en 1757 ou 1758 — Fin des pièces adressées à Madame du Chatelet* — (Best. D. app. 161, XVIII, pp. 505-509) : Ode sur son exil : *Tiran, dont la main répare*. On sait que cette liste accompagne deux lettres de Jean Vauger, « entrepreneur des armées en Espagne » à Jean Nicolas Douville, où l'auteur mentionne posséder, outre des lettres et des pièces de Voltaire à Frédéric II, « toutes celles que Voltaire a faites pour Madame du Chatelet qui sont au nombre de plus de trente, sans compter celles qui ont été imprimées » et qu'il se serait procuré par un des valets de chambre de Madame du Chatelet. Selon une note de Suard, une partie de ce petit trésor serait passé, à la mort de Vauger, « *entre les mains* de M. le duc de Choiseul »[57].

> Je vais transcrire ici d'anciens vers de M. de Voltaire qui n'ont pas été imprimés et qui pourraient grossir le recueil[58]. La plupart de ces vers s'adressent à la célèbre Madame du Chatelet et l'on y voit les traces du caprice de l'amour.
>
> A la même[59]
> Aimable dans l'amour et fort naive en affaire
> Le grand art est de négocier
> Un jour sera votre métier
> A présent, c'est celui de plaire.
>
> A la même[60]
> Vous suivés les plaisirs, les jeux et les amours
> Les blonds poudrés de france et les bords du Parnasse
> Adieu, mélange heureux de grandeur, de faiblesse
> Que je plains, que j'admire, et que j'aime toujours.
>
> A la même dans un accès de fièvre[61].
> Ne craignés rien de cette ardeur brûlante
> Qu'on nomme fièvre, et qui me fait souffrir.
> Le juste ciel prêt à me secourir,
> Met dans mon cœur une ardeur bienfaisante
> Qu'on nomme amour, exprès pour me guérir.
>
> Suite du recueil des vers de M. de Voltaire, pour Madame La Marquise du Chatelet. La plupart des vers ne méritent une place dans les porte-feuilles des curieux, que parce qu'ils sont adressés à une femme célèbre par l'homme le plus célèbre du siècle, un homme de goût les brulerait sans regret et montrerait en cela plus d'estime pour M. de Voltaire, que ceux qui conservent tous les copaux de son attelier avec un soin peu délicat.

---

57. Nous extrayons ces précieux renseignements du commentaire de Best. D. 6429, XVI, p. 238 et de Best. D. 7808, XIX, p. 105.
58. *Troisième Suite des Mélanges de poésie, de littérature, d'histoire et de philosophie* (faux-titre « *Collection complète des Œuvres de M. de Voltaire. Première édition, tome XIX, S. 1. (Paris)*, in-8 (C.V. Beuchot 21) publiée à Paris selon BENGESCO (note 1, tome IV, p. 60) pour le compte de Prault par le libraire Granger (par des colporteurs de Paris, affirme Grimm dans *CL*, IV, 477).
59. Source : G I, 1138 D. fol. 157 v° ; S VU 29, 2, *CL* du 15 octobre 1761 ; BN, n.a.fr. 12961 ; fol. 20 v°. Cette pièce serait-elle le n° 55 des « *Pièces mentionnées dans la liste envoyée par mr Vauger en 1757-58 — Pièces en vers adressées à mad*ᵉ *du Chatelet* », *op. cit.*, p. 506 : *Aimable dans l'amour* etc.
60. Source : *idem*. Serait-ce la pièce n° 54 des « *Pièces mentionnées ... op. cit.*, p. 506 : *Vous suivez les plaisirs* etc.
61. Source : G I, 1138 D. fol 164 r°/v° — S VU 29, 2, *CL* du 1ᵉʳ novembre 1761. Il s'agit sans doute du N° 62 des *Pièces mentionnées ... op. cit.*, p. 507 : *Dans un accès de fièvre* : *Ne craignez rien de cette* etc.

à Madame La Marquise du Chatelet[62]
Ainsi que ta beauté
Ma tendresse est extrême
Et mon sort enchanté :
Je te plais et je t'aime.
Livrons-nous à l'amour,
Le vrai bonheur le suit,
Parlons-en tout le jour,
Et baisons-nous la nuit.

———

Sur des conseils que Madame Du Chatelet lui avait donnés sur sa santé en se comparant au Médecin Toinette, M. de Voltaire répondit[63] :
Je suivrai toute ma vie les ordonnances de son Médecin,
     (car il les écrit à sa toilette).
Ses conseils sont dictés par un cœur amoureux.
Aimé par Émilie, et conduit par Toinette.
Je dois vivre longtems, et je dois vivre heureux.

à la même[64]
Sur deux arbres du jardin de Cirey qui formoient un Canapé par l'entrelassement (sic) de leurs branches.
Dans ces jardins charmans par vos yeux embellis
Qu'un bonheur éternel puisse être mon partage,
Et que ces arbres réunis
Soyent de nos feux purs et l'azile et l'image.

à la même[65]
En revenant avec elle à cheval au clair de la lune, de la-neuf-ville à Cirey.
Cette aimable nuit qui s'approche,
M'annonce ma félicité :
Ma maitresse est à mon côté
Et son portrait est dans ma poche.

———

à la même[66]

---

62. Source : G I, 1138 D. fol. 167 r°/v° — S VU 29, 2, *CL* du 15 novembre 1761. Voir la pièce N° 60 des *Pièces mentionnées, op. cit.*, p. 507 : *Ainsi que ta beauté* ...
63. Source : G I, 1138 D. fol. 167 v° — S VU 29, 2, *CL* du 15 novembre 1761. Voir la pièce N° 52 des *Pièces mentionnées, op. cit.*, p. 506 : Sur des conseils relatifs à sa santé : *Je suivrai* etc.
64. Source : G I, 1138 D. fol. 167 v° — S VU 29, 2, *CL* du 15 novembre 1761. Voir la pièce n° 57 des *Pièces mentionnées* ; *op. cit.*, p. 506 : Sur des arbres entrelacés : *Dans ces jardins* ...
65. Source : G I, 1138 D. fol. 167 v° — S VU 29, 2, *CL* du 15 novembre 1761. Voir la pièce n° 59 des *Pièces mentionnées, op. cit.*, p. 507 : En revenant à cheval avec elle à Cirey, au clair de la lune. *Cette aimable nuit qui s'approche* etc...
66. Source : *idem.* Voir la pièce n° 58 des *Pièces mentionnées, op. cit.*, p. 506 : Sur un voyage que l'auteur faisait avec M. de Richelieu.

En lui rendant compte d'un voyage qu'il faisait avec Madame La Duchesse de Richelieu.

Je voyage avec deux beaux yeux :
Les grâces, la plaisanterie,
Le ton gai, le ton sérieux
Et l'esprit sont de la partie.
Mais je n'en suis pas plus heureux :
Car je vous adore, Émilie,
Et vous n'êtes pas avec nous.
Tous ces charmes brillans et doux,
Ces talens que La Cour ignore,
Vous les réunissez en vous,
Et votre cœur possède encore
Le charme le plus grand de tous,
Celui d'aimer qui vous adore.

Vers de M. de Voltaire faits au château de Fernex, le premier Mai[67],
Savante antiquité, beauté toujours nouvelle,
Monumens du génie, heureuses fictions,
Environnez moi des rayons
De votre lumiere immortelle.
Vous savez animer l'air, la terre et les mers,
Vous embellissez l'univers.
Cet arbre à longue tige aux rameaux toujours verd
C'est Atys aimée de Cybele.
La précoce hyacinthe est le tendre mignon
Que sur ces prés fleuris caressait Apollon.
Flore avec le Zephir ont peint ces jeunes roses
De l'éclat de leur vermillon.
Des baisers de Pomone on voit dans ce vallon
Les fleurs de mes pêchers nouvellement écloses.
Ces montagnes, ces bois qui bordent l'horison
Sont couverts de métamorphoses.
Ce cerf au pied léger est le jeune Actéon
L'ennemi des troupeaux est le roi Lycaon.
Du chantre de la nuit j'entends la voie touchante,
C'est la fille de Pandion
C'est Philomele gémissante
Si le Soleil se couche il dort avec Thétis.
Si je vois de Vénus la planete brillante
C'est Vénus que je vois dans les bras d'Adonis.
Ce pole me présente Andromede et Persée,
Leurs amours immortels échauffent de leurs feux
Les éternels frimats de la Zone glacée.
Tout l'Olympe est peuplé de héros amoureux
Admirable tableau ! Séduisante magie !
Qu'Hésiode me plait dans sa Théogonie
Quand il me peint l'amour débrouillant le chaos,
S'élançant dans les airs, et planant sur les flots !

---

67. Source : G I, 1138 F. fol. 136 r°/v°, S VU 29, 6, *CL* du 1er juillet 1765.

> Vantez nous maintenant, bienheureux Légendaires,
> Le porc de Saint Antoine et le chien de Saint Roch,
> Vos reliques, vos scapulaires,
> Et la guimpe d'Ursule et la crasse du froc ;
> Mettez la fleur des saints à côté d'un Homere :
> Il ment, mais en grand homme, il ment, mais il sait plaire.
> Sottement vous avez menti :
> Par lui l'esprit humain s'éclaire
> Et si l'on vous croyait, il serait abruti.

Quelques vers de cette pièce figurent dans la *CL* (XII, 264) à l'intérieur d'une critique des *Fastes* de Lemierre :

> A la magie de ses tableaux, que pouvons-nous opposer ?
> Le porc de Saint Antoine et le chien de Saint Roch,
>   Nos reliques, nos scapulaires
> Et la guimpe d'Ursule et la crosse du froc, etc.

Nous croyons que c'est à ce morceau que fait allusion Villette dans sa lettre à Voltaire du 4 Juillet 1765 :[68]

> Je connais votre respect pour l'assemblée du clergé.
> Je me suis bien gardé de parler de frère Oudin par déférence pour le Père Adain et pour vous. (...)
>   Paradis, séjour précieux,
>   ....
>   Pape, Prélat, Pasteur et Moine
>   En capuchons ronds ou pointus ;
>   Le chien de Roch, le porc d'Antoine,
>   Quelle société d'Élus !

―――――

---

[68]. Voir notre article, « Deux inédits de Charles Michel, Marquis du Plessis Villette à Voltaire », dans *R.H.L.F.*, n° 3, 1974.

DISCUSSION

J. Vercruysse

Ce qui a été dit jusqu'à maintenant peut susciter une discussion très longue. Les dimensions que Jean Varloot a données à son exposé sont très impressionnantes, mais elles ne doivent pas nous paralyser, au point qu'on se contenterait de dresser un état de ce qui doit être fait et de ne rien en faire. Il apparaît que l'on devra créer non pas une équipe, mais peut-être plusieurs équipes : une qui s'occupera du texte, une autre qui s'occupera de l'histoire interne du périodique, une autre encore qui s'occupera de l'étude externe.

Je voudrais aussi remercier Émile Lizé qui a très bien esquissé le problème de cette collaboration de Voltaire, et qui situe la question de Voltaire journaliste. Il semble bien que nous soyons en présence d'un Voltaire journaliste à deux niveaux : collaboration directe avec la *Gazette littéraire de l'Europe*, le *Journal encyclopédique*, mais aussi indirecte avec la *CL*.

On pourrait se demander s'il n'existe pas d'autres traces de sa collaboration à d'autres périodiques : Je pense notamment à ce mort-né de 1746, cet *Observateur littéraire* publié par Marmontel et auquel Vauvenargues a plus que probablement collaboré sous l'égide de Voltaire.

Il existerait donc deux « Voltaire journaliste ». Je vous remercie d'avoir esquissé ici cette question. Car nous abordons la *CL*, mais nous ne pouvons ne voir qu'elle.

C'est le phénomène du journalisme qui est évidemment mis en question.

A. Opitz

Je voudrais présenter un autre aspect de la question, pour élargir le programme de recherche proposé par Jean Varloot. Il serait peut-être intéressant d'étudier aussi l'influence pratique de la *CL* pour évaluer si la théorie de l'écrivain et de la littérature formulée par Grimm correspond à l'écho réel qu'a eu cette *CL*. A-t-elle eu, oui ou non, une influence pratique ? Car Grimm exige que la littérature et l'écrivain aient une fonction sociale, il voit une relation étroite entre le travail littéraire et la pratique de la société. Mais on peut supposer que la *CL* n'a pas eu d'influence véritable sur la politique des abonnés princiers ; cette question reste à élucider.

J. Varloot

C'est une question très importante, en effet, que celle de l'influence d'un journal à travers ses lecteurs. Je crois y avoir fait allusion. Mais il me faut dire que je n'ai pas l'intention de répondre sur les aspects généraux de la prospective que j'ai tenté de définir. Et je souhaite que le plus grand nombre des présents interviennent dans le débat. Ce sera la règle, et la valeur de ce colloque.

J. R. Armogathe

Je crois que le projet tel que le présente Jean Varloot est fondamental : par le biais d'un périodique central à la vie intellectuelle de l'Europe du xviiie siècle, nous voici affrontés à un réseau de recherches *de omnibus rebus scibilibus quibusdamque aliis*. Non seulement, en effet, il s'agit d'un texte précis, avec ses problèmes complexes d'établissement, mais il s'agit d'un périodique, avec ses problèmes de diffusion et de réception à travers l'Europe, et d'un périodique secret, adressé à une minorité de responsables politiques (pour la plupart) : se posent encore, dès lors, le statut du journaliste, le rôle de la presse et de la littérature clandestines, le problème du despotisme éclairé. Voilà qui est passionnant, et surtout voilà qui vient à temps. Les grands auteurs sont désormais publiés et, pour la plupart, bien publiés ; les grandes correspondances sont en cours d'inventaire et de publication, les *minores* sont mieux connus, les manuscrits clandestins mieux étudiés : il est temps de lancer sur le plan européen l'entreprise qui nous réunit aujourd'hui, dans cette Université de Sarrebruck à vocation internationale.

Je voudrais attirer votre attention sur quelques points de détail : par exemple, le problème des copistes ; coordonner un inventaire des copistes ne me paraît pas trop ambitieux, mais il est temps de créer une isographie du xviiie siècle ; j'ai l'exemple du dossier que le regretté Louis Cognet avait constitué autour des copistes de Port-Royal, ou des travaux de P. Vernière sur les copistes de Diderot. [P. Vernière, *Diderot, ses manuscrits et ses copistes*, Paris, 1967.] Cette entreprise précise, ponctuelle, pourrait assez facilement être menée à bien dans le cadre d'une coopération européenne (et même internationale), d'autant que les moyens de reproduction des documents sont bien supérieurs, aujourd'hui, à ce qu'ils étaient il y a seulement dix ans. En second lieu, le problème des manuscrits nombreux : il est regrettable que les spécialistes de littérature moderne, tributaires de l'imprimerie, aient mis du temps à prendre connaissance des principes d'édition que les philologues allemands (et français) mettaient à leur disposition depuis la fin du siècle dernier ! Mais nous y voilà, et le recours à des techniques d'informatique, telles que Paule Jansen pourra nous en présenter cet après-midi, me semble rendre la tâche plus aisée (prenez l'exemple des travaux de M. Steinier, à Louvain, sur la *Regula Magistri*, avec une centaine de manuscrits, ou les techniques de critique textuelle appliquées par Gian Piero Zarri sur l'*Appendix Vergiliana*, présentées dans la *Revue* de l'Organisation internationale pour l'étude des langues anciennes par ordinateur, Liège, 1974, n° 1, p. 1-6). Le nombre de manuscrits est nettement moins élevé pour la *CL* ! Je sais bien que le texte de la *CL* est trois cents fois plus long que celui de la *Regula Magistri*. Il n'empêche que le repérage des familles (pour l'établissement du stemme) et le repérage des lieux-variants ne devraient pas nous intimider : nous pouvons disposer sur le plan matériel des techniques appropriées. Ce projet vient à temps, à la fois dans la conjoncture des recherches scientifiques sur le xviiie siècle et dans les possibilités techniques qui s'offrent à nous pour ces recherches.

K. Racevskis

J'ai une question à poser à Jean Garagnon. Jean Varloot a mentionné en passant l'accusation de germanisme qu'on a adressée à Grimm et je voudrais savoir si par exemple certaines des corrections stylistiques de Grimm pourraient être attribuées à son origine allemande. Je pense en particulier aux « on » qui ont été corrigés, ou clarifiés.

J. Garagnon

C'est en effet probable, avec cependant une nuance : peut-être s'agit-il non pas spécifiquement de germanismes (il me semble qu'en allemand des « man » auraient été suffisamment clairs grâce au contexte) mais, de façon plus générale, d'une réaction d'*étranger* qui écrit pour des *étrangers*. Grimm a peur de ne pas être compris ; il a tendance à éviter les allusions et les ellipses, et, dans le cas qui nous occupe, à expliciter les « on ». Parfois aussi, peut-être, ne comprend-il pas bien : c'est le cas de l'expression « fixer son goût sur Éraste » (dont j'ai parlé dans ma communication), qu'il a modifiée sur le modèle de l'expression courante en : « fixer son goût pour Éraste ». Il a perdu là un raffinement de style : n'avait-il pas compris lui-même ce raffinement ? ou bien, l'ayant compris, a-t-il redouté que ses lecteurs ne le comprennent pas et ne voient, dans cette expression irrégulière, une faute de français ? Il y a là en tout cas un phénomène de banalisation de la langue, où la qualité d'étranger de Grimm (plus que sa qualité d'Allemand en particulier) joue unrôle certain.

J. Varloot

Le germanisme serait alors dans l'incompréhension, non dans la rédaction. J'ai plutôt l'impression que Grimm joue le rôle d'un professeur, d'un professeur de français, qui ne voit pas le sens profond d'une expression, neuve chaque fois, et qui la remplace par le cliché correct et banal. Ce qui veut dire tout simplement qu'il a très bien appris le français cultivé, et les règles du journalisme du moment.

E. de Marez Oyens

Je voudrais demander à Jean Varloot si la question qu'il a relevée sur le nombre des abonnés a été résolue finalement. Est-ce qu'on sait avec exactitude qui étaient les abonnés à la *CL* ? D'autre part, je crois que le problème posé par Alfred Opitz trouverait en même temps une réponse affirmative, parce qu'aolrs là on connaîtrait exactement l'impact, ou on pourrait vérifier l'impact qu'a eu la *CL*.

J. Schlobach

Quant au nombre des abonnés, nous n'en connaissons pas encore exactement le nombre, mais il est bien certain que la liste Macdonald et Cazes [Fr. Macdonald, *La légende de J.-.J. Rousseau*, Paris, 1909, pp. 20-21 ; A. Cazes, *Grimm et les Encyclopédistes*, Paris, 1933, pp. 43 sqq.] est complètement erronée et confond les souscripteurs pour l'estampe Calas avec les abonnés de la *CL*. [C'est J. R. Smiley (' The subscribers of Grimm's *CL* ', *Modern Language Notes*, t. 61, 1947, pp. 44/45) qui prouve la fausse interprétation par Macdonald de la liste contenue dans le manuscrit n.a.fr. 1185 de la BN de Paris.] S'il est donc dangereux de grossir sans preuves le nombre des abonnés, on peut néanmoins prouver que Grimm a eu plus d'abonnés que lui-même ou Diderot ne le disent parfois. Prenons un des exemples que vous avez cités : Vous avez dit que Grimm parle, en 1770, d'une demi-douzaine d'abonnés. En fait, il envoyait à cette date une douzaine de copies à différentes cours. On peut supposer que s'il parle parfois de moins d'abonnés, c'est parce qu'il ne veut pas diminuer la valeur de chaque abonnement individuel. Car la rareté des copies signifiait aussi pour lui une certaine valeur économique et matérielle : chaque abonné devait penser être l'un des rares privilégiés. En somme, il faut évidemment être prudent et ne tenir compte que des abonnements dont Grimm parle lui-même. Mais en nous référant à ses propres lettres, nous arrivons pour l'année 1770 à une douzaine d'abonnements.

J. Varloot

Je ne vous répondrai pas avec précision. On ne connaît pas le nombre exact des abonnés. On a abandonné les grands nombres, nous en sommes à discuter amicalement sur un petit nombre : six, douze, plus ? Les physiciens disent que, lorsqu'on ne se trompe que du simple au double, ce n'est pas une faute. Alors nous sommes presque d'accord. D'ailleurs, tout à l'heure, ma pensée, en oscillant entre les deux extrêmes, allait aussi bien vers la douzaine que vers la demi-douzaine. Mais si on ne connaît pas tous les abonnés, nous sommes obligés, pour mesurer l'impact des idées, de nous contenter pour l'instant des copies que nous avons. Tout en en cherchant d'autres...

J. Vercruysse

La question de l'impact est un problème que nous avons déjà souvent discuté à notre séminaire de l'histoire de la presse. Qu'il s'agisse d'une chronique manuscrite ou imprimée, cela n'a aucune importance. On admet qu'à l'heure actuelle un journal vendu est lu à peu près par trois ou quatre personnes. On peut poser la question pour la chronique manuscrite. Est-ce uniquement la princesse qui la lisait ? Et sa femme de chambre ? Ces gazettes ne circulaient-elles pas dans le palais et même à l'extérieur du palais, puisque nous avons des copies des copies ? Ce serait un très gros travail, mais intéressant, à faire. Finalement, une gazette à vocation aristocratique pourrait déboucher dans un contexte social très étendu et très variable.

J. Schlobach

D'après tout ce que nous savons jusqu'ici sur les lecteurs de la *CL*, le nombre devait en être assez restreint. Bien entendu, la femme de chambre de ces princesses abonnées à la *CL* a pu lire les envois. Mais, à part cela, il faut constater que Grimm a toujours demandé le secret le plus strict. Je vous citerai tout à l'heure un exemple qui prouve que s'il craint seulement que ce secret puisse n'être pas respecté, il est réellement fâché. Il a surtout peur d'une publication de sa *CL*. Je crois donc personnellement que l'influence de la *CL* a été peu considérable au moment où ces textes arrivaient aux différentes cours. La présence de nombreuses copies des œuvres de Diderot à Gotha montre que ces œuvres de Diderot furent copiées, et nous savons qu'elles circulaient chez les « Classiques » de Weimar. Mais il me semble que, même pour Weimar, nous n'avons pas de preuves que les envois réguliers de la *CL* aient été connus immédiatement après être arrivés, au moins à l'époque de Grimm, c'est-à-dire jusqu'en 1773. Par le fait que Grimm n'envoie sa *CL* qu'à des princes souverains et qu'il interdit formellement de faire des copies des envois, l'impact de la *CL* sur les écrivains allemands ou sur un public bourgeois du xviiie siècle me semble donc finalement minime. Mais il faut penser évidemment qu'à partir de 1812, la *CL* était imprimée. Son influence a été considérable dans la première moitié du xixe siècle.

W. Zimmer

Il ne faudrait quand même pas oublier que Grimm a eu des lecteurs qui, eux, n'étaient pas abonnés. Je ne cite que l'exemple de Gœthe, qui a relevé, lui, tous les termes de la critique des auteurs, les termes de critique des critiques français qu'il a publiés dans ses œuvres sous le titre : « Urteilsworte französischer Kritiker ».

J. Schlobach

C'est vrai et Goethe y semble même dire qu'il a lu les envois de la *CL* régulièrement : « Auch mir war, durch die Gunst hoher Gönner, eine regelmäßige Mitteilung dieser Blätter beschieden » (*Jubiläums-Ausgabe*, t. 37, p. 101). Or, il est assez significatif que ces passages où Gœthe parle de la *CL* sont ultérieurs à la première édition de la *CL* en 1812. Je ne vois pas de preuves attestant que Gœthe a connu, en dehors de copies d'œuvres de Diderot, les envois réguliers de la *CL*. Au moins à l'époque de Grimm (jusqu'en 1773). Roland Mortier nous invite d'ailleurs à nous méfier de l'affirmation de Gœthe disant dans sa vieillesse qu'il a lu régulièrement les envois de la *CL*. [R. Mortier, *Diderot en Allemagne* (1750-1850), Paris 1954, p. 222].

W. Zimmer

C'est un fait que d'après les notes de Gœthe dans son journal il a lu la *CL* surtout au mois d'octobre 1812 (*Gœthes Tagebücher*, Weimarer Ausgabe, t. 4, pp. 330-333). Mais dans une lettre du 17 octobre 1812 à C. von Knebel il précise « Hier interessirt uns hauptsächlich die *handschriftlich bekannte* Correspondenz des Herrn Baron von Grimm » (*Gœthes Briefe*, Weimar 1900, t. 23, pp. 113 sq.), lettre qui contient d'ailleurs son fameux jugement sommaire sur la *CL* : « man erfährt viel dadurch, aber man lernt nichts daraus ». Une seule preuve — pour en finir — que Gœthe et d'autres ont pris connaissance de la *CL* sous leur forme manuscrite me semble être fournie dans le journal de Gœthe sous la date du 19 août 1807, donc avant la publication de la *CL*, où on lit la notice suivante : « Nachher bey dem Prinzen von Gotha zum Thee ; waren Reichards da, wurde aus der französischen Correspondenz gelesen. Der Klatsch von Paris über die Reden und Gegenreden bey der Reception des Cardinals Mori [sic !] ins Institut. Ferner über Leben und Tod des Mallet, der die dänische Geschichte geschrieben. » (*Gœthes Tagebücher*, Weimar, 1889, t. 3, pp. 261 sq). Mais je ne saurais dire à quelles livraisons ces remarques se réfèrent.

J. Carriat

L'élection du cardinal Maury revient plusieurs fois dans la *CL*, mais je pense que Gœthe fait très précisément allusion à la livraison Nº X de l'année 1807 : nous y trouvons des nouvelles de Paris du 16 mai où l'on relate les ennuyeux discours de Maury et de Sicard et le froid accueil qui leur fut fait, plus quelques épigrammes sur le même sujet. En outre, dans la même livraison, se trouve un assez large extrait de l'ouvrage de Sismondi intitulé *De la vie et des écrits de P. H. Mallet* où est évoquée la mort de l'historien du Danemark. [Gotha, I, fol. W 239 sq.]

J. Schlobach

Les renseignements que viennent de nous donner Jeanne Carriat et Wolfgang Zimmer me semblent très intéressants parce qu'ils précisent enfin, sur un point de détail, ce problème d'une lecture de la *CL* par Gœthe. Si nous avons donc maintenant la preuve que Gœthe lisait la *CL* en 1807 dans le manuscrit et après 1812 dans la première édition, il est néanmoins fort peu probable qu'il ait lu régulièrement la *CL* à l'époque où Grimm la rédigeait.

E. Lizé

Que faut-il penser des affirmations de Barbier, en 1814, relatives à la multiplicité des copies de la *CL* à la disposition des premiers éditeurs, et notamment de celles que Grimm faisait faire « en faveur des particuliers assez riches ou assez curieux pour lui payer un abonnement de trois cents Francs » [*Supplément à la Correspondance littéraire de MM. Grimm et Diderot*, éd. A.-A. Barbier, Paris 1814, pp. iv-v] ? Ceci expliquerait-il la possibilité d'un abonnement de Henri-Charles de Bissy, comte de Thiard, dont les lettres à Grimm [XVI, 511-521] laissent penser qu'il lit la *CL* ?

J. Schlobach

Sur le problème des copies dont disposèrent les premiers éditeurs, je ne peux, actuellement, avancer que les mêmes faits et hypothèses émis par Jean de Booy et moi-même dans deux articles sur la question. [J. de Booy, « Henri Meister et la première édition de la *CL* (1812-1813) », *Studies on Voltaire and the 18th century*, t. 23, 1963, pp. 215-269 ; J. Schlobach, « Die frühen Abonnenten und die erste Druckfassung der *CL* », *Romanische Forschungen*, t. 82, 1970, pp. 1-36]. En bref : on peut tenir pour certain que la copie de Meister a servi à la partie 1782-1790 ; pour probable que la copie de Berlin a servi à la partie 1770-1782, et pour hypothétique que le manuscrit de Sarrebruck, les papiers de Grimm ou peut-être même une partie de Gotha I aient servi aux années 1753 sqq. de cette édition. Quant à un éventuel abonnement de Thiard, il faudrait étudier de plus près cette question. Celui-ci semble lire la *CL* pendant qu'il se trouve en campagne en Allemagne pendant la guerre de Sept ans. Peut-être s'agit-il d'un exemplaire destiné à un prince allemand qui passe entre ses mains ? Mais c'est une pure hypothèse. De toute façon vous avez raison de signaler ces renseignements concernant des lecteurs ou abonnés : ils pourraient révéler des copies inconnues de la *CL*.

J. Varloot

Je n'en sais pas plus que vous sur la possibilité d'abonnés à prix réduit, mais je reste sceptique, et je crois qu'il faut clore le débat sur ce point. Je poserai seulement encore une question à Jean Garagnon, sur un point qui me semble capital. Vous avez parlé d'un certain « délayage » opéré par Grimm dans la deuxième livraison. Je demande : la raison peut-elle être que Grimm pense que son lecteur ne va plus avoir sous les yeux la livraison précédente, ou ne s'y reportera pas ; et qu'il faut donc lui remettre en mémoire un certain nombre de faits ?

J. Garagnon

C'est possible, encore que personnellement je ne le pense guère, puisque les deux livraisons ne sont distantes que de quinze jours : du 1er au 15 juin, il est peu probable que Grimm ait eu des abonnés nouveaux, ni que les abonnés existants aient égaré la première livraison ou aient oublié son contenu. Il me semble plutôt s'agir d'une sorte de « pédagogisme répétitif » de Grimm : il aime bien expliquer, rappeler, voire répéter ce qui au fond n'aurait pas besoin de l'être. Et peut-être joue aussi un souci très matériel : celui d'étendre sa copie.

J. Varloot

Ce pédagogisme serait donc celui du professeur qui, revenant la semaine suivante, résume ce qu'il a dit la semaine précédente ?

J. Garagnon

Et cela coïnciderait exactement avec cet écart que je signalais entre un Diderot plus allusif, qui fait confiance à l'intelligence de son lecteur, et un Grimm plus explicite.

DEUXIÈME SÉANCE

SUR LE PROJET D'UNE ÉDITION CRITIQUE

par Jeroom VERCRUYSSE (Bruxelles)

Je ne ferai pas d'exposé parce que ce n'était pas du tout mon intention. C'est Jean de Booy qui devait en fait prendre la parole et esquisser très rapidement l'histoire déjà ancienne des tentatives d'édition critique de la *CL*. Malheureusement comme il ne peut être des nôtres, il m'a communiqué quelques notes auxquelles je me suis permis d'ajouter des réflexions personnelles.

Nous savons tous que la pratique des textes n'est qu'une chose très banale en apparence et que cette apparente banalité a engendré bien des erreurs. Ceux qui ont acquis quelques notions de textologie savent que, lorsqu'on est amené à interroger un texte, il faut accomplir cette démarche dans les meilleures conditions scientifiques possibles : authenticité, sûreté, totalité du texte, autant de facteurs qui, en fin de compte, déterminent, conditionnent la meilleure intelligence possible. L'histoire des éditions de la *CL*, et c'est un sujet qui doit encore être étudié, montre que cette célèbre chronique a été, dès sa première impression, l'objet de nombreuses manipulations. La confrontation avec les manuscrits, s'ils ont survécu, constitue donc une première démarche. Nous savons tous, ou presque tous, que l'édition Tourneux ne peut donner aucune satisfaction. Des suppressions nombreuses de textes, des corrections de toute nature, des déplacements de textes. (Je songe par exemple à cette analyse du *Christianisme dévoilé* de d'Holbach qui a paru en 1766, et que Tourneux n'a pas hésité à déplacer de cinq ans pour être d'accord avec Barbier, alors que Barbier lui-même était mal informé. Ce n'est qu'un exemple). Dès lors, nous devons avoir le courage de confesser nos illusions et nos erreurs.

Depuis longtemps, des chercheurs ont été persuadés qu'il fallait entreprendre une nouvelle édition correcte, complète et scientifique de la *CL*. Un tel projet très ambitieux, très coûteux, a découragé souvent les meilleures volontés. Aujourd'hui grâce à ce colloque, des perspectives plus favorables se dessinent. Permettez-moi de retracer très brièvement l'histoire récente de l'entreprise avant d'en arriver à une question qui nous intéresse tous.

L'initiative pour une nouvelle édition de la *CL* a été suggérée par Théodore Besterman en 1964 après la publication, dans le 23e volume des *Studies on Voltaire.* de l'étude de Jean de Booy sur « Henri Meister et la première édition de la *CL* en 1812-1813 » *op. cit.* Théodore Besterman avait alors proposé à Jean de Booy d'entreprendre une édition, proposition qu'il avait acceptée et votre serviteur avait servi à ce moment-là de « M. Bons offices ». Quant aux collaborateurs, Jean de Booy déjà convaincu que ce travail ne pouvait pas être le fait d'une seule tête, avait proposé, proposition qui fut agréée, les noms de Jean Varloot et le mien. Dans le courant de l'année 1966 dans un premier rapport, Jean de Booy songea à modifier son projet. En effet, inquiet des dimensions que risquait de prendre l'édition, Théodore Besterman lui proposa de publier un supplément à l'édition de Tourneux, qui aurait consisté en 7 ou 8 volumes. Cependant, Jean de Booy et ceux qui discutèrent avec lui de cette question, ne tardèrent pas à se rendre compte que cette idée de supplément n'était pas satisfaisante. Et devant ce dilemme, il décida de continuer la préparation d'une édition intégrale quitte à persuader par la suite Th. Besterman du bien-fondé de sa résolution. Il faut dire aussi que dès cette époque de très importants crédits alloués par la recherche scientifique néerlandaise et d'autres institutions néerlandaises avaient permis à Jean de Booy de commencer un travail qui l'a amené à peu près, m'a-t-il dit, à annoter douze volumes comprenant les années 1753 à 1772.

S'apprêtant alors (1969) à reprendre le contact avec Th. Besterman, Jean de Booy en fut détourné par ce qu'il appelle une circonstance imprévue, sous forme d'une découverte relative aux œuvres de jeunesse de Diderot. Ce n'est qu'au début de l'année passée (1973) qu'il a repris le travail d'édition de la *CL*. Il fut, en ce sens, encouragé dans le courant de la même année par les initiatives, très heureuses, déployées ici à Sarrebruck par Jochen Schlobach avec le concours de Jean Varloot. Les bons offices de votre serviteur furent à nouveau repris et Jean de Booy proposa à Théodore Besterman de reprendre le projet primitif, d'associer à cette entreprise les premiers collaborateurs de 1964 et de leur en adjoindre évidemment de nouveaux.

La réponse de Théodore Besterman fut assez encourageante. Cependant, vu les frais importants de l'entreprise, il demanda un échantillon très substantiel de la publication envisagée, insista aussi sur la nécessité d'une entrevue avec les principaux intéressés. Jean de Booy prépara alors un échantillon qui porte sur à peu près la totalité de l'année 1759. La réponse ne se fit pas attendre. Le 4 janvier 1974 M. Besterman précisa ses offres, insista encore, et on le comprend, sur la nécessité d'une entrevue.

Dans l'esprit de ce dernier, et d'après les nombreuses discussions que j'ai eues avec lui récemment, et qu'il m'a demandé de vous rapporter ici, il faudrait parvenir rapidement à une répartition définitive des responsabilités. Des directeurs généraux pourraient s'entourer de collaborateurs de leur choix ; il faudrait aussi, dit-il, parvenir à la constitution d'un comité consultatif groupant des personnalités qui sans être en état de fournir une collaboration directe, seraient disposées à honorer l'entreprise de leur soutien et de leurs conseils éclairés.

Enfin, le 11 février Théodore Besterman m'écrivait : « I gladly authorize you to state that I am in principal willing to publish a critical edition of the *CL* ». Cependant, ne nous berçons pas d'illusions ; si cette heureuse et importante nouvelle est de nature à réjouir tous ceux qui s'intéressent à la *CL* et à la recherche dix-huitièmiste, un travail important nous incombe : c'est de préparer cette édition. Beaucoup de travaux nous attendent donc et Jean Varloot en a bien délimité les contours tout à l'heure. Bien des obstacles se dressent sur la route ; j'ajoute que ces difficultés ne nous font pas peur et qu'en travaillant de concert nous vaincrons.

LES ANNÉES 1760-1763
Travaux de l'équipe d'Upsal

par Ulla KÖLVING-RODRIGUEZ (Upsal)

C'est pendant l'année 1969 que quelques membres du séminaire de littérature française de l'Université d'Upsal préparant un doctorat sous la direction de M. Gunnar von Proschwitz, spécialiste des rapports culturels franco-suédois au XVIIIe siècle, ont été amenés à s'intéresser à certains manuscrits conservés à Stockholm et à Upsal. Ces manuscrits avaient tous trait, plus ou moins directement, aux relations culturelles entre la France et la Suède au « siècle des Lumières ». Le manuscrit de la *CL* de Grimm et Meister conservé à la Bibliothèque Royale de Stockholm a vite attiré et fixé notre attention : un examen même sommaire de l'édition de la *CL* établie par Maurice Tourneux faisait ressortir des différences profondes entre les deux textes et attestait, sans conteste, l'importance du manuscrit de Stockholm. Nous nous sommes proposé de faire en collaboration une édition, plus fidèle que celle de Tourneux, du manuscrit suédois de la *CL* de Grimm et Meister, persuadés qu'une telle édition ne manquerait pas d'intérêt pour les chercheurs, en attendant une édition intégrale de l'ouvrage, basée sur la recherche et la confrontation systématiques de tous les manuscrits parvenus jusqu'à nous, tâche qui dépassait de loin nos moyens et possibilités.

On sait que la copie de la *CL* conservée en Suède fut envoyée à Louise Ulrique, reine de Suède et sœur cadette de Frédéric II, et à son fils Gustave III pendant les années 1760 à 1793. Le prix de l'abonnement semble avoir été fixé à 600 livres par an. Du moins est-ce là la somme versée à Meister en 1780[1]. Grâce à une lettre publiée par J. Schlobach dans son

---

1. Lettre de GRIMM à Gustave III en date du 1er juillet 1780, collection Gustave III, Bibl. univ. d'Upsal, cote F 491, 50. Cette lettre nous apprend, en outre, que jusqu'à sa mort survenue en 1779 c'est Jean-François Beylon, lecteur de Louise Ulrique depuis 1760, qui servit d'homme d'affaires et d'intermédiaire entre Grimm et ses abonnés royaux en Suède.

édition de la *Correspondance inédite* de Grimm[2], nous savons que, dès 1755, Grimm, soucieux de se procurer de nouveaux abonnés, cherche à se faire valoir auprès de Louise Ulrique. Le 24 avril de cette année, il écrit au baron de Brand, premier écuyer du Prince de Prusse Auguste Wilhelm[3] : « On dit, Monsieur, que la Reine du Suede cherche une correspondance litteraire. Vous devriés me procurer la protection de LL. AA. RR. auprès d'elle. Elle aime les details qui regardent les arts. Je serois en etat de ne lui en pas laisser manquer »[4]. Une autre démarche fut faite en faveur de Grimm auprès de la reine par le marquis de Castries[5]. Celui-ci, après avoir vu quelques feuilles de la *Correspondance* de Grimm, avait écrit à Carl-Fredrik Scheffer[6], ancien ministre plénipotentiaire de Suède à la cour de France et sénateur, pour proposer cette correspondance à la reine. Au mois d'août 1756, Grimm semble attendre avec confiance le résultat des deux négociations en cours[7]. A ce propos, il est curieux de noter que, dans le manuscrit conservé à la Bibliothèque Royale de Stockholm, on retrouve, dans le premier volume, insérés dans la livraison du 15 décembre 1760, deux envois incomplets de l'année 1756, ceux du 1er et du 15 décembre. Ils renferment deux articles assez longs sur les arts, l'un portant sur la coupole de la chapelle de la Vierge à Saint Roch peinte par Pierre, et l'autre sur les grandes machines en peinture et en poésie (III, 311-14 et 317-321). Comment expliquer la présence de ces deux envois de 1756 dans le manuscrit de Stockholm ? L'abonnement de Louise Ulrique aurait-il commencé plus tôt qu'on ne l'a cru jusqu'ici ? Cela est peu probable. Grimm, au contraire, indique lui-même à plusieurs reprises dans sa correspondance privée que la reine de Suède reçoit ses feuilles depuis 1760[8]. Il est bien plus probable que ces deux numéros qui traitent d'une matière qui, à l'avis de Grimm, était susceptible d'intéresser la reine, lui furent envoyés, par Grimm lui-même ou par un intermédiaire, pour donner une idée plus précise du contenu de cette correspondance. Reste à savoir, évidemment, pourquoi cet abonnement n'a commencé qu'en 1760. On n'a sans doute pas tort, cependant, d'expliquer en partie ce délai par la Guerre de Sept Ans qui venait d'éclater et surtout par la

---

2. München, 1972.
3. Auguste WILHELM de Prusse (1722-1758), frère de Louise Ulrique, était abonné à la *Correspondance* depuis quelque temps. Voir J. SCHLOBACH, « Die Frühen Abonnenten... », *op. cit.*, p. 20.
4. GRIMM, *Correspondance inédite*, *op. cit.*, p. 234.
5. Charles Eugène GABRIEL, marquis de Castries (1727-1801), dont Grimm avait fait la connaissance en 1755.
6. Carl Fredrik SCHEFFER (1715-1786), qui avait été ministre plénipotentiaire en France de 1743 à 1752, fut nommé gouverneur du prince royal Gustave en 1756.
7. Voir à ce sujet une lettre en date du 22 août 1756, publiée en partie par SCHERER dans *Melchior Grimm, l'homme de lettres, le factotum, le diplomate*, Paris, Calmann Lévy, 1887, p. 407. Le destinataire de cette lettre est probablement le baron de Brand.
8. Voir par exemple GRIMM, *Correspondance inédite*, *op. cit.*, pp. 58 et 116.

situation fort difficile dans laquelle se trouvait Louise Ulrique après le coup d'État manqué de 1756[9], situation complexe et humiliante qui ne lui donnait certainement ni le loisir ni les moyens de s'occuper d'une correspondance littéraire secrète.

Le manuscrit de Stockholm, qui se trouvait antérieurement à la bibliothèque du château de Drottningholm[10], est maintenant déposé à la Bibliothèque Royale sous la cote Vu 29 : 1-16[11]. Permettez-moi, au risque de répéter des choses déjà connues par plusieurs d'entre vous, de faire une description sommaire de ce manuscrit qui, loin d'être aussi complet que ceux conservés à la Forschungsbibliothek Gotha-Schloss Friedenstein, présente des lacunes considérables. Les numéros vont, avec plus ou moins de régularité, de janvier 1760 au mois d'avril 1793. On y trouve, en outre, les deux livraisons incomplètes de l'année 1756 que je viens de mentionner.

Les neuf volumes qui couvrent la période de 1760 à 1768 sont magnifiquement reliés en veau et portent l'ex-libris de la reine Louise Ulrique[12]. Ils sont, à peu de chose près, complets : un seul envoi fait défaut pour l'année 1767, celui du 15 mars ; tandis que pour l'année suivante, 1768, il en manque sept : ceux du 15 février, 1er mars, 1er avril, 1er et 15 octobre, 15 novembre et 1er décembre. Il est intéressant de noter que ces lacunes correspondent exactement à celles signalées par J. Schlobach dans la copie adressée au margrave d'Anspach et conservée à la Bibliothèque Historique de la Ville de Paris[13].

Reste à décrire la partie non reliée du manuscrit qui renferme les années 1769 à 1793. Bien que partiellement décrite par M. Bowen dans sa thèse *Contributions from Diderot and Grimm in the Stockholm manuscript of the « Correspondance littéraire » (1760-1774)*[14], cette partie a été peu étudiée et elle est la moins connue[15]. C'est à partir de 1769 que les lacunes se font de plus en plus fréquentes et cette année ne comporte en effet que le

---

9. Voir C. NORDMANN, *Grandeur et liberté de la Suède* (1660-1772), Paris et Louvain, Nauwelaerts, 1971, pp. 262-63.

10. Situé sur les bords du lac Mälar, le château de Drottningholm, construit pendant la seconde moitié du XVIIe siècle, fut offert en 1744, en cadeau de noces, à Louise Ulrique. La bibliothèque du château, faite sur les dessins de Jean Eric Rehn, fut fondée par la reine vers 1760.

11. Une annotation au début des volumes reliés semble indiquer que le manuscrit est entré à la Bibliothèque royale le 20 août 1854.

12. Les armes de Prusse et celles de Suède, entourées du collier de l'Ordre de l'Aigle Noir et de celui de l'Ordre des Séraphins ; le tout sur un fond d'hermine et surmonté d'une couronne Royale avec, comme supports, un lion couronné et un sauvage.

13. « Lettres inédites de VOLTAIRE... », *op. cit.*, p. 426, n. 6.

14. University of Illinois, 1956.

15. Les manuscrits sont répartis comme suit : Vu 29 : 10 (1769-72), 11 (1773-74), 12 (1775, 1779-81), 13 (1782-84, 1786-88), 14 (1789-91), 15 (1792-93), 16 (pièces diverses de 1775 à 1793).

numéro du 15 février et une partie du Salon[16]. Les années 1776, 1777, 1778 et 1785 font entièrement défaut[17] et, à l'exception des années 1773, 1774, 1775 et 1791[18] qui sont les seules à être complètes, toutes les autres années ne contiennent que des livraisons — ou fragments de livraisons — éparses[19].

Pour une description complète du manuscrit suédois de la *CL*, il faut ajouter le volume F 523 de la Collection Gustave III conservée à la Bibliothèque universitaire d'Upsal. Il comprend, entre autres, 338 feuillets de fragments détachés de la *Correspondance* pour la période 1776 à 1787, des fragments qui comblent quelques-unes des lacunes du manuscrit de Stockholm[20]. Il semble donc légitime de conclure, avec S. Delblanc, qu'ils proviennent de la même source.

Les copistes différents dont se sert Grimm et qui alternent dans le manuscrit, écrivent tous d'une belle écriture, facilement lisible, et l'établissement du texte ne pose guère de problèmes. Les difficultés de déchiffrement, si petites soient-elles, que pose le manuscrit proviennent du fait qu'il n'est pas toujours relié d'une façon correcte, et surtout de ce que la reliure fait disparaître de temps en temps des signes de ponctuation, des lettres ou des mots entiers. On note avec intérêt que Grimm est plusieurs fois intervenu pour corriger de sa propre main les fautes échappées aux scribes, pour faire des rectifications et pour donner des explications supplémentaires, telle la précision suivante : « Le morceau suivant est de Madame *** dont les lettres à son fils ont été ci-devant ajoutées à ces feuilles » qui précède le petit conte intitulé *Qu'en pensés vous ?* inséré dans l'envoi du 1er février 1761. Dans la livraison du 1er novembre 1763, on trouve, copiées de la main de Grimm lui-même, trois pages qui renferment une lettre datée du 15 août 1763 écrite par d'Alembert à Frédéric II pour prendre congé avant qu'il ne retourne en France avec

---

16. BAUDOUIN inclus.
17. Vu 29 : 16, qui comprend des pièces détachées de 1775 à 1793, renferme pourtant des fragments de mars 1776, de juin et juillet 1778, de janvier, juillet et août 1785.
18. Les premiers feuillets du mois d'août 1791 manquent pourtant, ainsi que les derniers du mois de septembre de la même année.
19. J'indique sans commentaire les livraisons qui me semblent complètes : 1770 (1er et 15 avril, 15 mai-1er juillet, 15 octobre, 1er novembre), 1771 (1er et 15 avril, 15 mai, 1er juin, 1er juillet-15 décembre), 1772 (1er janvier-1er février, 1er mars-1er avril, 1er mai, 15 juin-1er décembre), 1779 (décembre), 1780 (janvier, février, novembre), 1781 (janvier-mars, septembre, octobre), 1782 (mai-août), 1783 (janvier-mars), 1784 (janvier), 1786 (mai, décembre), 1787 (septembre, octobre), 1788 (février, mars, mai, juillet, septembre-novembre), 1790 (janvier, mars-août, octobre-décembre), 1792 (janvier-septembre), 1793 (janvier-mars).
20. Pour une description du manuscrit d'Upsal, voir S. Delblanc, « Le Manuscrit suédois de la *Correspondance littéraire* de Grimm. Une découverte complémentaire », *Samlaren*, XXXIX, 1958, pp. 77-79.

la réponse du roi[21], ainsi qu'une lettre de Catherine II datée du 7 avril 1763 et adressée à d'Alembert[22].

Les travaux du groupe d'Upsal ont porté jusqu'à présent exclusivement sur les années 1760 à 1763, chacun des quatre membres travaillant sur une année[23]. Notre but a été de donner une édition pourvue d'un apparat critique comprenant d'une part les variantes de l'édition de Tourneux, d'autre part pour certains textes écartés par Tourneux, les variantes des dernières éditions critiques ou des premières éditions de l'époque. Les nombreuses notes explicatives, que nous avons cherché à rendre assez exhaustives, contiennent des renseignements d'ordre biographique et historique, les identifications de personnages, de textes et d'auteurs, etc... Les notes lexicologiques, d'autre part, ont été réduites au minimum : seuls font l'objet de commentaires les mots et expressions ne figurant pas, dans l'acception en question, dans *Littré* ou *Robert*.

On sait combien Tourneux a écarté de textes de Grimm, Voltaire et Diderot ainsi que d'un grand nombre d'écrivains de second ordre[24]. Une confrontation, pour les années 1760 à 1763, entre le manuscrit de Stockholm et l'édition de Tourneux révèle en effet de grandes divergences. Avant de disposer du manuscrit de Gotha, il nous est évidemment impossible d'établir avec certitude dans quelle mesure celles-ci sont dues à Tourneux ou à Grimm lui-même. On constate non seulement que bon nombre de textes ont été supprimés mais aussi que de nombreux avis et notices sont distribués différemment dans les deux textes. Il arrive souvent que des notices plus ou moins longues soient placées sous des dates fort différentes. Très fréquentes entre les mois, ces interversions le sont moins entre les années. Ces remarques s'appliquent d'ailleurs non seulement aux notices mais aussi à des textes plus importants. Je mentionne, à titre d'exemple, une *Lettre* adressée à M. d'Argental par feu M. le Marquis de Rochemore. Elle a été publiée par Tourneux dans l'envoi du mois d'avril 1758 (III, 493), tandis que, dans le manuscrit de Stockholm, elle figure à la fin de la livraison du 1er juillet 1761. Cette fois-ci, c'est vraisemblablement Grimm lui-même, qui savait bien que Louise Ulrique n'avait pu lire la lettre en 1758, qui l'a insérée au mois de juillet 1761 afin d'expliquer la *Réponse* de Mlle Le Couvreur pour M. d'Argental à cette même lettre du Marquis de Rochemore placée dans la livraison du 1er août 1761.

L'année 1763 offre une particularité : on a relié l'un après l'autre deux

---

21. *Œuvres de Frédéric le Grand*, XXIV, Berlin, 1854, pp. 418-20.
22. d'ALEMBERT, *Œuvres et correspondances inédites*, éd. Charles Henry, Paris, 1887, p. 215.
23. Les membres du groupe sont en plus de moi-même, Sigun Dafgård (1760), Maria Save (1762) et Agneta Hallgren (1763) que je remercie pour leur collaboration.
24. Voir J. VARLOOT, *op. cit.*, et J. de BOOY, *Inventaire...*, *op. cit.*

numéros en date du 15 juin, les deux copiés par le même scribe. Le cas n'est pas tout à fait unique en soi, car on trouve encore deux exemples d'une livraison double, ceux de juillet 1774 et de décembre 1775[25]. Ce qui mérite particulièrement notre attention, c'est le fait que les deux numéros du 15 juin 1763, tout en ayant un fond identique, montrent de grandes différences quant à la forme. Presque chaque phrase d'une version se présente, dans l'autre, légèrement changée. La seconde de ces deux versions est identique à celle donnée par Tourneux (V, 310-19). On se demande évidemment pourquoi Grimm a pris la peine de donner deux visages différents à une même livraison envoyée au même destinataire. Ces deux versions d'un même envoi ont de quoi surprendre si l'on considère la grande conformité qui existe en général, à l'exception, bien entendu, des parties écartées, entre le texte présenté par Tourneux et celui de notre manuscrit. Il y a pourtant un parallèle. Ainsi le numéro du 1er février de la même année, 1763, présente-t-il exactement les mêmes particularités, si l'on confronte, cette fois-ci, le texte de Tourneux (V, 216-25) et celui du manuscrit de Stockholm. Identiques quant au contenu, exception faite naturellement des suppressions opérées par Tourneux, les deux textes montrent d'importantes divergences quant à la forme.

Dans son article sur les contributions ignorées et les collaborateurs mal connus de la *CL*, J. Varloot a fait remarquer que, dans les années soixante, la *CL* était essentiellement une revue voltairienne[26]. En effet, dans le manuscrit de Stockholm, les textes de Voltaire — contes, facéties, lettres et poèmes — pullulent. Ses lettres surtout se font nombreuses à partir de 1763. Or, les chiffres relevés par J. Varloot dans l'article que je viens de citer, s'accordent mal avec ceux que nous avons pu noter dans le manuscrit de Stockholm. En 1761, par exemple, le nombre de lettres provenant de Ferney s'élève à 2 dans le manuscrit de Gotha et à 3 dans celui de Stockholm, où sont insérées la lettre que Diderot écrivit à Voltaire sur *Tancrède* ainsi que la réponse de celui-ci, deux textes qui ne figurent pas dans la collection de Gotha[27]. De 1762, nous avons à Gotha 3 lettres et à Stockholm 5, dont une — qui semble d'ailleurs inconnue de Th. Besterman — adressée à l'avocat Huerne de La Mothe. Cette lettre était originairement jointe à celle que Voltaire manda à Mlle Clairon le 21 septembre 1761 et qui la précède dans le manuscrit[28]. Pour l'année 1763, J. Varloot a relevé 15 lettres à Gotha tandis qu'il y en a 23 à Stockholm, dont 16 adressées à Damilaville. Pour les années sui-

---

25. Le second exemplaire du mois de décembre 1775 se trouve dans Vu 29 : 16, parmi les pièces détachées.
26. J. Varloot, *op. cit.*, p. 439.
27. Best. D. 9430, D. 9454. Cf. J. de Booy, ' Inventaire... ', *op. cit.*, p. 362.
28. Best. D. 10034. La lettre adressée à Huerne de La Mothe a été publiée depuis par E. Lizé, *op. cit.*, pp. 251-252.

vantes, les différences sont encore plus importantes. Pour l'année 1764, il y a 33 lettres à Gotha et 39, dont 34 adressées à Damilaville, à Stockholm. Pour l'année 1765, le manuscrit de Gotha semble renfermer 57 lettres du Patriarche. Pour Stockholm, le chiffre est 79, dont 66 adressées à Damilaville. Parmi ces 79 lettres on en trouve 2 qui semblent inédites. Datées du 4 octobre et du 15 novembre 1765, elles ont trait aux souscriptions faites pour l'estampe qui se vendait en faveur des Calas et Grimm en est lui-même le destinataire[29]. Pour l'année 1766, J. Varloot a relevé 62 lettres à Gotha tandis que, à Stockholm, on n'en trouve que 48 dont 44 adressées à Damilaville. En 1767, nous avons 75 lettres à Gotha et 74, dont 68 adressées à Damilaville, à Stockholm. En 1768, finalement, le manuscrit de Gotha comprend 50 lettres et celui de Stockholm 65, dont 60 adressées à Damilaville. En tout, il y a dans le manuscrit de Stockholm 288 lettres adressées à Damilaville[30]. Comme l'a signalé J. Schlobach à propos des lettres inédites de Voltaire retrouvées dans la copie d'Ansbach[31], il est probable que, pour des raisons différentes — goût et opinions religieuses des abonnés, confiance accordée à ceux-ci, etc. — Grimm a fait un choix dans les lettres du Patriarche qu'il avait à sa disposition, choix qui variait selon les destinataires. Les diverses copies manuscrites peuvent donc nous révéler l'existence d'un certain nombre de lettres inconnues jusqu'ici.

Je n'ai donné ici qu'un bref aperçu des manuscrits suédois de la *CL* et des travaux qui leur ont été consacrés. Il reste à faire l'importante confrontation entre le manuscrit de Stockholm et celui de Gotha, les seules copies de la *CL* retrouvées pour les années 1760 à 1763.

---

29. Elles ont été publiées depuis par E. Lizé, *op. cit.*
30. Ces lettres sont envoyées à Stockholm avec un retard d'environ un an, tout comme à Ansbach. Cf. J. Schlobach, « Lettres inédites de Voltaire, *op. cit.*, p. 423 ».
31. *Ibid.*, p. 427.

VINGT ANNÉES INÉDITES : 1794-1813
Inventaire sommaire

par Jeanne CARRIAT (Paris)

L'édition la plus complète de la *CL*, celle de Tourneux, qui a été longtemps considérée comme « définitive » est en réalité, ainsi que l'ont montré Jean Varloot et Jean de Booy[1], fort incomplète.

Dans le tome XVI de cette édition, les dernières années sont de plus lacunaires et l'édition s'arrête à l'année 1793. Et pourtant, bon an mal an, la *CL* a continué de « paraître » jusqu'en 1813, traversant avec une remarquable continuité les régimes successifs que connut alors la France : la Première République, le Directoire, le Consulat et l'Empire jusqu'à l'agonie.

Tout en ne partageant pas, il s'en faut, l'admiration de Mme Grubenmann pour le « Solitaire de la Suisse »[2], il nous semble que Meister et sa *Correspondance* ont été injustement oubliés. Il est en tout cas dommage que ce témoignage exceptionnel — puisque *secret* — ne soit pas encore à la portée des chercheurs qui s'intéressent à cette époque charnière, mal connue parce qu'elle se situe entre deux époques importantes : le Siècle des Lumières et le Romantisme.

Grâce à l'autorisation et aux encouragements de Jean Varloot qui a pu obtenir un microfilm du manuscrit de *Gotha I* (*B 1138*), nous avons pu dresser un inventaire sommaire de ce microfilm concernant les tomes *s* à *z* (1792 à 1813) en nous intéressant plus particulièrement aux années entièrement inédites du manuscrit : de 1794 à 1813[3].

---

1. J. Varloot, *op. cit.*, et J. de Booy, '*Inventaire* '..., *op. cit.*
2. Yvonne de Athayde Grubenmann, *Un cosmopolite suisse* : *Jacques-Henri Meister* (1784-1826), Genève, Droz, 1954.
3. Voir figure I, le tableau des correspondances entre années et tomaisons du manuscrit B 1138. Pour simplifier, nous ne répéterons pas cette cote, nous bornant à noter le tome (en minuscules) suivi de l'indication du folio.

S	1 - 39	ANNÉE	1793
	42 - 139 Vo	«	1792
	140 - 238 Vo	«	1794
	240 - 366 Vo	«	1795
T	1 - 132 Vo	«	1796
	133 - 267	«	1797
U	1 - 116 Vo	«	1798
	117 - 236	«	1799
	238 - 371 Vo	»	1800
V	1 - 121	«	1801
	123 - 284	«	1802
	286 - 456	«	1803
	457 - 591 Vo	«	1804
W	1 - 103	«	1805
	104 - 159 Vo	«	1806
	160 - 350 Vo	«	1807
X	1 - 175 Vo	«	1808
	176 - 349 Vo	«	1809
Y	1 - 184	«	1810
	185 - 343	«	1811
Z	1 - 147 Vo	«	1812
	148 - 291 Vo	«	1813

Fig. I - Répartition des tomes s - z du manuscrit de Gotha B 1138, années 1792-1813.

Pendant ces vingt ans, Meister de retour dans sa patrie, — Zurich —, où il se considère lui-même comme un émigré, va continuer à commenter l'actualité parisienne. En 1794, il annonce un nouveau départ de la *CL* :

> « Revenu dans mon ancienne patrie à la faveur de la neutralité que les circonstances nous ont permis ou nous ont forcé de garder, je me trouve plus à portée de renouer mes correspondances avec Paris et de recommencer ainsi l'ouvrage qui fut si longtemps la ressource et le bonheur de ma vie[4]. »

Tourneux qui avait eu en mains le manuscrit de *Gotha* I[5] cite intégralement ce Préambule et commente :

---

4. S 140 et, dans Tourneux, XVI, 209-10.
5. Pour les années 1792-1793, le manuscrit porte de nombreuses croix vraisemblablement dues à Tourneux, puisqu'elles correspondent aux coupures de l'édition qu'il en donne. Comme pour les années précédentes sont éliminées les poésies fugitives et les œuvres de Meister. Un mois est déplacé, mais la chronologie de cette partie sans doute londonienne de la *CL* reste très incertaine...

« C'est ainsi que Meister annonce en 1793 la résurrection de ses feuilles, et il semblerait, à lire ce prospectus ronflant, qu'en arrêtant ici la *CL*, nous privons le lecteur de précieuses informations sur le mouvement intellectuel des dix-huit années pendant lesquelles il la continua. Nous tenons à protester contre un pareil soupçon, et nous sommes persuadé que cette seconde série mérite absolument, à quelques exceptions près, le sort qui lui a été fait. » (XVI, 210)

Et l'on s'est fié à la parole de Tourneux[6] mais on peut se demander si ce jugement sommaire doit rester sans appel ?

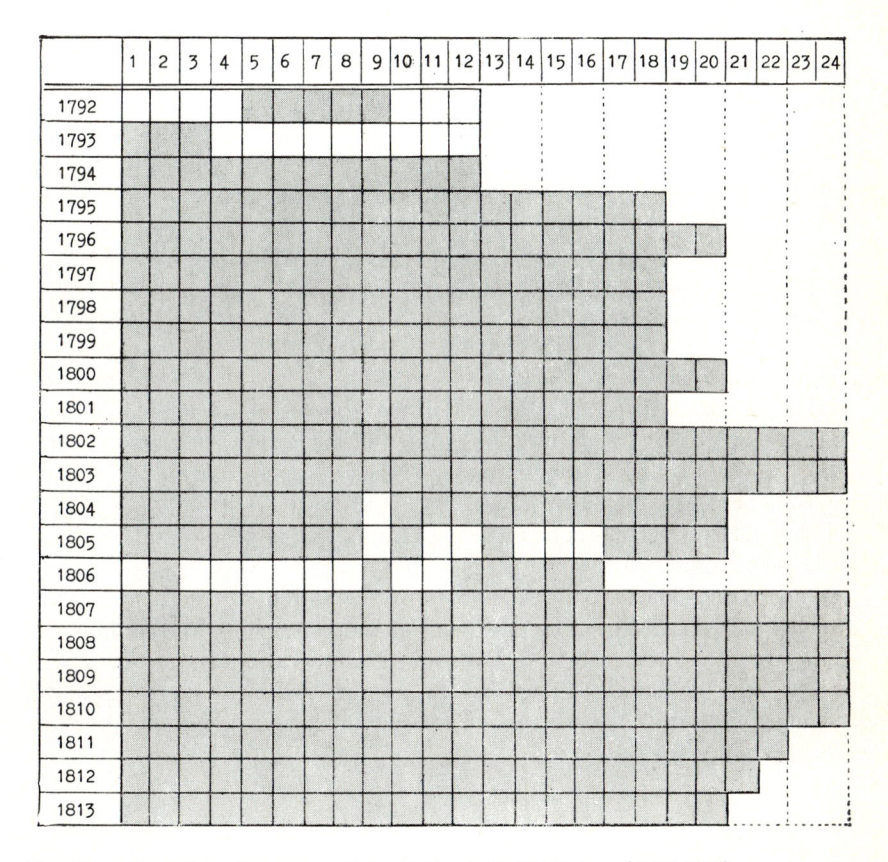

Fig. II — Inventaire du manuscrit de Gotha I, B 1138, s - z (1792-1813).

---

6. Voir, A. Cazes, *Grimm et les Encyclopédistes*, Paris, PUF, 1933, p. 56.
Depuis la rédaction de cette communication, les travaux entrepris en vue de la préparation d'une thèse, m'ont permis d'identifier de nombreuses « Sources » de Meister. Il faut bien reconnaître que, dans une large mesure, Tourneux était dans le vrai.

Pour se rendre mieux compte de l'importance et de la répartition des livraisons, on peut consulter la Figure II où nous avons représenté schématiquement l'état du manuscrit. On constate que la collection de Gotha présente peu de lacunes. L'année 1794 comprend 12 numéros, mais à partir de l'année suivante le nombre de livraisons oscille entre 18 et 20 numéros par an, et monte même à 24 pour les années 1802 et 1803. Il manque le numéro 9 en 1804, année de la mort du duc Ernest de Saxe-Gotha... Six numéros manquent en 1805, neuf en 1806. Ce sont là des lacunes que peut expliquer aisément la situation européenne en ces années : au moment d'Austerlitz, d'Auerstadt et d'Iéna — peu distantes de Gotha — on peut imaginer que le nouveau destinataire (le prince Émile, peut-être ?) était sollicité par d'autres urgences que la lecture des nouvelles à la main.

En 1807, la publication monte de nouveau à 24 numéros et se maintiendra à ce rythme pendant quatre ans, preuve sans doute que Meister a trouvé de nouveaux souscripteurs, ou du moins que ses feuilles sont « bien accueillies » à Gotha. Cependant, à partir de 1811, s'amorce une chute lente et régulière : en 1811, 22 numéros, en 1812, 21, et en 1813, 20[7].

Ajoutons que certains cahiers se sont trouvés déplacés au moment de la reliure : une livraison de 1807 se trouve au milieu de 1810[8], une autre de 1812 en 1813[9], une autre encore de 1812 en 1811[10]. Chaque fois, les déplacements ont lieu de numéro à numéro : si un feuillet du numéro VIII est déplacé, il se trouve dans une autre année, mais dans le numéro VIII, ce qui permet de supposer que les feuillets ont été classés avant reliure d'après les repères numériques de bas de pages par quelqu'un qui ne lisait peut-être pas le français...[11]

Mis à part ces accidents postérieurs, on voit que la promesse de Meister en 1794 fut tenue.

Dans ce que Tourneux appelle un « prospectus ronflant », Meister avait annoncé un *plan nouveau* : peu à peu les nouvelles sont livrées dans un ordre fixe et, à partir de 1804, elles sont ordonnées suivant une structure-type à laquelle Meister se tiendra. Le nombre de pages va de 12 à 16, la moyenne générale pour les vingt ans se situe à 13,8 pages, comprenant les rubriques suivantes :

---

7. Et non 19, comme on l'a cru : le dernier numéro, XX, a été rogné en haut, et une lecture rapide pouvait laisser échapper ce détail.

8. N° VIII, 1807, w 219-226 v° ; — N° VIII, 1810 [1807], y 61-68 v°.

9. N° VIII (encore !), 1813, z 200 reprend au fol. 204 le N° VIII, 1812.

10. N° XXI, 1812, enchaîne après z 145 v° sur XXI, 1811 jusqu'à z 147 v°. En se reportant à XXI, 1811, on constate que la livraison est incomplète.

11. Le N° VIII de 1807 est en double exemplaire : un en 1807, un autre en 1810. Le texte est le même, la graphie différente, ce qui ferait supposer qu'une seconde série de *Gotha* irait jusqu'en 1807.

Article de tête, en général plus étoffé que les autres (3 ou 4 p.).
Poésies (3 à 4 pages)
Comptes rendus de spectacles (2 ou 3 pages)
Nouvelles de Paris (2 ou 3 pages)
Comptes rendus d'ouvrages imprimés (variable)
Anecdote, Bon mot, éventuellement, pour terminer une page.

On voit que Meister, homme d'ordre, tend à rapprocher sa correspondance d'un bulletin d'information, s'éloignant de plus en plus de l'aspect spontané du genre épistolaire.

Les *Articles de tête* sont très souvent des œuvres personnelles de Meister. C'est une des raisons invoquées par Tourneux pour ne pas publier la partie zurichoise de la *CL* : Meister « usa et abusa du droit d'encombrer ses feuilles de ses propres ouvrages » (XVI, 212). Il suffit en effet pour s'en convaincre de consulter l'*Index des œuvres de Meister incluses dans la CL*[12] : la plupart de ces œuvres sont publiées en articles de tête. Toutefois, Meister ne se réserve pas l'exclusivité de ces articles : à partir de 1804, ses écrits alterneront avec ceux de Pauline de Meulan[13]. Quand la *CL* renoue avec la tradition des *Salons*, c'est en articles de tête que sont publiés ceux de Mme de Vandeul[14] et, plus tard, celui de Victorin Fabre[15].

Il peut s'agir aussi de mettre en valeur des inédits comme des *Lettres* de Voltaire[16], les *Tablettes* de Diderot, *Plan d'un drame*[17] du même, ou les *Règles physionomiques* de Lavater[18], à propos desquelles on réitère les consignes de secret.

D'autres rubriques peuvent à l'occasion être promues au rang d'articles de tête : des comptes rendus d'œuvres importantes telles celles de Chateaubriand[19], de Madame de Staël[20], voire de Malthus[21]. Peuvent également

---

12. Voir *Annexe I*, à la suite de cet article (Etat provisoire).
13. C'est ainsi que pour l'année 1808 nous trouvons des Articles de tête de Meister pour les Nos VII, IX, XI, XIII, XV, et de Pauline de Meulan pour les Nos VIII, X, XIV, XVI. Même exemple d'« œuvres croisées » pour les années 1809 et 1810.
14. *Lettre écrite par une femme de Paris sur le Salon de cette année*, No XIV, 1801, v 89 ; — *Seconde lettre de Mme de V. sur le Salon*, No XVI, 1801, v 108 ; — *Lettre de Mme de Vandeul née Diderot sur le Salon de l'an X*, No XX, 1802, v 251.
15. *Aperçus du Salon de peinture de 1810*, extrait des observations de M. Victorin Fabre, No I, 1811, y 185.
16. *Deux lettres inédites de M. de Voltaire*, No XIII, 1806, w 128.
17. *Tablettes* de M. Diderot, No XV, 1795, s 340 ; — *Plan d'un drame intitulé* Les Deux Amis *trouvé dans les manuscrits de M. Diderot*, No V, 1801, v 26.
18. *Règles physionomiques, ou Observations sur quelques traits caractéristiques, manuscrit pour mes Amis*, traduit de l'allemand de M. Lavater, No IV, 1794, s 164 ; s 181, s 195, s 211.
19. *Atala ou Les Amours de deux sauvages dans le désert*, No VI, 1801, v 33 ; — *Le Génie du Christianisme*, No XII, 1802, v 198 ; — *Les Martyrs*, No XI, 1809, x 250.
20. *Delphine*, No XXIV, 1802, v 279.
21. *Essai sur le principe de Population*, traduit de l'anglais par Pierre Prevost, professeur de philosophie à Genève, No XIX, 1809, x 308.

se trouver en tête des comptes rendus de spectacles[22], des poésies[23] ou un simple « reportage » sur les Catacombes de Paris du « bon Berthet » ami de Meister[24].

Les *poésies* sont en général des poésies de circonstance, épanchements fugitifs, idylles et romances, épigrammes et chansons. Parfois une œuvre plus copieuse s'étale sur plusieurs livraisons. Parmi les nombreux auteurs, que nous ne pouvons tous nommer ici, ceux qui reviennent le plus souvent sont Delille (24 pièces), Parny (19) et surtout Le Brun avec 50 œuvres. Au moins une vingtaine de poèmes sont de Meister (Voir p. 100).

Les *comptes rendus de spectacles* ne concernent que des spectacles donnés à Paris et ne peuvent, par la force des choses, être l'œuvre de Meister, non plus que celle d'émigrés. Aussi l'année 1794 ne relate-t-elle que 4 spectacles : *Le Jugement dernier des Rois* de Sylvain Maréchal[25], *Timoléon* de Chénier[26], *Othello* de Ducis[27] et *Epicharis et Néron* de Legouvé et Saint-Réal[28]. En 1795, Meister vient à Paris, et cherche vraisemblablement à obtenir des correspondants, mais il faut attendre le Nº IV de 1798 pour que la rubrique devienne importante.

Sans entrer dans les détails et pour donner un ordre de grandeur, un dénombrement rapide permet de compter environ 130 opéras et opéras-comiques, 40 drames, 24 tragédies, pour environ 350 comédies et vaudevilles, catégorie qui l'emporte de loin. La musique gagne un peu tous les genres : ce sont de nombreuses comédies à ariettes, des vaudevilles, des drames à ariettes comme *Milton* de Dieulafoy, musique de Spontini[29], *Lina*, musique de Dalayrac[30] ; des tragédies lyriques comme *Hécube* de Milcent[31], *Le Triomphe de Trajan* par Esmenard, musique de Le Sueur et Persuis[32], *La Vestale*, par de Jouï, musique de Spontini[33]. On trouve aussi dans ces comptes rendus des échos de spectacles plus populaires, tels ceux du Boulevard du Crime : des parades[34], des arlequinades[35],

---

22. *Ossian ou Les Bardes*, opéra de Dercy, musique de Le Sueur, ballets de Gardel et Milon, 1804, v 542.
23. *La Pitié*, poème de Delille, Nº VII, 1803, v 326 ; *Id.*, Nº IX, 1803, v 340.
24. *Visite aux carrières de Paris*, Nº XIX, 1811, y 316.
25. Nº II, 1794. (Représenté en octobre 1794).
26. Nº III, 1794, s 163 ; — Nº X, 1794, s 216 vº (représenté en octobre 1793, brûlé par Chénier lui-même en 1794, repris au Théâtre de la République, le 10 septembre 1794).
27. Nº IX, 1794, s 209 (représenté le 26 nov. 1792).
28. Nº IX, 1794, s 209 (représenté en février 1794).
29. Nº II, 1805, w 13 vº.
30. *Lina ou Le Mystère*, paroles de Reveroni Saint-Cyr, Nº XX, 1807, w 318.
31. Nº IX, 1800, u 296.
32. Nº XXI, 1807, w 326.
33. Nº I, 1808, x 5.
34. *Cassandre aveugle*, Nº XVIII, 1803, v 408 ; — *La Cave enchantée*, Nº VII, 1805, w 51 vº.
35. *L'Hermitage*, Nº VIII, 1807, w 223 vº ; — *Elle et Lui*, de Théaulon et Capelle, Nº IX, 1813, z 226, sans compter les divers avatars d'Arlequin comme *Arlequin jour-*

des mélodrames[36], une évocation du *Théâtre pittoresque et mécanique de Monsieur Pierre*[37] et du *Cirque Franconi*[38].

Les *Nouvelles de Paris* n'apparaissent de façon régulière qu'à partir du N° XVII de l'année 1804. Dès lors, elles seront ponctuellement incluses dans la *CL*, et datées. Leur contenu, très varié, va du fait divers plus ou moins émouvant, comme un crime affreux[39], des suicides[40], aux scandales de la vie privée de Madame de Salm[41] ou à la réception du cardinal Maury à l'Académie française[42]. Dans ces « chroniques parisiennes » d'apparence anodine se glissent parfois des allusions politiques, entre autres une relation de la conspiration du général Mallet, alors que tout compte rendu de cette affaire avait été interdit dans les journaux[43].

Un examen plus poussé de ces « Nouvelles de Paris » permettrait peut-être d'identifier leur auteur.

Mais pour l'étude du manuscrit de Gotha, l'intérêt de ces nouvelles est que, du fait qu'elles sont datées, et en particulier à l'occasion des changements d'années — dates fixes — l'on peut déduire que leur temps d'acheminement et de copie représente un délai d'environ quinze jours. Comme elles se suivent régulièrement, parfois groupées par deux, une anomalie dans leur suite chronologique peut être un indice supplémentaire permettant de détecter un cahier à la dérive et de le remettre à sa vraie place. On peut aussi en déduire que l'ultime livraison de 1813, le numéro XX, qui comporte des « Nouvelles de Paris » du 15 et du 30 novembre, a de grandes chances d'être des environs du 15 décembre.

Les *comptes rendus d'ouvrages imprimés* que l'on peut estimer en moyenne à 3 ou 4 par livraison, couvrent les domaines les plus divers. Une classification provisoire *par titres*, c'est-à-dire très grossière, fait apparaître une nette prédominance des ouvrages historiques, centrés plus spécialement sur l'histoire contemporaine. Les ouvrages consacrés à la Révolution y sont très nombreux dans les premières années, mais les comptes rendus suivent de près l'actualité. Par exemple, la campagne d'Égypte suscite plusieurs ouvrages[44] aussitôt commentés.

---

naliste, de Dupaty et Chazet, N° IV, 1798, u 22 v°, *Arlequin confiseur*, de Moreau et Lafortelle, N° IV, 1807, w 190 v°, *Arlequin à Alger, Arlequin dans un œuf, Gilles qui pleure et Arlequin qui rit*, etc.

36. *L'Orpheline*, N° I, 1809, x 180 v° ; — *La Fille mendiante*, N° XX, 1809, x 319 v°.
37. N° VII, 1803, v 330 v°.
38. *La Mine de Beaujonc*, baron Micoud, N° VII, 1812, z 48 v°.
39. *Nouvelles de Paris du 15 octobre*, N° XX, 1809, x 319 v°.
40. *Id.*, du 30 juin, N° XIII, 1812, z 94 v°.
41. *Id.*, du 12 mai, N° XI, 1810, y 90 ; — *Id.*, du 30 mai, N° XII, 1810, y 96.
42. *Id.*, N° VIII, 1807, w 223 v° ;
43. *Id.*, du 30 octobre, N° XX, 1812, z 140 v°.
44. *Mémoire sur l'Égypte considérée comme possession agricole*, N° V, 1799, u 152 ; — *Correspondance de l'armée française en Égypte*, N° V, 1799, u 152 v° ; — *Extrait du compte rendu par le P. Ripault, sur l'Égypte*, N° XV, 1800, u 336 v° ; — *Relation des*

Les récits de voyage sont nombreux, surtout, semble-t-il, à partir de 1807. Ils concernent aussi bien la Chine[45] que les terres australes[46].

Les comptes rendus d'œuvres poétiques occupent une place plus modeste et parfois la critique se résume à une citation. A signaler cependant les articles consacrés à *L'Homme des Champs* de Delille[47], aux œuvres de Boufflers[48], de Charles d'Orléans[49] et de tant d'autres... y compris les *Poésies* de Clotilde de Surville, heureux pastiche dont l'imposture est vite démasquée par une analyse des procédés stylistiques[50].

Les problèmes de langue continuent en effet à être étudiés et les comptes rendus qui s'y rapportent sont fréquents : ainsi les *Éléments de grammaire générale appliquée à la langue française,* de Sicard[51], la *Néologie* de Mercier[52], ou le curieux *Horace éclairci par la ponctuation* du chevalier Croft[53].

Les sciences sont modestement représentées, et les comptes rendus se rapportent surtout aux sciences appliquées : *Expériences sur le galvanisme,* de Humboldt[54], mais aussi *Instruction pour les bergers,* de Daubenton[55], œuvres de Cabanis et d'Alibert[56], mais aussi *Instruction sur les moyens de suppléer le sucre,* de Parmentier[57]. Quelques curiosités comme l'*Optilogue ou Cylindre parlant*[58], les *Thermolampes* de Le Bon[59],

---

campagnes de Bonaparte en Égypte, par BERTHIER, N° XI, 1801, v 72 v° ; — *Ouvrage de Denon sur l'Égypte publié par Le Grand,* N° XVIII, 1802, v 239.

45. *Relation de l'ambassade de Lord Mac Cartney à la Chine,* N° VII, 1796, t 47 v° ; — *Voyage dans l'intérieur de la Chine et en Tartarie fait dans les années 1792, 93 et 94, par Lord Mac Cartney,* par Sir George STAUNTON, N° XI, 1798, u 61 ; — Extrait de *Mémoires sur la Chine,* N° IV, 1803, v 307 v° ; — *Voyage en Chine...,* HOLMES, LANGLES, N° IV, 1805, w 29 v° ; — *Voyage à Pékin...,* de GUIGNES, N° VII, 1809, x 226 v°.
46. *Voyage de découvertes aux terres australes,* F. PÉRON, XIII, 1808, x 98.
47. N° XIV, 1800, u 330 v°.
48. Voir l'*Index,* en Annexe II, à la suite de cet article.
49. *Poésies de Charles d'Orléans père de Louis XII et oncle de François I*er, par CHALVET, N° XIV, 1804, v 547 v° (peut-être l'édition de Grenoble, 1803).
50. 1°) publication dans la rubrique *Poésies de Stances tirées du roman héroïque et pastoral intitulé* Le Chastel d'amour, par Clotilde de SURVILLE, N° XIII, 1803, v 370 ; — 2°) compte rendu des *Poésies de Marguerite Éléonore de Vallon Chalys, depuis Madame de Surville, poète français du XV*e *siècle,* publiées par Ch. VANDERBOURG. C'est une analyse serrée, uniquement sur le plan linguistique ; il y eut, pour d'autres raisons — historiques, philosophiques, etc., — une controverse au sujet de la paternité de ces poésies, et Vanderbourg semble avoir été reconnu de bonne foi... ce qui n'empêche qu'en 1823 paraissait une nouvelle édition, avec préface de Nodier. XVIII, 1803, v 410.
51. N° XV, 1799, u 219 v°.
52. *Néologie ou Vocabulaire des mots nouveaux,* XVI, 1801, v 109.
53. N° XXIII, 1810, y 176.
54. Traduction par J. F. JADELOT médecin, N° IX, 1800, u 297 v°.
55. *Instruction pour les bergers sur les moutons et les laines,* N° XIV, 1802, v 217.
56. CABANIS, *Rapports du physique et du moral de l'homme,* N° XX, 1802, v 258 ; — CABANIS, *Du degré de certitude de la médecine,* N° XVIII, 1803, v 408 v° ; — ALIBERT, *Éloge de Galvani,* N° XVIII, 1801, v 120 ; — ALIBERT, *Nouveaux éléments de thérapeutique,* N° XIV, 1804, v 547.
57. N° XVII, 1808, x 125.
58. N° III, 1803, v 305.
59. N° IX, 1802, v 184.

ou la *Mégalanthropogénésie*[60]. Mais après la création des Écoles centrales, paraissent dans tous les coins de France de nombreux ouvrages de professeurs parmi lesquels nous ne retiendrons que le *Projet d'éléments d'idéologie* par Destutt de Tracy[61].

Les comptes rendus de romans sont très nombreux, les œuvres de Madame de Genlis se succèdent, ainsi que celles de Madame de Flahaut, de Madame Cottin, de Ducray-Duminil.

D'une manière générale, les traductions et adaptations tiennent une place importante dans la *CL* (au moins 70 ouvrages traduits ou adaptés des classiques grecs et latins, pour 80 ouvrages anglais, et 45 allemands). L'abbé Morellet traduit Ann Radcliffe[62], Boufflers Sannazar et Helena Maria Williams[63]. Pour les traductions de l'allemand, ne retenons ici que celles de Gœthe : *Hermann et Dorothée*, par Bitaubé[64], *Alfred ou Les Années d'apprentissage de Wilhelm Meister*, par Sévelinges[65] et *Les Affinités électives*, par Breton[66].

Mais si l'on cherche, parmi les publications étrangères, quelle est la nation la plus représentée, c'est la Suisse.

Malgré la rapidité de cette étude, on voit que la partie inédite de la *CL* présente les mêmes qualités de documentation, de témoignages divers sur les courants intellectuels de cette époque que la partie retenue par Tourneux. Et cette qualité d'information se maintient jusqu'à la fin. Les dernières livraisons ne donnent pas l'impression d'un tarissement ; elles sont aussi fournies que les précédentes, bien que leur nombre diminue un peu chaque année.

Dès l'avant dernière cependant, Meister semble prévoir l'interruption de ses feuilles ; dans le numéro XIX, les « Dernières réflexions d'un Solitaire » se terminent par un laconique : « Le reste, non à l'ordinaire prochain »[67].

En rédigeant la dernière, il semble écrire un testament. Dans sa *Lettre sur Virgile* (qui préférer : Homère ou Virgile ?), il évoque Diderot :

« Je me souviens que la première fois que je vis Diderot, il n'y a guère moins de cinquante ans, étant tombés, je ne sais comment,

---

60. *Essai sur la Mégalanthropogénésie ou l'Art de faire des enfants d'esprit*, Robert le jeune, N° XVIII, 1801, v 121.
61. N° II, 1802, v 136.
62. *L'Italien ou La Confession des Pénitents noirs*, par Ann RADCLIFFE traduit par André MORELLET, ci-devant abbé, l'un des quarante, N° XV, 1797, t 242 v°.
63. Traduction de Sannazar, N° XX, 1805, w 100 v°, par M. de BOUFLERS ; — Traduction de poésies d'H. M. WILLIAMS, par M. Stanislas de BOUFLERS et ESMENARD, N° V, 1808, x 38 v° ; — *Le Crépuscule* poésie traduite de Mlle Williams par M. de BOUFLERS, N° XIV, 1810, y 108.
64. N° XVI, 1800, u 344 v°.
65. N° IX, 1802, v 184 v°.
66. N° XII, 1810, y 97 (sous le titre : *Ottilie ou Le Pouvoir de la sympathie*).
67. N° XIX, 1813, z 179 v°.

> sur ce sujet, il me dit avec son exaltation accoutumée, en découvrant sa belle tête antique et jettant son bonnet contre le mur — Eh ! mon jeune ami, ne suffit-il pas d'un seul hémistiche pour juger lequel de ces deux poètes est le véritable ? Homère dit (...), (ainsi s'accomplit la volonté de Jupiter.) — Que cela est simple et majestueux. Virgile, voulant exprimer la même chose, *sic volvere Parcas* (ainsi les Parques roulent nos destinées). Comme cela est faible et maniéré ! »[68]

Meister ne partage pas cette opinion, mais n'est-il pas significatif que, précisément à ce moment, il évoque de si anciens souvenirs, liés de plus au thème de la destinée... Le reste de la livraison est également placé sous le signe de la fatalité[69]. Les « Nouvelles de Paris » rassemblent deux lettres, dont l'une, du 15 novembre, contient des nouvelles insignifiantes, mais l'autre, du 30 novembre, commence par cette phrase :

> « J'ai balancé un instant à vous envoyer le bulletin de cette quinzaine, tant les nuages qui pesaient sur notre horizon politique semblaient obscurcir également notre atmosphère sociale, mais avant l'expiration de la quinzaine j'ai eu la preuve que le français se fait à tout, ou, pour mieux dire, qu'il ne s'affecte de rien. »[70]

Suivent deux comptes rendus de livres. L'un concerne la *Théorie élémentaire de la Botanique*, ouvrage de Candolle[71], Suisse, comme par hasard. Le dernier compte rendu est consacré à la publication de la *CL*[72]. La conclusion de la lettre de Meister est reproduite par Tourneux (XVI, 218) et l'on pourrait se laisser prendre à ses accents pathétiques... Mais J. de Booy a montré que si la première édition de la *CL* avait désespéré Meister, celui-ci céda bien vite au chantage amical de Berthet et Suard[73]. Par prudence, sans doute, voulant garder un droit de regard sur ce qui devait ou non être publié, c'est lui-même qui envoya à Paris ses manuscrits, sur lesquels fut faite l'édition de 1813... Et dans cette dernière

---

68. N° XX, 1813, z 284. (...) = citation en grec.
69. Une analyse de *Nina, ou La Folle par amour*, ballet-pantomime de Milon, d'après la pièce de Marsollié, musique de Dalayrac (dont le sujet annonce celui de *Lucie de Lammermoor*, avec toutefois, une fin heureuse), des fragments d'une *Lettre écrite de Rome par une jeune Française* (Zélie Santhonas), où il n'est question que de tombeaux (celui que Châteaubriand a fait élever pour Mme de Montmorin, celui du Tasse, un autre de Canova).
70. N° XX, 1813, z 289 v°.
71. *Théorie élémentaire de la botanique, ou exposition des principes de la classification naturelle et de l'art de décrire et d'étudier les végétaux*, par M. A. P. Decandolle, professeur de botanique aux facultés de médecine et des sciences de Montpellier. Un in-8 vo à Paris, D. 1813.
72. *Correspondance littéraire, philosophique et critique, adressée à un Souverain d'Allemagne, depuis 1753 jusqu'en 1769, par le baron de Grimm et par Diderot*. Six volumes in 8 vo. à Paris chez Buisson. 1813.
73. J. de Booy, ' H. Meister... ', *op. cit.*

lettre, qui est un aveu, il revendique en somme sa part des éloges de Pauline de Meulan qu'il vient de citer :

> « Quelque légère, quelque anonyme que soit heureusement la part accordée à l'auteur de ces feuilles dans les éloges d'un jugement aussi favorable, il n'en rougit pas moins intérieurement du mouvement d'amour-propre qui l'a engagé à les transcrire. Hélas ! c'est probablement la dernière indiscrétion, la dernière inconvenance de ce genre que ses lecteurs auront à lui pardonner... »[74]

Malgré le précédent ainsi créé, rien, apparemment, ne menaçait la publication des feuilles les plus récentes et ne portait Meister à les interrompre. Cependant, d'autres raisons peuvent expliquer cette lettre d'adieu : en décembre 1813, la Suisse est libérée par les Autrichiens ; bientôt (janvier 1814) va être dénoncé l'Acte de Médiation auquel Meister avait collaboré. L'Empire s'écroule, et avec lui toute une époque...

Cette époque Meister l'a traversée en homme constamment partagé. Partagé entre Paris et Zurich, entre son amour pour la France et sa conscience de citoyen zurichois, il est encore partagé entre son amour de l'ordre, que représente un temps à ses yeux Napoléon, et son amitié pour Madame de Staël ; partagé enfin entre une foi religieuse sincère et son ancienne amitié pour les Philosophes...

Il ne s'est agi ici que d'un *inventaire*. Il faudrait, pour comprendre le sens des choix de Meister, confronter cet inventaire à ce que nous pouvons connaître de la production de l'époque, et surtout à cette presse imprimée qu'il a, sans s'en cacher[75], si souvent mise à contribution.

L'intérêt majeur de cette œuvre, avant même qu'en soit faite une analyse de contenu, semble sa continuité durant quarante ans, sa masse, argument qui, il est vrai, a jusqu'à ce jour découragé les éditeurs...

Mais si l'on admet que c'est en 1773 que Meister prit en charge « la boutique », pourquoi publier les vingt premières années de sa *CL* et repousser les autres ?

---

74. N° XX, 1813, z 291 v°. (Noter que l'ouvrage avait été mis en vente en avril 1813, et que les adieux datent de décembre).

75. MEISTER nomme, entre autres, le *Journal de Paris*, la *Décade*, le *Mercure*, le *Publiciste*. Parfois il nomme les auteurs des articles cités : Boufflers, Ginguené, Auger, et, pour les questions scientifiques : Biot et Cuvier.

ŒUVRES DE MEISTER INCLUSES DANS LA *CL* INÉDITE
Liste provisoire (1973) selon la chronologie de publication
(1794-1813)

La lettre *P* indique des œuvres en prose, *V*, des poésies et *CR* des comptes rendus d'œuvres imprimées de Meister qu'il a reprises dans la *CL*.
Préambule, P
    (1794) s 140.
Suite des Lettres à Hippolite, P
    (1794) s 140 v°.
Suite des Lettres sur l'Angleterre, P
    (1794) s 156, s 203, s 229.
Fonthill, à Madame de Vandeul, P
    (1794) s 173.
Vers à Mlle Charlotte Burckli, V
    (1795) s 249 v°.
Réponse de l'auteur des Lettres sur l'Imagination à quelques critiques de M. Lavater, P
    (1795) s 261.
Commencement d'un roman tout nouveau (Betzi ou l'amour comme il est...) P
    (1795) s 318, (1797) t 141, t 179, t 223, (1798) u 69, u 125, u 133, u 153. (*CR* : v 31 v°).
Préambule, P
    (1795) s 340.
Les Adieux d'un Suisse à Paris, V
    (1795) s 343 v°.
Mon dernier voyage à Paris, P
    (1795) s 354, (1796) t 1, t 17, t 29, t 43, t 70, t 83, t 89, t 95, t 103.
    Supplément à — (1797) t 237.
De la Morale naturelle, CR
    (1798) u 102 (Extrait du *Publiciste*)
Vues remarquables de la Suisse, traduction de M. M. de Zurich, CR
    (1798) u 102.
Cantique, V
    (1799) u 209.
Aux Alpes en 1799, V
    (1799) u 229 v°.
Vers sur des ours... V
    (1799) u 235.
Mémoire sur la situation actuelle de la Suisse envoyé à Paris en décembre 1799, P
    (1800) u 252.

Cantique du matin, V
    (1800) u 263 v°.
Dialogue entre Madame Heutélia... traduit du chanoine Hottinguer, P
    (1800) u 272.
Stances sur la brièveté de la vie, V
    (1800) u 290.
Hommage à Lavater, P
    (1801) v 7.
Betzi..., CR
    (1801) v 31 v° (Extrait du *Publiciste*).
Lettres à M. Ziegenbein de Brunswick, P
    (1801) v 41, v 53, v 73.
L'Existence de l'Être Suprême, V
    (1801) v 96 v°.
Le Bonheur d'une soumission religieuse, V
    (1801) v 112 v°.
L'Enfance religieuse, V
    (1801) v 118.
La Nouvelle Aline, P
    (1802) v 130, v 138.
Marie de Solange, conte, P
    (1802) v 178.
A ma jeune amie quelques jours avant son mariage (Mlle Burckli), P
    (1802) v 245.
Observations sur la langue grecque, P
    (1803) v 404.
Palémon ou le soir de la vie, idylle, P
    (1803) v 420.
Les vœux et l'espoir d'une âme religieuse, cantique, V
    (1803) v 428.
Échelle de nos facultés intellectuelles et morales, P
    (1803) v 440.
Angélique de Seymour, Tableau de famille, P
    (1804) v 463, v 471.
Thérèse ou la fausse paysanne, P
    (1804) v 507.
Préambule, P
    (1804) v 515.
Encore quelques souvenirs de Paris, à mon ami Burcli
    (1804) v 515, v 536, v 556.
Sur M. Necker mort à Genève le lundi 9 avril, P
    (1804) v 521.
La résignation religieuse, cantique, V
    (1804) v 538 v°.
Préambule, P
    (1804) v 550.
Études sur l'homme dans le monde..., CR
    (1804) v 561 v°.
Supplément aux Études sur l'homme..., P
    (1804) v 566.
De l'Art de la parole, P
    (1805) w 29.

De la Louange, P
    (1805) w 59.
Les Bienfaits cachés de la Providence, cantique, V
    (1805) w 60 v°.
Des causes générales et particulières de l'influence de la philosophie dans le XVIIIe siècle, P
    (1805) w 88.
A Laudes, V
    (1805) w 90.
Sur l'analyse de nos premiers sentiments et de nos premières idées, P
    (1806) w 104.
Éloge de Lavater, CR
    (1806) w 135.
La résignation et l'espoir, cantique, V
    (1806) w 153 v°.
Walter de Halwyl et Egbert de Mulinen ou Les Deux Amis, P
    (1807) w 168, w 176.
Dialogue sur les premiers principes du droit politique, P
    (1807) w 193.
Le Rêve religieux, V
    (1807) w 204 v°.
De la Personnalité, P
    (1807) w 245.
Souvenir d'un nouveau voyage à Paris en 1806, P
    (1807) w 252, w 284.
Glose sur un passage d'Aristote, P
    (1807) w 263.
Euthanasie ou mes derniers entretiens avec elle sur l'immortalité de l'âme, P
    (1807) w 321, w 337, (1808) x 17, x 49, x 63, x 79, x 93, x 106.
A la mémoire de M. le baron de Grimm, mort à Gotha le 19 décembre, P
    (1808) x 25.
La Plainte, V
    (1808) x 34 v°.
De la diminution et de l'accroissement de nos facultés intellectuelles, P
    (1808) x 81 v°.
Du Respect pour les morts, P
    (1808) x 107
Conjectures pythagoriciennes, P
    (1808) x 115.
Sur différents moyens de fixer nos idées, P
    (1808) x 120.
Notice sur un manuscrit phénicien, P
    (1808) x 128 v°.
Le Repentir de la plainte, V
    (1808) x 156.
Prière durant une violente ophtalmie, V
    (1808) x 156 v°.
Lettres sur la vieillesse, P
    (1809) x 220, x 234, x 258, x 272, x 273, x 288, x 289, x 302, x 316, *Supplément aux* — (1810) y 114, y 122.

Réponse aux critiques concernant Euthanasie, P
    (1809) x 285.
De l'Amitié, P
    (1810) y 3, y 31, y 47, y 69, y 92, y 106, y 157, y 158.
Du Bon Ton, P
    (1810) y 77, y 130.
La Vie et la Mort, stances, V
    (1810) y 79.
Ma promenade au-delà des Alpes, P
    (1810) y 164, y 193, y 225, y 244, y 274, y 287.
De la Prière, P
    (1811) y 209
Reveries d'un Solitaire des Alpes sur l'état présent et sur l'état à venir de l'Europe, P
    (1811) y 238, y 250, y 266, y 281, y 287, y 301, y 322, (1812) z 1, z 22, z 38, z 52, z 73, z 96, z 102, z 122, z 142, z 156, z 178, (1813) z 200, z 216, z 245, z 255, z 278.
Préambule (Sur la publication de la *CL*), P
    (1812) z 108.
Voyage de Zurich à Zurich, P
    (1813) z 148, z 170, z 186.
Sur les traductions, P
    (1813) z 262.
Lettre à M. H sur Homère, P
    (1813) z 270.
Lettre sur Virgile ou Suite de la Lettre sur Homère, P
    (1813) z 284.
Correspondance littéraire, CR (de Pauline de Meulan-Guizot), suivi des adieux de Meister
    (1813) z 292.

INDEX SOMMAIRE DES AUTEURS

ALEMBERT (1717-1783)
    u 218, 1799.
ANQUETIL-DUPERRON (1731-1805)
    u 74, 1798
BERNARDIN DE SAINT PIERRE (1737-1814)
    s 243, 1795 ; w 283, 1807 ; x 197, 1809.
BOUFFLERS (1738-1815)
    s 152 v°, 1794 ; s 250, 1795 ; u 151, 1799 ; u 269 v°, 1800 ; v 154, 1802 ; 167 v°, 1802 ; v 297 v°, 1803 ; v 554 v°, 1804 ; w 94, 1805 ; w 100 v°, 1805 ; w 164, 1807 ; w 229, 1807 ; w 318, 1807 ; x 38 v°, 1808 ; x 161, 1808 ; y 108, 1810 ; y 121, 1810.
CAILLY (1727-1800)
    s 153, 1794 ; x 74 v°, 1808.
CHAMFORT (1741-1794)
    s 223, 1794 ; s 332 v°, 1795 ; s 366 v°, 1795 ; t 13, 1796 ; t 143 v°, 1797 ; u 67 v°, 1798 ; u 75, 1798 ; u 355 v° 1800 ; v 19, 1800.

Clairon (1720-1803)
: s 98, 1792 ; s 148, 1794 ; s 306, 1795 ; t 73 v°, 1796 ; u 97, 1798 ; y 256, 1811.

Condorcet (1743-1794)
: s 223, 1794 ; s 292, 1795 ; z 164, 1813.

Delille (1738-1813)
: s 358 v°, 1795 ; t 135 v°, 1797 ; u 34, 1798 ; u 78, 1798 ; u 315 v°, 1800 ; u 321 v°, 1800 ; u 328, 1800 ; u 330 v°, 1800 ; v 61, 1801 ; v 160 v°, 1802 ; v 193 v°, 1802 ; v 247, 1802 ; v 278, 1802 ; v 326, 1803 ; v 340, 1803 ; v 350 v°, 1803 ; v 357, 1803 ; v 364 v° 1803 ; v 367, 1803 ; v 442, 1803 ; v 526 v°, 1804 ; v 564, 1804 ; v 574, 1804 ; w 19 v°, 1805 ; w 114 v°, 1806 ; w 205 v°, 1807 ; w 230, 1807 ; x 12, 1808 ; x 122 v°, 1808 ; x 127, 1808 ; x 140, 1808 ; z 88 ; 1812 ; z 213 v°, 1813.

Diderot (1713-1784)
: s 340, 1795 ; s 361, 1795 ; t 42, 1796 ; t 102 v°, 1796 ; t 215, 1797 ; u 49, 1798 ; v 26, 1801 ; v 555 v°, 1804.

Ducis (1733-1816)
: s 209, 1794 ; s 298, 1795 ; s 299 v°, 1795 ; t 240 v°, 1797 ; u 141 v°, 1799 ; v 47, 1801 ; w 248 v°, 1809 ; x 194 v°, 1809 ; x 208 v°, 1809 ; x 209, 1809 ; x 236, 1809 ; y 302 v°, 1811 ; z 194, 1813.

Du Deffand (1697-1780)
: z 30, 1812.

Dupont de Nemours (1739-1815)
: u 199, 1799 ; u 341, 1800 ; w 298 v° ; x 263, 1809.

Florian (1755-1794)
: t 40, 1796 ; u 205, 1799 ; v 231, 1802 ; v 417 v°, 1803.

Fourcroy (1755-1809)
: s 41 v°, 1793 ; y 45 v°, 1810.

La Harpe (1739-1803)
: s 36, 1793 ; s 58, 1792 ; t 108, 1796 ; t 184 v°, 1797 ; u 192 v°, 1799 ; u 318 v°, 1800 ; v 94, 1801 ; v 310, 1803 ; w 141, 1806 ; w 288, 1807 ; x 91 v°, 1808.

Le Brun (1729-1807)
: s 161 v°, 1794 ; s 275 v°, 1795 ; s 296, 1795 ; s 297, 1795 ; s 316, 1795 ; t 26, 1796 ; t 39 v°, 1796 ; t 79, 1796 ; t 80, 1796 ; t 153, 1797 ; t 181 v°, 1797 ; t 254 v°, 1797 ; u 10, 1798 ; u 16, 1798 ; u 58, 1798 ; u 59, 1798 ; u 195, 1799 ; u 310 v°, 1800 ; u 322, 1800 ; u 329, 1800 ; u 333 v°, 1800 ; u 370, 1800 ; v 98, 1801 ; v 114, 1801 ; v 126 v°, 1802 ; v 392, 1803 ; v 422, 1803 ; v 554, 1804 ; w 12 v°, 1805 ; w 21, 1805 ; w 34, 1805 ; w 82, 1805 ; w 155 v°, 1806 ; w 164, 1807 ; w 231, 1807 ; w 242, 1807 ; w 263, 1807 ; w 277 v°, 1807 ; w 303 v°, 1807 ; x 19 v°, 1808 ; x 70, 1808 ; x 92, 1808 ; x 180 v°, 1809 ; x 188, 1809 ; y 289, 1811 ; y 290 v°, 1811 ; y 297, 1811 ; y 298, 1811 ; y 324 v°, 1811 ; z 15, 1812.

Lesuire (1736-1815)
: v 284, 1802 ; v 411, 1803.

Maréchal (1750-1803)
: s 154, 1794 ; u 211 v°, 1799 ; u 298, 1800.

Marin (1721-1809)
: x 135 v°, 1808.

Marmontel (1723-1799)
: t 112 v°, 1796 ; v 499, 1804 ; v 555 v°, 1804 ; w 17, 1805 ; w 42, 1805.

Mercier (1740-1814)
    s 19 v°, 1793 ; t 108 v°, 1796 ; u 270 v°, 1800 ; v 109, 1801 ;
    z 241, 1813.
Necker Mme (1739-1794)
    s 191 v°, 1794 ; u 37, 1798 ; u 43, 1798 ; u 55, 1798 ; u 164, 1799 ;
    v 110, 1801 ; v 137, 1802 ; x 131 v°, 1808.
Necker (1732-1804)
    t 102 v°, 1796 ; t 147 v°, 1797 ; t 192, 1797 ; u 235 v°, 1799 ; v 1,
    1801 ; v 233, 1802 ; v 521, 1804 ; v 552, 1804 ; w 53, 1805.
Nivernais-Mancini (1716-1798)
    s 351, 1795 ; t 88, 1796 ; t 94, 1796 ; t 187, 1797 ; w 326, 1807.
Parny (1753-1814)
    s 307 v°, 1795 ; s 314 v°, 1795 ; s 364, 1795 ; t 33, 1796 ; t 99, 1796 ;
    u 4 v°, 1798 ; u 112 v°, 1798 ; u 177, 1799 ; u 340, 1800 ; v 241, 1802 ;
    v 435 v°, 1803 ; v 500, 1804 ; w 70 v°, 1805 ; w 72 v°, 1805 ;
    w 123, 1806 ; w 129, 1806 ; w 154, 1806 ; w 188 v°, 1807 ;
    w 226 v°, 1807 ; w 316 v°, 1807 ; w 332 v°, 1807 ; x 252, 1809 ;
    x 253 v°, 1809 ; y 151, 1810.
Restif de la Bretonne (1734-1806)
    t 108 v°, 1797 ; t 154 v°, 1797 ; t 178, 1797 ; y 207 v°, 1811.
Rousseau (Jean-Jacques) (1712-1778)
    s 219, 1794 ; t 87 v°, 1796 ; u 96, 1798 ; v 446 v°, 1803 ; w 17, 1805.
Sade (1740-1814)
    s 145, 1794.
Saint-Lambert (1716-1803)
    t 138 v°, 1797 ; t 145 v°, 1797 ; u 35, 1798 ; v 58, 1801 ; v 421, 1803 ;
Saint-Martin (1743-1803)
    x 239 v°, 1809.
Soulavie (1752-1813)
    u 232, 1799 ; u 245, 1800 ; v 237 v°, 1802 ; v 255, 1802 ; v 258 v°, 1802.
Thomas (1732-1785)
    t 86, 1796 ; t 102 v°, 1796 ; t 114 v°, 1796 ; v 83 v°, 1801 ;
    v 163, 1802 ; v 185, 1802 ; w 206, 1807.
Vandeul Madame de (1753-1824)
    s 302, 1795 ; t 193, 1797 ; u 210, 1799 ; v 89, 1801 ; v 108, 1801 ;
    v 251, 1802 ; v 265, 1802 ; w 42, 1805.
Voltaire (1694-1778)
    u 163, 1799 ; v 46 v°, 1801 ; v 291, 1803 ; v 407 v°, 1803 ; v 418, 1803 ;
    v 437 v°, 1803 ; w 12, 1805 ; w 128, 1806 ; w 263, 1807 ; x 138, 1808.

LE MANUSCRIT DE MOSCOU

par Georges DULAC (Montpellier)

(communication enrichie par des informations postérieures au colloque).

N.B. Comme je l'indiquais dans la communication présentée à Sarrebrück je n'ai pu examiner que très rapidement le manuscrit de la *CL* conservé aux Archives Centrales d'État à Moscou. Les informations dont j'ai fait part étaient à la fois très incomplètes et peu sûres, faute d'avoir été suffisamment vérifiées. Fort heureusement A. D. Mikhaïlov, de l'Institut Gorki de Littérature mondiale, a eu l'extrême obligeance d'examiner à ma demande l'ensemble du manuscrit et de m'envoyer des notes — en particulier un relevé des principales lacunes — qui constituent la meilleure part de la présente description, encore sommaire et provisoire sans doute, mais bien plus précise cependant.

Le manuscrit de Moscou porte la cote F. 181 N. 1433. Il appartient aux Archives d'Actes Anciens qui se trouvent, avec d'autres sections des archives soviétiques, dans les bâtiments des Archives Centrales, rue Bolchaïa Pirogovskaïa. Comme d'autres manuscrits français de la même époque cet exemplaire de la *CL* a été conservé, au cours du xixe siècle, au Ministère des affaires étrangères. L'académicien Grot indique que le manuscrit a été transféré aux Archives d'État en 1878. A cette époque il comportait déjà des lacunes[1].

D'après deux lettres de Grimm datées du 26 janvier 1764 et adressées l'une à Catherine II, l'autre au vice-chancelier Alexandre Mikhaïlovitch Galitzine, la *CL* a été envoyée à Catherine à partir de janvier 1764[2]. Grot supposait que l'abonnement avait duré, avec des interruptions dans les livraisons, jusqu'en 1798 (*CL*, XVI, 211). En fait la livraison la plus ancienne que j'aie pu consulter à Moscou est celle du 1er décembre 1765. Quant aux dernières livraisons examinées par A. D. Mikhaïlov,

---

1. *Recueil de la Société impériale russe d'histoire* (*Sbornik imperatorskago...*) Saint-Petersbourg ; t. XXIII (1878), p. 11.
2. *Ibid.*, t. XLIV (1885), pp. 1 et 2.

elles datent de 1791. Les tomes de la collection sont numérotés de 1 à 26 et correspondent chacun à une année, de 1766 à 1791. Il n'y a cependant que vingt-quatre volumes : les tomes 3 et 4 (1768-1769) sont en effet reliés ensemble et d'autre part le volume correspondant au tome 18 (1783) manque. Seuls les dix-huit premiers volumes (tomes 1 à 20 couvrant la période 1766-1785) sont pourvus d'une reliure, sans luxe, à dos de cuir rouge. Ils comportent d'assez nombreuses anomalies dont l'étude permettra peut-être d'éclairer l'histoire du manuscrit. Ainsi dans plusieurs d'entre eux des cahiers ou des feuillets ont été insérés librement. Pourtant la numérotation des feuillets est généralement ininterrompue. La collection a donc été largement complétée après que les volumes aient été reliés, et avant qu'on ait procédé au foliotage.

On trouvera ci-dessous une rapide description de chaque volume et particulièrement le relevé des livraisons manquantes. Les numéros sont ceux des tomes, inscrits au dos des volumes reliés avec l'indication des années correspondantes.

1 (1766) : Volume relié ; les feuillets sont numérotés sans interruption, toujours au recto, de 1 à 327. Les folios 1 à 30 forment un cahier inséré librement au début du volume. Les folios 31 à 327 correspondent aux vingt-quatre livraisons de l'année 1766 qui semble complète. Le cahier non relié commence par la livraison 23 de l'année précédente, datée du 1er décembre 1765 (folio 1). Il se termine (folio 30) au milieu de la notice consacrée à Boucher dans le *Salon de 1765* ; exactement sur les mots « ... je ne puis souffrir qu'on me les montre » (il s'agit « des tétons et des fesses » qui abondent dans les tableaux de Boucher). Or le *Salon de 1765* n'a été publié par Grimm qu'à partir du 1er janvier 1766. D'ailleurs le premier des feuillets reliés (folio 31) qui est aussi le premier de l'année 1766 commence bien par l'annonce du *Salon*. Faute d'un examen plus approfondi, je ne peux expliquer cette anomalie, à rapprocher sans doute du désordre qui règne dans plusieurs volumes de la collection.

2 (1767) : volume folioté de 1 à 255 sans interruption. Manquent les livraisons n° 6 (15 mars), n° 19 (1er octobre) et n° 24 (15 décembre).

3-4 (1768-1769) : volume folioté de 1 à 329 sans interruption. Un papier collé sur le folio 1 signale que l'année 1768 est incomplète : manquent en effet les livraisons n° 4 (15 février), n° 5 (1er mars), n° 7 (1er avril), n° 18 (15 septembre), n° 19 (1er octobre), n° 20 (15 octobre), n° 22 (15 novembre) et n° 23 (1er décembre). L'année 1769 est également très incomplète, ainsi que le signale un papillon collé en tête du tome correspondant (folio 164r) : manquent les livraisons n° 9 à 18 (1er mai-15 septembre inclus) et n° 20 (15 octobre). M. Mikhaïlov pense qu'il y a sans doute une autre lacune importante dans le *Salon* de Diderot, entre les folios 275 et 276. Comme l'a noté Jean de Booy cette année est très lacunaire dans tous les manuscrits[3] : la *CL* n'a pas dû paraître du 15 avril au 1er octobre et le 15 octobre.

5 (1770) : volume folioté sans interruption de 1 à 190. Manquent les livraisons n° 12 (15 juin), n° 14 (15 juillet), n° 15 (1er août), n° 17 (1er septembre), n° 18 (15 septembre) et n° 19 (1er octobre).

6 (1771) : volume folioté de 1 à 186 ; entre les folios 29 et 30 se trouve un feuillet non numéroté et un autre entre les folios 130 et 131. Le volume comporte donc 188 feuillets. Manquent les livraisons n° 4 (15 février) et n° 12 (15 juin).

7 (1772) : dans ce volume, folioté de 1 à 208 sans interruption, les livraisons sont reliées dans l'ordre inverse, si bien que la livraison n° 23 (1er décembre) est placée en tête. Manquent les livraisons n° 8 (15 avril), n° 10 (15 mai), n° 11 (1er juin) et n° 24 (15 décembre).

8 (1773) : volume folioté de 1 à 210 sans interruption. Comme dans le volume précédent les livraisons — désormais mensuelles — sont reliées dans l'ordre inverse. Cette année semble complète. Il en est de même des quatre suivantes.

9 (1774) : volume folioté de 1 à 242 sans interruption. Les douze livraisons sont reliées dans l'ordre normal.

10 (1775) : volume folioté de 1 à 199 sans interruption.

11 (1776) : volume folioté de 1 à 206 sans interruption.

12 (1777) : volume folioté de 1 à 216 sans interruption.

13 (1778) : volume folioté de 1 à 220 sans interruption. Un assez grand désordre règne dans ce volume. Certains feuillets ne sont pas reliés. Les deux premiers mois semblent complets. Les livraisons de mars et d'avril manquent. La livraison de mai commence avec le folio 41 mais les six feuillets suivants, non reliés, n'ont aucun rapport avec le texte précédent. La livraison de mai reprend ensuite : elle occupe les feuillets 49 à 69, qui forment un cahier inséré librement. Puis viennent deux suppléments se rapportant l'un au mois de mars, l'autre au mois d'octobre et tous deux reliés. Viennent ensuite la livraison de juin, celle de juillet et un supplément au mois de juillet. Les livraisons d'août et septembre semblent complètes. Les mois d'octobre et de novembre ne sont représentés que par quelques fragments. La livraison de décembre, qui occupe les feuillets 203 à 212 est suivie d'un cahier inséré librement et sans rapport avec le texte précédent.

14 (1779) : volume folioté sans interruption de 1 à 264. Le début du mois d'avril manque.

---

3. J. de Booy, « Inventaire... », *op. cit.*, p. 372.

15 (1780) : volume folioté de 1 à 275, mais le folio 90 est suivi immédiatement du folio 100 et le folio 122 manque.

16 (1781) : volume folioté de 1 à 290. Le dernier cahier, qui semble être un fragment séparé, est inséré librement après la livraison de décembre. Ce volume semble complet, ainsi que le suivant.

17 (1782) : volume folioté de 1 à 251 ; le feuillet qui suit le folio 94 n'est pas numéroté. Le volume correspondant au tome 18 (1783) manque.

19 (1784) : volume folioté de 1 à 290 ; semble complet.

20 (1785) : dernier volume relié, dans l'état actuel de la collection ; il est folioté de 1 à 236 sans interruption. La livraison n° 4 (avril) et le début de la suivante manquent. Les dix derniers feuillets sont insérés librement après la livraison de décembre.

21 (1786) : volume folioté de 1 à 226 sans interruption. La livraison de mai manque. Primitivement relié, ce volume ne contient actuellement que des livraisons de 1786, insérées dans l'ancienne reliure qui porte au dos l'inscription 1786-1790 : sans doute contenait-elle des fragments de cette période jusqu'au moment où, d'autres livraisons ayant été retrouvées, on a décidé de consacrer un volume à chaque année.

22 (1787) : ce volume, ainsi que les suivants, est constitué de feuillets enfermés dans une boîte. Il est folioté de 1 à 176 sans interruption. Manquent les livraisons d'avril et de novembre, ainsi que le début de celles de juin, juillet et août.

23 (1788) : volume folioté de 1 à 218 sans interruption. Apparemment pas de lacunes.

24 (1789) : volume folioté de 1 à 176. Manquent les livraisons de mars et d'octobre.

25 (1790) : volume folioté de 1 à 126 sans interruption. Manquent les livraisons de juillet et de septembre et le début des mois de janvier, février, avril et novembre.

26 (1791) : ce dernier volume est folioté de 1 à 180 sans interruption. La livraison de décembre manque ainsi que le début de celles de septembre et d'octobre.

*
* *

Ce manuscrit, l'exemplaire personnel de la plus illustre des pratiques de Grimm, comporte-t-il des particularités remarquables quant au texte qu'il propose ? De ce point de vue, je n'ai pu, pour ma part, qu'examiner rapidement deux tomes correspondant à des années où la *CL* publia des textes de Diderot non dépourvus d'allusions à la politique de Catherine II.

Le tome 7 (1772) contient toutes les contributions de Diderot dont J. de Booy a fait l'inventaire. Dans le tome 10 (1775) le texte des *Notes écrites à la marge de Tacite* (version courte des *Principes de politique des Souverains*) m'a paru identique à celui des autres exemplaires de la *CL*. Quoiqu'il en soit, le manuscrit de Moscou mérite certainement une étude très attentive et on se réjouira d'apprendre qu'une thèse, en préparation à Moscou, permettra de mieux le connaître.

LE MANUSCRIT DE LA HAYE

par Walter KUHFUSS (Trier)

Quiconque s'intéresse au manuscrit de La Haye n'a qu'à suivre les traces de J. de Booy[1]. En effet, dès la découverte du manuscrit à la Bibliothèque Royale de La Haye par H. Dieckmann et par J. de Booy en 1955, il en a signalé la mystérieuse existence dans son article sur le *Rêve de d'Alembert*. Nous savons depuis que ces douze volumes manuscrits, reliés en six recueils, en in-4º (235 à 180 mm), cote 128 F 14, ont été acquis en 1894 par la Bibliothèque Royale lors d'une vente aux enchères. Le catalogue des ventes aux enchères[2] révèle clairement les problèmes du manuscrit ; on y lit (à la page 137, sous le numéro 2716) : « Recueil. — Manuscrit très lisible du xviiiᵉ siècle en six vol. en veau. 4º. Collection de pièces en prose et en vers : romans, lettres, comédies, mémoires et récits d'histoire etc., des meilleurs auteurs du xviiiᵉ siècle. » Ce texte indique que l'auteur du manuscrit était inconnu à la fin du xixᵉ siècle et qu'on n'a pas pu identifier le manuscrit avec la *CL* de Grimm et Meister. En effet, c'est seulement après la découverte de H. Dieckmann et de J. de Booy que les fiches du catalogue de la Bibliothèque Royale ont été corrigées.

Deux problèmes retiennent tout de suite l'attention du lecteur : le manuscrit de La Haye ne renferme que 422 articles de la *CL* dont les premiers datent de 1764 (à l'exception d'un seul qui date de 1763), les derniers de 1781. Ces dates ne se trouvent d'ailleurs pas dans le texte même. Il s'agit donc d'un choix que le copiste de ce manuscrit a effectué dans un exemplaire plus parfait de la *CL*. En plus, l'ordre chronologique n'est pas respecté.

Il faut donc se poser les questions suivantes auxquelles nous allons répondre par la suite.

---

[1]. J. de Booy, « Quelques renseignements inédits sur un manuscrit du *Rêve de d'Alembert* », *Neophilologus*, XL (1956), pp. 81-93.

[2]. Communication écrite le 4.1.1974 par G. J. Brouwer de la *Bibliotheek van de Vereenging ter Bevordering van de Belangen des Boekhandels*.

Premièrement : pourquoi le copiste a-t-il dérangé l'ordre chronologique ?

Deuxièmement : quelle est l'intention du copiste en reproduisant un choix d'articles ?

Troisièmement : quelle est l'identité du copiste ?

En ce qui concerne l'ordre chronologique, une première constatation se dégage après la comparaison du manuscrit avec l'édition Tourneux : l'ordre chronologique n'est pas aussi dérangé qu'on ne le croit à première vue : dans chaque volume, deux tiers des articles datent d'une même année et avec le nombre croissant des volumes l'année à laquelle les articles ont paru dans la *CL* augmente également : ainsi la plupart des articles du premier volume datent de 1765 ; le volume dix est constitué d'articles datant de 1780[3]. Les volumes deux, trois et douze seulement semblent totalement dérangés. Il ne paraît pas exclu que le copiste du manuscrit ait voulu choisir les articles d'après des critères thématiques : au volume neuf il a rassemblé des vers de tout genre : odes, fables, madrigaux, etc. Deux conclusions sont alors possibles : ou bien le copiste a réuni des articles provenant de deux ou plusieurs sources différentes, ou bien le copiste a voulu déranger consciemment l'ordre chronologique pour rendre plus difficile l'identification du manuscrit. Nous penchons vers la seconde hypothèse que d'autres arguments viendront renforcer[4].

Les changements de style et de contenu par rapport à l'édition Tourneux servent à répondre à la deuxième question, à savoir : quelle est l'intention du copiste en reproduisant un choix d'articles de la *CL* ?

J. de Booy a déjà remarqué que le copiste du manuscrit de La Haye a systématiquement effacé toute indication précise à un événement littéraire[5]. Or, la première constatation que nous pouvons faire est que le copiste écrit vers 1780 et qu'il rapporte chaque événement littéraire à cette date. Ainsi il change le temps des verbes ; au lieu d'écrire : « Il paraît un petit volume » et « Depuis que M. de Voltaire est à Paris », le copiste écrit : « Il avait paru un petit livre » et « Lorsque Voltaire vint la dernière fois à Paris[6] ». Dans un article paru en 1771[7] dans la *CL*,

---

3. La plupart des articles rassemblés dans le volume IV sont de 1772, ceux du volume V sont de 1771, ceux du volume VI sont de 1773, etc. On ne peut pas constater une quantité plus grande d'articles datant de 1773, année pendant laquelle Diderot passa trois mois dans la maison des Gallitzin, à La Haye. — Je tiens à remercier vivement Mme Piket et M. de Gruyter qui, lors de mon séjour à la Bibliothèque Royale, m'ont fourni tous les renseignements dont j'avais besoin.

4. La combinaison des deux conclusions ne semble pas exclue non plus. L'étude des filigranes révèle un changement plus fréquent du papier pour les premiers volumes ; à partir du volume VI, on ne retrouve que du papier 8 dans la terminologie de P. Vernière, *Diderot, ses manuscrits et ses copistes*, Paris, 1967, planche 24.

5. J. de Booy, *Quelques renseignements...*, op. cit., p. 86.

6. *Manuscrit de La Haye* (*LH*), I, art. 12, p. 33 et l'édition *Tourneux* (*TO*), VI, 275 ; *LH*, VII, art. 7 et *TO*, 57.

7. *LH*, art. 23 et *TO*, IX, 323.

Grimm compare les « Lettres athéniennes » de Crébillon fils à d'autres ouvrages de cet auteur publiés depuis *quinze* ans. Le copiste change le rapport temporel en parlant des ouvrages de Crébillon parus durant les dernières vingt-cinq années. Il regarde donc la parution de ce roman, comme d'ailleurs chaque événement littéraire, de son point de vue de 1780/1781.

On peut ensuite faire une deuxième remarque, plus surprenante que la première, et que nous n'osons énoncer qu'à titre d'hypothèse, vu le caractère problématique d'une comparaison entre le manuscrit de La Haye et le texte de l'édition Tourneux : le copiste veut faire croire que lui, copiste, est l'auteur du manuscrit. Il coupe souvent la première phrase des articles[8], rendant ainsi plus difficile toute identification avec la *CL*. il supprime toute référence à la biographie de Grimm, par exemple le récit que Grimm donne de son voyage à Darmstadt[9]. En plus, il réunit plusieurs articles de la *CL* en un seul article de son manuscrit et renvoit le lecteur à ce qu'il a écrit auparavant.

Ayant ainsi détruit toute indication directe à la *CL* et à ses auteurs, le copiste va plus loin : insensiblement, il glisse dans le rôle de l'auteur, ou plutôt, il veut faire croire, que lui, le copiste, est l'auteur de son recueil. Quand Grimm remarque : « Je n'ai point assisté à la première représentation », le copiste écrit : « Je n'ai pas lu avec une prévention trop favorable cette pièce[10] ». Constamment, il remplace le pronom personnel *nous* employé par Grimm et Meister par un *je* qui a tout vu, qui parle de tout et qui fait siens les jugements de la *CL*. Il prétend être le destinataire d'une lettre qui en réalité n'est qu'un article signé par Madame d'Épinay[11], il va même jusqu'à s'opposer (rarement, il est vrai) aux jugements de la *CL*[12].

Il se dégage une troisième constatation après la comparaison du manuscrit avec l'édition Tourneux : c'est probablement à La Haye pendant la deuxième moitié de 1781 que le manuscrit a été écrit. De toute apparence, le pseudo-auteur n'est pas Français et n'a pas écrit de Paris ; il prend alors des distances autres que temporelles par rapport aux événements littéraires relatés dans son manuscrit ; lorsque Meister écrit : « Que nous sommes un drôle de peuple », le copiste s'écrie : « Oh, le drôle de peuple que les Français[13] ». Plusieurs fois, il met en relief que les événements lui sont « mandés de Paris »[14]. Mais le lecteur attentif est en droit

---

8. Par exemple *LH*, V, art. 3, art. 13.
9. *LH*, IV, art. 23 et *TO*, IX, 435.
10. *LH*, I, art. 37 et *TO*, VII, 195.
11. *LH*, V, art. 20 et *TO*, IX, 398.
12. *LH*, I, art. 33 : « On trouve aussi des choses charmantes dans l'*Épître sur la nécessité d'aimer* ! » *TO*, VI, 73 : « Son poème est faible et vague ».
13. *LH*, II, art. 11 et *TO*, VI, 458.
14. *LH*, I, art. 25, *LH*, IV, art. 4 et *LH*, VIII, art. 38.

d'aller encore plus loin : le copiste écrit en Hollande. Dans une annotation de Meister parlant d'un livre publié en Hollande, le copiste ajoute que le livre est publié *ici* en Hollande[15]. Lors d'une représentation théâtrale à Paris en 1779, le copiste ajoute à l'article paru en 1779 dans la *CL* : « *Les Événements imprévus* ont été joué à La Haye le 24 août 1781 »[16]. La Hollande, probablement La Haye, est le lieu d'origine du manuscrit, écrit en partie après le 24 août 1781.

L'on peut ajouter une quatrième constatation : l'auteur-copiste du manuscrit de La Haye est l'ambassadeur russe auprès de leurs Hautes Puissances, le Prince D. J. Gallitzin. Que le copiste ne veuille pas prononcer son nom se comprend aisément par le fait qu'il ait voulu se parer du travail d'autrui, voire même du travail de ses amis. Mais des indications précises dans le texte du manuscrit confirment cette hypothèse soutenue dès 1956 par de Booy. Dans un article, le copiste parle de son ami, le Chevalier Kéralio, qui « m'avoit donné son frère pour mettre en ordre les itinéraires que je lui ai fournis sur la campagne des Russes contre les Turcs en 1769 »[17]. C'est en effet le Prince Gallitzin qui avait publié en 1773 *L'histoire de la guerre entre la Russie et la Turquie, et particulièrement de la campagne de 1769* du Chevalier de Kéralio.

Ainsi la question de l'identité du copiste nous paraît définitivement tranchée. Cette hypothèse est renforcée par la comparaison du manuscrit avec des lettres autographes du Prince Gallitzin à Tronchin, conservées aux Archives Tronchin N⁰ 180 de la Bibliothèque municipale et universitaire de Genève[18]. A notre avis, il ne peut y avoir de doute sur l'identité des deux écritures.

Malheureusement nous sommes très mal renseignés sur la vie du Prince[19]. Mais nous savons que la tzarine Catherine II l'avait envoyé à Paris en mission personnelle, que le Prince se lia d'amitié avec bon nombre de philosophes dont Grimm et Diderot qui passera plus tard trois mois dans la maison du Prince à La Haye. Il prépara la souscription de Catherine II à la *CL* en 1764 et de ce fait, il avait vraisemblablement accès à ce manuscrit. A partir de 1768 le Prince Gallitzin fut nommé ambassadeur à La Haye où il resta dans cette fonction jusqu'en 1782, année il donna sa démission volontaire[19]. Ensuite il vécut alternativement à La Haye et à Brunswick où il mourut en 1803.

---

15. *LH*, VIII, art. 27 et *TO*, XII, 338.
16. *LH*, VIII, art. 1 et *TO*, XII, 341.
17. *LH*, IV, art. 22 et *TO*, X, 117.
18. Manuscrit 180 des Archives Tronchin de la Bibliothèque publique et universitaire de Genève ; nous avons comparé le manuscrit de La Haye avec les dernières lettres écrites de la main de Gallitzin, les lettres du 12 juin 1779 et du 20 septembre 1779. — Cf. Jean David CANDAUX, « Le manuscrit 180 des Archives Tronchin », *Dix-huitième Siècle* 2 (1970), pp. 13-32.
19. Il existe un *Mémoire sur l'origine et la généalogie de la maison des Princes de*

A la lumière de ces éléments biographiques rudimentaires, on se souvient du fait que le choix d'articles dans son manuscrit se situe entre 1764 et 1781. Nous penchons à croire que le texte de base pour le manuscrit de La Haye pourrait être l'abonnement de Catherine II. Dès la souscription, Gallitzin a accès à cet exemplaire tandis qu'après sa démission il devait craindre ne plus pouvoir bénéficier de cette source importante de renseignements sur la vie intellectuelle de Paris.

Sur les raisons de sa démission, on ne peut qu'énoncer des hypothèses. Dans une lettre à la Princesse Gallitzin, plus connue sous le nom d'Amalie von Schmettau, le philosophe Fürstenberg fait allusion le 12 novembre 1780 à une intrigue de la cour de Vienne contre le Prince[20]. Dans une lettre du 12 juin 1779 Gallitzin s'adresse à Tronchin : « La moindre indiscrétion qui nous échapperoit pourroit être d'une terrible importance et m'entrainer dans des suites fâcheuses[21] ». Quelles que soient les raisons de ces suites fâcheuses, tout ceci montre que le Prince pouvait facilement être dénoncé à la cour de St. Petersbourg, pour des raisons personnelles ou autres. Dans cette optique, la phrase ajoutée et soulignée par Gallitzin dans un article de sa correspondance est peut-être révélatrice : « songez que votre ami peut vous trahir un jour ! » affirme-t-il[22].

Résumons :

Le Prince Gallitzin, ambassadeur russe à La Haye, a choisi pour lui-même des articles d'un exemplaire de la *CL*, probablement du manuscrit de la tzarine.

A partir de 1780, lorsque des difficultés se faisaient ressentir plus gravement dans sa carrière diplomatique et que, par conséquent, l'accès à l'abonnement de Catherine II paraissait plus difficile, voire impossible, le Prince pensa réutiliser les articles dont il avait gardé des copies. Il les a copiés de sa propre main tout en changeant le texte de manière à faire croire que lui, Gallitzin, était l'auteur de cette *CL*. Il n'est pas exclu qu'il

---

Galitzin, Francfort, Leipzig, 1767, conservé à la Bibliothèque municipale de Trèves ; nous disposons en plus de quelques remarques concernant le prince Gallitzin dans les journaux intimes de sa femme Amalie (Amalie von Gallitzin, *Briefwechsel und Tagebücher*, Münster, 1878, 3 vols.) ainsi que des détails biographiques très rudimentaires dans Siegfried Sudhoff (éd.) *Der Kreis von Münster. Briefe und Aufzeichnungen Fürstenbergs, der Fürstin Galitzin und ihrer Freunde*, Münster, 1962 et dans Maurice Tourneux, *Diderot et Catherine II*, Paris, 1899, pp. 62-68 (sur l'édition d'Helvétius, *De l'homme* en 1772 par les soins de Gallitzin). — La Revue *Dix-Huitième Siècle* signale dans le Numéro 1 (1969) p. 452, que Mme Muller prépare une biographie détaillée sur Gallitzin et la vie sociale à La Haye. Nous remercions vivement Mme Muller de son aimable lettre du 30 janvier 1974 dans laquelle elle nous a donné des renseignements précieux sur la vie du Prince Gallitzin et sur ses relations sociales.

20. Cf. Lettre de Fürstenberg à la princesse Gallitzin : « Ich erhalte heute die Nachricht ' der wiener hof sucht auch deinem Printzen übele dienste zu Petersburg zu thuen '. » Cf. Sudhoff, *Der Kreis um Münster, op. cit.*, p. 95.

21. Archives Tronchin 180, N° 76.

22. *LH*, I, art. 33.

ait pensé à la publication de son recueil, comme le croit J. de Booy[23]. Mais le fait de faire passer comme sien le travail de ses amis Grimm et Meister nous porte à croire à un usage plus privé de son recueil. Gallitzin emploie plusieurs fois la forme féminine du passé défini quand il s'adresse au destinataire de son manuscrit[24]. Si c'est une femme, et alors laquelle, cela reste tout de même pour nous un secret.

Que le Prince trompe ses amis en se parant des produits de leur travail révèle son sang-froid, bien que la *CL* soit restée quasi-inconnue jusqu'en 1812. Ainsi la chance de découvrir cette mauvaise action était minime et le Prince se permit d'écrire à la fin d'un article, non sans ironie ni cynisme : « Jugez quelles gens et quel monde ! Ne croit-on pas être dans un antre de voleurs ! »[25] Il a peut-être pensé à lui-même en écrivant ces mots.

---

23. J. de Booy, *Quelques renseignements..., op. cit.*, p. 87.
24. *LH*, III, art. 20.
25. *LH*, IV, art. 4.

DESCRIPTION DE MANUSCRITS INCONNUS DE LA CL

par Jochen SCHLOBACH (Saarbrücken)

Pour les éditions critiques en cours d'élaboration de Diderot et de Voltaire, et surtout pour celle de la CL elle-même, qui sera — comme nous l'espérons tous — réalisée bientôt, il est indispensable de recourir à toutes les copies qui existent encore de ce périodique, pour établir un texte valable.

Jean de Booy a donné dans son *Inventaire provisoire des contributions de Diderot à la Correspondance littéraire* la liste des collections actuellement connues : Gotha, Stockholm, Upsal, Paris : Bibliothèque de la Ville de Paris, Arsenal, Bibliothèque Nationale 4200, Firmiani, Zürich, La Haye et Moscou[1].

Quand on établit, d'après les lettres de Frédéric Melchior Grimm, la liste de tous les abonnés de la CL dont il parle[2], on constate aussitôt qu'il y a eu d'autres copies qui sont ou perdues ou inconnues. Nous ne savons pas ce que sont devenues les copies de Berlin, Darmstadt, Varsovie, Deux-Ponts, Sarrebruck, et d'autres encore.

Je me suis proposé de rechercher, surtout en Allemagne, des copies inconnues de la CL. Pour Sarrebruck[3] et Darmstadt[4], il est vraisemblable que ces copies sont perdues ; pour Deux-Ponts il sera utile d'étudier encore le problème. Si le résultat de notre recherche de copies inconnues en République fédérale a donc été jusqu'ici plutôt négatif, un voyage d'études en 1973, en République démocratique allemande, a été plus fécond.

Je vous parlerai aujourd'hui de trois copies de la CL qui sont mal ou pas encore connues, celles de Weimar, Dresde et Gotha II.

---

1. *Dix-huitième Siècle*, I, 1969, pp. 353-359.
2. C'est ce que nous avons essayé de faire dans un article sur les abonnés de la CL dans *Romanische Forschungen*, 82, 1970, pp. 1-36.
3. *Ibid.*, pp. 13-16, 24-28.
4. Dans une lettre à Nesselrode du 1er avril 1774, Grimm essaie, à la mort de la Landgrave de Hessen-Darmstadt, de faire brûler la copie de Darmstadt (cf. GRIMM, *Correspondance inédite, op. cit.*, pp. 185-86). Dans les Archives de Darmstadt il n'y a aucune trace de cette copie de la CL.

1) *La copie de Weimar*

Tourneux écrit, dans son édition de la *CL* : « La bibliothèque grand'ducale de Weimar ne peut offrir que les années 1775, 1776, 1777 et une partie de 1780 » (II, 231). Cette information précise, qui n'a jamais été confirmée depuis, invitait à une recherche sur place. A la « Zentralbibliothek der Deutschen Klassik » de Weimar, l'ancienne bibliothèque grand'ducale, ne se trouve aucune trace d'une copie de la *CL*. Le conservateur du département des manuscrits, M. Kratzsch, m'a confirmé qu'il avait à la demande de plusieurs chercheurs, Herbert Dieckmann surtout, recherché systématiquement sans trouver même dans les inventaires de l'époque la moindre indication, qui pourrait confirmer, ce que dit Tourneux d'une copie à Weimar.

Nous avons alors, sans grande espérance, cherché dans d'autres bibliothèques de Weimar. Et en effet, les Archives Goethe-Schiller possèdent sous la cote 96 Nr. 965 une année de la *CL*, celle de 1780 sous le titre : « Relationen des Baron von Grimm an Carl August ». Ce manuscrit (de 246 feuilles) est dans un excellent état et, d'après une première vérification, il représente l'année 1780 au complet : contrairement à ce que Tourneux avait affirmé.

En outre, les Archives Goethe-Schiller de Weimar possèdent (sous la cote, précédant celle du texte de Meister, i. e. 964) les années 1775, 1776 et 1777 d'une autre correspondance littéraire. Mais il s'agit de la *Correspondance littéraire secrète* de Métra. La coïncidence des années avec celles qu'avait indiquées Tourneux, et le fait que les deux correspondances proviennent de la même acquisition[5], doivent être mis en rapport. Tourneux n'aurait-il pas su distinguer les copies manuscrites de la *CL* de Grimm et de Meister, des feuilles imprimées de Métra ? Certainement pas : Aussi est-il évident qu'il n'a jamais vu ces papiers de Weimar, dont il parle, et qu'il se fonde sur une information indirecte.

Les renseignements que j'ai pu obtenir à Weimar sur l'histoire de la bibliothèque grand'ducale permettent d'éclaircir ce problème. Un certain Gustav Adolf Schöll fut, entre 1861 et 1882, directeur de cette Bibliothèque de Weimar[6]. C'est à lui que Tourneux s'est sans doute adressé par lettre (comme il l'a fait aux bibliothécaires de Gotha) pour se renseigner sur l'éventualité d'un manuscrit de la *CL* à Weimar. Schöll, ne

---

5. Le catalogue des Archives Goethe-Schiller de Weimar cite la description du manuscrit dans le *Jahresbericht der Goethegesellschaft* (t. 45) : « Drei Konvolute umfaßt die Handschrift *CL* (1775-77), die seinerzeit in Weimar reihum gelesen wurde, und einen Band der gleichfalls handschriftl. « Relations » des gleichen Autors für den Herzog Karl August ». Dans le *Bestandsverzeichnis des Goethe und Schiller Archivs von Weimar* (éd. K.-H. Hahn, Weimar 1961, p. 242) les deux correspondances sont identifiées et décrites séparément. Nous tenons à remercier ici Mlle Eva Beck, conservatrice aux Archives Goethe-Schiller, de ses précieux conseils.

6. Cf. *Allgemeine Deutsche Biographie*, t. 32, p. 221.

connaissant pas la question, a trouvé les deux correspondances littéraires et confond celle de Grimm et de Meister avec celle de Métra ; Tourneux donne ce renseignement erroné dans son édition.

L'histoire de la copie de Weimar ne s'arrête d'ailleurs pas là. Le catalogue d'achat des Archives Goethe-Schiller précise le nom du propriétaire de ces papiers, qui les vend en 1929 aux Archives à un prix considérable : c'est Luise Schöll, sans doute l'héritière de notre directeur de la bibliothèque grand'ducale au temps de l'édition Tourneux. La filiation me semble claire : Schöll, dont l'attention a été attirée sur la valeur des papiers qu'il avait trouvés, les a tout simplement dérobés à sa bibliothèque. Une descendante les a revendus 40 ans plus tard au « Goethe-Schiller-Archiv ». Voilà pourquoi on a cherché en vain jusqu'ici la copie de Weimar de la *CL*.

2) *La copie de Dresde*

L'existence d'une copie de la *CL* à Dresde n'a pas encore été signalée jusqu'ici. Dans une lettre de Grimm à la Landgrave de Hesse-Darmstadt, que j'ai éditée, Grimm écrit le 10 avril 1770 : « [L'électrice de Saxe] est au nombre de mes pratiques depuis le commencement de l'année passée[7] ». Cette phrase semblait indiquer qu'il y a eu un abonnement de la *CL* à Dresde qui aurait débuté en 1769.

En partant de ce renseignement j'ai trouvé à la *Sächsische Landesbibliotek* de Dresde un manuscrit (cote R 69) sous ce titre : *Notices et Extraits concernant les lettres et les arts, par M. le baron de Grimm, avec deux lettres du même à l'Electrice de Saxe, Marie Antoinette, 1769. Ouvrage incomplet*[8].

Il s'agit, à n'en pas douter d'une copie de la *Correspondance littéraire*.

Elle ne comporte que les envois du 1er janvier au 1er février et du 15 mars au 15 avril 1769, cette dernière livraison étant même incomplète.

---

7. *Correspondance inédite* de GRIMM, *op. cit.*, p. 108.
8. On lit dans le catalogue imprimé de la Bibliothek de Dresde, Ludwig Schmidt, *Katalog der Handschriften der Königl.-öffentl. Bibliothek zu Dresden*, t. 3, Leipzig 1906, p. 319 : « Notices et Extraits concernant les lettres et les arts, par Mr. le Baron [*Friedrich Melchior*] de Grimm, avec deux lettres du même [*mit eigenhändiger Unterschrift*] à l'Electrice de Saxe, Marie Antoinette [d. i. Marie Antoinette Walpurgis]. 1769. Unvollständig. 18. Jht. (Neuerer Ppbd. 4º). » Dans une des lettres inédites à l'Électrice que contient ce manuscrit, celle du 21 avril 1769, Grimm donne des détails intéressants sur ses envois : « Les Numéros ne se suivant pas toujours exactement dans leur ordre, mais ils sont remplacés régulièrement, et au bout de l'année les vingt-quatre paquets formant la totalité de la correspondance se trouvent toujours complétés.

Il est fâcheux pour moi, Madame, d'avoir à commencer par demander une grâce à votre Altesse Royale. Quelques affaires particulières et de famille m'obligeront peut-être de faire une course de deux ou trois mois en Allemagne, et de suspendre pendant ce temps mon travail, pour le reprendre et le compléter ensuite à mon retour ». L'arrêt des livraisons entre le 15 avril au 1er octobre 1769 est donc annoncé ici par GRIMM. Pendant son voyage d'Allemagne il rendra d'ailleurs visite à l'Électrice. Cf. le *Sermon philosophique* dans la *CL* du 1er janvier 1770 (VIII, 428) : « J'ai vu cette fille illustre de Charles VII... »

Est-ce qu'il y a eu une suite, envoyée à Dresde après l'arrêt de la *CL* pendant l'été 1769 ? C'est grâce à l'obligeance d'une collègue américaine, Mme Alba Amoia, de la City University of New York, que je suis en mesure de répondre à cette question et de préciser quelques détails concernant l'histoire de cet abonnement.

Mme Amoia vient de découvrir dans un livre provenant de Naples 16 lettres originales de Grimm au comte de Schulembourg qu'elle publiera sans doute dans les *Diderot Studies*. Ce Schulembourg avait justement été l'homme qui avait établi les liens entre Grimm et Dresde[9]. Je me permets de lire le résumé des passages concernant la copie de Dresde, que Mme Amoia a bien voulu me faire parvenir :

> [En 1769] Grimm discute du prix à faire payer par Son Altesse Royale pour ses feuilles, et, puisqu'il ne veut pas adresser ses paquets directement à Son Altesse Royale, les possibilités de charger M. le Baron d'Ende de cette commission. Dans la lettre datée du 15 Novembre 1770 à Paris, Grimm remercie Schulembourg tout en lui annonçant qu'il est « sur l'état de Madame l'Électrice pour 1 200 livres » ; et il insiste sur la nécessité de l'inviolabilité du secret, « c'est-à-dire que S.A.R. me garantit toujours qu'il ne sera pas tiré de copie ». Le 25 mars 1771, il s'explique sur le désordre qui règne quelquefois dans ses envois, et il fait encore référence au « danger des copies ». Le 15 Juillet 1771, il exprime de nouveau ses inquiétudes (« Je crains toujours qu'elle ne prête trop facilement cette correspondance ») et il demande à Schulembourg d'« être mon avocat et mon protecteur sur ce point ». Dans la lettre du 30 Juillet 1771, il continue à « rabacher encore [...] sur la sûreté de mes feuilles », et, finalement, toute la lettre du 16 Avril 1773, écrite sur un ton indigné, révèle l'amertume et la déception de Grimm : « Vous savez que n'écoutant que vos bontés pour moi vous avez déterminé Madame l'Électrice douairière de Saxe à me demander ma Correspondance. Nous nous sommes trompés vous et moi dans cette occasion ». Non seulement il n'a pas été payé de quinze mois qui lui étaient dus, mais aussi il est « fortement menacé de voir paraître en Saxe une partie de mes feuilles imprimée[10]. »

Il est donc à peu près certain que Grimm a envoyé la *CL* à Dresde sûrement jusqu'en 1771 mais sans doute même jusqu'en 1772 ou 1773.

La suite de la copie conservée à la « Sächsische Landesbibliothek » est-elle perdue ? Il faudrait, avant de renoncer à chercher, poursuivre les vérifications dans les Archives de Dresde auxquelles il m'a été impossible, lors de ma visite, d'avoir accès. Il n'est pas exclu que la suite du

---

9. Cf. la lettre inédite de Grimm du 10 mars 1769 que contient le manuscrit de Dresde : « Dieu fasse miséricorde à Monsieur le comte de Schulembourg de m'avoir fait faire cette démarche inconsidérée ! » D'après le contexte il ne peut s'agir que d'une initiative de Schulembourg en faveur d'un abonnement de la *CL*.

10. Lettre de Mme Alba Amoia à l'auteur du 27 janvier 1974.

manuscrit de la « Landesbibliothek » s'y trouve, parce qu'une notice du Catalogue de cette bibliothèque précise que ce manuscrit provient des Archives d'État de Saxe[11].

3) *Une copie mal connue* : *Gotha II*

Une importante collection de la CL se trouve dans la même « Forschungsbibliothek » de Gotha, où nous savons tous qu'est la plus grande et la plus complète des copies de la CL. Or il s'agit de bien distinguer deux collections de Gotha, qui ont été confondues dans les microfilms que possède Jean de Booy. En voulant faire photocopier une série aussi complète que possible de la CL, les bibliothécaires de Gotha ont tout simplement complété les lacunes de la collection que nous appellerons Gotha I par deux volumes d'une autre copie, Gotha II[12]. Mais cette dernière ne comporte pas seulement ces deux volumes : elle en compte 17 !

Il s'agit d'une copie qui commence avec l'année 1769 de la CL et va (avec des lacunes) jusqu'en 1803 (cotes B. 1265 à 1281)[13]. Jean Varloot a signalé le premier dans son article sur les « Contributions ignorées, collaborateurs mal connus de la CL » (dans les *Mélanges Werner Krauss*), l'existence de cette copie[14].

Une étude du manuscrit prouve qu'il s'agit non pas d'une copie faite après coup, mais d'un envoi régulier de la CL à un abonné, sur l'identité duquel on ne trouve aucune précision dans le manuscrit lui-même. Qui a été cet abonné ? Nous avons essayé de l'identifier et voici les indices qui permettent de tenter avec vraisemblance cette identification.

Nous avons pensé d'abord à Studnitz, qui a reçu déjà en 1748 des *Nouvelles littéraires* de Raynal[15] et qui complète, en 1763, d'après son manuscrit, les lacunes de Gotha I, comme nous le dit une lettre de Grimm : « Cet exemplaire [de Studnitz] », écrit Grimm en 1763, est beaucoup plus correct que celui de Mme la Duchesse et qui a été copié d'après un manuscrit rempli de fautes dont il n'a pas été possible de rectifier toutes. Monsieur le Grand Maréchal [Studnitz] voudra donc bien faire corriger l'exemplaire de Son Altesse Sérénissime d'après le sien[16] ».

---

11. Cf. le *Katalog der Handschriften*, *op. cit.*, qui précise que le manuscrit de la « Sächsische Landesbibliothek » a été acquis par le « Hauptstaatsarchiv » en 1854.
12. Cf. J. de Booy, *Inventaire*, *op. cit.*, p. 356 ; il s'agit des cotes B 1279-1280.
13. Le Catalogue manuscrit de la Bibliothèque de Gotha donne l'inventaire suivant : « B 1265-1281 : Feuilles de Paris rédigées par Mr. de Grimm ; an 1769. 1770. 1771. 1772. 1773. 1776. 1777. 1778. 1779. 1780. 1781. 1782. 1783. 1788. 1789. 1790. 1792 mit 2 Nummern (XII-XIII) 1793. 1 Nummer (III) 1800. 1 Nummer (XXII) 1803. »
14. J. Varloot, *op. cit.*, p. 431, note 13.
15. Cf. *ibid.*, pp. 429/30, note 8.
16. Lettre de Grimm sans date à « Monsieur le Grand Maréchal Baron de Studnitz. » Cette lettre se trouve dans le volume contenant les années 1763 et 1764 de Gotha I (B. 1138 f, fol. 252). Ernest de Saxe-Gotha précise dans une lettre à Studnitz (*ibid*. fol. 250) qu'il s'agit de compléter l'année 1763. La lettre de Grimm n'est donc sûrement pas antérieure à 1763, et elle n'est pas postérieure à 1767 date de la mort de la Duchesse

Studnitz fut donc un des abonnés de la *CL*. Mais la deuxième copie Gotha n'est sûrement pas la sienne. D'abord Gotha II continue jusqu'en 1803, alors que Studnitz est mort en 1785. Deuxième raison : une étude comparative des variantes de Gotha I, Gotha II et Dresde pour l'année 1769 prouve que Gotha II s'adresse comme Dresde à un nouvel abonné[17]. Ce ne peut donc être Studnitz, qui reçoit la *CL* dès 1763.

Autre hypothèse : la collection pourrait être celle de Frédéric Guillaume, prince de Prusse, qui s'abonne à la *CL* en 1769[18]. Mais aucun autre indice ne semble confirmer cette supposition.

Une troisième hypothèse est de loin la plus vraisemblable : l'abonné de la collection Gotha II serait le frère du Duc Ernest de Saxe-Gotha, c'est-à-dire Auguste de Saxe-Gotha. Grimm voit ce prince et le prend sous sa garde à Paris à la fin de l'année 1768[19], il entretient depuis ce moment une correspondance régulière avec lui et reste en rapport personnel avec lui jusqu'en 1806[20].

Mais il y a des indices plus importants encore pour indiquer que le prince Auguste fut l'abonné de cette copie. Le 19 juin 1783 il écrit à Gotter :

> « J'apprends, mon cher ami, que votre nouvelle connaissance désirerait lire le *Rêve de d'Alembert* ; malheureusement la copie que j'en ai fait faire est à Weimar entre les mains de trois hommes, qui rêvent aussi très agréablement à leur manière, mais qui, à leur réveil, ont la mauvaise habitude d'oublier qu'on leur a prêté des livres. Mon manuscrit est depuis plus de deux mois à Weimar, et je ne vous réponds pas qu'il ait été lu. »

Si l'on se rappelle que le *Rêve de d'Alembert* a paru dans la *CL* entre août et novembre 1782, il semble assez vraisemblable qu'Auguste a fait faire la copie dont il parle en 1782 ou 1783 d'après son exemplaire de la *CL*, et qu'il l'a envoyée à Weimar, où Goethe et Schiller en ont eu connaissance à ce moment.

Un dernier argument semble permettre de considérer Auguste de Saxe-Gotha comme l'abonné de la Collection Gotha II. Dans le catalogue manuscrit de la bibliothèque de Gotha, qui marque le titre des manus-

---

Louise Dorothee de Saxe-Gotha. De toute façon nous voyons que Studnitz dispose de l'année 1763 de la *CL*.

17. Le premier envoi du 1er janvier 1769 est considérablement plus riche dans Gotha II et Dresde (abonnements qui commencent au début de 1769) que dans Gotha I.

18. Cf. GRIMM à Caroline (27 octobre 1769) : « Le Comte directeur des plaisirs de sa majesté m'a écrit pour me demander la *CL* au nom de Monseigneur le Prince de Prusse » (*Correspondance inédite, op. cit.*, p. 100).

19. Cf. *ibid.*, p. 86.

20. Cf. les notes d'Auguste dans ses Almanachs de 1796-1805, où il parle de Grimm (Gotha B 1402 à 1410).

21. Lettre inédite d'Auguste de Saxe-Gotha à Gotter (Gotha, A 1912b).

crits dans l'ordre chronologique de leur acquisition, Gotha II se trouve assez proche des manuscrits qui sont de la main même de ce Prince[22].

Voilà les quelques éclaircissements que je voulais donner aujourd'hui sur trois copies inconnues ou mal connues de la CL. Je dois peut-être m'excuser auprès des participants à notre colloque de la sécheresse de ces recherches érudites sur les copies et les abonnés de la CL. Mais leur importance et leur urgence pour le grand projet d'une édition critique de la CL, dont J. Varloot et J. Vercruysse ont parlé tout à l'heure, ne peuvent être surestimées. Il y a d'ailleurs bien d'autres copies à rechercher, tâche urgente pour que l'édition projetée de la CL se fonde sur un maximum de copies et augmente par là sa valeur critique[23].

---

22. Le dernier numéro qui, d'après le catalogue de Gotha, provient de la succession d'Ernest II est B 1182. A partir du numéro B 1311 se trouvent de nombreux manuscrits de la main d'Auguste. Il faudra vérifier la provenance des numéros qui entourent directement Gotha II (B 1265-1281). Une étude exacte des dates d'acquisition permettrait peut-être également d'éclaircir la provenance des nombreuses copies d'ouvrages de Diderot qui se trouvent à Gotha. Je tiens à remercier très vivement M. Waldemar Füllner, bibliothécaire à Gotha, qui a soutenu mes recherches à Gotha avec beaucoup de compétence, d'assiduité et de bienveillance.

23. Je remercie ici la *Deutsche Forschungsgemeinschaft* qui a subventionné mon voyage en RDA.

DISCUSSION

E. Lizé

Je me réfère à ce que vient de dire Jochen Schlobach. Contrairement à ce que vous avez affirmé au sujet du microfilm dont dispose Jean de Booy, le microfilm du manuscrit de Gotha I que possède le Centre d'Étude des XVIIe et XVIIIe siècles indique un foliotage continu et régulier de 1138 A à 1138 Z.

J. Schlobach

La confusion des deux copies Gotha I et II ne se trouve donc que dans le microfilm sur lequel se fonde Jean de Booy. En revanche son microfilm serait alors plus complet, parce qu'il comporte l'année 1789, par exemple, qui ne figure pas dans Gotha I. De toute façon, il y aura des études plus poussées à faire à Gotha même. A quel moment ces deux collections ont-elles été mises à la disposition de la bibliothèque ? Gotha I provient de la succession d'Ernest II, mort en 1804, Gotha II sans doute de celle d'Auguste, mort en 1806. Mais les papiers de ces princes ont pu être déposés dans la bibliothèque grand-ducale plus tard.

J. Carriat

Vous avez dit que Gotha II s'arrêtait en 1803. La copie de Gotha dont nous avons à Paris le microfilm va jusqu'en 1813, et nous y trouvons un doublet pour la livraison N° VIII de l'année 1807. En effet, cette livraison se trouve à sa place normale dans la suite de 1807, mais nous la retrouvons en 1810, après le N° VIII 1810, absolument identique quant au contenu avec une graphie différente. Je pensais donc qu'il y avait, jusqu'en 1807, deux copies de la *CL* à Gotha ?

J. Schlobach

Je ne peux pas donner de solution à ce problème. Tout ce que je peux vous dire, c'est que d'après le catalogue et dans la copie elle-même Gotha II s'arrête en 1803. S'il y a deux copies d'un même envoi, c'est le même phénomène que celui qu'a signalé Ulla Kölving-Rodriguez pour

Stockholm. Il se peut, par exemple, que Meister envoie deux exemplaires pour des raisons de sûreté, ou qu'on ait fait une copie après coup. Ce n'est pas forcément la preuve de deux abonnements à Gotha à ce moment-là.

J. R. Armogathe

Est-ce que les reliures de Gotha I et de Gotha II ont été établies au même moment ?

J. Schlobach

Je crois que non : les reliures sont très différentes. Gotha I est relié, pour les premiers volumes au moins, en cuir, Gotha II en papier fort d'une façon très simple. Quant à la date je ne me sens pas compétent pour la préciser d'après la reliure.

J. R. Armogathe

N'est-il pas possible d'envisager un « mixage », disons de Gotha I et de Gotha II, antérieur à la reliure de Gotha I ?

J. Schlobach

Dans le tome 2 de la collection Gotha I (B 1138^b, fol. 315 v°) se trouve la note suivante : « Die Feuilles littéraires sind im Dezember 1853, nachdem aus dem Herzögl. Geheimen Archiv dazu gehörige Papiere gekommen, in Ordnung gebracht, Dupletten aber hinweggenommen und zu den übrigen Dupletten genommen worden. » Gotha I aurait donc été relié en 1853. Mais il pourrait s'agir seulement de ce tome 2 qui pose en effet, par sa composition, des problèmes très particuliers. Car il y a justement une autre information de 1763 celle-là qui semble indiquer que Gotha I a été relié dès 1763. Ernest écrit, en demandant à Studnitz de combler les lacunes de la collection :
> « Voici Monsieur les numéros des feuilles de M. Grimm, qui manquent dans la suite de la Correspondance Littéraire que tient mon adorable mère, qui m'a chargé du soin de la lui faire relier » (B 1138 f, fol. 250).

Il faudra étudier plus en détail cette question des reliures et l'éventualité d'un mixage des deux collections. Personnellement, d'après un premier examen rapide, je crois que les deux copies sont assez indépendantes l'une de l'autre.

J. Varloot

Si je peux ajouter quelque chose, j'ai là sous les yeux quelques notes que j'avais prises, il y a presque quinze ans, à Gotha. J'ai trouvé dans Gotha II des livraisons qui n'existent pas dans Gotha I ; et il est vraisemblable qu'au moment de la reliure, si on avait disposé du second exemplaire, on aurait complété le premier. C'est le cas pour 1776 et 1777, pour les mêmes mois, avril et mai. On trouve à ce sujet dans Tourneux une note qui prouve qu'il n'a pas vu Gotha II du tout.

J. Schlobach

Il y a un autre problème concernant les copies de Gotha, c'est qu'aux archives de Gotha (où je n'ai pas pu avoir accès) se trouvent également des feuillets de la *CL* qu'a signalés Jean Varloot. Il faudra étudier d'après le papier ou les lacunes des autres collections, de laquelle des deux ou peut-être d'une troisième, celle de Studnitz, proviennent ces manuscrits.

J. Varloot

Je signale que ces textes d'archive, que je n'ai pas consultés à la Landesbibliothek, mais aux Archives qui se trouvaient alors à côté dans le même château de Friedenstein, ont été utilisés par l'auteur du grand livre sur Melchior Grimm que vous connaissez, Scherer. Il les avait lus, et en particulier les lettres de Grimm, qu'il a utilisées.

E. Lizé

Ce manuscrit dont nous n'avons pu consulter que de courts extraits, se trouve maintenant aux Staatsarchiv de Weimar. Le désordre qui y règne ne permet pas d'y voir clair. Ainsi la livraison de la *CL* du 1ᵉʳ avril 1757 voisine avec des *Bulletins de Versailles* ou des *Nouvelles littéraires* du 27 juillet 1759. [Dans la livraison du 1ᵉʳ avril 1757 on lit notamment « Voici un morceau qui à ce qu'on prétend, vient des bords du Lac de Genève d'où nous viennent tant de bonnes choses dans tous les genres : *La mule du Pape, par feu Monsieur Petitpied, Docteur de Sorbonne...* »] Rien ne nous autorise à affirmer que Raynal ait arrêté ses feuilles en 1755... Un examen de ce manuscrit pourrait peut-être confirmer l'existence d'une troisième copie de la *CL*, faite à Gotha ?

J. Schlobach :

Peut-être, mais je ne peux trancher cette question, n'ayant pas vu ces fragments. Il se peut que ce soit une partie de Gotha I ou II. Mais ce qui est sûr, c'est que Studnitz avait un autre exemplaire, qui constitue d'ailleurs une copie très intéressante parce qu'elle pourrait être une des premières : peut-être même a-t-elle commencé en 1753. La retrouver serait donc du plus grand prix pour une édition critique.

E. Lizé

Le manuscrit 1138 G de Gotha offre une autre énigme. La livraison datée du 15 mars 1767 [Gotha I, 1138 G, fol. 88 rº/111 vº] qui contient notamment la *Lettre de l'Archevêque de Cantorbéri à l'Archevêque de Paris* de Voltaire, est identique tant par l'écriture que par le contenu à la livraison du 15 mars 1768 [*Ibid.*, fol. 335 rº/344 vº]. Le fait que l'ordinaire du 15 mars 1767 manque dans le manuscrit de Stockholm (VU 29-8) m'invite à penser qu'il n'y a pas eu de livraison à cette date et que le copiste de Gotha a postérieurement (mais à quelle date ?) tenté de nous abuser. Ce problème serait peut-être résolu si nous retrouvions la copie de Stanislas-Auguste Poniatowski, signalée par Jean Fabre [Jean Fabre, *Stanislas-Auguste Poniatowski et l'Europe des Lumières*, Paris,

1952, p. 637.], qui commence en février 1767 et dont on soupçonne la présence aux Archives d'État de Kiev.

J. Chouillet

C'est un tout petit détail ayant trait à l'énorme travail entrepris par le groupe d'Upsal : Dans quelle mesure pensez-vous qu'on puisse faire figurer dans un apparat critique la version donnée par Tourneux ? Est-ce que vous considérez que cette version fait normalement partie d'un apparat critique ?

U. Kölving-Rodriguez

C'était notre opinion au début, qui nous avait d'ailleurs été suggérée par M. von Proschwitz. Depuis, nous avons eu accès au manuscrit de Gotha et c'est évidemment cette version-là qui figurera dans l'apparat critique.

J. Varloot

Je vois là un vrai problème, qui est celui des références. Quand on commence à étudier les textes ou les manuscrits, on a besoin de références, et il est naturel qu'au début le chercheur fasse référence à Tourneux pour s'y retrouver, et pour comparer. Au reste, pour une réédition, un des problèmes initiaux est de choisir le foliotage sur lequel on va fonder toutes les références des index, ne serait-ce que provisoirement.

J. Lacant

J. Schlobach a parlé de quinze destinataires démontrés, n'est-ce pas ? Il me semble qu'on est encore loin de compte avec les villes que vous avez citées. Et je voudrais vous poser la question suivante, qui est peut-être tout à fait profane : est-ce qu'on n'a pas parlé de l'envoi de la *CL* — celle de Meister bien entendu — au baron de Dalberg à Mannheim ?

J. Schlobach

Je ne vois pas de source digne de confiance qui prouverait l'existence de cet envoi. Il est vrai que Dalberg semblait disposer d'une copie de *Jacques le fataliste* [Cf. R. Mortier, *op. cit.*, p. 224], mais ces copies d'œuvres de Diderot circulaient indépendamment de la *CL*.

J. Lacant

N'est-ce pas Albert Cazes qui aurait parlé de cela ? Il est vrai qu'il a exagéré le nombre des destinataires sans preuves valables. Mais il me semble avoir vu ce nom cité parmi les destinaires de la *CL*.

J. Schlobach

Il est bien possible qu'Albert Cazes cite Dalberg dans sa liste :

je ne m'en souviens pas. Mais comme je l'ai dit tout à l'heure, cette liste est une pure confusion entre la liste des souscriptions pour Calas et celle des abonnés de la *CL*. Il faut l'oublier. Pour ce qui est des autres copies, je me permets de vous renvoyer à mon article sur les premiers abonnés de la *CL* (*op. cit.*). En 1770 sont abonnés : Catherine II (manuscrit de Moscou), la reine de Suède (Stockholm), Stanislas Poniatowski (Varsovie), le grand-duc de Toscane (Florence ou Prague), le prince de Prusse Frédéric-Guillaume (Berlin), le margrave d'Ansbach (Ville de Paris), le duc de Saxe-Gotha (G I), l'électrice douairière de Saxe Maria-Antonia (Dresde), la landgrave de Hesse-Darmstadt (Darmstadt) ; pour les abonnements de Deux-Ponts (commencé en 1767) et de Nassau-Sarrebruck (commencé avant 1758 et toujours envoyé en 1767) il est fort probable qu'ils duraient toujours au début de 1769. Et il y avait l'abonné de Gotha II. Nous avons donc une douzaine d'abonnés en une année. A d'autres moments ont été encore sûrement abonnés : au moins deux destinataires à Berlin, le prince Georges de Hesse-Darmstadt et sans doute également le duc de Weimar ainsi que Mecklemburg-Strelitz. Cela nous amène déjà à dix-sept — et il y en a certainement davantage.

J. Varloot

N'a-t-on pas considéré à tort, quelquefois, comme abonnés à la *CL*, des intermédiaires ? D'après les lettres de Grimm, ils sont des correspondants, mais ils ne sont pas forcément des abonnés.

J. Schlobach

Mais il a, lui, une formule très précise. C'est surtout dans les lettres à la landgrave de Hesse-Darmstadt qu'il parle de ses « pratiques ». Quand il dit « j'ai une pratique à Dresde », cela veut dire qu'il a là un abonné.

V. Hell

Justement la question posée par Jacques Lacant me concerne directement ; je parlerai de Schiller à Mannheim ; Roland Mortier [*op. cit.*, *ibid.*] et la Nationalausgabe des œuvres de Schiller nous disent que le manuscrit de *Jacques le fataliste* a été remis à Schiller. Par qui ? Je rappelle que le frère de l'intendant von Dalberg résidait à Mayence. Les deux recevaient-ils la *CL* ?

J. Varloot

Von Dalberg n'a-t-il pu servir, pure hypothèse, d'intermédiaire entre l'un des abonnés et le lecteur, fervent, enthousiasmé qu'a été Schiller ?

V. Hell

Oui, mais c'est intéressant de constater que l'intendant von Dalberg dirigeait ce premier théâtre national en Allemagne dans un esprit conforme aux tendances de l'esthétique de l'époque des Lumières. Alors à mon avis le conflit avec le jeune Schiller était inéluctable.

J. Vercruysse

Je voudrais demander à Jochen Schlobach si, à sa connaissance, on a fait des recherches poussées en Pologne où existent d'excellentes bibliothèques. J'ai eu l'occasion d'y travailler. Je me demande s'il ne faudrait pas chercher à Varsovie (Actes Anciens) et particulièrement à Cracovie dans les archives de Stanislas-Auguste. Je ne pense pas que Jean Fabre ait parlé longuement de cette affaire dans sa grande thèse.

J. Schlobach

Il parle, dans une note [p. 637, note 189] de la correspondance personnelle entre le roi de Pologne et Grimm qui s'est trouvée alors aux Archives centrales dans la collection des Comtes Popiel (Zbior Popielow, t. 183/185 et surtout 221). Je ne crois pas qu'on ait fait des recherches sur le sujet en Pologne.

J. Varloot

Jean Fabre, qui a lu ces lettres, m'a dit seulement : « Elles ne méritent pas d'être publiées. »

J. Vercruysse

J'en ai vu à Varsovie. La chose doit être vérifiée. Les bibliothécaires et archivistes polonais sont très aimables.

J. Schlobach

Peut-être ne s'agit-il pas tellement — là Jean Fabre a sans doute raison — de publier intégralement toutes les lettres qu'on pourrait encore trouver de Grimm. Mais il faudra les lire et en tirer profit pour écrire l'histoire de la *CL*, éclaircir les problèmes d'abonnements et ainsi peut-être trouver d'autres copies.

J. Vercruysse

Il existe quelques lettres de Grimm à Bruxelles dans une collection d'autographes. Je promets d'y jeter un coup d'œil. Il faudrait adresser une lettre circulaire à toutes les grandes bibliothèques d'Europe.

J. Schlobach

C'est ce que j'ai fait pour l'Allemagne Fédérale. Le fruit en a été mon édition de la *Correspondance inédite* de Grimm [M. F. Grimm, *Correspondance inédite*, éd. J. Schlobach, München 1972].

J. Vercruysse

Et en Allemagne Démocratique il doit y en avoir aussi ?

J. Schlobach

C'est sûr. On connaît depuis un moment des extraits des lettres de Grimm à Gottsched qui se trouvent à Leipzig. Kurt Schnelle s'en est servi pour son excellent article sur la formation de Grimm en Allemagne [K. Schnelle, « Grimms Bildungswege in Deutschland, Zur Vorgeschichte der *CL* », *Wiss. Zeitschrift der Karl-Marx Universität Leipzig, gesellsch.— und sprachwiss. Reihe*, 16, 1967, pp. 17-31]. J'ai trouvé d'autres lettres de Grimm à Gotha, Weimar et Dresden. Et cela vaut certainement la peine de continuer à en chercher.

TROISIÈME SÉANCE

DE LA LETTRE A LA REVUE
La correspondance de l'abbé Le Blanc et du président Bouhier ; essai sur l'étiologie de la CL

par Hélène MONOD-CASSIDY (Madison)

Avant de discuter les lettres de l'abbé Le Blanc au président Bouhier, je voudrai vous présenter le personnage et justifier ainsi le titre de ma communication.

Jean Bouhier naquit à Dijon en 1673, fils et petit-fils de magistrats bourguignons ; membre de cette noblesse de robe qui s'apparente plus à la grande bourgeoisie qu'à la noblesse d'épée : famille riche, mais sans ostentation, cultivée mais respectant les enseignements de la religion, soumise à l'autorité royale mais sans bassesse — et se réservant une liberté de jugement en matières parlementaires qui évoquait sinon la Fronde en tout cas l'indépendance du seigneur terrien solidement ancré dans sa province. Bouhier est maître chez lui, fier de sa ville comme sa ville était fière de lui.

Depuis trois générations, les Bouhier ajoutaient à leurs préoccupations juridiques un goût très vif pour les lettres et un intérêt profond et intelligent dans les publications de toutes sortes. La belle bibliothèque de Jean Bouhier, l'ancêtre, dont hérita et qu'enrichit Bénigne Bouhier, passa au président Bouhier qui ne se lassa pas de compléter ses collections d'ouvrages, de manuscrits et de médailles, rédigea lui-même un catalogue complet de ses possessions — il recense trente-cinq mille volumes sans compter les manuscrits.

Le président Bouhier, homme fin, cultivé, assez galant dans sa jeunesse, grand causeur et travailleur acharné, se faisait un honneur de recevoir dans son hôtel de St-Fiacre à Dijon la meilleure société de Dijon. On se réunissait dans la bibliothèque. Le propriétaire était généreux et démocratique : il prêtait ses livres et accueillait dans son salon tous les hommes intelligents de la ville sans distinction de classe ou de rang.

Cette largeur d'esprit qui nous étonne un peu aujourd'hui, et que nous retrouvons d'ailleurs dans les salons parisiens contemporains, donnait à la société de ' l'académie Bouhier ' une variété et une souplesse remarquables : hommes et femmes, savants et précieuses, vieux professeurs un peu pédants et leurs très jeunes écoliers, chacun était accueilli, écouté s'il en valait la peine, consulté sur ses spécialités et encouragé à écrire au président et à le tenir au courant. Bouhier se constituait ainsi toute une écurie de correspondants qui écrivaient de province, de l'étranger, et de Paris ; recherchaient les livres rares qu'il désirait, échangeaient des citations latines pour en discuter le sens, ou consultaient le président sur des questions de jurisprudence ou de traduction d'un vers de Cicéron. On le respectait, on le louait beaucoup et sa vanité y trouvait sa pâture de façon innocente. D'Alembert, dans son article sur Bouhier (Histoire des membres de l'Académie française) s'amuse un peu de cette faiblesse :

> Les hommages, que M. le président Bouhier recevait de tous les savants de l'Europe, étaient non seulement la juste récompense de son mérite, mais le fruit de la correspondance régulière qu'il entretenait avec un grand nombre d'entre eux. Rien n'est plus propre à nourrir, si l'on peut parler ainsi, la réputation d'un homme de lettres, et quelquefois même à la fonder, au moins pour un temps, qu'un grand commerce épistolaire ; c'est un moyen de célébrité que Leibnitz lui-même ne négligeait pas ; le littérateur qui lui écrivait était sûr d'être honoré d'une réponse. D'autres grands hommes, moins avides d'encens, ou plus délicats sur les louanges, ont dédaigné d'employer comme lui ce petit artifice pour hâter le vol de la Renommée : leur gloire n'y a cependant rien perdu, car si le nom d'un écrivain peut se soutenir quelques années à force de lettres, ce n'est que par de bons ouvrages qu'il acquiert une confiance assurée. La postérité juge les auteurs, qu'on nous permette cette expression, sur ce qu'ils ont écrit à leurs amis. Mais le jugement que cette postérité sévère portera de M. le président Bouhier confirmera les éloges que l'amitié lui a donnés de son vivant, ses productions savantes lui assurent pour toujours l'estime de l'Europe littéraire ; et il sera célèbre, ainsi que Leibnitz, quand il n'aurait jamais écrit à personne[1].

Mais je ne suis pas sûre que d'Alembert ait eu raison. Ce qui nous reste du président Bouhier, ce qui nous intéresse aujourd'hui, c'est précisément cette immense correspondance, ces petites nouvelles, ces échos du monde, ces observations sociologiques consignés par les Valincourt, les Marais, les Le Blanc, commentés et passés au crible de la sagacité et de la modération du président Bouhier.

Un trait de caractère mérite de nous retenir un instant. Lorsqu'en 1727

---

1. Emmanuel de Broglie, *Le Portefeuille du Président Bouhier*. Paris 1896, p. 20.

l'évêque de Luçon, un des fils de Bussy-Rabutin, donna la première édition des lettres de Madame de Sévigné, personne ne s'y intéressât davantage que Bouhier :

> Les nouvelles de Madame de Sévigné me sont enfin venues *Ut vidi ut perii* ! Je n'ai de ma vie rien lu qui m'ait plu davantage, malgré les petites négligences qui s'y trouvent quelquefois. Mais s'il n'y en avait point, ce seraient des pièces d'éloquence, comme elle le dit fort agréablement. Enfin j'en suis enchanté et enragé de me voir sitôt à la fin. Mais je compte bien de les lire plus d'une fois[2].

En 1733, il est à Montpellier et il entend parler de deux ' demoiselles ' qui possèdent plusieurs lettres de la marquise : Bouhier va les voir, les flatte, obtient d'elles la promesse de lui laisser copier les lettres : et puis ' les deux bégueules ' changent d'avis et le président de s'en revenir à Dijon déçu et les mains vides[2]. Voltaire aussi a senti très tôt l'importance d'une correspondance de sources variées qui complétait et enrichissait les informations des gazettes peu abondantes à l'époque, surtout quand il s'agissait de nouvelles littéraires.

Nous avons dit que Bouhier se ménageait des correspondants. Nous pourrions ici étudier les différents genres de lettres que ses amis lui envoyaient et comment elles se recoupaient. Des connaissances âgées sonnent la cloche du XVIIe siècle, tel que Valincourt, l'ami de Racine et de Boileau, le critique de Mme de Clèves. Homme de goût et honnête homme, il a vingt ans de plus que Bouhier et il écrit tout au début du siècle (1727-1729). Ses lettres sont une espèce de gazette privée assez limitée comme sujet : Valincourt c'est le St Simon (auquel il fournissait des anecdotes), c'est le St Simon du président. On pourrait également analyser la correspondance de l'avocat Mathieu Marais (1724-1737) qui complète le Journal de ce dernier et, en fait, prit une place si importante dans sa vie qu'il renonça à son journal en faveur de l'échange des lettres avec Bouhier et léguera pour notre plaisir le tout au président. Cette correspondance, ' une sorte de gazette épistolaire ', comme l'appelle son éditeur M. de Lescure, nous la connaissons tous : riche, variée, libre de ton mais jamais basse ou polissonne, on y trouve maintes opinions un peu hardies que les deux amis auraient eu scrupule à rendre publiques. Il est amusant, par exemple, de suivre le débat au sujet de la publication des *Considérations sur la décadence de l'empire romain* (sic) de Montesquieu. Seront-elles publiées avec ou sans cartons ? Si oui, comment peut-on se procurer une édition sans cartons ? Bouhier et Marais échangent des nouvelles sur les élections de l'Académie française — dont Bouhier fera partie à partir

---

2. *Ibid., passim.*

de 1727 mais à laquelle Marais aspirera en vain — Marais annonce les œuvres du jour : un poème duquel on soupçonne Voltaire, une tragédie. Les commentaires sur *Zaïre* sont doubles : ceux qui racontent la première de la pièce, ceux qui se rapportent à sa publication quelques semaines plus tard quand le président peut écrire : ' J'ai enfin lu Zaïre ! De même pour la publication des *Lettres philosophiques*. Il est décevant d'habiter la province et de ne pouvoir se procurer ces œuvres subversives ! '

Mais venons-en à l'abbé Le Blanc. Il était Dijonnais, né en 1706 d'un père greffier au tribunal. Ce père, manquant de fortune, devint pendant la jeunesse de l'abbé gardien de la prison du tribunal de Dijon, un métier méprisé qui limita de façon humiliante et répétée les possibilités de carrière de son fils. Jean-Bernard était un enfant vif et très doué qui fut élevé au collège des Jésuites de la ville — le même où Bouhier avait fait ses études trente ans plus tôt. Il avait comme condisciple Buffon ; les deux jeunes gens se lièrent et restèrent amis. Nous trouvons Jean-Bernard chez le président Bouhier dès la fin de ses études secondaires : il avait une très belle écriture et peut-être y entre-t-il comme *amanuensis*, mais il sut vite se faire des amis, connaissances, protecteurs éventuels parmi les bourguignons qui fréquentaient l'hôtel. Tout jeune, l'abbé Le Blanc taquine la muse, et ses poèmes ne sont pas plus médiocres que ceux de son patron ! Nous le retrouvons à Paris, à 22 ans, cherchant à la fois fortune et gloire. Il habite chez M. de Nocé ' comme ami ' nous dit-il. Très rapidement, il est reçu dans les salons de l'époque, chez madame Doucet, chez la marquise de Lambert, chez la duchesse du Maine dont il est pour un temps le secrétaire. Il va au théâtre et se lie avec les bourguignons qui se trouvent à Paris : Piron, et Rameau. Il accumule un butin de petites nouvelles et commentaires qu'il envoie à Dijon. Et le président répond, avec grâce, se montrant curieux des détails sur la vie parisienne, critiquant les poèmes qu'il reçoit de Le Blanc. L'abbé donne des nouvelles de l'Académie, commente les discours qu'il y entend ; il rencontre soit Voltaire, soit Crébillon le fils et il communique au président les observations, les confidences qui lui furent faites. Il s'intéresse aux traductions d'ouvrages anglais : *le Paradis perdu*, *l'Essai sur l'homme*. Il défend *Cleveland* avec une belle ardeur. Ce sont des lettres qui, un peu raides au début, deviennent peu à peu riches de détails et intéressantes.

Un des protecteurs de l'abbé Le Blanc était le jeune duc de Kingston. Il s'était établi à Paris après un voyage à travers l'Europe auquel Buffon avait pris part. Il commit l'impair d'enlever madame de la Touche, une des filles de Samuel Bernard, et de se réfugier en Angleterre avec sa belle. L'abbé Le Blanc fut invité à les y rejoindre. Grâce aux lettres à Bouhier nous assistons à l'anglicisation progressive de Le Blanc. Les premières lettres de Londres sont les lettres vides du touriste qui regarde sans comprendre. On sent l'abbé embarrassé de sa fausse situation qu'il glose en s'exclamant : ' Il importe à un homme de lettres de voyager '. Il plonge dans l'étude de l'anglais avec une ardeur juvénile :

> Souvent dans mon Dictionnaire
> Quand je cherche le sens d'un terme d'Addison,
> Les Muses par malice ou non
> Prennent plaisir à me distraire
> Et me font rencontrer une Rime à son nom[3].

Et le voilà vite en état de renseigner Bouhier de façon intéressante. Il décrit à son patron la maison et le parc de Thoresby :

> Quelqu'homme que ce soit ne peut pas habiter un plus beau Païs que celui-ci, & il n'y a peut être pas dans toute l'Angleterre une Maison de campagne où un homme de Lettres puisse se plaire d'avantage que dans celle-ci. Le Grand Pere du Duc de Kingston aimoit fort les Lettres & il a construit ici une Bibliotéque tres magnifique & qui occupe le plus grand & le plus bel appartement de cette Maison. Elle est composée d'un tres grand nombre de Livres Grecs, Latins, Anglois & François, bien conditionés & avec assés de recherche pour le choix des Editions. Il a même fait une dépense que nos Seigneurs François ne feroient pas, c'est d'en faire imprimer le Catalogue *Bibliotheca Kingstoniana* in folio, avec des vignettes, des culs de Lampes &c gravées exprès. Cette Maison-ci est très belle & pour vous donner une idée de la dépense qui s'y fait. Il y a ici cent Domestiques pour le service du Duc de Kingston & de sa Compagnie[4].

Il y avait de quoi faire venir l'eau à la bouche du président, bibliophile émérite.

Dès qu'il entend l'anglais, Le Blanc retourne à Londres pour la saison et envoie fidèlement ses opinions sur la littérature anglaise.

Voici ce qu'il dit à propos d'*Othello* :

> La moins irréguliere de ses Tragédies & la plus célèbre est son Othello : c'est presque la seule où il ait bien traité le sentiment. Il y a deux Caracteres bien Frappés, un Scélérat qui ne cede en rien au Narcisse de Mr Racine & un Jaloux qui est peint avec beaucoup de force ; cependant cette Piece toute belle qu'elle est est pleine de fautes d'indécences et d'Absurdités. Mais il faut tout dire aussi toute défectueuse qu'elle est, un de nos Poetes Tragiques lui a de grandes obligations. Vous vous rapelés peut etre, Monsieur que lors que Mr De Voltaire donna sa Zaïre, ses Amis dirent que du moins dans cette Piece on ne lui disputeroit pas d'avoir mis du sentiment, de l'Interêt & de l'Invention. Jamais éloge ne fut moins mérité. Cette Piece pour le fonds n'est autre

---

3. H. Monod-Cassidy, *Un voyageur philosophe au 18e siècle*, Harvard U. Press, 1941, p. 266.
4. *Ibid.*, p. 266.

que celle de Shakespear dont je vous parle. Orosmane est Othello la vertueuse Zaïre est la sage Desdemona. On trouve dans la Piece de Mr De Voltaire, une partie des beautés de détail de celle de Shakespear, le nœud de l'une & l'autre Piece ne vaut pas grand chose & le dénoument est précisément le meme. l'unique difference consiste en ce que le furieux Othello étrangle Desdemona aux yeux des spectateurs. Orosmane plus poli, mais non moins cruel se contente de poignarder Zaïre. Le Discours d'Orosmane après qu'il s'est tué lui même est presque tout imité de celui d'Othello qui est dans le même cas[5].

Ces commentaires — une des toutes premières accusations de plagiat de Voltaire à Shakespeare — l'abbé ne les répètera pas dans son œuvre imprimée. Ils étaient destinés au président, au petit cercle de bourguignons, qui lisaient et s'amusaient des découvertes de l'abbé. Qu'on me pardonne encore une citation de nouveau si changée dans le texte imprimé qu'elle en perd sa saveur :

> Hier je fis un voïage éxprès pour voir Mr Pope, malheureusement il venoit de quitter sa Campagne pour aller à cinquante milles voir un de ses Amis. Mais je n'ai point quitté sa Maison sans voir les lieux riants où il promene ses Muses. Dèsprèaux comme vous savés rassembloit les siennes a Auteüil sur le bord de la Seine, Mr Pope qui l'a imité en beaucoup de choses, l'a encor imité en ceci. Sa Maison est a Twitnam sur le bord de la Tamise vis à vis la Forêt de Richemond & dans une des plus plaisantes situations de l'Angleterre. Là il a construit lui même un Jardin qui quoi que petit est très agréable. Parmi les embellissements dont il l'a orné, il y a une Pyramide en mémoire de sa Mere qu'il a perdüe il n'y a pas long-temps en voici l'inscription *Ah ! edita, Matrum optima, Mulierum amantissima vale* ! Il y a aussi une grotte, dont on n'approche pas sans avoir envie de faire des Vers. Elle est sans inscription, si elle étoit à moy J'y mettrois, celle-ci, *Quieti & Musis &* en effect elle a l'air d'un petit Temple. Ce jardin est très varié & planté d'arbres de toute éspèce, Mr Pope a taché de lui donner ce que les Anglois apellent Romantic & nous Pittoresque. J'ai eu regret d'y être pressé par le tems, car sans ce la je n'en serois pas sorti sans y faire des Vers ; Je ne puis même vous en parler sans que cette envie me reprenne.
>
> Twitnam ô lieux chéris des filles de Mémoire,
> Qu'Albion aujourdui ne peut trop révérer !
> O lieux qui d'Hampton Cour éffaceront la gloire !
>   Que ne puis-je vous célebrer[6] !

Il y a beaucoup de remarques intelligentes et nouvelles dans les lettres adressées à Bouhier d'Angleterre. Nous savons que Le Blanc écrivit aussi

---

5. *Ibid.*, p. 288.
6. *Ibid.*, p. 279.

à bien d'autres amis, heureux de partager avec eux ces quelques mois de bonheur : des lettres à l'abbé d'Olivet, à Buffon, à La Chaussée, pour ne mentionner que deux ou trois noms, ont passé dans des ventes d'autographes mais restent introuvables. De retour en France, en 1738, l'abbé va trier et retravailler ses notes d'Angleterre et donnera en 1745 les *Lettres d'un Français*, trois volumes in-12, qui connurent un grand succès. Après Béat de Muralt (*Lettres sur les Anglais et sur les Français*), après Montesquieu, après Voltaire, Le Blanc nous donne ses observations sous forme de lettres. Ce mode d'expression littéraire plaisait à l'époque et avait fait ses preuves. Il répondait peut-être à un désir inconscient vers la simplicité et la prise de contact immédiate avec le lecteur. Marivaux, Prévost, l'un et l'autre, s'efforcent dans leurs journaux comme dans leurs romans de trouver une forme simple, directe, non point raidie par les conventions classiques.

Desfontaines écrit à propos du *Nouvelliste du Parnasse* :

> Notre but... n'a jamais été de faire des extraits des livres nouveaux ; nos lettres sont destinées à des réflexions sur les ouvrages d'esprit et sur d'autres, lorsqu'ils amènent l'occasion de dire des choses agréables ou curieuses. Ce n'est pas sans raison que nous avons choisi le style épistolaire, outre que le style en est libre et aisé, certains tours qui lui sont familiers donnent de l'éclat et de la vivacité aux réflexions[7].

(12e lettre)

C'était bien là le but des *Lettres d'un Français*, ouvrage de vulgarisation sans profondes prétentions philosophiques, qui cherche à informer, à ' dire des choses agréables ou curieuses '.

Voltaire avait adressé ses lettres à Thiériot, Le Blanc les adressera à ses amis, presque tous des ' académiciens ' comme le remarquera malicieusement Fréron. Le destinataire dictait plus ou moins le contenu de la lettre : les lettres sur les jardins et l'agriculture vont à Buffon, celles sur le théâtre à La Chaussée et à Duclos ; les grands sujets, liberté, politique, à Montesquieu et à Mellon.

On est un peu étonné que sur 92 lettres quatre seulement soient adressées au président Bouhier. Ce ne sont pas les plus intéressantes : les observations sur *Othello* et Voltaire — je l'ai dit — disparaissent, la critique du théâtre Shakespearien devient plus générale et conventionnelle. Le passage sur ' Twitnam ' est transposé, etc... Cependant on peut dire que la forme des *Lettres d'un Français* comme la correspondance intime révèle ce même goût, ce même désir pour une apparence d'intimité, de

---

7. Varin d'Ainvelle, *La Presse en France*, Presses Universitaires de France, 1965, p. 97.

confidence, de remarques personnelles avec le désir de rendre ces confidences aussi publiques que possible.

Le président Bouhier, seigneur de sa province, trouvait tout naturel de recevoir non seulement les nouvelles officielles, telles qu'il pouvait les lire dans les gazettes, mais de posséder encore une ou plusieurs sources de nouvelles particulières, à lui destinées, hommage rendu si l'on veut à la dignité de sa personne. La psychologie derrière la *CL* ne sera pas différente. Elle répond à ce double besoin d'une communication en apparence personnelle mais en réalité assez générale. C'est reconnaître l'importance du personnage à qui sont adressées les lettres — comme on dédiait une tragédie à un noble ou à une grande dame. C'est aussi, si l'on veut, une indication du manque de liberté de la presse et de la crainte dont souffrait la plupart des journalistes du temps : pauvres hères dont les feuilles subventionnées devaient nécessairement rester neutres pour pouvoir subsister.

Cette analyse, si brève soit-elle, nous permet de saisir dans leur formation les principes qui ont inspiré la *CL*. Une forme nouvelle de communication qui évolue de la lettre intime, comme celle de Mme de Sévigné, ou du Journal, comme ceux de Barbier et Marais, vers une forme déjà plus littéraire, plus désireuse de communiquer des nouvelles, de faire des commentaires et des analyses d'œuvres à la mode. Le goût de l'information gratuite était né, il ne devait plus nous quitter.

LA *CORRESPONDANCE LITTÉRAIRE* ET DOUZE PÉRIODIQUES TRAITÉS PAR ORDINATEUR

par Paule JANSEN (Paris)

Je ne suis pas une spécialiste de la *CL*, je m'occupe du dépouillement systématique des périodiques et de son exploitation par ordinateur.

A l'heure actuelle, parmi les périodiques parus en 1768 et dépouillés par l'équipe du Centre d'Étude des XVIIe et XVIIIe siècles (L.A. 96 du C.N.R.S.), douze ont été traités par ordinateur. Malheureusement, la *CL* n'en fait point partie.

Pour pouvoir vous présenter une confrontation entre la *CL* et nos résultats, j'ai dépouillé un mois de la *CL*. J'ai choisi le mois d'août 1768. Situé en plein milieu de l'année, il permet de tenir compte d'un laps de temps possible entre les comptes rendus d'un même ouvrage dans les différentes gazettes ; en outre, il contient l'annonce de la publication de plusieurs œuvres de d'Holbach. Grimm est-il, en 1768, le seul journaliste à signaler ces œuvres de d'Holbach ?

Afin de n'éluder aucune difficulté, j'ai dépouillé le manuscrit de la *CL* dite copie de Gotha, dont Jean Varloot m'a très aimablement communiqué le microfilm[1]. Comme chacun sait, Tourneux dans son édition de la *CL* a fait quelques suppressions ; il a supprimé particulièrement les épîtres de Voltaire intitulées « Correspondance du Patriarche ». Un texte quelconque relatif à ces épîtres peut-il se trouver dans nos périodiques ?

Mais, présenter mes recherches sur la *CL* suppose l'exposé préalable de notre méthode de dépouillement et de nos résultats d'informatique. Je vais le faire très succinctement.

La méthode de dépouillement intégral des périodiques consiste en une

---

1. Gotha I, B 1138 G fol. 398 à 417.
Une seconde copie de la « livraison » du 15 août 1768 fait suite (fol. 418 à 428) ; elle diffère de la première par quelques variantes ; surtout, elle donne, comme « Suite de la Correspondance du Patriarche » les épîtres de Voltaire des 28 et 30 septembre, du 2 octobre 1767.

144 PAULE JANSEN

lecture approfondie du texte, puis en une division d'une livraison en
« articles » dont les titres sont, le plus souvent, proposés par le chercheur,
les périodiques du XVIIIe siècle n'en contenant généralement que fort peu,
enfin, en un relevé, sur des fiches normalisées et selon des règles strictes
de données documentaires se rapportant à chaque article considéré. Ces

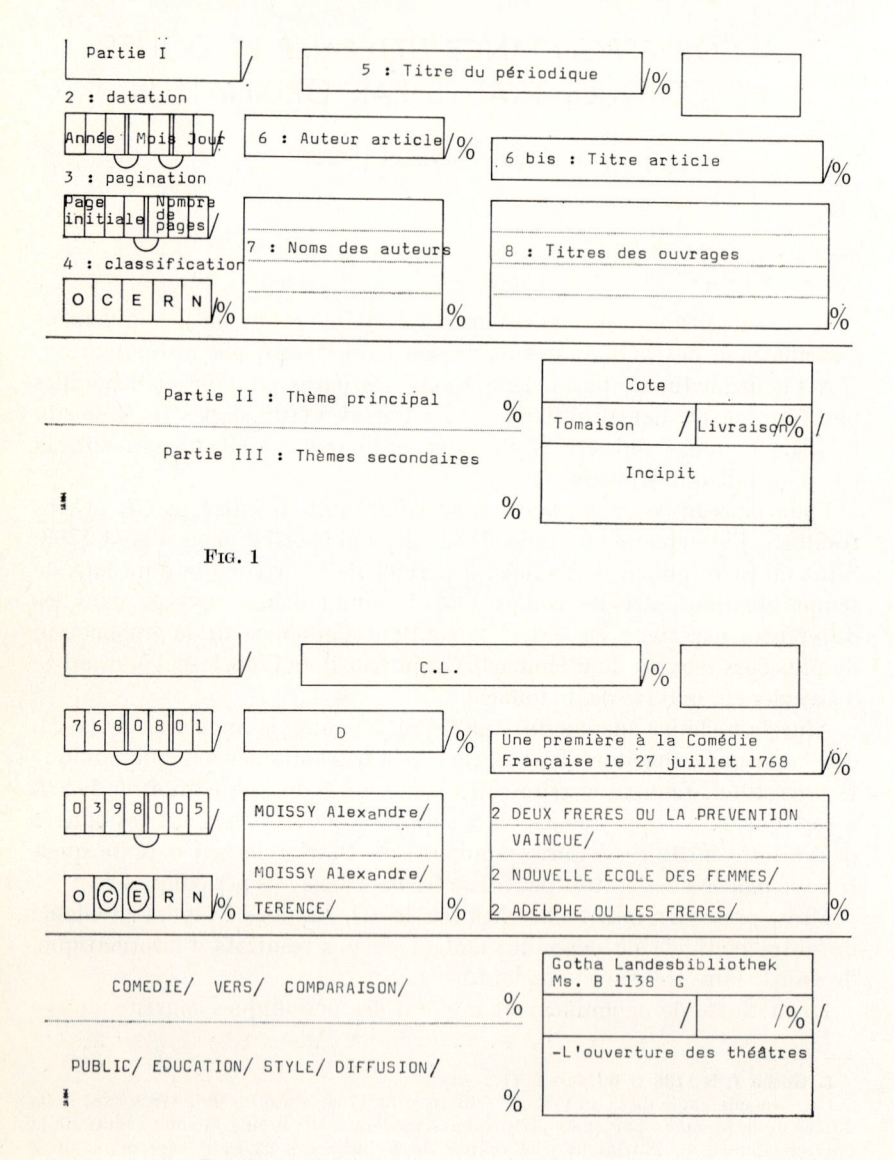

Fig. 1

Fig. 2

données sont : le titre du périodique ; le titre et le nom de l'auteur de l'article ; la datation, la pagination et la nature de l'article ; les titres des ouvrages ou des nouvelles dont il est question dans cet article et les noms de leurs auteurs. En outre, une double analyse thématique est effectuée à l'aide d'une liste de mots-clefs, donnant ainsi le thème principal et les thèmes secondaires concernant chaque article. Voir fig. 1 et 2.

Ces éléments ou données sont enregistrés sur bande magnétique. Grâce à des programmes d'informatique, qui sont essentiellement des programmes de tri, nous avons obtenu des listings de types différents[2].

Voici des passages des deux listings dont je me suis servie pour préparer cette communication :

Auteurs + ouvrages + références (article Holbach) fig. 3.

```
HOLBACH PAUL +                          768 10 21/0122 002 CEN    BACHAUMONT
LETTRES A EUGENIE 2 +

HOLBACH PAUL +                          768 09 11/0103 003 EN     BACHAUMONT
LETTRES A EUGENIE OU PRESERVAT
IF CONTRE LES PREJUGES 2

HOLBACH +                               768 09 28/0618 003 CN     COURIER DU BAS-RHIN
LETTRES A EUGENIE 2

HOLBACH PAUL +                          768 10 08/0646 003 CN     COURIER DU BAS-RHIN
CONTAGION SACREE 2

HOLBACH,+1 NAIGEON,TOLAND + 2           768 09 14/0590 001 CN     COURIER DU BAS-RHIN
LETTRES PHILOSOPHIQUES 2

HOLBACH PAUL BARON 2 +                  768 09 01/0098 002 CEN    BACHAUMONT
LETTRES PHILOSOPHIQUES SUR L'O
RIGINE DES PREJUGES 2 +

HOLBACH PAUL HENRI +                    768 09 22/0109 003 CN     BACHAUMONT
CONTAGION SACREE OU HISTOIRE N
ATURELLE DE LA SUPERSTITION
2
```

Fig. 3

Ouvrages + auteurs + références (article *Deux frères...*) fig. 4.

Ces listings englobent les résultats, classés par ordre alphabétique, intéressant douze périodiques publiés en 1768 :

LES AFFICHES PROVINCE
L'ANNÉE LITTÉRAIRE
L'AVANT-COUREUR
BACHAUMONT
LE COURIER DU BAS-RHIN
LA GAZETTE LITTÉRAIRE ET UNIVERSELLE DE L'EUROPE
LE JOURNAL DES SAVANTS

---

2. Grâce à l'amabilité de Mme Cadoux et de M. Léon, directeurs, nos programmes ont été établis par le Service de Calcul Sciences Humaines du C.N.R.S.

```
DEUX FRERES OU LA PREVENTION V   768 10 04/0289 019 CER   ANNEE LITTERAIRE
AINCUE 2
MOISSY ALEXANDRE GUILLAUME

DEUX FRERES 2                     768 11 01/0098 013 CER   JOURNAL ENCYCLOPEDIQUE
MOISSY ALEXANDRE MOUSLIER

DEUX FRERES 2                     768 10 10/0652 004 CERN  AVANT-COUREUR
MOISSI

DEUX FRERES 2                     768 08 01/0492 002 CER   AVANT-COUREUR
MOISSY ALEXANDRE

DEUX FRERES 2                     768 10 00/0150 003 CN    MERCURE DE FRANCE
MOISSY ALEXANDRE

DEUX FRERES 2                     768 09 00/0119 003 CN    MERCURE DE FRANCE
MOISSY ALEXANDRE

DEUX FRERES 2                     768 08 03/0123 002 CN    AFFICHES PROVINCE
MOISSY ALEXANDRE

DEUX FRERES 2                     768 09 07/0144 001 CER   AFFICHES PROVINCE
MOISSY ALEXANDRE
```

Fig. 4

LE JOURNAL DES SCIENCES ET DES BEAUX-ARTS
LE JOURNAL ENCYCLOPÉDIQUE
LE JOURNAL ŒCONOMIQUE
LE MERCURE DE FRANCE
LES NOUVELLES ECCLÉSIASTIQUES

Ayant dépouillé, selon notre méthode, le mois d'août 1768 de la *CL* et ayant en main les listings concernant nos douze périodiques, quelle démarche effectuer ?

La question essentielle, pour des spécialistes de la *CL*, n'est-elle pas : peut-on, en confrontant les résultats du dépouillement du mois d'août 1768 de la *CL* avec nos résultats d'informatique déterminer l'originalité de la *CL* ?

J'ai donc considéré séparément chaque « article » de ce mois d'août 1768 de la *CL*, sa longueur, son sujet, sa nature puis, dans un premier temps, le ou les ouvrages ou nouvelles principaux formant la matière de l'article et leurs auteurs ; j'ai cherché alors, dans nos listings, pour chacun d'entre eux, le nombre et les titres des périodiques les mentionnant. J'ai fait ensuite la même recherche pour chaque titre d'ouvrage cité dans la *CL* pour comparaison avec l'œuvre dont l'analyse est le centre de l'article et son auteur. Je me suis enfin reportée aux textes de nos périodiques et les ai confrontés avec celui de la *C.L.*

Voici les résultats : le 1er août 1768, Grimm offre à ses lecteurs un compte rendu critique et une analyse en 300 lignes d'une pièce nouvelle, les *Deux frères* d'Alexandre Moissy ; cinq journalistes font de même, dont deux, ceux de l'Avant-Coureur et des Affiches Province le 1er et le

3 août ; Grimm cite une autre œuvre du même auteur, la *Nouvelle école des femmes*, quatre de ses confrères le font également, dont ceux de l'Avant-Coureur et des Affiches Province encore ; « Cette pièce [les *Deux frères*] n'a rien de commun avec les *Adelphes ou les frères* de Térence », dit Grimm. « Si cette pièce a pû rappeler l'idée des *Adelphes* de Térence, elle en est totalement éloignée... » dit le rédacteur des Affiches Province[3].

La première représentation du *Jardinier de Sidon*, comédie musicale de Regnard de Pleinchesne et de Philidor, est un événement parisien. Grimm le commente en 82 lignes ; cinq autres commentaires paraissent en 1768 ; Grimm remarque que le *Jardinier de Sidon* est le sujet d'une pièce de Fontenelle ; la même remarque est faite dans les cinq commentaires dont deux sont antérieurs à celui de la *CL*.

Des nouvelles circulent à Paris. Le théâtre italien est endeuillé par la mort de Camille Véronèse ; Grimm le signale, les rédacteurs du Courier du Bas-Rhin et de Bachaumont le font avant lui. Un arboriculteur, Roger Schabol, est décédé au moment où il allait publier un traité de *Théorie et pratique du jardinage* ; la publication en sera retardée, dit Grimm, car « une partie de ce manuscrit est égarée, et le libraire en fait la recherche par la voie des papiers publics »[4]. En effet, une annonce promettant récompense à ceux qui auraient quelques cahiers de cet ouvrage et qui les remettraient à M. Desalliers d'Argenville, maître des Comptes, a été publiée dans les Affiches Province le 13 juillet[5].

Une polémique autour de la tragédie de Bernard Saurin, *Beverley*, passionne l'opinion publique. Grimm a « entendu lire [sur ce sujet] une *Lettre écrite de l'Orient* et insérée dans un journal »[6] ; or, les Affiches Province donnent, le 3 août, en guise de jugement sur *Beverley*, un long extrait d'une *Lettre de l'Orient*[7]. Grimm ajoute qu'« on a imprimé encore une *Lettre adressée à M. Molé sur la pièce de Beverley* »[8] ; un résumé et des extraits de cette lettre sont publiés par le Journal des Sciences et des Beaux-Arts dans sa livraison d'août 1768[9]. Pour divertir ses lecteurs, Grimm donne in extenso une pièce de *Vers sur Bevelrey* ; le Courier du Bas-Rhin et Bachaumont l'avaient fait dès le mois de mai[10].

Passant à un sujet plus sérieux, Grimm analyse le *Discours aux Confé-

---

3. Gotha I, G fol. 398 v°.
Affiches Province 768 03 02 0123
4. Gotha I, G fol. 404 v°.
5. Affiches Province 768 07 13 0111.
6. Gotha I, G fol. 404 v°.
7. Affiches Province 768 08 03 0124.
8. Gotha I, G fol. 404 v°.
9. Journal des Sciences et des Beaux-Arts 768 08 00 0259.
10. Gotha I, G fol. 404 v°.
Courier du Bas-Rhin 768 05 25 0335.
Bachaumont 768 05 13 0030.

dérés, de Voltaire; le rédacteur du Courier du Bas-Rhin analyse, le 27 juillet, le même discours et son point de vue, différent de celui de Grimm, est publié le 6 août[11].

Deux épîtres de Voltaire, datées respectivement du 4 et du 9 octobre 1767, terminent la «livraison» du 1er août 1768 de la copie manuscrite de Gotha. Plusieurs sujets y sont abordés. Il est question de Charlot, publié en 1767, de l'affaire Sirven ; il est surtout question de la polémique qui opposa, en 1767 toujours, Voltaire à Cogé, professeur de rhétorique au collège Mazarin, au moment où la Faculté de Théologie se prononce sur la censure de *Bélisaire*. « Savez-vous bien que l'impudent Cogé a eu l'insolence... de m'écrire ? », dit Voltaire. « Il m'est très important de détromper certaines personnes sur le *Dictionnaire philosophique* que Cogé m'impute »[12]. Un récit fort détaillé de l'histoire de la censure de *Bélisaire* entrecoupé de citations exactes de lettres de Voltaire et de Cogé se trouve dans les livraisons des 12 et 19 mars 1768 des Nouvelles Ecclésiastiques. En effet, ce périodique, qui est clandestin, transmet généralement les nouvelles avec un retard de quelques mois. En outre, M. de Legge publie en 1768 certaines *Pièces relatives à l'examen de Bélisaire* ; sa publication est annoncée, analysée, commentée par les rédacteurs du Journal des Sciences et des Beaux-Arts, du Journal des Savants, du Journal Encyclopédique, de l'Avant-Coureur dès le début de l'année.

Le 15 août 1768, Grimm offre à ses lecteurs un discours en 146 lignes ; il y traite de la qualité des traductions faites en français, de l'impropriété de la langue, de l'abandon de l'étude du grec et du latin ; il présente une traduction du poème de Lucrèce, *De la nature des choses*, par M. de la Grange, précepteur des enfants de Holbach et en profite pour faire ce que M. de la Grange n'a point fait : restituer à Diderot l'idée de voir dans les quelques vers des Géorgiques de Virgile qui commencent par ces mots « Felix qui potuit... » un éloge de Lucrèce. Ces commentaires et cette restitution ne se trouvent ni dans le Journal des Savants, le Journal Encyclopédique et le Mercure de France qui annoncent, avant Grimm, l'ouvrage de M. de la Grange, ni dans le Journal des Sciences et des Beaux-Arts qui le commente après lui. Grimm, qui fait partie du cercle des philosophes, ne semble donc pas transmettre à ses confrères journalistes les renseignements particuliers qu'il détient. Quant à la traduction libre de Lucrèce publiée par Panckoucke au début de l'année et, d'après Grimm, heureusement oubliée, elle fait l'objet de nombreux comptes rendus dans cinq de nos périodiques, les Affiches Province, le Mercure de France, le Journal Encyclopédique, l'Avant-Coureur, le

---

11. Gotha I, G fol. 405 v°.
   Courier du Bas-Rhin 768 08 06 0497.
12. Gotha I, G fol. 406.

Journal des Sciences et des Beaux-Arts. Six de nos périodiques encore analysent la traduction de *Tibère ou les six premiers livres des Annales de Tacite* par l'abbé de La Bleterie, dont Grimm se réserve de parler plus tard.

Le remariage de la marquise de Maugiron est vraisemblablement un sujet de conversation dans les salons parisiens ; Grimm lui consacre 66 lignes alors que nous n'en avons trouvé aucun écho dans nos périodiques.

Aucune trace non plus, dans nos gazettes, d'un distique sur la comédie de la *Gageure imprévue* et d'une parodie d'un épigramme contre Dorat ; par contre, la vente de la bibliothèque Gaignat et, en particulier, d'un exemplaire manuscrit des *Contes* de La Fontaine sont annoncés, dès le début du mois d'août, par le Courier du Bas-Rhin et Bachaumont.

De nouveaux écrits viennent d'arriver de la Manufacture de Ferney : *Les droits des hommes et les usurpations des autres* dont il sera rendu compte en octobre dans le Courier du Bas-Rhin et dans Bachaumont ; cet ouvrage est, en quelque sorte, la suite de l'*Épître aux Romains* qui est commentée, dès le mois d'août, dans les mêmes gazettes. La Manufacture de Ferney est également « accusée » d'avoir produit l'*Examen de la nouvelle histoire de Henri IV de M. de Bury* ; cette critique virulente est-elle ou n'est-elle pas de Voltaire ? Grimm tient ses lecteurs en haleine pendant 166 lignes, sans prendre parti, mais cet écrit contient aussi une violente attaque contre l'*Abrégé chronologique* du Président Hénault ; dès le 10 août, le rédacteur du Courier du Bas-Rhin s'indigne, non point tant de la « guerre directe » faite à Bury, mais surtout parce que cette guerre n'est, dit-il, à M. de Voltaire, « qu'un prétexte pour se ménager une excursion sur le Président Hénault »[13] ; dans sa feuille du 29 octobre, le rédacteur du Courier du Bas-Rhin reviendra sur ce sujet.

De la boutique de Marc-Michel Rey sortent trois ouvrages de Holbach, les *Lettres à Eugénie*, les *Lettres philosophiques*, la *Contagion sacrée* ; Grimm en fait un compte rendu rapide, 44 lignes, et peu favorable, en mentionnant, évidemment, l'œuvre de Toland, *Letters to Serena* ; les rédacteurs du Courier du Bas-Rhin et de Bachaumont feront de même en septembre et en octobre 1768 mais leurs textes sont entièrement différents de celui de Grimm.

Grimm signale à ses lecteurs, en 151 lignes, neuf publications nouvelles. Combien de fois chacune d'entre elles est-elle signalée dans nos douze périodiques ? *Chinki*, de Coyer, six fois, les *Deux frères*, de Moissy, trois fois, l'*Artaxerce*, de Le Mierre, cinq fois, l'*Histoire de France*, de Garnier, six fois, l'*Avis aux princes catholiques*, trois fois, les *Poésies et œuvres diverses*, de La Louptière, trois fois, les *Confessions de mademoiselle*

---

13. Gotha I, G fol. 411 v°.
Courier du Bas-Rhin 768 08 10 0505.

de Mainville, de Galtier, six fois, les *Évolutions de l'infanterie française* et les *Évolutions de la cavalerie française*, de Lattré, trois fois chaque. Ces comptes rendus sont tantôt antérieurs, tantôt postérieurs à ceux de la *CL*. Les analogies qu'ils présentent parfois entre eux tiennent au fait que Grimm, comme ses confrères, a lu les ouvrages qu'il annonce et leurs préfaces. « M. le Mierre... dit... que sa pièce [*Artaxerce*] n'a de commun avec celle du célèbre Metastasio que le sujet et la catastrophe ; » lit-on dans la *CL* du 15 août 1768 ; « cette tragédie [*Artaxerce*] dont on voulait en quelque sorte rapporter le succès au célèbre Métastase, n'a cependant de commun avec la pièce du Poëte italien que le sujet et la catastrophe ; » lit-on dans l'Avant-Coureur du 8 juillet[14].

Une épître de Voltaire, datée du 12 octobre 1767, termine la « livraison » du 15 août 1768 de la copie manuscrite de Gotha. Il est question de la possibilité de porter Henri IV au théâtre, de *Charlot*, de l'affaire Sirven, de la *Théologie portative*, parfois attribuée à d'Holbach, de la querelle entre Voltaire et Cogé, de la retraite de mademoiselle Duranci. Mise à part la documentation concernant la polémique Voltaire-Cogé et dont j'ai déjà fait état, je n'ai pas trouvé, dans nos douze périodiques de 1768, de textes se rapportant à ces allusions. Peut-on s'en étonner puisqu'il s'agit de publications et de faits intéressant l'année 1767 ?

Il serait vain de chercher à tirer des conclusions générales de cette confrontation entre la *CL* et nos douze périodiques traités par ordinateur ; elle ne porte que sur un mois ; en outre, je me suis fiée aux dates consignées sur la copie manuscrite de Gotha de la *CL* d'une part, sur les textes de nos périodiques de l'autre. Ces dates correspondent-elle à celles auxquelles ces périodiques ont été mis à la disposition de leurs lecteurs ?

Cependant, deux remarques s'imposent : presque toute la matière contenue dans les articles du mois d'août 1768 de la *CL* se retrouve dans nos douze périodiques considérés ensemble, la matière, c'est-à-dire l'actualité. La *CL* serait donc bien un périodique et c'est pourquoi les recherches portant sur la thématique ne donnent pas de résultats intéressants : Grimm envisage son métier de journaliste comme ses confrères. Pour se tenir au fait de l'actualité, il feuillète la presse, il le dit lui-même. A-t-il lu les Affiches Provinces, le Courier du Bas-Rhin, le Journal des Sciences et des Beaux-Arts ? D'après la confrontation que je viens de faire, c'est possible ; mais il a aussi pu trouver dans d'autres périodiques que nous n'avons pas dépouillés les textes ou les informations contenus dans ceux que je viens de citer.

La seconde remarque, qui ne s'offre pas tout de suite à l'esprit, est plus importante encore : nos douze périodiques traités par ordinateur ont

---

14. Gotha I, G fol. 415 v°.
L'Avant-Coureur 768 08 08 0507.

tous des rapports avec la *CL*, je les ai tous cités ; mais, si pour presque chaque compte rendu, chaque nouvelle, j'ai trouvé mention de nos périodiques dans une proportion variant de 1 à 6, par contre, d'après la confrontation que je viens de faire, pour aucune nouvelle, pour aucun compte rendu publié dans la « livraison » du mois d'août 1768 de la *CL* je n'ai trouvé, dans nos listings, mention de nos douze périodiques à la fois. C'est dire que Grimm journaliste a su allier les genres et présenter à ses lecteurs, mieux que ses confrères, les nouveautés. Là résiderait, probablement, l'originalité de la *CL*.

152 PAULE JANSEN

Titre article	Nombre lignes	Sujet	Nature	CL — Ouvrages (ou nouvelles) Principaux	CL — 12 périodiques	Ouvrages (ou nouvelles) Secondaires	12 périodiques
Une 1re à la Comédie franç.	300	pièce théâtre nlle	C E	Deux frères Moissy	Av.-Cour./Aff. Prov./An. Litt./J. Encycl./Mercure / 5	Nlle École femmes Moissy; Adelphe Térence; Deux sœurs Bret	Av.-Cour./Aff. Prov./Mercure/An. Litt./ 4; Aff. Prov./An. Litt./ 2; An. Litt./ 1
Ouverture de la Comédie italienne	82	Coméd. music. nlle	C E	Jardinier Sidon Regnard de Pleinchesne. Philidor	Av.-Cou./Aff. Prov./J. Encycl./Bach./Mercure/ 5	Ernelinde Poinsinet, Philidor; Abdolonime Fontenelle	Aff. Prov./J. Encycl./Av. Cour./Bach./Mercure/ 5
Nouvelles de Paris	35	mort de 2 célébr.	N	Mort de Camille Véronèse. Mort de R. Schabol	C. du B.-Rhin/Bach./ 2; Aff. Prov./ 1	Théorie et pratique du jardinage Schabol; Dictionnaire Schabol	Aff. Prov./J. des Sc. et des B.A./J. Œcon. 3; J. Œcon./ 1
Polémique autour de Beverley	50	Entrefilet	O N	Beverley	Passim (pièce mode)	Lettre écrite de l'Orient; Lettre à M. Molé; Vers sur Beverley A	Aff. Prov./ 1; J. des Sc. et des B.A. 1; C. du B.-Rhin/Bach./ 2
Envoi de la manufacture de Ferney	23	Compte rendu du critique	C	Discours aux Confédérés Voltaire	C. du B.-Rhin/ 1		
Suite de la Correspondance du Patriarche	(29 + 19) 48	Épitres	0	Épitre du 4 oct. 1767; Épitre du 9 octobre 1767 Voltaire	0	Charlot Voltaire; Lettre à Voltaire Cogé; Dictionnaire philosophique Voltaire; (Pièces relatives à l'examen de Bélisaire)	Nouv. Eccl. 0; Nouv. Eccl./ 1; Nouv. Eccl./J. des Sc. et des B.A./J. Encycl./; Av.-Cour./J. des Savants/ 5

Titre article	Nombre lignes	Sujet	Nature	CL Ouvrages (ou nouvelles) Principaux	768 08 15 12 périodiques	Ouvrages (ou nouvelles) Secondaires	12 périodiques
Sur les traductions en langue française	146	Dissertation et critique	O C E R	De la nature des choses Lucrèce, La Grange	J. des Savants/J. des Sc. et des B.A./J. Encycl./Mercure/ 4	Traduction libre de Lucrèce Panckoucke	Aff. Prov./Mercure/Av.-Cour./J. Encycl./J. des Sc. et des B.A./ 5
				Tibère... La Bleterie	J. des Sc. et des B.A./Bach./J. Encycl./J. des Savants/Mercure/C. du B.-Rhin/ 6		
Sur la marquise de Maugiron	66	Nouvelle mondaine	O N	Sur le marquis de Maugiron	0	Vers Maugiron	0
Nouvelles littéraires	33	Échos du monde littéraire	O N	Distique sur la Gageure imprévue	0		
				Parodie épigramme contre Dorat	0		
				Vente de la bibliothèque Gaignat	C. du B.-Rhin/Bach./ 2	Contes La Fontaine (Ex. ms.)	
Envoi de la manufacture de Ferney	166	Comptes rendus	C N	Droits des hommes... Voltaire	C. du B.-Rhin/Bach./ 2	Épître aux Romains Voltaire	C. du B.-Rhin/Bach./ 2
				Examen nlle hist. de Henri IV de Bury La Baumelle	C. du B.-Rhin/ 1	Abrégé chronologique Hénault (attaque contre)	C. du B.-Rhin/ 1
Ouvrages publiés par M.-M. Rey	44	Analyses	C E R	Lettres à Eugénie Holbach	C. du B.-Rhin/Bach./ 2	Letters to Serena Toland	C. du B.-Rhin/Bach./ 2
				Lettres philosophiques... Holbach, Toland	C. du B.-Rhin/Bach./ 2		
				La contagion sacrée Holbach	C. du B.-Rhin/Bach./ 2		

	Analyses ou annonces	C	E	R		
Livres nouveaux	151				Chinki Coyer	C. du B.-Rhin/J. Encycl./An. Litt./Bach./Mercure/Aff. Prov./ 6
					Deux frères Moissy	Av.-Cour./Mercure/Aff. Prov./ 3
					Artaxerce Le Mierre	J. Encycl./Mercure/Av.-Cour./Aff. Prov./J. des Sc. et des B.A./ 5
					Histoire de France Garnier	Av.-Cour./Aff. Prov./J. Encycl./An. Litt./J. des Savants/Mercure/6
					Avis aux princes catholiques A	Nouv. Eccl./J. Encycl./Aff. Prov./ 3
					Poésies et œuvres diverses Louptière (de la)	Av.-Cour./J.-Encycl./J. des Sc. et des B.A./ 3
					Confessions de Mlle de Mainville Galtier	Av.-Cour./J. Encycl./J. des Sc. et des B.A./An. Litt./Aff. Prov./Gaz. Lit. et Univ. Eur./ 6
					Évolutions de l'infant. franç. Lattré	J. des Sc. et des B.A./Av.-Cour./J. des Savants/ 3
					Évolutions de la caval. franç. Lattré	J. des Sc. et des B.A./Av.-Cour./J. des Savants/ 3
Suite de la Correspondance du Patriarche	50	0			Épître du 12 octobre 1767 Voltaire	0
					Épître	
					Charlot Voltaire	0
					Affaire Sirven Voltaire	0
					Théologie portative Holbach	0
					Polémique Voltaire Cogé	Nouv. Eccl./J. des Sc. et des B.A./J. Encycl./Av.-Cour./J. des Savants/ 5

EN MARGE DE LA REPRÉSENTATION DES *PHILOSOPHES*
La critique dramatique dans la *CL* et le *Mercure* en 1760

par François MOUREAU (Mulhouse)

L'année 1760 est, au théâtre, celle des *Philosophes* de Palissot et de *l'Écossaise* de Voltaire. C'est aussi pour le parti encyclopédique une année d'attente, parfois de repli, et, pour la France engagée sur les théâtres extérieurs de la guerre, une période sombre à peine éclairée de quelques succès militaires. Accorder plus d'intérêt au succès ou à l'échec d'une comédie qu'aux malheurs de la Patrie, voilà bien la preuve de la frivolité française qui est « le caractère de cette nation » comme le note alors Grimm. Il ajoute :

> « Les mauvais succès que la France a éprouvés de tous côtés, la nécessité de rétablir notre considération, notre crédit, la réputation de nos armes, le grand ouvrage de pacification générale si indispensable et si désirée, on croirait que voilà des objets importants pour occuper tous les esprits. Quel serait l'étonnement d'un étranger qui, arrivant à Paris dans ces circonstances, n'y entendrait parler que de Ramponeau, Pompignan et Palissot ? »[1]

La critique dramatique n'est pas un genre littéraire neutre, ni le théâtre un divertissement indifférent quand le citoyen doit être aux murs. Déjà condamnables dans les moments de calme, les querelles de clans sont criminelles en période de crise nationale. C'est pourquoi le choix de l'année 1760 pour notre analyse présente plus d'avantages que celui d'aucune autre de la même décennie : les passions y sont vives, les clans courbent alternativement la tête sous la rafale, le théâtre voit une floraison d'œuvres, dont aucune n'est un chef-d'œuvre, mais dont plusieurs

---

1. *CL*, 1760, 1ᵉʳ juin (IV, 238-239). Par la suite, nous abrègerons le *Mercure de France* sous la forme *M. F.*, la *Correspondance de Diderot* (édition Roth et Varloot) sous celle de *CORR.*, les *Œuvres Esthétiques* de Diderot (édition Vernière) sous celle de *O. E.*

peuvent permettre de poser, malgré leurs insuffisances, quelques questions fondamentales sur l'art dramatique et l'avenir du théâtre. Les critiques s'emploient à y répondre consciemment ou inconsciemment : le temps est aux révisions des modes de pensée.

I — *MÉTHODE*

Quelle est la place de Grimm et de sa *CL* dans la critique dramatique de cette année ? Il aurait sans doute été plus scientifique d'entreprendre un dépouillement complet des périodiques littéraires de l'année 1760 comme cela a été fait pour 1768 par l'équipe du L.A. 96 (C.N.R.S.-Sorbonne)[2]. Paule Jansen vient de nous exposer l'intérêt que peut présenter pour l'appréciation de la *CL* la possession d'une documentation parallèle portant sur une même coupe chronologique et tirée d'une dizaine et plus de journaux contemporains. Pour 1760, tout reste à faire.

Aussi avons-nous été amené à faire un choix qui ne fût pas totalement arbitraire. Si l'on accorde comme une vérité d'évidence, que la *CL* était destinée à un public restreint qui possédait déjà par les journaux venus de Paris une information copieuse sur les nouveautés littéraires de la Capitale, il est non moins évident que l'entreprise de Grimm tendait au premier chef à se distinguer par l'originalité des points de vue ou par des inédits de la matière que fournissaient les grands périodiques. Envisageant la question de cette manière, nous sommes conduits à laisser de côté, du moins dans un travail de la dimension de celui-ci, les périodiques dont l'importance est par trop médiocre ou dont le champ d'intérêt est trop spécialisé. Ainsi la diffusion de *l'Avant-Coureur* nous paraît avoir été assez restreinte en 1760, date de sa création, et les préoccupations des *Mémoires de Trévoux* ou du *Journal des Savants* trop générales pour servir de base à une comparaison avec la matière dramatique de la *CL*. Notre choix doit se porter sur un périodique de grande diffusion et consacrant au genre dramatique une place suffisamment grande pour permettre d'utiles parallèles. Deux périodiques ont ces qualités : *l'Année Littéraire* et *le Mercure de France*. Nous avons exclu le premier pour des raisons qui tiennent à la personnalité et aux intentions de Fréron : opposer les partis-pris de ce dernier à ceux de Grimm nous aurait conduit à de lassants développements antithétiques à propos d'une saison dramatique dominée par des querelles idéologiques ou la satire personnelle.

Le prudent libéralisme du *Mercure* ne présente pas ces inconvénients. Ce périodique est, de surcroît, pour les destinataires de la *CL* l'exemple typique d'un certain journalisme parisien, d'un art de vivre et de sentir

---

2. Équipe dirigée par Jean VARLOOT assisté de Paule JANSEN.

symbolisé par les pièces fugitives en vers, les contes dont le *Mercure* est un recueil sans cesse remis à jour. Il est aussi des périodiques littéraires, celui dont l'audience internationale semble la plus grande : on le distribue régulièrement à Bâle, Berlin, Bruxelles, Copenhague, Francfort, Fribourg en Suisse et Leipzig[3] Si la matière dramatique est tellement fournie dans la *CL*, c'est qu'elle répond à une curiosité pour le théâtre qui est une caractéristique importante du siècle, mais c'est aussi que Grimm veut que ses commentaires soient une correction à l'image que donnent du théâtre les journalistes des grands journaux et particulièrement du *Mercure*.

D'ailleurs, les deux périodiques sont-ils comparables dans l'absolu ? Le *Mercure* est une publication de grande diffusion, soumise à la censure et à l'auto-censure des journalistes, destinée à une clientèle en grande partie française et dans une mesure importante parisienne : la critique dramatique y est donc le plus souvent indicative. On annonce des spectacles, on rend compte de nouveautés dont le lecteur peut se faire personnellement une idée en allant au théâtre de Paris où la pièce se joue. Le *Mercure* est soit une feuille d'annonces, soit une espèce de pense-bête pour lecteur pressé qui veut s'informer par « l'extrait » du contenu de la pièce qu'il ira voir et qu'il jugera à sa manière. Le travail critique du journaliste est incomplet. Par prudence ou volonté délibérée, le *Mercure* pratique une critique descriptive où la présentation de l'œuvre dramatique l'emporte sur le commentaire. Tous ces éléments l'opposent à la conception de la *CL*, périodique manuscrit, à diffusion restreinte, expédiée secrètement à une clientèle étrangère et qui ne peut donc juger des pièces de théâtre qu'avec beaucoup de retard et sur l'imprimé. Si Grimm utilise la méthode des « extraits », c'est seulement pour rendre plus clair un commentaire critique qui est la partie essentielle de son entreprise. Il n'est pas tenu de signaler toutes les nouveautés et toutes les reprises : il fait un choix, délibérément subjectif et orienté.

Il est certain que la lecture régulière du *Mercure* faisait partie des habitudes des destinataires de la *CL*.

Celle-ci est donc moins un périodique d'information qu'un journal complémentaire qui rectifie selon l'optique du parti philosophique, signale des ouvrages et donne des interprétations que ne fournit pas la presse parisienne ou même hollandaise, parue au grand jour et généralement de goût modéré pour atteindre un public de masse. Ce qu'attendait la clientèle étrangère de ces journaux manuscrits, fils des « nouvelles à la main », était de l'inédit, de l'incisif par opposition à l'eau sucrée que leur servait l'imprimé. Citons d'une lettre du Comte de Durazzo à

---

3. *M.F.*, 1760, janvier, pp. v-vi.

Favart quelques lignes lui demandant en août 1760 d'envoyer à Vienne une correspondance suivie sur les nouveautés parisiennes :

> « Quoique je vous aie prié de vous étendre sur les ouvrages nouveaux et sur les livres qui paroissent tant sur le théâtre qu'en particulier, je ne suis pas tant curieux de cette partie dont les analyses se trouvent dans les journaux et les mercures, que des livres nouveaux ou feuilles qui se vendent sous le manteau, et dont les journaux ne parlent pas »[4].

Ce goût de grand seigneur cosmopolite était aussi celui des abonnés de la *CL*. Le secret libérait-il le journaliste des contraintes des diverses censures ? Sans doute, dans une première analyse ; mais un publiciste comme Grimm était condamné à répondre aux désirs d'une clientèle exigeante. C'est apparemment que le procédé du journal manuscrit garantit la liberté de pensée du publiciste. Celui-ci est contraint à une perpétuelle originalité, à une constante attention de ne pas faire double emploi avec l'imprimé. Il faudra tenir compte dans notre analyse de cette spécificité dont l'influence n'est pas mince sur la conception critique de la *CL*.

II — *DEUX ENTREPRISES DE PRESSE*

Le *Mercure de France* était en 1760 une institution florissante, presque centenaire, dotée d'un statut privilégié qui en faisait un instrument efficace de la politique culturelle de l'État. Le directeur en était nommé par Brevet du Roi pris en son Conseil. Ce Privilège était révocable à tout instant. Marmontel fit la désagréable expérience de ce pouvoir discrétionnaire quand on lui retira le *Mercure* après son incarcération à la Bastille le 27 décembre 1759[5]. Le 20 janvier suivant, le nouveau brevet fut accordé à La Place, « connu par les différents ouvrages qu'il a donnés »[6]. Madame

---

4. C.S. Favart, *Mémoires et Correspondance*, P., 1808, t. 1, pp. 86-87. (Vienne, Lettre du 23 août 1760). Cf. une lettre à Suard de Mlle Clairon, séjournant en 1773 à Anspach : « le margrave désire la correspondence de tout ce qui paroît de bon, de ce qui regarde les spectacles ... tout ce qui vous paroîtra digne d'être écrit par vous sera lu avec plaisir par lui ». (Catalogue d'Autographes, Hôtel Drouot, Paris, Vente du 20 février 1974, N° 80).

5. Cf. la déclaration de Choiseul à Marmontel rapportée par celui-ci : « Le brevet du *Mercure* étoit une grâce du roi ; il la retire quand il lui plaît, il n'y a point là de tyrannie ». (*Mémoires*, p.p. Tourneux, 1891, t. II, p. 149).

6. A.N. : 0^1 104, pp. 22-25. « Brevet qui accorde le privilège du Mercure au S. de la Place ». Marmontel (*loc. cit.*, p. 155) rapporte que le Brevet fut primitivement proposé à l'abbé Barthélemy qui le refusa. Par une curieuse erreur, Marmontel affirme que le Brevet échut à Lagarde « bibliothécaire de Mme de Pompadour, et digne protégé de Colin, son homme d'affaires ». En fait, Lagarde eut seulement une pension sur le *Mercure* (Cf. *infra*).

de Pompadour n'était pas étrangère à cette faveur[7] et le Ministère s'était consacré à cette affaire d'État, dont Choiseul avait la charge. Mais la nomination du directeur ne doit pas faire oublier que chaque Brevet de composition du *Mercure* était agrémenté d'un appendice comportant un certain nombre de Pensions qui étaient versées à des hommes de lettres par le directeur en titre. A chaque Brevet correspondait une nouvelle liste. Ces Pensions étaient assez confortables pour que leurs bénéficiaires se préoccupassent que le directeur fût en place le plus longtemps possible. Les mésaventures de Marmontel montrent que déplaire — à un Duc et Pair comme d'Aumont en l'occurrence — pouvait entraîner une subite disgrâce. Certains des Pensionnés fournissaient de la copie au périodique, d'autres rien, mais tous étaient intéressés à ce que les livraisons plaisent au plus grand nombre et caressent les gens en place. Le 20 janvier 1760, les Pensionnés furent choisis au nombre de quatorze : 5 000 livres à l'abbé Barthélemy (qui avait refusé le privilège[8]), 3 000 à Marmontel (sur l'intervention de Madame de Pompadour), 2 400 à Boissy et à son fils, 2 000 à l'abbé Raynal (ancien Privilégié), à Piron, à Crébillon père, à Bridard de Lagarde, à Gresset, 1 500 à Saint-Foix, 1 200 à Seran de la Tour, au chevalier de la Négerie (frère de l'ancien Privilégié La Bruère), à Saint-Germain, à l'abbé Guiroy, 800 livres enfin à l'abbé Le Blanc[9]. Le total des pensions annuelles se montait donc à 22 000 livres. Marmontel[10] estimait, de son côté, le revenu du Breveté à 15 000 livres. Que penser, dans ces conditions, de l'indépendance du *Mercure* ?

Certes, parmi les Pensionnés, il y avait des esprits éminents ; deux années plus tard, Diderot fut près d'être couché sur la liste. Il est vrai qu'en définitive, il n'obtint pas cette faveur ambiguë[11] dont le sens s'éclaire par un paragraphe du Brevet de 1760 : « Sa Majesté est persuadée que les grâces qu'elle veut bien rependre à des personnes de méritte et distinguées par leurs services et par leurs talents ne pourront qu'exciter l'émulation et le progrès des Lettres »[12].

La Place était connu par ses traductions de l'anglais et par le succès médiocre de son *Adèle, comtesse de Ponthieu* au Théâtre-Français[13] : Collé lui « accorde un grand usage du théâtre »[14]. On pourrait y joindre un

---

7. Sur ce point, voir les *Mémoires* de Marmontel (t. II, p. 154).
8. Cf. MARMONTEL, *loc. cit.*, pp. 150-151.
9. On peut comparer cette liste à celle légèrement différente du Brevet de Marmontel (27 avril 1758) (A.N. : 0¹ 102, pp. 231-235).
10. *Loc. cit.*, p. 147.
11. Voir *CORR.*, IV, p. 76 et Jacques Proust, *Diderot et l'Encyclopédie*, Paris, 1962, p. 108.
12. A.N. : 0¹ 104, p. 24.
13. Voir l'ouvrage de Lilian COBB, *P.A. de La Place*..., P., Boccard, 1928.
14. Collé, *Journal Historique*, 1807, t. II, pp. 130-131.

sérieux sans génie qui ne fait pas bon ménage avec une vie dissipée et un goût discutable pour la grivoiserie[15]. Le personnage manquait un peu d'envergure pour succéder à Marmontel. Grimm en juge, à sa manière, assez équitablement. :

> « Le Public regrettera (Marmontel) ... Il a supérieurement l'esprit de discussion : ses extraits étaient très bien faits ... M. de La Place n'a point de style, et je ne crois pas que dans aucun point il puisse soutenir le parallèle avec son prédécesseur »[16].

Marmontel eut la charge des deux livraisons de janvier 1760[17], La Place inaugura sa direction avec le numéro de février paru vers le 25 du mois[18]. Selon une pratique courante, les privilégiés du *Mercure* s'entouraient de rédacteurs spécialisés. Suard et Coste de Pujolas aidèrent à la confection des derniers volumes de Marmontel[19]. Le mauvais état de la santé de La Place l'amena quelquefois à ne pas voir les pièces dont il rendait compte. Il l'avoue d'ailleurs à plusieurs reprises[20]. Il est vraisemblable que Lagarde pensionné du *Mercure* et chargé en février 1761 de la partie dramatique du périodique se consacrait déjà l'année précédente aux comptes rendus des spectacles de l'Opéra-Comique et de la Comédie-Italienne[21].

Par ailleurs, les occupations de Grimm, ses séjours à Versailles, chez Mme d'Épinay à la Chevrette[22] l'éloignaient assez souvent de Paris. La *Correspondance* de Diderot le signale plusieurs fois aux spectacles de la Comédie-Française : le 20 février avec Diderot pour entendre la création du *Spartacus* de Saurin[23], le 2 septembre avec le philosophe à la Première de *Tancrède*[24] ; en novembre, il se rend à la Comédie avec Colardeau sans doute pour assister à une représentation de la *Caliste*

---

15. Cf. ses *Amusements, gayetés et frivolités poétiques*, Londres, 1783, qui s'abandonnent à des obscénités séniles.
16. *CL*, 1760, 15 février, p. 184.
17. 1re livraison : Approbation du 31 décembre 1759.
18. Cf. *M.F.*, 1760, janvier (2), p. 3.
19. Voir Marmontel, *loc. cit.*, p. 130. Son emprisonnement l'éloigna, on s'en doute, des théâtres de la fin décembre au milieu de janvier (*M.F.*, 1760, janvier (2), p. 197).
20. Cf. *M.F.*, 1760, février, p. 180 ; mars, p. 172. En mai, p. 179 : il déclare, avec une certaine coquetterie, qu'il a assisté à deux représentations de *Dardanus* malgré sa maladie.
21. Cf. *M.F.*, 1764, janvier, p. 16. On conserve une partie de la correspondance échangée entre Lagarde et Favart à propos des articles du *Mercure* consacrés aux comédies de Favart [*Mémoires et correspondances littéraires*, 1808, t. II, p. 401 (23 août 1761), p. 403 (15 mars 1763), p. 405 (11 mars 1763)].
22. Il y est à la fin du mois d'août. Cf. *CORR.*, III, 1760, 31 août, p. 44 : « M. Grimm est à la Chevrette ... il y dort et puis c'est tout ».
23. *CORR.*, III, 1760, 23 ou 25 février, p. 22. Cf. *CL*, 1760, 1 mars, p. 194.
24. *Ibid.*, 1760, 2 septembre, p. 51 et 5 septembre, p. 54.

de ce dernier[25]. En général, la vie de Grimm semble avoir été particulièrement active, avec un sommet au début de l'automne qui lui laisse peu de temps pour méditer ses comptes rendus. « Il est si enfoncé dans la négociation et les mémoires qu'on ne lui voit pas le bout du nez », écrit fin septembre Diderot à Sophie Volland[26]. Aucun document ne nous signale sa présence aux spectacles de l'Opéra, de la Comédie Italienne ou de l'Opéra-Comique.

Le *Mercure de France* et la *CL* sont soumis à des impératifs de parution qui, outre la santé chancelante des rédacteurs ou leurs occupations d'autre ordre, expliquent en partie certaines défaillances critiques du *Mercure* et les jugements écrits au fil de la plume de la *CL*. En ce sens, même si cela peut choquer les principes de pondération de l'Université, La Place et Grimm sont de vrais journalistes. Il faut réagir vite à l'événement et en tirer, au risque de se tromper, la quintessence. Les *a priori*, les haines littéraires y ont leur place comme l'humeur du moment ou une inspiration qui fait tomber Grimm dans des digressions hors de propos.

Certes la tradition du *Mercure* lui permet le plus souvent d'échapper à cette critique impressionniste. Le périodique a fondé sa réputation sur une modération de bon aloi, il est ouvert, en apparence, à tous les courants de pensée dans la mesure où ils s'expriment avec élégance et sans trop faire de place à la satire personnelle. Marmontel, par exemple, n'a aucune sympathie pour Palissot[27], mais les comptes rendus dramatiques prétendent à une « objectivité » digne de la fonction de mentor littéraire que voudrait s'arroger le *Mercure*. Les opinions contradictoires s'expriment dans des espèces de tribunes libres signées de lecteurs ou de personnalités littéraires : la responsabilité du rédacteur est sauve. S'il laisse publier une lettre de Voltaire assez insultante à l'égard de Fréron, un des numéros suivants imprime une missive fort élogieuse destinée au directeur de *l'Année Littéraire*[28]. En général, les éléments anti-philosophiques sont rares : une *Ode aux Philosophes* d'un lecteur de Périgueux[29], une condamnation par un « Abonné » des querelles philosophiques qui est bien dans la ligne modérée du périodique[30]. On a noté cette position

---

25. *Ibid.*, 1760, 25 novembre, p. 263. *Caliste* fut créée le 12 novembre et jouée les 14, 16, 19, 22, 24 novembre. C'est à une de ces représentations que fait allusion la lettre de Diderot à Sophie Volland.
26. *Ibid.*, 1760, 30 septembre, p. 106.
27. Voir Delafarge, *la Vie et l'œuvre de Palissot*, 1912, pp. 7 et sq.
28. *M.F.*, janvier (2), pp. 143-146 : « Lettre de M. de Voltaire » ; juillet (2), pp. 95-100 : « Lettre d'un Voyageur, à M. Fréron ».
29. *M.F.*, 1760, août, pp. 61-65 : « Ode aux Philosophes. Sur leur impuissance à découvrir la vérité » par « F. C. de Périgueux ». Elle accuse surtout les philosophes d'impiété.
30. *M.F.*, 1760, septembre, pp. 135-138 : « Lettre sur la Tragédie de Spartacus à Madame D. M. » par « Un Abonné du Mercure ». Il attaque (p. 138) : « ces écrits infernaux où l'on prodigue aux gens de lettres les plus respectables par la beauté de leur génie et l'usage qu'ils en font, les qualifications les plus odieuses ».

prudente à propos de *l'Encyclopédie*[31]. En politique on remarquera un éloge intéressant du roi Henri IV[32] et, en littérature, une constante sympathie pour Voltaire[33]. On peut cependant conclure que sous la direction de La Place, les références anti-philosophiques sont — et ce n'est pas étonnant — plus marquées que sous celle de Marmontel[34].

La liberté de Grimm est, naturellement, plus grande que celle de ses confrères des journaux imprimés. Ses haines sont plus visibles : depuis 1758, il a des ennemis inexpiables en Palissot[35] et dans ses amis dont Poinsinet le jeune. Fréron est un « diseur d'injures »[36] et il en fait le type de ces journalistes qu'il poursuit de ses sarcasmes. Ce sont « de tous les hommes du siècle les plus plats et les plus absurdes » (IV, 235), il raille « nos petits critiques (IV, 260) et « ces oracles hebdomadaires » (IV, 321)[37]. Si, comme nous l'avons dit, il est assez favorable à Marmontel comme journaliste, il juge sévèrement l'auteur des *Contes Moraux*[38]. L'important pour nous est de constater que le journaliste Grimm lisait la prose de ses confrères : l'inventaire de sa bibliothèque ne nous donne malheureusement aucun détail sur l'étendue de ces dépouillements hebdomadaires ou mensuels[39]. Non moins importante est son opposition au système d'information de son époque et plus particulièrement à l'influence qu'il y décelait sur la vie littéraire en général :

> « L'abus de la critique n'a jamais été porté aussi loin qu'il l'est aujourd'hui par les journalistes. On ne peut se dissimuler que cette multiplicité de feuilles périodiques ne soit la ruine des lettres. Ceux d'entre nos faiseurs qui, pour se procurer des lecteurs et du pain, outragent les noms les plus célèbres ne sont pas les plus répréhensibles. Il est une sorte de louange, prodiguée sans prudence aux talents médiocres, qui, à mon sens, fait bien plus de mal que les injures les plus déplacées. » (IV, 180)

---

31. Voir Jacques PROUST, *op. cit.*, p. 65. Sur un cas de censure anti-philosophique cependant, voir J. VERCRUYSSE « Petite Suite sur Diderot », *Diderot Studies*, VIII (1966), p. 259.
32. *M.F.*, septembre (2), p. 137.
33. Cf. *M.F.*, octobre (2), pp. 41-45 : « Épître à M. de Voltaire sur la comédie de *l'Écossaise* ». par « M. de S. ÉTIENNE », p. 42 : « O sublime Voltaire ! O nouvel Euripide ».
34. Cf. les allusions à Fréron citées plus haut, l'une de janvier (direction de Marmontel) et l'autre de juillet (direction de La Place).
35. Voir DELAFARGE, *op. cit.*, pp. 104-110.
36. *CL*, 1760, 15 juin, p. 245. Il condamne cependant Voltaire d'en avoir fait un imbécile dans le Frélon de *l'Écossaise* (pp. 246-247).
37. Voir un jugement général de Grimm sur les journaux dans JONES, *F.M. Grimm as a critic of eighteenth century french drama*, 1926, p. 37.
38. Voir Jeanne R. MONTY *La Critique littéraire de Melchior Grimm*, 1961, pp. 120-122.
39. Voir TOURNEUX, *La Bibliothèque et les papiers de Grimm*, 1882, p. 12 : « trente quatre paquets de paperasses, de gazettes et journaux ne méritant aucune description » (Inventaire de juin 1794).

Grimm pose ici l'éternel dilemme de la critique, à la fois jugement personnel avec tout ce que cela comporte d'idées toutes faites, de préventions, et jugement qui prétend à une sainte « objectivité ». On sait, que, comme le remarquait Félix Gaiffe, la critique dramatique des périodiques du xviiie siècle est presque universellement « d'une désolante banalité »[40]. La grande originalité de Grimm est d'avoir compris qu'il ne pouvait faire œuvre nouvelle qu'en s'opposant à une forme traditionnelle de « l'extrait » dramatique et du compte rendu critique. Le *Mercure* représente le type de cette critique élégante sans âpreté dans le blâme, ni outrance dans l'éloge, une critique de bonne compagnie, qui sait divertir et se méfie comme d'une pédanterie méprisable des jugements trop circonstanciés, ce que Marmontel appelle « la crainte de rendre ce recueil trop sérieux »[41]. Ces principes, La Place les fait siens, dans sa première livraison[42]. Il ne refuse jamais conseils et indulgence aux auteurs, particulièrement quand ils sont jeunes et inexpérimentés[43] ; il fait une place aussi à l'amitié et l'avoue avec une naïveté bonhomme à propos de Saurin[44]. Mais, plus généralement, le critique met une certaine coquetterie à disparaître, à exposer par « extrait » l'intrigue en l'ornant de détails flatteurs sur le jeu des acteurs. C'est le spectacle qui l'intéresse, et aussi les dernières métamorphoses des montres sacrés et des nouveaux visages de la Comédie : l'enthousiasme leur est dû et l'objectif résumé au contenu de la pièce. En bref, dans « l'extrait » : « il ne s'agit jamais que du sujet, écrit Lagarde, de la conduite d'une pièce, du fils des scènes, et de quelques détails cités pour donner une idée du coloris »[45]. Il le distingue des « remarques » souvent composées en italiques où s'exprime le jugement critique du rédacteur. D'ailleurs « l'extrait » est à l'occasion l'œuvre de l'auteur dramatique[46] et « les remarques » échappent peu à la politesse convenue du genre. La pierre de touche de la critique est sa conformité à l'opinion moyenne du public, et cela selon le goût de « la saine et nombreuse partie de ce Public, toujours judicieuse »[47]. Inutile de préciser que ce public est essentiellement parisien[48]. Il convient aussi de le guider, de

---

40. *Le Drame en France*, p. 127.
41. *M.F.*, 1760, janvier (1), p. VII.
42. *M.F.*, 1760, février, (p. 263).
43. Cf. *M.F.*, 1760, septembre, p. 199.
44. *M.F.*, 1760, mai, p. 231 : « Mes sentiments, connus, pour le digne Auteur de cet ouvrage (*Spartacus*), rendroient peut-être trop suspect l'éloge que j'en pourrois faire ». Cf. *M.F.*, 1760, avril (1), p. 197 : « Lettre de M. Saurin à M. de La Place ».
45. Lettre de Lagarde à Favart (18 mars 1763) sur les « extraits » du *Mercure* (Favart, *op. cit.*, t. II, p. 405).
46. Cf. C. R. de *Spartacus* (1760, juin) qui reprend sans guillemets des extraits de la *Préface* de Saurin.
47. *M.F.*, 1760, octobre (2), p. 175 : à propos du public de l'Académie de Musique.
48. Cf. sur celui de l'Opéra-Comique : *M.F.*, 1760, avril (2), p. 205, et celui de la Comédie-Italienne : *M.F.*, 1760, novembre, p. 182.

l'éclairer, ce qui ne fait pas toujours bon ménage avec les principes que nous venons d'exposer. La Place note avec une certaine mélancolie :

> « Il semble qu'une partie du Public n'aille aux nouveautés, qu'avec le désir de les trouver défectueuses »[49].

Comme Grimm à Diderot, le directeur du *Mercure* accorde aux auteurs, aux spectateurs et plus généralement à toute personne de goût la possibilité de s'exprimer en engageant un dialogue avec le critique ou un lecteur par l'intermédiaire de lettres publiées dans le périodique. Mais la critique de la critique reste embryonnaire et la fiction d'une correspondance privée détournée par le périodique avec l'accord implicite de son auteur est le procédé le plus couramment utilisé : c'est par exemple une « Lettre sur la Tragédie de Spartacus à Madame D.M. par un abonné du Mercure »[50]. Quant aux petits vers adressés aux actrices, ils sont légion et tiennent plus des mondanités galantes que de la critique, comme le curieux poème de « La Ceinture de Vénus » par « M. Barthès de Marmorières » qui nous donne cependant d'intéressants détails sur le programme des théâtres de société à Narbonne[51].

Tout cela a un ton d'élégante badinerie qui le distingue au premier regard de la critique à la hussarde pratiquée par Grimm. Ce dernier juge par principes inlassablement répétés : nous y reviendrons. Et pourtant il ne se distingue pas totalement du *Mercure*. Lui aussi a ses amis ; et curieusement, à l'aveu de La Place, correspond une identique profession de foi d'amitié pour Saurin :

> « M. Saurin, écrit Grimm, est un homme d'esprit et de mérite au succès duquel tous les honnêtes gens se sont intéressés » (IV, 193)[52]

Il prétend juger de Sirius, « à cinquante lieues de Paris » (IV, 239) débarrassé du parisianisme et des préventions, tel un Micromégas ou un Usbek, mais il s'en remet au goût de ce qu'il appelle les « personnes d'esprit et de jugement » (IV, 322), la partie saine du public qui apprécie les grandes tragédies du Théâtre-Français, méprise la satire personnelle des comédies ou des parodies anti-philosophiques[53]. Il prend même le

---

49. *M.F.*, 1760, mars, p. 183 : à propos de *Spartacus*.
50. *M.F.*, 1760, septembre, pp. 135-138. Cf. aussi 1760, février, pp. 82-101 : « Dialogue des Morts » entre Mlle de Scudéry et Mme de Graffigny par « M. de BERMANN, Bachelier en Droit à Pont-à-Mousson » ; 1760, (1), pp. 63-64 : Épître de Sabatier à Dorat sur *Zulica* ; 1760, juillet (2), pp. 95-100 : Lettre d'un voyageur à Fréron sur l'Opéra ; 1760, octobre (2), pp. 41-45 : Épître de « M. de S. Etienne » à Voltaire sur *l'Écossaise* ; 1760, novembre, pp. 23-35 : Lettre de « l'abbé Levesque » sur *Tancrède*.
51. *M.F.*, 1760, février, pp. 63-82 : on y joue *Zaïre*, *la Chercheuse d'esprit*, et *le Distrait*.
52. Cf. aussi p. 194 « Nous avions (Diderot et moi) apporté la disposition d'esprit la plus favorable pour la pièce (de *Spartacus*) ».
53. Cf. *CL*, 1760, 1er août, p. 269 : sur le *Petit Philosophe* de Poinsinet le jeune.

masque du « Public » pour dire quelques vérités désagréables à Voltaire[54]. Ce qui ne l'empêche pas, comme le *Mercure*, de condamner le parterre pour son refus de la nouveauté : par exemple, quand Voltaire fait représenter *Tancrède* en vers croisés (IV, 293). La notion de « Public » est, on le voit, ambiguë et propre à justifier les positions critiques les plus diverses.

III — *DE L'OPÉRA-COMIQUE A L'OPÉRA*

A lire Grimm, on croirait que la vie théâtrale de Paris est limitée au Théâtre-Français et que l'Opéra-Comique, la Comédie-Italienne et l'Opéra sont des scènes où il ne se passe rien ou si peu de choses qu'elles ne méritent qu'une remarque acide en passant. Il est vrai que la désaffection du Public pour les deux premiers théâtres est une réalité : Le *Mercure* ne le dissimule pas dans ses livraisons de 1760[55]. Non moins déterminante est la profonde indifférence de Grimm pour ces spectacles. Contrairement à Diderot[56], il n'est pas sensible à l'heureuse alliance de la comédie, de la musique, de la danse et du décor[57]. On a souvent noté la contradiction consistant à encenser la *Serva Padrona*, type de l'*opéra buffa*, et à réserver son silence à la comédie à ariettes, qui en est une transcription française originale[58]. L'année 1759 est d'ailleurs une année importante dans l'histoire de cette forme d'opéra-comique qui l'emporte définitivement sur la vieille comédie à vaudevilles[59]. Grimm ne fait pas même allusion à deux créations de 1760, *la Rentrée des Théâtres* de Brunet et *le Procès des Ariettes* de Favart, deux comédies essentielles dans cette évolution. Le *Mercure* donne un long « extrait » de la première[60], et signale la seconde[61]. Grimm se contente de quelques bonnes paroles pour Sedaine, auteur des livrets d'opéras-comiques à succès[62]. Quand on compare l'uni-

---

54. *CL*, 1760, 15 août, p. 274 : à propos de la correspondance Voltaire-Palissot après la représentation des *Philosophes*.
55. *M.F.*, 1760, avril (2), p. 205 ; mai, p. 183 ; juillet (2), p. 191 ; octobre, p. 178 ; novembre, p. 182.
56. Voir l'article de Jacques PROUST, « A propos d'un plan d'Opéra-Comique de Diderot », *R.H.T.*, 1955 (II), p. 180 : Diderot, Grimm et l'Opérat-Comique. Notons cependant l'incompréhension du Philosophe à l'égard du jeu des acteurs de la Foire, directement inspiré de la technique italienne *all'improvviso* : « ce sont, dit-il, des comédiens ébauchés parce qu'ils jouent d'instinct ». (*O.E.*, p. 373).
57. Voir Jules CARLEZ, *Grimm et la musique de son temps*, 1872, pp. 20-22.
58. Voir Servando Saculaga, « Diderot, Rousseau et la querelle musicale de 1752 », *Diderot Studies*, 1968 (X), pp. 133-173, qui montre bien les contradictions de l'esthétique musicale du clan philosophique.
59. Voir l'article de J. PROUST, *op. cit.*, p. 179.
60. *M.F.*, 1760, mai, pp. 185-196.
61. *M.F.*, 1760, juillet (2), p. 192 ; octobre (2), p. 178.
62. *CL*, 1760, 1er août, p. 270. Pour l'appréciation généralement favorable de Grimm sur Sedaine, voir Jeanne R. MONTY, *La critique littéraire...*, *op. cit.*, pp. 122-125.

vers dramatique de la *CL* à celui presque contemporain du *Neveu de Rameau*, celui-là est curieusement tronqué. Dans la *Satire Seconde*, on parle à bâtons rompus des succès des deux théâtres mineurs de Paris ; le nom de Duni, le musicien ami des philosophes y revient maintes fois[63] : cet univers est proche de celui du *Mercure*, qui fait grand cas de l'interprétation des comédiens de la Foire et de la Comédie-Italienne.

Au silence se substitue la polémique quand il s'agit de l'Académie Royale de Musique. Grimm conserve en 1760 ses *a priori* de la Querelle des Bouffons et les seules créations dont il parle — deux œuvres de Rameau et de Rebel — sont prétextes à une redite des arguments chers au Coin de la Reine. Quant à *Canente* de Dauvergne et La Motte, malgré la sympathie des philosophes pour le musicien, Grimm juge l'œuvre aussi sévèrement que les opéras des tenants du goût français (IV, 325). Il y a chez lui une instinctive défiance contre le grand genre lyrique qui l'amène à joindre dans une même condamnation deux œuvres aussi différentes que la *Proserpine* de Lully et le *Dardanus* de Rameau (IV, 325). Il n'est pas plus sensible à l'originalité des *Paladins*, dont il méconnaît tant le livret que la musique (IV, 198). Mais qu'il lui trouve supérieur pour le « spectacle » et le « ballet » une œuvrette aussi médiocre que *le Prince de Noisy* de Rebel et Francœur, ballet-héroïque destiné primitivement aux Petits Appartements, a de quoi étonner les moins prévenus (IV, 325). Il répète sans plus de détails quelques vagues formules contre l'Opéra français, genre faux, « triste, ennuyeux, lourd, maussade, dépourvu de goût et de génie » (IV, 198), « triste genre » (IV, 325) à en bâiller, qui, note-t-il avec ironie du « prétendu premier musicien de la terre » convient fort bien au génie du grand Dijonnais (IV, 198)[64]. Il réserve son admiration pour Hasse et Buranello (IV, 198-317).

Le *Mercure* rend mieux justice aux productions lyriques. Certes Marmontel[65] et surtout La Place ne cachent pas leur sympathie pour Rameau. Le triomphe de ce dernier au soir du 9 novembre 1760, après l'ultime représentation de *Dardanus*, réjouit le cœur du journaliste[66]. Dans sa pauvre bibliothèque, le musicien possédait une collection du *Mercure*[67]. L'éloge de « l'illustre Auteur »[68] peut paraître parfois un peu forcé quand l'on connaît le déclin de son génie dans les dernières années de sa vie,

---

63. Cf. Diderot, *Le neveu de Rameau*, éd. critique J. Fabre, Genève 1950, pp. 77, 88, 96, 100.
64. Cf. son article nécrologique de Rameau : *CL*, 1764, 1er octobre.
65. Voir Servando Sacaluga (*loc. cit.*, p. 170). On sait que Marmontel fut à quatre reprises le librettiste de Rameau.
66. *M.F.*, 1760, décembre, p. 173.
67. Cuthbert Girdlestone, *Jean-Philippe Rameau*, 1962, p. 558 : en outre, on y trouvait des numéros des *Mémoires de Trévoux* et quelques livres de Piété.
68. *M.F.*, 1760, mars, p. 180.

mais Rameau restait encore à cent coudées au-dessus de ses confrères de l'Académie de Musique. La Place montre quelque bénignité dans son jugement du *Prince de Noisy* du puissant Rebel, dont il apprécie surtout les récitatifs, la symphonie, les chœurs et, en amateur éclairé, les « oppositions de Musique très-heureuses »[69]. La reprise avec Sophie Arnould de *Dardanus* dans sa version de 1744 fut un des grands moments d'un Rameau qui ravivait ainsi les souvenirs de sa période de maturité créatrice. Le Public ne s'y trompa pas, il attendit ces représentations avec impatience[70] et leur fit un accueil chaleureux[71], malgré les défauts et la froideur du livret — La Place le dit « intéressant »[72] sans plus — rachetés par une des plus belles musiques de la scène lyrique : « musique admirable »[73] écrit le journaliste, « très beau chant »[74], « diction sublime »[75] et retrouvant les termes dont son prédécesseur de 1733 avait salué *Hippolyte et Aricie*[76] : « Opéra composé d'une façon mâle » dans la grande tradition de l'opéra héroïque français[77]. Disons cependant que le bon accueil fait par le *Mercure* à une œuvre consacrée, quoique discutée, ne plaide nullement en faveur de son audace critique. Le compte rendu des *Paladins* nous semble beaucoup plus important, car il va à contre-courant. Le succès de la comédie lyrique disparue de la scène après mars 1760 fut « balancé » comme aurait pu le dire une autre fois La Place, qui s'insurge contre l'immobilisme du Public. Il est vrai que le mélange du sérieux et du bouffon caractéristique du livret de Monticourt et de la musique de Rameau avait de quoi choquer les habitués de l'Opéra, malgré quelques tentatives antérieures, certes moins marquées, du musicien. Ce qui n'était qu'ébauché dans *Platée* se développe dans les *Paladins*, curieux pot-pourri tiré d'un conte de La Fontaine que Rameau s'emploie à rendre par l'alliance ironique des deux musiques française et italienne[78]. L'honnêteté d'un d'Alembert avait reconnu que la musique de *Platée* allait dans le même sens — vérité et simplicité — que la *Serva Padrona* et que Rameau avait sur Pergolèse le mérite d'avoir, le premier, frayé la voie[79]. On oublie que Rameau avait commencé sa carrière parisienne comme musicien de la Comédie-Italienne. Dans son compte rendu, nous

---

69. *M.F.*, 1760, octobre (2), p. 173. Le journaliste note élégamment que « le succès de cet Opéra a été très balancé » (p. 174).
70. Cf. *M.F.*, 1760, avril (2), p. 203.
71. *M.F.*, 1760, mai, p. 178 ; juin, p. 210.
72. *M.F.*, 1760, mai, p. 178. Cf. GIRDLESTONE, *J.-Ph. Rameau*, p. 243.
73. *M.F.*, 1760, mai, p. 178.
74. *Ibid.*, et juin, p. 210.
75. *M.F.*, 1760, juin, p. 210.
76. *M.F.*, 1733, octobre. Cité par GIRDLESTONE, *op. cit.*, p. 200 : « Musique mâle et harmonieuse ».
77. *M.F.*, 1760, juin, p. 210.
78. Cf. (II, 5) : un « air un peu gai à la française » est suivi d'un « duo amoroso » moqueur.
79. Voir le texte de d'Alembert, cité par C. GIRDLESTONE, *op. cit.*, p. 453,

sentons La Place écartelé entre ses principes — respecter le jugement du Public —, son admiration pour le musicien et l'impression assez confuse que les *Paladins* annoncent, malgré ses défauts, un renouveau possible de la scène lyrique. Au milieu du torrent de sarcasmes qui accueillit l'ouvrage, La Place a eu, au moins, le mérite d'essayer de comprendre[80] :

> « Ce qu'on a le plus critiqué dans ce ballet, est le mélange du sérieux et du comique, dont on a fait usage. Il a révolté la plus grande Partie des Spectateurs, qui voudroient voir ce théâtre uniquement consacré au genre noble. Peut-être que l'union de ces genres opposés, n'a point été ménagée avec assez d'art. Auroit-on eu en vue le contraste des deux musiques, la françoise et l'italienne, pour satisfaire les amateurs sur ces deux genres differens ; et le Poète ne s'y seroit-il pas trop sacrifié ?... Quant à la musique ; elle est partout marquée au coin de son illustre Auteur. Selon son effet ordinaire, elle a été mieux sentie à chaque représentation. On rend justice à la beauté, à la nouveauté même, des symphonies »[81].

Nous rencontrons encore cette honnêteté critique dans le compte rendu d'un livre du Marquis de Mézières[82], où La Place, face aux excès de l'auteur en faveur de l'opéra français moderne, défend les récitatifs italiens « qui sont admirables et qui font couler des larmes »[83], la somptueuse tradition décorative française[84] et Lully, « le Racine de notre musique »[85] qui était malmené aussi bien par les ramistes que par les italianophiles. Il s'accorde cependant avec Mézières sur l'impossibilité de transposer en France le style italien à cause de la sonorité différente des deux langues[86]. Ce qui semble possible dans l'autre sens, s'il faut en croire une lettre qu'il publie dans le second numéro de juillet[87]. Cette dissertation d'un voyageur français à Parme fait état de tentatives de Traetta et de son librettiste

---

80. Il reviendra dans son *Essai d'éloge historique de feu M. Rameau* (*M.F.*, 1764, octobre) sur les « plaisanteries d'un comique trop chargé » des *Paladins*. Mais ce qu'il jugeait assez sévèrement sur la scène de l'Opéra, il l'acceptait — hiérarchie des genres — sur celle de l'Opéra-Comique. Cf. son C.R. amusé des *Pèlerins de la Courtille*, parodie des *Paladins*. (*M.F.*, 1760, avril (1), p. 200). Grimm (*CL*, 1760, 1er juin, p. 239) n'avait pas le même humour ; il se scandalise que Ramponeau, le héros de la parodie, soit la coqueluche de Paris.
81. *M.F.*, 1760, mars, pp. 179-180. A propos du livret, il remarque que les actes I et II se ressemblent trop (p. 180). Sur les *Paladins*, voir l'analyse de Girdlestone, *op. cit.*, pp. 454-455.
82. *Effets de l'air sur le corps humain considérés dans le son, ou Discours sur la nature du chant.* Amst. et P., LAMBERT, 1760, in-8º.
83. *M.F.*, 1760, novembre, p. 76.
84. *Ibid.*, p. 77.
85. *Ibid.*, p. 79.
86. *Ibid.*, p. 78 : Il cite le cas de *la Servante Maîtresse* de Baurans, traduction ratée de *la Serva Padrona*.
87. *M.F.*, 1760, juillet (2), pp. 95 et sq. : « Lettre d'un voyageur à M. Fréron » ; Parme, le 17 mai 1760.

l'abbé Frugoni[88] pour adapter en Italie les opéras de Rameau, à la grande satisfaction des « gens de goût »[89] : syncrétisme qui vise à voir « la sublimité de la musique Italienne, unie si naturellement avec les grâces et le merveilleux de la composition du drame François »[90]. Un correspondant anonyme de Vienne signale aux fêtes de la Cour Impériale, pour la réception de la nouvelle Archiduchesse venue de Parme, un opéra mythologique de Hasse sur des paroles de Métastase : la survie du grand genre est assurée par le musicien même que Grimm oppose à Rameau[91].

Le schématisme de la pensée musicale de Grimm est on ne peut plus évident par rapport à l'ouverture d'esprit relative, mais réelle du *Mercure*. L'homme qui accueillera quelques années plus tard à Paris Mozart enfant et qui reconnaîtra en lui le génie que le siècle attendait, se range parmi les critiques musicaux les plus secs, en partie à cause d'une conception de l'analyse qui, à l'instar de la plupart de ses contemporains, donne le pas au livret sur la musique, à la théorie, fût-elle équivoque, sur la réalisation[92]. Nous allons retrouver l'emprise envahissante de ces schémas préconçus dans les jugements que la *CL* porte sur les nouveautés du Théâtre-Français.

IV — *DEUX SUCCÈS DE SCANDALE*

Les livraisons de la *CL* se composent, on le sait, d'un article-éditorial suivi de courtes notules et de divers inédits dont elle assure la publication. Si l'on s'en tient à l'édition de Tourneux, 10 articles-éditoriaux sur 23 sont consacrés en 1760 à des comptes rendus de théâtre[93]. Ces simples chiffres permettent de mesurer l'importance de la matière dramatique dans le périodique, importance accrue encore par de nombreuses réfé-

---

88. *Ibid.*, p. 96.
89. Sur ces italiens « ramistes », voir P. E. FERRARI, *Spettacoli drammatico-musicali e coreografici in Parma*, Parma, 1884. Dans la lettre, il est question d'*Ippolito ed Aricia* et d'*I Tindaridi* (Castor et Pollux), opéras imités de ceux de Rameau, dont ils reprennent une partie de la musique. Nous n'avons pu retrouver trace d'un opéra du même genre — *Enée et Lavinie* — représenté, selon le voyageur, à Turin pendant le carnaval (*loc. cit.*, pp. 98-99).
90. *Loc. cit.*, p. 96. Notons que le voyageur (p. 100) voit dans ce renouveau italien l'influence d'un pouvoir fort et éclairé — celui du Duc de Parme — et d'heureuses perspectives pour le tourisme « par la consommation qui est une suite de la quantité d'étrangers que l'Opéra attire ».
91. *M.F.*, 1760, décembre, p. 188. Représentation d'*Alcide al Bivio*, le 7 octobre 1760.
92. Voir sur ces questions, l'ouvrage de J. ECORCHEVILLE, *De Lulli à Rameau 1690 à 1750. L'esthétique musicale*, P. 1906 et, plus particulièrement pour notre période, E. BONNET, *Philidor et l'évolution de la musique française*, P., 1921, p. 86.
93. Par ailleurs, nous avons relevé dans le ms. de Gotha I (B 1138-C) un « Fragment d'une Lettre sur Didon, tragédie » de Le Franc de Pompignan (fol. 244r°-245r°, 15 septembre) et dans le ms. de Stockholm (Bibliothèque Royale : VU 29. 1), un C.R. différent de *Zulica* de Dorat (pp. 17-20, 15 janvier).

rences disséminées ici ou là dans les livraisons. La structure du *Mercure* est, à bien des égards, comparable, puisque, avec les sections des pièces fugitives, des nouvelles littéraires et celles des nouvelles de France et de l'Étranger, la section dramatique forme une rubrique régulière mensuelle, double quand le mois est divisé en deux volumes. Mais si le *Mercure* s'attache à être complet en rendant compte ou en signalant toutes les créations et toutes les reprises, la *CL* s'oriente vers un choix. Ses sélections, ou ses oublis, ont donc un sens, et le fait qu'elle revienne dans deux éditoriaux ou plus sur *Spartacus*, l'*Écossaise* ou *Tancrède*, qu'elle suive pas à pas le développement de la querelle autour des *Philosophes* de Palissot n'est pas non plus indifférent.

Le *Mercure* aussi a ses silences : ils portent justement sur les comédies les plus controversées de l'année. A part de rares références concernant la représentation et l'édition, La Place est muet sur *les Philosophes*[94] et sur l'*Écossaise*[95]. Citons la seule mention faite de la création des *Philosophes* :

> « Le Vendredi, 2 Mai, les Comédiens Français ont donné la première représentation des *Philosophes*, Comédie en trois Actes, et en Vers de M. *Palissot de Montenoi*. Cette Pièce a réussi ; et vient de paroître imprimée »[96].

L'*Écossaise* n'est pas mieux traitée, malgré la sympathie bien connue du *Mercure* pour Voltaire. La Place se résolut cependant à insérer dans le second volume d'octobre une *Épître* en vers d'un certain « M. de S. Étienne » dont les bons sentiments à l'égard de Voltaire n'excusent pas la médiocrité de l'inspiration[97]. Saint-Étienne salue dans le Philosophe un nouvel Euripide qui sait mettre sur le théâtre de beaux tableaux et y enseigner la morale, il s'extasie devant la vérité des personnages de Freeport et de Lindane. Dans ce dernier, alliance délicate de morale et de sensibilité, il fait l'éloge du jeu de Mlle Gaussin. Cette déclamation emphatique ne rend que plus ambiguë la position du directeur du *Mercure*. Ambiguïté relative d'ailleurs, car La Place se range à l'évidence dans ce que l'on peut appeler « le tiers parti » qui fut aussi sévère pour la pièce de Palissot que pour celle de Voltaire. Les hommes de lettres jugèrent sévèrement l'éclat que donnait le théâtre aux querelles philosophiques.

---

94. Il publie sans commentaire la lettre-circulaire rectificative de d'Alembert aux journaux (*M.F.*, 1760, juillet (1), pp. 121-122 : sur cette lettre, voir *CL*, 1760, 15 août, p. 274 et Delafarge, *La Vie et l'Œuvre de Palissot*, P., 1912, p. 170 qui signale d'autres publications dans l'*Observateur Littéraire*, et *Le Journal Encyclopédique*).

95. La Place reproduit une autre lettre de d'Alembert à lui adressée, où il se défend de l'accusation des journaux d'avoir cabalé à la Première de l'*Écossaise* (*M.F.*, 1760, septembre, p. 106).

96. *M.F.*, 1760, juin, p. 232.

97. *M.F.*, 1760, octobre (2), pp. 41-45.

Nombreux furent ceux, penchâssent-ils d'un côté ou de l'autre, qui pensèrent que ces « personnalités » étaient indignes de leurs auteurs[98]. Le relent de complot politique les indisposait aussi contre *les Philosophes*[99] et la gloire de Voltaire ne les empêchait pas de voir dans *l'Écossaise* une production médiocre de son génie acariâtre[100].

Grimm avait donc la part belle pour systématiser un sentiment aussi largement répandu, même parmi certains gazettes anti-philosophiques qui, comme *l'Année Littéraire*[101], furent assez réticentes à l'égard de la comédie de Palissot. Ses imprécations contre *les Philosophes* sont moins celles de l'ami blessé de Diderot-Dortidius que celles d'un pamphlétaire ravi du faux pas de l'adversaire. C'est pourquoi, il juge aussi maladroite *l'Écossaise* de Voltaire. Le clan philosophique, si divers soit-il, s'est resserré après l'affaire Palissot[102], il ne peut pas se permettre d'erreur tactique avant d'avoir totalement fait son profit de celles de l'ennemi. Grimm a beau jeu de relever dans *les Philosophes* des imitations à la limite du plagiat de l'intrigue des *Femmes Savantes* et des personnages du *Méchant* de Gresset. Décidément, Palissot n'est pas Aristophane[103] ! La *CL* note assez cruellement la série de parodies qui ravalent la pièce de Palissot à l'indignité de la scène Italienne ou des théâtres privés de marionnettes[104]. La critique de *l'Écossaise* se nuance de quelques re-

---

98. Sur les jugements de ce type, voir à propos des *Philosophes* : D. DELAFARGE, *op. cit.*, pp. 129, 224, 244 et Hilde, H. FREUD, « Palissot and les Philosophes », *Diderot Studies*, IX, 1967, *passim*. Collé (*Journal...*, 1868, t. 2, p. 242) résume l'opinion du tiers-parti : « La comédie doit être le tableau des ridicules et même des vices des hommes, mais elle ne doit jamais être la peinture particulière de tel homme ». Le même (*ibid.*, p. 254) réaffirme ce jugement à la création de *l'Écossaise* : « Dans cette comédie, comme dans celle des *Philosophes*, j'ai été également indigné de la licence scandaleuse qui s'introduit actuellement de jouer le citoyen sur le théâtre ».

99. Nombreuses références, dans Barbier (*Journal*, 1856, t. IV, p. 346), Collé (*op. cit.*, p. 235), Rousseau (*Confessions*, O.C., Pléiade, t. I, p. 536) et les ouvrages de synthèse de Delafarge et Freud.

100. Voir COLLÉ (*op. cit.*, p. 251).

101. *Année Littéraire*, 1760, IV, p. 231.

102. Voir John PAPPAS, « Voltaire et la guerre civile philosophique », *R.H.L.F.*, oct.-déc. 1961.

103. On sait que Palissot s'est défendu de ce dangereux rapprochement que faisaient ironiquement ses ennemis (Palissot, *Œuvres*, 1779, t. VII, p. 321). Cf. l'héroïde attribuée à Marmontel : *Un disciple de Socrate aux Athéniens*, P., août 1760, 16 pp., où l'auteur oppose Palissot-Aristophane au Philosophe-Socrate.

104. *Le Petit Philosophe* (IV, 269), *Le Philosophe de Bois* (IV, 305). Cf. le C.R. sec du *Petit Philosophe* (*M.F.*, 1760, août, p. 185). Sur ces comédies, voir DELAFARGE, *op. cit.*, pp. 236 et 233. *Le Philosophe de Bois* joué à Passy chez Bertin est parfois attribué au Trésorier des Parties Casuelles immortalisé par Diderot. Plus généralement, Poinsinet de Sivry passe pour en être l'auteur. Nous avons trouvé dans le *Journal* de Collé (p.p. H. Bonhomme, 1868, p. 231), sous la date d'avril, mention d'une parade de cet écrivain jouée à Bagnolet sur le théâtre du Duc d'Orléans. Un poète de guinguette y lit ses projets : « A mon tour, je veux casser le cou à leur Cyclopédie en faisant une parade sous le titre de *Polichinelle Philosophe*, ou *le Philosophe de bois de noyer*. Je m'arrête à ce dernier titre. Diable ! Il est bien plaisant. Cela fera crever de rire tout Paris ». Collé avait-il eu vent de la pièce du théâtre de Passy dont Grimm rend compte en octobre ?

marques flatteuses pour son auteur. Si la bouffonnerie, les invraisemblances sont prestement condamnés[105], il accorde que le sujet est beau, susceptible d'agréables tableaux (IV, 245-46), que les personnages de Fabrice, Lindane et Murray sont bien sentis. Lindane a cette tendresse que lui reconnaissait *l'Épître* du *Mercure* (IV, 245). Mais Freeport, Frélon et Lady Alton gâtent ce bel ensemble (IV, 245), et un peu plus loin, à la réflexion, il n'est pas certain que Lindane soit aussi réussie qu'il l'avait pensé d'abord (IV, 261). Cet échec est, en partie, à mettre au compte des acteurs de la Comédie pour lesquels, à son habitude, il n'est guère tendre. Il trouve, par exemple, Gaussin-Lindane froide et sans rien de touchant (IV, 277). Quant au style, il est simple et facile : l'éloge est équivoque (IV, 245), comme un peu étonnant celui qu'il fait après la représentation de la pièce :

> « Voilà l'époque de l'établissement d'un nouveau genre plus simple et plus vrai que celui de notre comédie ordinaire » (IV, 276).

V — *LE DILEMME DE LA TRAGÉDIE*

L'embarras du critique à l'égard du phénomène voltairien est un des aspects les plus clairs de ses comptes rendus de l'année 1760 qui voit la mise sur le théâtre de deux œuvres aussi différentes que *l'Écossaise* et *Tancrède*[106]. Diderot a des réactions presque identiques[107]. Voltaire est le maître universellement respecté de la tragédie, le dernier maillon de cette chaîne de dramaturges qui, peu à peu, ont pétrifié l'ardente jeunesse du théâtre du Grand Siècle. C'est le modèle auquel tentent de s'égaler tous les débutants. Et pourtant, selon Grimm et Diderot, la tragédie est un genre faux[108], dont il faut épurer le théâtre : d'un côté une certaine solidarité philosophique, la reconnaissance du génie voltairien et de l'autre, le sentiment que Voltaire est le principal responsable de la survie d'un genre moribond. D'où les refontes que Grimm et parfois Diderot font subir aux tragédies dont ils parlent dans la *CL* : leurs jugements se complètent des réflexions du théoricien et de celles du praticien. La Place, bien qu'homme de théâtre lui-même et ouvert à un drame neuf comme

---

105. Cf. son analyse de I, 1 (IV, 246/47).
106. Sur les deux pièces, voir Colin Duckworth, « Voltaire's *l'Écossaise* and Palissot's *les Philosophes* : a Strategic battle in a major war », *Transactions of the 3rd Intern. Cong. on the Enlightenment*, I, 1972.
107. Cf. sa lettre à Voltaire sur *Tancrède* (*CORR*, III, 1760, 28 novembre 1760, pp. 271-274) où il enjolive un peu ses sentiments, et une autre à Sophie Volland (*CORR.*, III, 1760, 5 septembre, pp. 55-56) où il est lui-même.
108. *CL* (IV, 194), sur *Spartacus* : « Ce qui me rend cette pièce et ses semblables absolument insupportables, c'est la fausseté du genre ».

celui de l'Angleterre, reste fidèle à une esthétique plus traditionnelle dont Voltaire est le moderne héros. Cela permet de situer très exactement, et même de prévoir, les réactions des critiques face à deux œuvres de médiocre intérêt comme *Caliste* de Colardeau et *Zulica* de Dorat. *Tancrède* et *Spartacus* posent des questions particulières qui suffiront à Grimm pour élargir le débat à ses vraies dimensions.

La représentation de *Zulica* inaugure les créations du théâtre français pour l'année 1760[109]. C'est aussi le coup d'essai de Dorat au théâtre. Grimm et La Place sont d'accord pour montrer de l'indulgence pour ce « jeune homme de 24 ans »[110] « qui sort des Mousquetaires »[111] avec une petite réputation de poète. Marmontel[112] d'abord, puis La Place[113] rejoignent Grimm[114] dans l'appréciation de certaines qualités de style de l'ouvrage. Mais « l'extrait » de La Place se ressent d'une sympathie un peu forcée qui le fait appeler « imitation aisée » un plagiat de *Cinna*[115]. Il relève quelques bonnes scènes ou des tirades éloquentes, un moment fort au cinquième acte qui produit un dénouement plein d'effet[116]. C'est justement sur ce dénouement que se fixe l'attention de Grimm : il n'y a de sa part qu'une demi-sagacité puisque la chute de la pièce à la Première était due à ce dénouement qu'il qualifie « d'absurde ». Dorat l'a modifié en huit jours : Grimm trouve la nouvelle fin plus absurde encore. Il est vrai que ce suicide mis sur le théâtre avait de quoi choquer la bienséance, c'est ce que l'on peut sentir dans la légère réticence de La Place à ce sujet. Grimm, de son côté, juge plutôt ces dénouements psychologiquement faux et invraisemblables[117]. C'est un jugement d'homme de théâtre et non d'homme du monde. Quant au sujet que La Place dit inventé « quoiqu'il ressemble beaucoup à des événements arrivés de nos jours »[118], c'est à l'évidence, comme le note Grimm, une transcription tartare de l'histoire de Pierre le Grand et de son fils. Dans cette réduction aux schémas de la tragédie française, toute la matière dramatique de cette profonde tragédie nationale et politique s'est perdue[119].

---

109. 7 représentations entre le 7 et le 26 janvier. Cf. LANCASTER, « The Comédie-Française (1701-1774) », *Transactions of the american philosophical Society*, 1951, p. 796. Marmontel signale que des chargements furent faits à la pièce après la Première [*M.F.*, 1760, janvier (2), p. 199].
110. *M.F.*, 1760, février, p. 196.
111. *CL* (ms. de Stockholm), 1760, 15 janvier, p. 17.
112. *M.F.*, 1760, janvier (2), p. 199 : pièce « noblement et élégamment écrite ».
113. *M.F.*, 1760, février, p. 196 : dialogue aisé.
114. *CL* (IV, 180) : bonne versification.
115. *M.F.*, 1760, février, p. 189 : sur (III, 1) « imitation » de *Cinna* (II, 1).
116. *Ibid.*, p. 183 : (I, 1) bonne scène ; p. 189, (II, 5) : « Tirade éloquente » ; pp. 194-196 (V, 4) : dénouement.
117. Cf. *CL* (IV, 181) qui donne les deux dénouements.
118. *M.F.*, 1760, février, p. 182.
119. *CL* (IV, 181-182). Voir H. C. LANCASTER, *French Tragedy in the time of Louis XV and Voltaire*, 1950, t. II, pp. 517-520 qui, outre une analyse de la pièce, fait mention

Caliste est la dernière tragédie créée pendant l'année 1760[120]. Colardeau avait quelques traits qui le rapprochaient de Dorat : une inexpérience presque aussi grande du théâtre[121], un don de versification qu'on lui reconnaissait généralement[122] et, surtout, une conception un peu grandiloquente de l'acte tragique. La Place avait un intérêt d'auteur à s'arrêter sur une pièce inspirée de *la Belle Pénitente*, drame anglais de Rowe qu'il avait lui-même adapté dans son entreprise de traduction des meilleures pièces du répertoire anglais[123]. Il s'étonne précisément que, contrairement à ce qu'il pratiquait lui-même, Colardeau n'ait pas atténué le côté scabreux de l'intrigue — l'histoire du viol de Caliste — et n'ait pas conformé la pièce à la tradition de bienséance française[124]. A l'inverse, Grimm se réjouit des ajouts de Colardeau au modèle anglais : « pour donner de l'importance à son sujet, il a imaginé des rapports politiques entre les personnages de sa pièce », écrit-il (IV, 319), quitte à transporter la scène à Gênes où Sciolto veut rendre la liberté à son peuple. *Caliste* pourrait être ce que *Zulica* n'a pas osé être : un drame national. Mais ici encore, la réalisation n'est pas à la hauteur des intentions, les personnages sont mal dessinés selon la *CL* (IV, 318)[125] ; seule *Caliste*, reconnaît le journaliste, d'accord en cela avec le *Mercure*, a une grandeur tragique, une vérité psychologique qui s'exprime dans une pudeur charmante ou d'admirables délires[126]. Cependant Grimm reste plus sensible que son confrère à une certaine violence verbale de l'héroïne quand celui-ci est touché par sa féminine discrétion au milieu de ses malheurs. Diderot pour sa part, ne manque pas d'en relever les beaux endroits[127]. Mais, au total, les comptes rendus des deux périodiques, malgré les divergences d'appréciation, se rencontrent dans une espèce de gêne face à une œuvre composite qui hésite entre la tragédie à la française et une espèce de

---

des jugements fort divers de la critique. Le *Mercure*, 1760, avril (2), pp. 63-64 publia une *Épître de M. Sabatier à M. Dorat, sur sa Tragédie de Zulica* où le poète le défendait contre les « foibles censeurs ».

120. Première le 12 novembre et dix représentations dans sa nouveauté. Cf. LANCASTER, *The Comédie-Française*, loc. cit., p. 799.
121. Colardeau avait fait jouer en 1758 sa première tragédie *Astarbé*. Grimm ne l'avait guère appréciée (III, 480-82) et Marmontel avait montré quelque indulgence pour la versification (Cf. *Mémoires*, *Œuvres*, P., 1819, t. I, pp. 288-289).
122. Cf. *M.F.*, 1760, décembre, p. 175 et *CL* (IV, 320) : particulièrement (V, 4).
123. Sur ce point, voir Collé, *Journal*, P., 1868, t. I, p. 266.
124. *M.F.*, 1760, décembre, pp. 175-176 : il a de la « répugnance » à l'égard de (V, 6).
125. *CL* (IV, 319) : le personnage de Lothario est mal dessiné.
126. Cf. *M.F.*, 1760, décembre, p. 175 : la pudeur de Caliste ; *CL*, (IV, 321) : (II, 2), beau délire de Caliste ; (IV, 321/22) : (II, 3), vérité psychologique de la scène.
127. *CORR.*, 1760, 21 novembre, pp. 256 sq. ; 25 novembre, pp. 263 sq. : lettres à **Sophie Volland**.

drame emphatique et politique qui annonce, au mieux, le drame romantique et, au pire, le mélodrame du siècle suivant[128].

Le compte rendu de *Caliste* parle autant de Grimm et de ses hésitations critiques que de la pièce elle-même. Puisqu'il faut juger la tragédie à l'aune de ce genre éminemment français, le journaliste est contraint aux références obligées à Racine : Colardeau est-il un nouveau Racine ? Sans doute pas. Quand il l'imite, le résultat est décevant[129] : là où l'auteur de *Phèdre* est passé, la terre est infertile à jamais. Que faire donc quand on a un talent supérieur à celui du jeune auteur de la *Thébaïde* ? Lire les anciens tragiques et s'en inspirer (IV, 320). Mais, pour un genre aussi bien réglé que le tragique à la française, le conseil est plus dangereux qu'utile. Cette tragédie qu'il rêve à travers tous les comptes rendus, il ne l'atteint jamais, elle s'enfuit à mesure qu'il croit en saisir une ébauche de réalisation dans une création des Comédiens-Français.

Les très copieuses analyses du *Spartacus* de Saurin trahissent cet espoir déçu. La *CL* (IV, 188 sq /227)[130] y consacre deux longs comptes rendus, et le *Mercure* trois articles[131] sans compter une lettre de Saurin à La Place[132]. L'article de Grimm est doublé, accentué dans ses conclusions par des réflexions de Diderot. Grimm ne fait vraiment grâce qu'à deux scènes du quatrième Acte, le reste est dit à peu près uniformément froid ou trop long. Diderot, à la différence de Grimm, trouve beau le dénouement[133]. La Place est moins précis dans ses jugements : il relève quelques heureux passages de passion, des dialogues intéressants bien qu'un peu longs[134]. Mais il est sensible à une rhétorique politique à la Corneille

---

128. Voir l'analyse qu'en fait H. C. LANCASTER, *French Tragedy*, Baltimore, London, Paris, 1950, t. II, pp. 512-516. Il signale les diverses critiques de la pièce.
129. Cf. *CL* (IV, 320/21) : à propos de (II, 1), le rêve prémonitoire est un procédé dramatique éventé ; à propos de (II, 2), qui évoque le délire de Phèdre.
130. Analyse de Diderot. Les deux C.R. portent sur la première version de la pièce.
131. *M.F.*, 1760, mars, p. 183 ; juin, pp. 211 sq. ; septembre, pp. 135 sq. : Lettre sur *Spartacus* par un abonné qui a vu la première version de la pièce.
132. *M.F.*, 1760, avril (1), p. 197 : Saurin prie La Place de différer son C.R. jusqu'à ce qu'il ait refondu sa pièce. Créé le 20 février, *Spartacus* fut retiré de l'affiche le 3 mars et repris avec des modifications le 21 avril suivant. Cf. LANCASTER, *The Comédie-Française*, op. cit., pp. 796/97 ; *M.F.*, 1760, mai, p. 183.
133. *CL* (IV, 188 sq.) : C.R. de Grimm.
Acte I, sc. 1 : « longue, froide, obscure ».
Acte II, sc. 1 : « récits, invraisemblables et inutiles.
       sc. 2 : très froide et très longue.
Acte III, sc. 1-2 : (non imprimées) mortelles de longueur
       sc. 3 : amour de Spartacus et d'Émilie « grand, froid, décent ».
Acte IV, sc. 2 : « fortement applaudie » mais hors du sujet. Diderot la dit « belle » (p. 229)
       sc. 3 : « bouts de dialogues bien faits », mais fin « traînante ».
Acte V, sc. 5 : « très longue ».
       sc. 12 : « bavardages de part et d'autre », scène « manquée ». Diderot trouve au contraire le dénouement « beau » (p. 229).
134. *M.F.*, 1760, juin.

qui indispose profondément Grimm. Les personnages surhumains d'Émilie et de Spartacus rivalisent de grandeur d'âme romaine : La Place et l'abonné du *Mercure* en font une des qualités exceptionnelles de la pièce ; Grimm condamne cette grandeur invraisemblable ; Diderot, de son côté, se moque de ce héros qui tourne à l'amoureux ridicule dans ses entrevues avec Émilie[135]. En bref, pour la *CL* c'est une pièce ratée et ennuyeuse moins par la faute de Saurin que par celle du genre. La Place, au contraire, y voit une tentative relativement réussie de renouer avec la grande tragédie politique du milieu du XVIIe siècle. L'anonyme de *la Lettre sur Spartacus* compare d'ailleurs Saurin à Voltaire et à Corneille[136].

Enfin Voltaire vint ... La représentation de *Tancrède* fut certainement le grand événement dramatique de l'année[137]. Grimm y consacra trois articles : un extrait, une analyse et une tentative de refonte (IV, 281 sq./292 sq./300 sq.). La Place un compte rendu très sec suivi, un mois après, d'une lettre d'un abbé Levesque sur les nouveautés formelles de *Tancrède*[138]. Les deux périodiques s'accordent sur la beauté des trois derniers actes, sur la grandeur touchante du personnage d'Aménaïde jouée par Mlle Clairon[139], mais, à part le rôle de Tancrède qu'il juge admirable, les autres personnages semblent à Grimm ou faibles ou mal rendus. L'utilisation des vers croisés — la grande originalité technique de *Tancrède* — satisfait également les deux périodiques. Grimm ajoute cependant qu'il préférerait le vers libre... qui ressemble plus à la prose[140].

Mais cette mise en parallèle de comptes rendus réduit considérablement l'ambition critique de Grimm. Ce qu'il a vu dans *Spartacus* et dans *Tancrède*, ce sont de grandes tragédies politiques avortées. La Place

---

Acte I, sc. 1   : « un peu longue mais nécessaire »
Acte II, sc. 2   : « combat de passions très théâtrales, et fortement peint ».
Acte III, sc. 6 : : « Conversation (entre Émilie et Spartacus) aussi intéressante que bien écrite ».
Acte IV, sc. 3   : La Place explique et justifie les réactions de Spartacus.

135. Cf. *M.F.*, 1760, juin, pp. 219, 222, 227 ; septembre, pp. 136-137. *CL*, 1760, 1er mars, pp. 193-195 ; 15 avril, pp. 228-229.

136. *M.F.*, 1760, septembre, p. 136. Pour une analyse de *Spartacus*, voir H. C. LANCASTER, *The French Tragedy*, op. cit., t. I, pp. 317-322.

137. Création le 3 septembre. Treize représentations dans sa nouveauté. Cf. H. C. LANCASTER, *The Comédie-Française*, pp. 798-799. La pièce fut arrêtée à cause de l'indisposition de Mlle Clairon [*M.F.*, 1760, octobre (2), p. 176].

138. *M.F.*, 1760, octobre (1), p. 182 ; novembre, pp. 23-35.

139. *M.F.*, 1760, octobre (1), p. 182 ; *CL* (IV, 293). Cf. aussi *M.F.*, 1760, novembre, p. 37 : « Vers à Mlle Clairon, jouant le rôle d'Aménaïde dans la Tragédie de *Tancrède* » par un certain « Guichard ».

140. *M.F.*, 1760, novembre, pp. 24 sq. : l'abbé Levesque prétend qu'il est « antiphilosophique » de s'élever contre cette nouveauté. Il va plus loin en recommandant l'usage des vers mêlés. Cf. *CL* (IV, 293). Pour une analyse de *Tancrède*, voir H. C. LANCASTER, *The French Tragedy*, t. II, pp. 412-420.

s'effraie d'un vers de *Spartacus*, dont il trouve malgré les applaudissements du Public, la pensée « un peu hazardée »[141]. Ce vers :
« Spartacus ne fait point de la guerre un commerce »[142] semble une bien mince témérité à Grimm (IV, 194). Quel héros aurait-on pu faire de Spartacus si la vérité historique avait été respectée ! Saurin n'a conservé de l'histoire que le caractère du héros éponyme et la catastrophe[143], il a inventé des personnages pour faire entrer le sujet dans le cadre de la tragédie française. Le résultat est l'absurdité des situations, un héros amoureux, des personnages ayant les relations conventionnelles de la tragédie, un bavardage rhétorique qui travestit le grand sujet — la révolte politique — au profit des à-côtés : l'amour de Spartacus pour Émilie. Dans l'ensemble, ni mouvement, ni tableaux vigoureusement amenés, une stérilité d'idées qui tient à la fausseté du genre. Diderot conclut :

> « Dans le genre de Corneille il faut être Corneille et point au-dessous » (IV, 229).

Tancrède souffre de défauts comparables malgré l'habileté de Voltaire, le naturel et la chaleur qu'il a su mettre dans sa pièce. L'intrigue, elle aussi, est totalement inventée à part le personnage de Tancrède ; mais comme cela est compliqué, déparé par des faiblesses de construction, dont la plus évidente est que la tragédie commence trop tôt[144] ! Et pourtant quel drame, cela aurait pu être ! La Sicile médiévale est un sujet poétique et fort :

> « Il faut convenir... que les mœurs de la chevalerie, mises en action, ont un charme inexprimable. »[145]

De nombreux critiques ont vu dans *Tancrède* une espèce de drame romantique avant la lettre. La Place juge *Tancrède*, avec une certaine gêne, selon les critères de la tragédie française ; Grimm, selon les canons d'un genre qui n'a pas encore de nom. Le *Mercure* appelle le passé pour expliquer le présent, la *CL* rêve des œuvres de l'avenir qui justifieront son approche critique.

---

141. *M.F.*, 1760, juin, p. 221.
142. (III, 4).
143. *CL* (IV, 189). La Place reprenant mot pour mot la *Préface* de Saurin (p. VIII) fait, au contraire, l'éloge de la vraisemblance historique du personnage inspiré de Plutarque (*M.F.*, 1760, juin, p. 224).
144. Cf. C. R. de la *CL* (IV, 293 sq., 301-302) : Grimm recompose le début de la pièce.
145. *CL* (IV, 300). Notons que ces tableaux de la chevalerie se trouvaient déjà dans les traditions de l'Opéra français. Grimm ne semble pas y avoir pris garde. Cf. le *Tancrède* de Campra représenté en 1702. Raymond NAVES (*Voltaire*, 1942, p. 116) faisait ce rapprochement.

VI — *MORT OU RENAISSANCE DU THÉÂTRE*

Mais en attendant que cet hypothétique génie réforme le théâtre, la réalité est assez désolante. Sur la scène du Théâtre-Français et de l'Opéra règnent des genres faux[146]. Seule la comédie montre des indices de renouveau : elle a renoué, dans ses meilleurs exemples, avec la tradition térentienne sous l'influence du théâtre anglais. Elle enseigne parfois la vertu et représente en « tableaux » émouvants les grandes passions humaines[147]. Le théâtre doit susciter la sympathie et la fraternité entre les hommes : c'est la grande école de la Nation[148]. Comme la scène est à l'image de la société qui lui donne vie, la réforme du théâtre ne sera que la conséquence de la réforme des mœurs : « il faut des mœurs fortes, pour la peinture et la poésie » (IV, 272). A l'extérieur de la France, la guerre ; à l'intérieur, la haine idéologique et les intrigues partisanes : le théâtre peut passer pour un divertissement oiseux, voire criminel. La fonction du critique dramatique en devient singulièrement frivole. Le silence vaudrait mieux souvent que de longs commentaires sur des œuvres qui ne méritent pas tant d'honneur. Cette mort du théâtre s'exprime aussi par la mort d'une certaine critique. Grimm ne lui donne pas encore le coup de grâce : ses abonnés le suivraient-ils ? La troupe de la reine Louise de Suède représente en ces années de nombreux opéras-comiques, des comédies légères qui ne sont certes pas du goût de Grimm, mais dès 1761, elle fait créer en Suède la tragédie de *Tancrède*[149]. Peut-être saisissons-nous là une influence indirecte des livraisons de la *CL*? Il reste que Grimm est contraint aux traditionnelles appréciations du jeu des comédiens. Il se venge en les trouvant emphatiques et plats, même l'illustre Clairon[150] dont, avec Le Kain, il reconnaît cependant l'influence bénéfique sur la réforme des costumes de scène (IV, 295/96). Tout cela, cependant, n'est que minuties d'esthète quand il faudrait le pur jugement du Philosophe[151].

---

146. *CL* (IV, 194) : fausseté du genre tragique ; IV, 198 : fausseté du genre de l'Opéra.
147. *CL* (IV, 262) : sur le « fond » de la comédie ; 1er octobre, p. 295 : sur les « tableaux ». Sur les rapports de cette esthétique avec celle de Diderot, cf. *O.E.*, pp. 54 (Térence), 88 (théâtre anglais), 115 (tableaux).
148. *CL* (IV, 263). Cf. Diderot, *O.E.*, p. 196.
149. Cf. Lennard Breitholtz, *Le théâtre français à Stockholm, Dramaturgie et Société*, 1967, t. I, p. 429.
150. *CL* (IV, 277) : jeu « faux et maniéré » ; IV, 298 : Mlle Clairon dans le rôle d'Aménaïde.
151. Sur l'esthétique de Grimm, voir l'excellent ouvrage de Siegfried Juettner, *Grundtendenzen der Theaterkritik von Friedrich Melchior Grimm (1753-1773)*, Wiesbaden, 1969, *passim* et particulièrement pp. 15 sq. : « **Die Befreiung des Genies** » et 63 sq. : « **Engagement und guter Geschmack** ».

Il y a plus de sérénité dans la chronique dramatique du *Mercure*[151bis] et, en revanche, moins d'interrogations fondamentales. Marmontel respecte les règles qui firent la grandeur de notre théâtre classique[152], il laisse publier une longue traduction de Suard fort désagréable pour le théâtre anglais[153]. La direction de La Place montre sur ce point une nette évolution, assez normale de la part d'un bon connaisseur du théâtre d'outre-Manche[154]. Une lettre sur le jeu italien indique qu'il n'est pas indifférent non plus à la tradition scénique *all'improvviso*[155]. Mais il ne renonce pas aux longues digressions sur le jeu des acteurs qui alourdissent le compte rendu au détriment de l'essentiel[156]. Mlle Clairon, par exemple, a droit à de flatteuses remarques et à de petits vers[157]. Voilà bien la frivolité que condamnait Grimm ! La Place mérite cependant mieux que cette réputation de critique mondain. Si Grimm est sensible à une certaine plastique du théâtre — « les tableaux » —, La Place l'est aux décors quand ils sont particulièrement réussis[158]. Il voit une heureuse idée d'architecte dans le décor de prison de l'Acte IV de *Dardanus*, décor inspiré des gravures de Piranèse[159]. Plaisir des yeux uniquement : la différence est d'importance avec le « tableau » joignant à cette satisfaction esthétique une douce émotion qui emplit l'âme. L'air du temps fait une discrète entrée dans le *Mercure* : Marmontel réclame plus de

---

151bis. Jacques WAGNER, « Marmontel, journaliste au *Mercure de France* (1758-1760) », *De l'Encyclopédie à la contre-révolution : Jean-François Marmontel*, Clermond-Ferrand, pp. 83-95.

152. *M.F.*, 1760, janvier (1), p. 108 : C. R. d'*Aménophis* de Saurin.

153. *M.F.*, 1760, janvier (1), pp. 63-80 ; janvier (2), pp. 69-79 : « Jugemens sur les Auteurs Anglois, traduit de l'Histoire d'Angleterre, par M. *Hume* ».

154. *M.F.*, 1760, février, pp. 14-15 : traduction d'un extrait du *Marchand de Londres* de Lillo ; mai, pp. 61-63 : traduction du *Caton* (I, 5) d'Addison ; octobre (2), pp. 32-41 : traduction par La Place du *Duc de Guise* (V, 7-8) de Dryden et Lee ; novembre, pp. 34-35 : lettre de l'abbé Levesque sur *Tancrède*, où il fait l'éloge des « traits de génie » de Shakespeare et du *Marchand de Londres* ; décembre, p. 175 : réflexions sur le théâtre anglais par La Place à propos de la *Caliste* de Colardeau.

155. *M.F.*, 1760, octobre (1), pp. 51-59 : « Lettre à M. Fl... C.R. de l'A. des O., etc... sur le Théâtre Italien » par « P... le jeune » : éloge de la *commedia dell'arte* par rapport à la forme moderne de la Comédie Italienne. « P... le jeune » nous semble désigner Claude Parfaict, frère cadet de François, mort en 1753.

156. *M.F.*, 1760, février, p. 43 ; Vers à Mlle Suzette de la Comédie-Italienne, et à sa sœur ; septembre, p. 36 : Vers à Mlle Lemierre par « M. de M. », etc...

157. *M.F.*, 1760, février, p. 42 : Vers pour Mlle Clairon dans le rôle de Didon, par « D... » ; novembre, p. 37 : à la même dans le rôle d'Aménaïde par « Guichard ».

158. *M.F.*, 1760, mars, p. 177 : décors des *Paladins* ; mai, p. 178 : décors de *Dardanus* ; octobre (2), p. 174 : décor du *Prince de Noisy* ; novembre, p. 77 : défense des machines de l'Opéra. On notera que toutes les références se rapportent à la scène lyrique.

159. *M.F.*, 1760, juin, p. 203. Le décorateur « prouve qu'avec du génie, on peut faire *du grand* dans un très-petit espace ». Cf. l'exposition « Deux Siècles d'opéra français ». 1972, N° 97.

pathétique[160] et La Place aspire à un style comique plus simple qui serait le vrai « coloris de la nature »[161].

Aussi dissemblables soient-elles, les chroniques dramatiques des deux périodiques s'accordent sur quelques points majeurs : le refus de voir la scène transformée en champ de bataille de la satire personnelle, le sentiment de la décadence des genres, la recherche, passionnée d'un côté, de l'autre plus nonchalante des signes du renouveau. Il est permis de préférer l'âpreté sans concession d'un Grimm à la modération d'un La Place. Quand la *CL* juge mal, c'est toujours par respect d'une idée du théâtre qui est parfois erronée, mais toujours sincère. Ne refusons pas cette sincérité à La Place. Le *Mercure* a des qualités qui lui sont propres et auxquelles nous ne pouvons être insensibles. N'est-il pas curieux de noter que l'univers du *Mercure* est parent de celui que va bientôt décrire Diderot dans le dialogue du *Neveu de Rameau* ? Pour le *Mercure*, le théâtre est une fête ; cette gaieté ironique, Jean-François Rameau l'exprimera avec bien plus de génie que le laborieux La Place. Mais il est émouvant pour le lecteur moderne de trouver dans le *Mercure* de 1760 le fugitif passage de la petite Hus[162], et, au Concert Spirituel de la Fête de l'Assomption, mention de l'exécution d'une « symphonie de M. Rameau le neveu »[163].

Dans sa propre sphère, chacun des deux périodiques offre de la vie dramatique une image qu'il faut bien qualifier de complémentaire.

---

160. *M.F.*, 1760, janvier (2), p. 199 : à propos de *Zulica* de Dorat.
161. *M.F.*, 1760, juin, p. 236 : à propos de la *Soirée des Boulevards* à la Comédie-Italienne.
162. *M.F.*, 1760, février, p. 198 ; dans le rôle de la Languedocienne du *Pourceaugnac* de Molière : « Elle a saisi, on ne peut mieux, le ton, le parler, et le vêtement du Pays ».
163. *M.F.*, 1760, septembre, p. 200. La Place fait un long extrait de la *Rentrée des Théâtres* de Brunet (mai, pp. 185-196) donnant un aperçu de la sc. 7 où l'auteur se moque du vocabulaire conventionnel de l'Opéra français. Malgré la banalité d'une telle remarque (cf. GIRDLESTONE, *op. cit.*, p. 147 ; Diderot, *O.E.*, p. 171), Diderot a pu s'en souvenir dans le *Neveu de Rameau* (éd. Fabre, p. 6).

DISCUSSION

J. Vercruysse

Nous remercions François Moureau pour cette comparaison très suggestive dans le cadre de l'année 1760 ; elle succède à celle qui ne l'était pas moins pour l'année 1768. Il faudra qu'un jour ou l'autre on fasse a comparaison de 1753 à 1813. Il nous faut maintenant entamer la discussion.

J. Chouillet

Avant que les souvenirs ne se soient un peu effacés, je voudrais demander à François Moureau ce qu'il entend exactement par la phrase qu'il vient de prononcer et que j'ai reproduite de peur de me tromper : « Tous les personnages de la *Satire Seconde* se retrouvent dans le *Mercure* et pas dans la *CL* ». J'aimerais que vous disiez exactement ce que vous entendez par là.

F. Moureau

Je voulais seulement dire que l'univers dramatique du *Mercure* était très proche de celui qui est décrit dans la *Satire Seconde*. Le monde de Jean-François Rameau, c'est l'Opéra-Comique, la Comédie-Italienne, les petites actrices, les musiciens à la mode comme Duni. De tout cela, il est fort peu question dans la *CL*. Où, ailleurs que dans le *Mercure*, trouverait-on de si fréquentes références à Mlle Hus ou la mention de cette symphonie de Rameau le neveu ? Les comptes rendus du *Mercure* donnent une image beaucoup plus vivante que la *CL* des petits genres dramatiques, et ce sont justement ces spectacles mineurs qui colorent toute l'argumentation de la *Satire Seconde*. De ce point de vue, 1760 est une année essentielle dans la querelle de la comédie à vaudevilles et de sa rivale à ariettes : le *Mercure* accorde à ces minuties littéraires un intérêt peut-être excessif pour notre sens des hiérarchies littéraires, mais Diderot ne les méprisait pas. En lisant Grimm, on a l'impression que la vie des théâtres est à peu près limitée à la Comédie-Française, à quelques tragédies particulièrement. Tout cela est bien froid : pour Grimm, le spectacle est rarement un plaisir. Dans un index que j'ai établi, et qui recense les ouvrages signalés dans le *Mercure de France* et la *CL* en 1760, se trouvent signalées 178 pièces : le cinquième à peine trouve un écho dans la *CL* qui rapporte, certes, les créations importantes, qui y revient même pour *Tancrède* ou *Spartacus*, mais qui, si la pièce n'a pas d'intérêt pour la polémique philosophique, l'exécute en quelques mots ou fait silence sur elle. C'est pourquoi je prétends que l'univers du *Mercure* de 1760 est proche de celui du *Neveu* que l'on peut dater, pour l'essentiel, de 1761.

J. Chouillet

Justement à ce propos au sujet de ces deux dates : 1760, 1761, ce que j'ai remarqué en m'occupant de cette question, c'est que dans la *CL* de 1761 c'est la proportion inverse. Je veux dire qu'il y a beaucoup plus d'appels et de phénomènes de résonance entre *Le Neveu de Rameau* et la *CL* de 1761 que pour l'année 1760, qui est à peu près nulle pour ce qui concerne l'étude des sources du *Neveu de Rameau*. C'est très curieux.

F. Moureau

J'avoue ne pas avoir la même compétence que vous pour 1761 et je vous accorde volontiers que la proportion peut être inverse. Cependant, mon point de vue est légèrement différent du vôtre : je ne tiens pas une comptabilité des correspondances entre *le Neveu* et tel ou tel périodique ; j'essaie d'apprécier des parentés de goût ; ce goût est celui de la clientèle moyennement éclairée des théâtres. Grimm pose au *magister*, ce n'est pas comme Marmontel, La Place... ou Diderot le véritable amateur que l'on reconnaît à sa curiosité pour les spectacles les plus divers : on peut rire à l'Opéra-Comique et pleurer à la tragédie ou au drame sans se condamner soi-même.

Le *Mercure* ennuie un peu quand il se souvient de ses fonctions de protecteur officieux du bon ton, mais, surtout depuis Marmontel, il est sensible aux idées nouvelles puisqu'elles sont à la mode. Ce sera, si vous le voulez, le mot de la fin : Grimm juge, le *Mercure* tente d'apprécier. Jean-François Rameau et Moi sont, eux aussi, des amateurs gourmands.

J. R. Armogathe

La communication d'Hélène Monod-Cassidy m'a vivement intéressé, je voudrais me permettre d'y revenir. J'avais pensé proposer une communication sur l'abbé Trublet : j'ai eu l'occasion de parler, dans un colloque sur « Les écrivains bretons au Siècle des Lumières » (Reims, 1973), de sa correspondance (secrète) avec Formey, le secrétaire de l'Académie de Berlin ; cette correspondance est une anti-*CL* : évoluant dans un milieu proche de celui de Grimm (qui coïncide souvent, de fait, avec le milieu de Grimm), Trublet donne pour les années 1757-1767, le contrepoint de la *CL*. Je n'évoque pas cet exemple pour regretter une communication que je n'ai pas écrite, mais pour souligner, dans ce colloque consacré à la *CL* et à l'occasion de ce qu'Hélène Monod-Cassidy nous a appris de Bouhier, l'importance de ces correspondances privées du XVIIIe siècle ; la *CL* est un « périodique » et à peine une correspondance, mais les lettres de Trublet à Formey sont mensuelles et strictement consacrées à des nouvelles de littérature. S'il avait pu venir ici, M. Paul Dibon (retenu à

Paris) aurait aimé souligner cette importance des correspondances
« privées » ; vous connaissez l'ctendue de ses recherches dans ce
domaine, dont témoigne son monumental *Inventaire de la Correspondance
d'André Rivet* (Nijhoff, La Haye, 1971), réalisé avec la collaboration
d'E. Estourgie et de Hans Bots. Est-il possible d'envisager, pour le
XVIIIe siècle, des inventaires sommaires du type de ceux réalisés par
Paul Dibon et ses élèves ? Il y a là, sous une forme simplifiée (localisation,
date, éventuellement incipit), un moyen de recenser les grands dépôts
de correspondance (je pense au fonds Formey, à la Staatsbibliothek
de Berlin (R.D.A.) avec ses vingt mille lettres, au fonds Crousaz à
Neuchâtel, à bien d'autres encore...). C'est un vœu que j'émets...

J. Vercruysse

Vœu très pieux qui rejoindra, je crois, celui de tous les dix-septiémistes
et dix-huitiémistes, mais la moisson est grande et les ouvriers sont peu
nombreux. La correspondance de Charles Bonnet à Genève comprend
plusieurs milliers de lettres. A Bruxelles la correspondance de l'Autrichien
Cobenzl contient de nombreux noms du XVIIIe siècle français. Il y a
moyen d'y consacrer des années.

H. Monod-Cassidy

A ce sujet je peux dire que deux de mes anciens étudiants, maintenant
jeunes professeurs, travaillent depuis des années à la correspondance
de Pierre-Michel Hennin, qui est une de ces grandes correspondances
dont nous avons besoin, et nous espérons beaucoup réussir à convaincre
M. Besterman, dont on évoque toujours le nom, d'accepter la publication
des lettres de Pierre-Michel Hennin. Ces deux jeunes gens ont préparé
environ vingt ans de cette correspondance. Le travail est à peu près
terminé. Mais il restera vingt autres années, et ce serait encore un travail
énorme, portant sur 40 000 lettres.

J. Varloot

Une simple information pour Hélène Monod-Cassidy. Au Centre
d'étude des XVIIe et XVIIIe siècles à Paris, Françoise Weil a presque terminé l'inventaire de la correspondance du président Bouhier. Ce travail
va directement dans votre sens. Les fiches sont terminées, en cours de
dactylographie, avec l'aide de Jeanne Carriat.

P. Peyronnet

C'est une question qui s'adresse à François Moureau. Vous avez dit
tout à l'heure que La Place, à propos de théâtre, appelait le passé pour
expliquer le présent. Est-ce que, dans une certaine mesure, Grimm n'a pas
la même attitude en ce qui concerne Voltaire ? Pour lui en effet, Voltaire
est l'auteur de deux pièces qu'il n'a jamais surpassées : *Zaïre et Mérope* ;
il est amusant d'ailleurs de constater que, si *Zaïre* est une imitation
d'*Othello* et *Mérope* une imitation d'*Andromaque*, Grimm ne paraît alors
pas différer de La Place.

F. Moureau

J'ai parlé de l'année 1760, et uniquement d'elle. Il est certain que, durant cette période, Grimm est extrêmement réticent à l'égard de Voltaire. Cela est dû en grande partie à l'affaire de l'*Ecossaise*. *Tancrède* confirme Grimm dans le sentiment que le beau génie de Voltaire ne crée plus que d'admirables imitations. La critique de Grimm porte non pas tant sur Voltaire lui-même que sur les auteurs tragiques qui s'autorisent de l'illustre vieillard pour brocher des tragédies à la Corneille. Saurin aurait peut-être réussi son *Spartacus* s'il n'était fasciné par l'auteur de *Zaïre*. Le théâtre nouveau ne naîtra pas sous les lambris de Ferney. La Place juge selon des critères absolument différents : ceux de l'imitation créatrice. *Zulica* plagie un passage de *Cinna* ; c'est, dit La Place, une « imitation aisée ». En revanche, quand Grimm trouve un air cornélien à telle scène de *Spartacus*, il la condamne sans appel.

Voilà pourquoi je disais que Grimm juge au nom d'un art poétique qui n'existe pas encore, alors que La Place apprécie en homme de l'art la subtile transformation de la guerre des esclaves en une tragédie dotée de toutes les bienséances imaginables : on inventera donc à Spartacus une maîtresse romaine et fille de consul ; la situation étant ainsi préparée, le nœud se forme de lui-même et conduit sans surprise au dénouement. Certes Spartacus ressemble un peu à l'Attila galant du grand Corneille, mais si la vérité historique en souffre, la filiation littéraire fait honneur à Saurin. Solidement organisé, ce beau conflit de l'amour et de la politique ravit les âmes qui savent encore goûter une belle tirade sur les vertus romaines ou les déchirements de l'amour impossible.

Grimm juge ce petit jeu parfaitement ennuyeux et il le fait savoir sans ménagement. Mais quels modèles propose-t-il ? Ils n'existent pas, aussi est-il contraint de saisir au vol dans Voltaire ou ailleurs quelques idées qui lui semblent annoncer le théâtre qu'il rêve un peu confusément. L'histoire de la chevalerie, par exemple, pourrait être un réservoir de sujets et de tableaux moins rebattus que l'éternel portique à la romaine témoin des imprécations harmonieusement modulées du héros. Le théâtre tragique doit porter sur la scène les problèmes de l'heure présente : la liberté religieuse ou politique, la question nationale ... Voilà ce que je voulais dire en opposant la pratique critique de La Place à celle de Grimm.

J. R. Armogathe

Je voudrais demander à Paule Jansen si elle a eu l'impression, pour le mois d'août 1768, qu'une des sources était plus particulièrement suivie ; je n'ai pas pu repérer dans l'énumération qu'elle a donnée combien de fois il y avait coïncidence entre la *CL* et une des douze sources.

P. Jansen

Je pense que Grimm s'est servi des *Affiches de Province*. Ce qui m'a d'ailleurs beaucoup intéressée en préparant cette communication, c'est que nous avions déterminé ceux des périodiques qui nous paraissaient être les plus intéressants. Or, il s'est révélé que les périodiques les plus intéressants, comme sources, sont parfois ceux que l'on considère généralement comme les plus communs. Je crois que Grimm a lu les *Affiches de Province*, vraisemblablement aussi le *Courier du Bas-Rhin*. N'ayant pas fait une recherche exhaustive, je ne peux rien affirmer, mais ma conviction profonde c'est qu'il s'est servi de la presse. Il lui arrive également de faire la même démarche que ses confrères, ainsi pour les *Deux Frères* de Moissy. Cette pièce a d'abord été représentée et, quinze jours ou trois semaines plus tard, elle a été publiée. Tous les journalistes, les rédacteurs de nos douze périodiques traités par ordinateur et Grimm parlent d'abord de la pièce et, quinze jours ou trois semaines plus tard, de sa publication.

E. Lizé

Il est intéressant de noter que dans le catalogue de la bibliothèque de Caroline on ne trouve, parmi les treize périodiques cités, aucune trace d'une souscription aux *Affiches de Province*. [Correspondance inédite de Grimm..., *op. cit.*, note 35, p. 53]

P. Jansen

Les *Affiches de Province* se trouvaient à Paris, vous savez, très facilement...

E. Lizé

Faudrait-il croire que Grimm n'avait pas abonné Caroline aux *Affiches de Province* afin de pouvoir les « piller » ?

P. Jansen

Je n'ai pas dit « piller ».

J. Voss

Permettez-moi quelques remarques d'un point de vue plutôt historique. Jean Varloot, dans sa communication de ce matin, a parlé des milieux allemands à Paris. La chapelle suédoise, dont le pasteur, l'Alsacien Frédéric-Charles Baer, était aussi collaborateur du *Journal étranger* [Anne-Luise Salomon : « Le pasteur alsacien F. C. Baer (1719-1797) », *Bulletin de la société de l'histoire du protestantisme français*, 74 (1925) pp. 423-452 ; Johannes Crueger : « Briefe von Schöpflin und anderen Straßburger Gelehrten an Bodmer und Breitinger », *Straßburger Studien*, 2 (1882), p. 492], était un centre de rencontre des germanophones protestants à Paris. Il reste à vérifier si Grimm a été en contact avec ce milieu au début de son séjour parisien. Il me faut encore ajouter que les jeunes princes protestants allemands, durant leur grand tour, ont fréquenté cette chapelle pendant leur séjour à Paris. [Jürgen Voss : ' Paris in Sommer 1751. Notizen zum wissenschaftlichen und religiösen Leben aus dem Reisetagebuch Andreas Lameys ', *Archiv für Kulturgeschichte*, 56 (1974) pp. 198-216. Le précepteur du prince héréditaire de Saxe-Gotha était l'Alsacien Reuchlin, qui était, comme Baer lui-même, disciple du professeur strasbourgeois Jean-Daniel Schöpflin.]

Je veux signaler la correspondance privée de Grimm adressée à Gottsched, qui donne d'intéressants renseignements sur ses débuts à Paris (lettre du 30 novembre 1751, où il dit qu'il est en relation avec Voltaire et les encyclopédistes). Des extraits de ces lettres et une étude sur les rapports entre Grimm et Gottsched se trouvent dans la thèse volumineuse de Marianne Wehr : *Johann Christoph Gottscheds Briefwechsel. Ein Beitrag zur Geschichte der deutschen Frühaufklärung*, Diss. phil. Leipzig 1966 (dact.).

Encore un mot sur l'interdépendance entre correspondance littéraire et correspondance diplomatique. La correspondance diplomatique des ministres plénipotentiaires des princes allemands contient généralement peu d'informations sur la vie littéraire (sauf quelques exceptions). Les diplomates n'étaient pas toujours capables de fournir les informations souhaitées sur la vie littéraire. Comparée au caractère officiel de la correspondance diplomatique, la *CL* a un caractère plutôt privé.

J. Varloot

Je remercie beaucoup Jürgen Voss. Ces renseignements profiteront à tout le monde. Je connaissais un peu l'existence de ce milieu protestant de Paris, où parvenaient en somme les jeunes princes des cours allemandes, mais je ne connaissais pas les rapports du pasteur avec le *Journal étranger*. Il en résulte que se révèle une facilité d'accès des Allemands au milieu journalistique. Le milieu diplomatique mérite aussi d'être étudié ; parmi les diplomates qui étaient en rapport avec Grimm et avec Diderot, peu étaient aussi compétents — relativement compétents — en matière littéraire que le prince Gallitzin, comme le prouve ce manuscrit de La Haye dont Walter Kuhfuss nous a si bien parlé ce matin. Je profite de ce que j'ai la parole pour poser une question à M. Kuhfuss. Je songe beaucoup aux conditions d'acheminement des livraisons ; l'exemplaire qui allait à St. Petersbourg passait par La Haye et ensuite partait par mer. Reste donc à savoir si l'absence de certaines livraisons à Moscou ne provient pas de naufrages, car il s'en produisait. Inversement, n'a-t-on pas envoyé quelquefois deux exemplaires, par des voies différentes, pour être plus sûr qu'il en arriverait au moins un ? Mais qu'est-ce qu'a fait Gallitzin ? Il n'a mis que deux ans, au maximum, en 1779-80, pour rédiger son manuscrit d'extraits. Ce qui suppose qu'il avait encore en 1778 ou 1779 une copie de la copie qui était passée entre ses mains. Qu'est devenue cette copie intermédiaire, intégrale ou presque, qu'il avait pu faire d'abord ?

W. Kuhfuss

Pour avoir le plus de renseignements possibles à ce sujet, j'ai adressé une lettre à Mme Muller, qui travaille sur la vie du Prince Gallitzin et sur la vie sociale à La Haye. Elle aussi ignore l'existence d'une copie intermédiaire de la *CL* à La Haye. D'après tout ce que nous savons, il faut souligner le caractère hypothétique — quoique nécessaire — d'une telle copie intermédiaire.

J. Varloot

Elle a pu être emportée par le prince Gallitzin en Allemagne.

W. Kuhfuss

Mort à Brunswick, il a fait cadeau de ses collections de minéraux à l'Académie de Iéna, mais on ignore totalement où se trouvent ses manuscrits posthumes. Il est vrai que ces papiers nous aideraient à répondre à bon nombre de questions.

J. Varloot

Il serait intéressant de savoir quelle est la proportion des textes, copiés par Gallitzin, qui datent des séjours de Diderot et de Grimm à La Haye en 1773-1774 à l'aller et au retour. Vous n'avez pas remarqué une plus grande proportion ?

W. Kuhfuss

Non, on ne peut constater une proportion plus élevée de textes datant de 1773-1774.

J. Garagnon

Je voudrais signaler un détail, à propos de ce qu'a dit Jürgen Voss sur l'existence à Paris d'un milieu germanophone, groupé autour de Baer, et que Grimm et Diderot auraient connu : on trouve dans la CL des 15 octobre et 1er novembre 1762 [*AT*, IX, 225-234] le compte rendu par Diderot de l'*Essai historique et critique sur les Atlantiques*, de Baer, aumônier de la Chapelle Royale de Suède. L'existence de ce compte rendu confirme qu'il y avait en effet des rapports entre Diderot, Grimm, et le cercle germanique rassemblé autour de Baer.

J. Vercruysse

Nous savons bien que Diderot connaissait des journalistes allemands. Lorsque Leuchsenring vient à Paris, il parle des deux « petits Allemands » qui viennent le visiter. Roland Mortier a fort bien détaillé cette question dans son *Diderot en Allemagne*.

J. Voss

Le Président Bouhier était avec Bernard de Montfaucon l'antiquaire français le plus important de son temps. Je rappelle ses relations avec les savants italiens Maffei, Gori, le Suisse Hagenbuch et l'Alsacien Schöpflin [Jürgen Voss : ' J. D. Schöpflins Wirken und Werk. Eine Bestandsaufnahme anläßlich seines 200. Todestages ', *Zeitschrift für die Geschichte des Oberrheins*, 119 (1971), pp. 281-321 ; lettres adressées à Bouhier : pp. 314-316.] Comme le montrent les travaux des Américains Ruppert [George Ruppert : *The Idea of Perfect History. Historical Erudition and Historical Philosophy in Renaissance France*, Urbana/Chicago 1970 ; traduction française Paris (Flammarion) 1972] ; Kelley [Donald R. Kelley : *Foundations of Modern Historical Scholarship. Language, Law and History in French Renaissance*, New York/London 1970] et

Gossman [Lionel Gossman : *Medievalism and the Ideologies of the Enlightenment. The World and Work of La Curne de Sainte Palaye*, Baltimore, 1968], la couche sociale à laquelle appartenait Bouhier a, pendant la deuxième moitié du xvie siècle et de nouveau pendant la première moitié du xviiie siècle, beaucoup contribué à l'érudition.

QUATRIÈME SÉANCE

GRIMM CRITIQUE D'ART
LE *SALON* DE 1757

par Jacques CHOUILLET (Paris)

Pourquoi avoir mis le nom de Grimm plutôt que celui de Diderot en tête de cette communication ? Pourquoi m'être arrêté au Salon de 1757, plutôt qu'à celui de 1759, par exemple ? J'essaierai de répondre à ces deux questions avant d'aborder le sujet annoncé dans le titre.

L'habitude d'écrire l'histoire à l'envers et de lire les péripéties du passé à la lumière de leur dénouement, a fait que l'existence et l'autonomie de Grimm comme critique d'art se sont trouvées occultées par la gloire montante de Diderot. On raisonne comme si l'unique mérite de Grimm avait été de préparer les chemins du génie. Comme toutes les croyances postérieures à l'événement historique, cette vue de l'esprit est à la fois vraie et fausse. Elle est vraie dans toute la mesure où Grimm a effectivement travaillé à établir la réputation de Diderot auprès du public de la *CL* pendant les cinq années qui ont précédé le Salon de 1759. Elle est fausse pour la raison suivante : c'est qu'en supposant Grimm soudain privé de la collaboration de Diderot au moment où elle a commencé à devenir publique, il n'en aurait pas moins été, lui Grimm, l'auteur de deux Salons, dont l'un, relativement étoffé et composé, est celui de 1757. Il n'en aurait pas moins été l'auteur d'un certain nombre de jugements ou de comptes rendus sur la peinture, dont l'ensemble constitue ce qu'il faudra bien finir par décrire et publier un jour sous un titre comme : « Les idées esthétiques de Grimm », ou « Grimm philosophe des Beaux-Arts ».

Quels faits particuliers, quels traits généraux distinguent cette philosophie et la constituent comme groupement autonome par rapport aux systèmes existants ? Les faits sont bien connus. Ils coïncident avec l'activité journalistique de Grimm à partir du moment où il reprend la

CL des mains de l'abbé Raynal : ses comptes rendus d'ouvrages sur la peinture (l'*État des Arts en Angleterre*, de Rouquet, les *Lettres* de M. le comte de Tessin sur la peinture), ses références à l'actualité picturale (par exemple la commande passée par le Roi de Prusse de trois tableaux, en 1756, auprès des peintres Carle Van Loo, Pierre et Restout, la description du plafond de la chapelle de la Vierge à St Roch, peint par Pierre), mais surtout, on ne saurait trop le dire, ses descriptions des tableaux exposés dans le Salon du Louvre par l'Académie Royale de peinture et de sculpture. Avant d'être le brillant protagoniste de Diderot dans les *Salons de 1765* et *de 1767*, Grimm a voulu être et a peut-être été le représentant d'une critique indépendante, à égale distance des platitudes de Fréron dans l'*Année Littéraire* et des rodomontades de folliculaires exaltés comme Toussaint.

Plus que la quantité des faits observés, ce qui retient l'attention, c'est la qualité et, il faut bien le dire, la cohérence des idées exprimées. Limitons notre examen à la période qui va de 1755 à 1757. Un trait frappe tout d'abord : ce même Grimm qui s'est donné *plus tard*, en face de Diderot, le rôle du « spectateur de sang-froid » face à l'acteur « qui joue d'enthousiasme », a été le propagandiste d'une philosophie de l'enthousiasme et de l'imagination créatrice très proche des idées soutenues par Dorval dans les *Entretiens sur le Fils naturel* en 1757. Écoutons-le commenter le Salon de 1755. Il apprécie le pastel de La Tour représentant Mme de Pompadour, mais il trouve que le « total est froid ». Il défend Vernet contre ses détracteurs, mais regrette qu'il ait été obligé de « ne peindre que ce qui est » (III, 93). Selon lui : « Le mérite de l'imagination de l'artiste et le travail de la composition pittoresque consistent, non à copier la nature telle qu'elle est en tel endroit, mais à rassembler plusieurs de ses effets et à en composer un tout heureux ; voilà ce qui s'appelle imiter la nature » (III, 93). Le 15 décembre 1756, dans son commentaire du plafond de la Chapelle de la Vierge à St Roch, il condamne les « grandes machines en peinture », parce que, nous dit-il, l'esprit « ne peut embrasser beaucoup d'objets, ni beaucoup de situations à la fois » (III, 317), mais démontre que le tort principal des Raphaël et des Carrache n'est pas tellement d'avoir peint de ces « grandes machines », puisqu'ils avaient l'imagination nécessaire pour cela, que d'avoir ensuite servi d'excuse et de modèles à des peintres qui ne les valaient pas. En toutes choses l'imitation est un défaut : « Il est incroyable combien dans tous les arts l'imitation a amené de ravages et de maux (...). Au moyen des règles, le génie, devenu timide et craintif, n'ose plus prendre son essor » (III, 318). Dans le même ordre de pensées, la publication des *Entretiens sur le Fils naturel* lui inspire les lignes suivantes, le 1er mars 1757 : « Les ouvrages de génie ont une marque caractéristique à laquelle il est difficile de les méconnaître, ils portent dans l'esprit et dans le cœur une chaleur inconnue, des commotions vives, des sentiments non éprouvés » (III, 354).

Il n'est pas possible d'en douter : la philosophie artistique de Grimm, du moins pour la période que nous considérons, porte certains des caractères de ce qu'on appelle la « doctrine du génie » (die Genielehre), et se situe par conséquent assez loin de l'enseignement traditionnel fondé sur l'imitation de la nature et l'imitation des Anciens. Cette orientation de Grimm soulève le problème de sa situation par rapport à ses contemporains. Il faut comprendre que la *CL*, de par sa vocation européenne, place Grimm à un poste d'écoute exceptionnel : mieux que beaucoup d'autres, il peut percevoir les craquements annonciateurs de mutations, qui se font entendre ici et là dans l'Europe des Lumières. Il a pu lire en 1757, dans son texte anglais, *A philosophical Enquiry* de Burke, il a lu, en même temps que Diderot, les *Monuments de l'Histoire du Danemark* de Paul Henri Mallet, publiés en 1756. Tout cet ossianisme avant la lettre, il l'a perçu, et peut-être même éprouvé au moment précis où Diderot composait les *Entretiens sur le Fils naturel*, et lui donnait un début d'expression littéraire deux ans avant les *Conjectures* de Young.

Ces réflexions nous amènent au *Salon de* 1757 dont nous avons d'abord à justifier le choix. Il suffit de le comparer à celui de 1755. Les six pages que celui-ci occupe dans Tourneux ne contiennent que onze tableaux nommément désignés : deux de Carle Van Loo, un du pastelliste La Tour, quatre de Vernet, trois de Greuze, un de Bachelier. Celui de 1757 comprend deux lettres, du 1er et du 15 octobre, qui occupent huit pages de Tourneux, soit huit feuillets du manuscrit de Gotha en écriture serrée. Le nombre des tableaux ou peintres qui font l'objet d'un commentaire circonstancié passe de onze à quinze. C'est peu si on fait la comparaison avec les *Salons* de Diderot de la grande époque, ou même avec les trente et un commentaires du *Salon de 1759*. C'est beaucoup si on compte que la *Description*, du Comte de Caylus, ne porte que sur un tableau ; l'*Extrait des Observations sur la Physique et les Arts*, de Toussaint, sur huit ; les *Réflexions*, de Cochin le fils, sur quatre.

Curieuse manifestation que celle qui rassemblait cette année-là cent vingt-six toiles décrites dans le catalogue de l'Exposition, sans compter celles qui n'y sont que mentionnées sans indication de nombre ni de titre. Les portraits, comme d'habitude, y tiennent la place d'honneur : trente-quatre au moins parmi lesquels, comme il sied, ceux du Roi et de la marquise de Pompadour. Puis viennent les tableaux mythologiques, dix-neuf en tout. Dix-sept paysages, dix-sept tableaux de genre. L'orientation vers le pittoresque et l'intimisme est donc très perceptible. La peinture religieuse n'arrive qu'au cinquième rang, avec huit tableaux. Le Salon de 1757 est un salon laïc, beaucoup plus que ne sera celui de 1763. Enfin viennent pêle-mêle l'histoire, les natures mortes, les scènes de bataille ou de vie militaire, les portraits d'animaux, les ruines. Le paradoxe vient de ce que tout ce déploiement semble moins intéresser le public qu'un seul tableau qui a eu la vertu de concentrer sur lui la plus grande partie des commentaires. Carle Van Loo, écuyer, chevalier de l'ordre de St Michel, oncle de Louis-Michel Van Loo, présentait le *Sacrifice d'Iphigénie*, tableau de 14 pieds de haut et de 20 pieds de large, qui lui avait été commandé par le Roi de Prusse au début de 1756 (III, 180). D'où vient cet engouement ? En partie des personnes, en partie du sujet. Carle était alors le peintre qui avait « le plus de réputation en France » (III, 428). Le Salon de 1755 nous le donnait comme « le premier peintre de l'école française » (III, 92). Mais surtout le sacrifice d'Iphigénie était, comme le dit Grimm, « un des plus grands sujets qu'on puisse proposer en peinture » (III, 428), un de ceux qui, à coup sûr, passionnaient le plus l'opinion. Diderot en était hanté. Il ne le cite pas moins de trois fois dans le troisième *Entretien sur le Fils naturel*. Son imagination lui présente Calchas, « l'air sombre (...), l'œil farouche », tourmenté par « la présence intérieure d'un démon ». Il voit « l'air obscurci de traits, une armée en tumulte, la terre arrosée de sang, une jeune princesse le poignard enfoncé dans le sein, les vents déchaînés, le tonnerre retentissant au haut des airs, le ciel allumé d'éclairs, la mer qui écume et mugit ».[1] De son côté Grimm s'était livré à une rêverie de ce genre dans la lettre du 15 février 1756, en se demandant quel était le meilleur moyen « d'exprimer la douleur d'Agamemnon pendant l'horrible cérémonie du sacrifice », et il estimait que l'idée la plus heureuse était celle du peintre de l'Antiquité qui avait posé un voile sur le visage du roi des rois (II, 181). Peu de tableaux ont été plus attendus, mieux préparés. En un sens le Sacrifice d'Iphigénie était fait dans l'esprit des spectateurs avant que ne fût publiée la version de Van Loo.

De là vient sans doute que chacun y a vu ce qu'il voulait y voir. Le Comte de Caylus, dans sa brochure intitulée *Description d'un tableau représentant le Sacrifice d'Iphigénie*[2] exalte le génie de Van Loo, trouve le dessin « élégant », les passions « exprimées dans le point de justesse et de précision qu'elles demandent », les draperies « bien jetées », et ainsi du reste[3]. Un auteur obscur, Toussaint, probablement ami du peintre Vien, intervient dans une lettre publiée sous le titre *Extrait des Observations sur la Physique et les Arts*, et s'en prend aussi bien à Caylus qu'à Van Loo. Le tableau de Van Loo, nous dit-il, « enchante les demi-connaisseurs (...) mais les connaisseurs tirent le voile, et vont

---

1. Diderot, *Œuvres*, A.T., t. VII, pp. 147-148.
2. Paris, Duchesne, 1757, 31 p., in-12.
3. *Ibid.*, p. 29.

chercher l'homme dans le héros »[4]. Cochin le fils entre en lice afin de défendre Van Loo et la profession de peintre justement attaquée. Ses *Réflexions sur la critique des ouvrages exposés au Salon du Louvre, qui est paru sous le titre d'extrait des Observations sur la Physique et les Arts* se donnent pour une charte de la critique picturale[5]. Il n'y a, selon lui, de judicieux et d'impartial que le jugement du public. Les lettres apologétiques succèdent ainsi aux lettres critiques : en tout six articles, dont l'encre sent fortement le fiel.

Si l'on veut avoir une idée de la causticité de Grimm, il faut lire le petit compte rendu qu'il donne de cette controverse (III, 428-30). On lui trouve un air de famille avec le Fontenelle de l'*Histoire des Oracles*. La méthode est la même : juxtaposer les témoignages pour en faire ressortir l'inanité et le ridicule. Plus encore que la toile de Van Loo, à laquelle il ne semble pas accorder grand prix, ce qu'il défend, c'est le principe de la liberté critique. Le public, nous dit-il, « n'a pas besoin d'être endoctriné » (III, 428). Les éloges outrés dégoûtent le spectateur de l'indulgence dont le peintre peut avoir besoin. Inversement la critique qui s'attaque aux hommes plutôt qu'aux défauts « mérite l'indignation ». Entre ces deux extrêmes, l'esprit du philosophe tente de distinguer le vrai du faux et de s'établir dans une position d'indépendance qui ne doive rien à l'opinion et à la mode. Caylus a tort quand il loue Van Loo d'avoir dévoilé le visage d'Agamemnon ; a tort également ce partisan de Van Loo qui voit en lui un génie supérieur à Rubens ; de son côté Cochin n'a pas raison de dire « qu'on ne peut pas réunir toutes les parties de l'art » et que « la supériorité dans le dessin et celle du coloris ne saurait s'allier ensemble » (III, 429). Il s'agit pour Grimm, non de flatter ou de déprécier le talent de Van Loo, mais seulement de reconnaître le génie où il est et de refuser au talent les éloges qu'on ne doit qu'au génie. Il est ridicule de placer Van Loo au-dessus de Rubens qui est, nous dit Grimm, « et le plus grand coloriste et le génie le plus poétique, le plus fougueux, le plus rempli de feu qu'il y ait jamais eu en peinture » (III, 430). De ce point de vue supérieur, le tableau d'*Iphigénie* apparaît pour ce qu'il est, un mélange de qualités estimables et de défauts plus grands encore : draperies collées sur la chair des personnages, froideur d'Iphigénie, banalité d'Agamemnon. Van Loo a bien fait de représenter Clytemnestre évanouie, mais il a mal fait de vouloir la représenter. Il y a des douleurs qu'on ne peint pas.

---

4. Publié dans le t. VII de la collection Deloyne, feuillets 75 et suivants (B.N. Réserve du Cabinet des Estampes, Cote : Y d² 11). Ce tome d'une richesse incomparable, comprend, outre les catalogues des Salons de 1757 et 1759, la collection des articles critiques inspirés par ces deux manifestations, le tout rassemblé et inventorié par les soins de Mariette. Le catalogue du Salon de 1759 est illustré par G. de Saint-Aubin.

5. Extrait du *Mercure de France*, second vol. du mois d'octobre 1757.

La deuxième lettre, datée du 15 octobre, donne un aperçu assez détaillé des autres tableaux. Les critères de Grimm sont ceux que nous avons déjà signalés. Plus nettement encore qu'en 1755, l'imagination apparaît comme la qualité dominante du peintre, la seule qui permette de donner un sens nouveau au concept classique d'imitation de la nature. Il faut plaindre Vernet d'avoir été chargé par le roi de faire les tableaux de tous les ports de France : « D'imitateur de la nature qu'il était, il est devenu copiste, et après avoir été peintre d'histoire, il s'est fait peintre de portraits, car il y a une grande différence entre suivre son génie, obéir à son imagination, arranger, créer, et s'assujettir à copier exactement ce qu'on voit » (III, 432). Sans aller aussi loin dans l'esprit de système, la théorie de Grimm s'apparente à celle de Winckelmann dont les *Gedanken über die Nachahmung der griechichen Werke* avaient paru en 1755, avant d'être publiées en français dans le numéro de janvier 1756 du *Journal étranger*. Winckelmann ne rejette pas l'imitation directe de la nature, à la manière flamande, mais il accorde sa préférence à l'imitation telle que la pratiquaient les Anciens, et qui consiste à reproduire un modèle idéal que l'artiste a dans l'esprit. Entre Grimm et Diderot qui connaissait bien la théorie du modèle idéal, il est intéressant de noter cette communauté d'inspiration.

Autre trait qui mérite d'être souligné : le parfait dédain dans lequel Grimm tient le genre mièvre et le maniérisme tout entier. Le portrait de Mme de Pompadour par Boucher lui paraît « si surchargé d'ornements, de pompons et de toutes sortes de fanfreluches, qu'il doit faire mal aux yeux à tous les gens de goût » (III, 433). De même le tableau de Hallé représentant *La nymphe Io changée en vache* est jugé « tout à fait mauvais » à cause de l'erreur qui consiste à « jeter du pathétique sur un sujet aussi baroque ». L'opposition de ces deux termes est révélatrice de la coupure qui est en train de s'opérer à l'approche des années soixante entre l'école de Boucher et les adeptes du pathétique, dont le Salon de 1763 consacrera le triomphe. Vigueur, force et grandeur tels sont les termes qui définissent le mieux cette tendance, dont Grimm n'est pas, bien sûr, le seul adepte, mais qu'il a eu le mérite de déceler et de comprendre.

Voilà bien des raisons pour ramener sur le devant de la scène l'inévitable parallèle de Grimm et de Diderot. Il existe un ton de Diderot perceptible dans le salon de 1757. Cette réflexion de Grimm à propos du peintre Hallé : « Il ne sait que faire de cette vache » fait penser à des cocasseries du même genre que l'on trouve par exemple dans le *Salon de 1763* : « Voyez-moi un peu ce Lazare de Deshays ; je vous assure qu'il lui faudra plus de six mois pour se refaire de sa résurrection[6] ». Il existe une table

---

6. Diderot, *Œuvres...*, A.T., t. X, p. 190.

de références propre à Diderot, qu'on retrouve chez Grimm, par exemple le renvoi aux théories de Du Bos concernant la différence de la peinture et de la poésie, ou encore la référence au passage de l'*Enéide* qui montre Neptune sortant « la tête hors des flots » et menaçant « les aquilons impétueux » (III, 433). L'exemple, on le sait, avait été largement exploité par Diderot dans la *Lettre à Mlle de la Chaux* pour prouver l'inaptitude de la peinture à se régler sur la poésie. Il existe un musée imaginaire de Diderot où figurent en premier lieu, les statuaires de l'Antiquité, et presque sur le même plan, parmi les modernes, Raphaël, Carrache, Rubens, Poussin, Le Sueur, parmi les contemporains, Vernet, Loutherbourg, Chardin, Vien, Greuze et Deshays. De même le Salon de Grimm dénote une prédilection pour ce qu'il appelle « le grand goût », celui des Anciens, dont le peintre Vien était à cette époque le représentant le plus éclairé, une admiration sans limite pour Rubens, une préférence marquée pour Greuze « jeune artiste qui donne de grandes espérances ».

Nous disions tout à l'heure qu'à partir d'une certaine époque, Grimm s'est donné vis-à-vis de Diderot le rôle de spectateur de sang-froid. Il faut ajouter — et ceci est indispensable pour l'histoire de leurs relations — que dans une première période, Diderot a été pour Grimm le modèle admiré, l'homme de génie créateur et enthousiaste, celui qui comme on l'a vu plus haut, « porte dans l'esprit et dans le cœur une chaleur inconnue, des commotions vives, des sentiments non éprouvés ». Il le défend contre le comte de Caylus, publie son projet de tabatière en émail, assure la publicité des articles *Eclectique* et *Epicurisme*. A partir de 1756, on assiste à une continuelle relance de Diderot par Grimm : « Vous êtes mon ami, vous êtes mon maître, vous me rendez compte de ce que je pense, et vous m'y confirmez » : c'est Grimm qui parle, dans la lettre à Diderot du 30 juin 1756. A la fin de la lettre du 1er octobre 1757, il le présente officiellement au public de la *CL* comme accompagnateur, interlocuteur, porte-parole. Il le loue d'avoir eu l'idée de génie qui eût sauvé de la médiocrité l'*Iphigénie* de Van Loo : représenter Ulysse en train d'embrasser Agamemnon en ce moment terrible, « pour lui dérober, par ce mouvement de pitié feinte, l'horreur du spectacle ». Autant valait dire que seul Diderot était capable de refaire le tableau discuté, et par conséquent de prendre la succession de Grimm pour les Salons suivants.

Mais les dernières lignes distillent un venin secret : « Je ne sais si l'effet d'une pensée aussi déliée aurait été assez frappant en peinture ». Cela signifie, sauf erreur, que le point de vue de l'homme de lettres n'est pas celui du peintre et que la logique de l'enthousiasme n'est pas celle de l'œuvre d'art. Cela peut signifier aussi que l'idée d'interposer Ulysse, symbole de la ruse et de la préméditation, entre le père sacrificateur et la fille sacrifiée, entre le personnage qui souffre et le public qui regarde, conduisait à prendre des distances vis-à-vis du principe dont s'étaient simultanément réclamés durant les années 1755-1757 les deux amis Grimm et Diderot : le pathétique. Comme principe d'amitié aussi bien que comme principe d'art, le pathétique épuise les réserves de la sensibilité au moins autant qu'il les alimente. Et peut-être après tout n'est-il qu'une forme de théâtre parmi tant d'autres. D'où la nécessité ressentie par les deux amis de l'inscrire dans un décor de théâtre et de l'enclore dans une vaine embrassade. S'il en était ainsi, et si ce texte avait la valeur d'assagissement que nous lui supposons, le Salon de 1757 marquerait l'entrée dans la phase critique, prélude indispensable à de plus grandes œuvres. C'était là, en effet, une pensée « bien déliée » pour être mise en peinture.

ICONOGRAPHIE

Le tableau décrit par Grimm se trouve au Neues Palais de Potsdam (voir Bénézit, t. V, p. 625 et Thieme/Becker, t. XXIII, p. 363).

La gravure qui se trouve à la Bibliothèque nationale (Cabinet des Estampes D 6 33 I fol. F⁰ 49) représente la partie centrale du tableau.

Nous exprimons ici notre gratitude envers l'institution « Staatliche Schlösser und Gärten, Potsdam, Sanssouci » pour l'autorisation de reproduire (pour la première fois) le tableau de Carle Van Loo.

Le Sacrifice d'Iphigénie de Carle Van Loo (Neues Palais, Potsdam)

LES APOLOGISTES CHRÉTIENS DANS LA CL

J.-R. ARMOGATHE (Paris)

> « Il faut être bien bête pour faire parade de son goût anti-philosophique, c'est-à-dire de son aversion pour tout ce qui est raisonnable et sage ».
> *CL*, décembre 1767
>
> « Les principes de la religion sont diamétralement opposés aux maximes de la prudence et à toutes les règles de gouvernement ; car la dévotion a pour principe de ne jamais tolérer le crime ni les abus ». Jean-Georges Lefranc de Pompignan, *La dévotion réconciliée avec l'esprit* (1754)

Le « Siècle » dix-huitième est sans doute un siècle « philosophique » ; il ne saurait être appelé sans abus « le siècle des Philosophes ». En fait, face (et à côté) de ceux qui se sont volontiers désignés comme tels, le dix-huitième siècle a vu d'autres écrivains, tout aussi méritants et spirituels, que les travaux de P.-M. Masson[1] et Albert Monod[2] n'ont pas réussi à imposer au grand public (c'est-à-dire, dans ce cas, aux manuels scolaires d'histoire littéraire française), mais dont l'impact sur l'histoire des idées commence à être reconnu : apologistes, mystiques, « anti-Lumières » de toutes les couleurs, leurs idéologies n'ont en commun que le jugement d'historiens qui leur refusent le qualificatif *éclairés*[3] ; nous limiterons notre propos à l'étude des apologistes chrétiens.

Une première constatation s'impose : ils sont présents dans la *CL*.

---

1. P.-M. MASSON, *La religion de J.-J. Rousseau*, tome 3 : *Rousseau et la restauration religieuse*, Paris, 1916.
2. A. MONOD, *De Pascal à Chateaubriand. Les défenseurs français du christianisme de 1760 à 1802*, Paris 1916. Ces deux travaux, absolument remarquables, sont parus la même année (celui de P.-M. Masson, à titre posthume), et Monod (qui avait terminé en juillet 1914) a connu trop tard celui de Masson pour l'utiliser. Pour comprendre certaines appréciations de Monod, on se souviendra de ses convictions de protestant libéral.
3. Voir à ce sujet les notations très suggestives de Jean DEPRUN dans l'*Histoire de la Philosophie*, t. 2 (Pléiade, Gallimard, 1973) : « Philosophies et problématique des Lumières » (pp. 672-696) ; « Les Anti-Lumières » (pp. 717-727).

La remarque n'est pas sans importance. L'apparition d'*apologistes* dans la *CL* à côté d'auteurs dramatiques et d'écrits « philosophiques » témoigne de leur importance réelle dans la société contemporaine (tout comme celle, fugitive et timide, d'ouvrages techniques). Les livres mentionnés sont ceux que l'on ne pouvait pas omettre, sous peine de passer pour mal informé[4]. Sans doute, certains écrits sont mentionnés pour ridiculiser le parti chrétien. Mais pour l'essentiel, les ouvrages d'apologétique les plus marquants se retrouvent dans la *CL*. On pourrait du reste s'attendre à ce que la fréquence d'ouvrages d'apologétique dans la *CL* ait suivi la courbe des publications. Il n'en est pas tout à fait ainsi : le tableau dressé par Albert Monod montre pour la période de la *CL* un plafond atteint entre 1760 et 1770, qui coïncide avec le paroxysme de la lutte entre l'« infâme » et les « Philosophes » (entre 80 et 90 apologies du christianisme par lustre) ; un pointage rapide (et approximatif) sur l'édition Tourneux montre un sommet, en 1758, s'atténuant jusqu'en 1761-1762 ; après cette date, la mention d'ouvrages d'apologétiques n'intervient plus qu'occasionnellement, pour les plus importants (en 1773, par exemple, pour la *Réfutation du Système de la Nature,* d'Holland, et encore à la faveur de l'anecdote piquante sur l'infortuné Riballier, syndic de Sorbonne). Au service de l'information de ses lecteurs, la *CL* ne pouvait pas omettre les ouvrages « dont on parlait » ; mais instrument de la lutte « philosophique », aux mains d'une coterie, elle s'efforçait de diminuer la quantité et l'impact des ouvrages défendant le christianisme. Une autre raison est, sans doute, l'évolution de l'apologétique elle-même, se dissociant entre une sécularisation positiviste de plus en plus poussée et un appel au sentiment qui annonce les effusions romantiques ; nous verrons plus loin combien cette évolution a pu marquer la *CL*.

Soucieux de masquer la quantité des apologies du christianisme, les rédacteurs de la *CL* s'efforcent aussi d'en diminuer la qualité : la seconde constatation, en effet, porte sur l'uniformité des jugements portés sur ces ouvrages : Raynal est plus modéré, mais sous la plume de Grimm, leurs auteurs sont uniformément accusés de « bêtise, platitude, manque d'esprit » — à quelques rares exceptions près, d'autant plus intéressantes —. Le ton général peut être résumé par le jugement (de Raynal) sur Ilharart de La Chambre : « un sot croyant qui attaque [des] incrédules gens d'esprit » (I, 254).

L'argument favori de Raynal, qui correspond au goût des années 1740 pour les caillettes et à l'attrait immodéré pour les « gens d'esprit », est

---

4. Cette fidélité de la *CL* à refléter les ouvrages « dont on parle » ressort très nettement de l'analyse que Mlle Jansen fait dans sa communication, par comparaison avec douze autres périodiques contemporains (pour le mois d'août 1768).

de disqualifier les pédants, les docteurs, les « capucins » au profit des gens d'esprit. Ainsi la critique de Bayle due au P. Le Febvre, s.j., n'est pas un ouvrage dépourvu d'intérêt (*Bayle en petit*, 1re édition, Douai 1737) ; Raynal en convient : « l'auteur de cette critique a souvent raison, mais comme un sot peut l'avoir avec un homme d'esprit, un barbouilleur de papier avec un grand écrivain, un docteur avec un philosophe... L'esprit monacal s'y fait sentir à chaque ligne » (I, 82). L'*Anti-Vénus physique* de Gilles Basset des Rosiers (1746) est une réfutation de Maupertuis qui révèle des connaissances et une intelligence assez sûre des matières traitées ; l'auteur enseignait la philosophie au collège d'Harcourt : il devient donc pour Raynal « un homme de collège » ; « il y a assez d'esprit, mais peu de jugement » ; « on pourrait faire quelque chose de très agréable de cette brochure en la réduisant au quart de ce qu'elle est » (I, 114).

L'apport le plus original des années 1740 à l'entreprise apologétique n'a pas échappé à Raynal : il s'agit d'une brochure de 37 pages, parue en 1746, et rééditée en 1751 au titre ambitieux : *Système du philosophe chrétien, par M. de G****. L'auteur, le chanoine de Gamaches, n'était ni un « pédant de collège », ni un « capucin » : membre de l'Académie des Sciences, il avait publié plusieurs ouvrages de mécanique et d'astronomie fort répandus. Sa brochure est un ouvrage dense et bien écrit : « rien n'est plus concis, plus lié, plus systématique », au dire du *Journal de Trévoux*, témoin suspect il est vrai (janvier 1747, p. 37). Les *Nouvelles Littéraires* de Raynal en font l'éloge, se contentant de souligner que « la métaphysique en est extrêmement commune », c'est-à-dire que l'ouvrage est fort orthodoxe. On voit bien la méthode de Raynal : ne pas nier les mérites évidents des ouvrages, en disqualifier les auteurs, si possible, comme des gens ennuyeux et, faute de mieux, souligner la banalité de leur orthodoxie (II, 30).

Le ton change sous la plume de Grimm : les ouvrages étrangers à la coterie, lorsqu'ils apparaissent dans la *CL* sont systématiquement « plats et ennuyeux », et leurs auteurs des « fous méchants » (le P. Castel, mars 1756, t. 3, p. 189), des « esprits plats » (Gros de Besplas, p.s.s., réformateur des prisons, qui méritait mieux, janvier 1762, t. 5, p. 13 ; l'abbé Coger, recteur de Sorbonne, avril 1767, t. 7, p. 294), « d'une bêtise peu commune » (Chaumeix, qui le méritait bien un peu, t. 4, p. 59), « bêtes à faire plaisir » (Larcher, helléniste de talent, membre de l'Académie des Inscriptions en 1778 ; cf. *L'Année Littéraire* 1769, t. 3, p. 147 ; Monod, p. 432, n. 2 ; *CL* (VII, 295 /316) ; Chaudon, décembre 1767, *CL* (VII, 506). Il y a dans ces jugements un aspect d'exécution sommaire de l'adversaire qui laisse hésitant sur leur justesse. Sans doute, le *Traité* de l'abbé Pichon *sur l'existence de Dieu* ne compte pas parmi les grandes contributions théologiques sur le problème, et Grimm n'a pas tort de regretter avec malice : « c'est une chose bien malheureuse pour la religion d'avoir de pareils défenseurs » (III, 224 /514).

Il reste que Grimm doit parfois constater le succès de ces ouvrages, comme pour le *Dictionnaire portatif* de l'abbé Barral (1756) : « il faut que ces compilations se débitent bien, puisqu'on en imprime tous les jours de nouvelles » (février 1757, III, 343). Il est vrai que le gazetier s'avère parfois mauvais prophète : « on n'en a point parlé vingt-quatre heures » : Raynal enterre d'une phrase un poème métaphysique de Dulard (1749) qui connaîtra cinq éditions en vingt ans (*La grandeur de Dieu dans les merveilles de la nature*, Paris 1749, rééditions 1751, 1758, 1767, 1804 (8e édition, 1820) ; *CL* I, 297. Erreur semblable (II, 504) sur la corrosive *Analyse ... de Bayle* de Marsy (1755, 4 volumes), que le *Journal de Trévoux* réfuta longuement (avril, mai, juin 1755) et qui provoqua trois volumes de *Lettres Critiques* de l'abbé Gauchat (t. 5 à 7, 1756). Dans un sens comme dans l'autre, nous surprenons Raynal décriant des ouvrages qu'il n'a pas eu entre les mains. Grimm en fait autant — et le qualificatif d'« ennuyeux », souvent prodigué dans la *CL*, ne témoigne pas d'expériences personnelles — ; il se gausse de la *Dissertation sur l'honoraire des messes* du bénédictin Guyard ; l'eût-il feuilletée, il y aurait trouvé une critique curieuse et documentée de la pratique annoncée dans le titre.

Car on a longtemps oublié, en tranchant le dix-huitième siècle entre Lumières et Ténèbres (à la suite de Grimm, *CL* février 1757, III, 349), qu'une culture appartient à tous les contemporains. Le maniement de la langue française comme l'intérêt pour la critique historique valent autant pour les « philosophes » que pour tous leurs adversaires. Philosophes et apologistes ont en commun un seul critère : avoir de l'esprit ou n'en avoir pas. Si l'on admet que les chrétiens ne sont pas tous sots ou hypocrites, il faut bien penser qu'il peut y avoir, au dix-huitième siècle, des ouvrages d'apologétique intelligents. Les *Pensées philosophiques d'un citoyen de Montmartre* (La Haye-Paris, 1756, du P. Sennemaud, s.j.) sont d'une verve qui ne le cède en rien aux *Contes* de Voltaire. L'exemple le plus remarquable est *Le Comte de Valmont, ou les égarements de la raison*, roman par lettres de l'abbé Philippe Gérard (5 volumes, Paris, 1774-1777) ; malgré un jugement définitif de Grimm (« tout cela est d'un ennui à périr», *CL*, X, 407), *Le comte de Valmont* connut vingt éditions et fut l'apologie la plus lue depuis Abbadie (Monod, p. 476-477). Il s'agit, au total, d'un excellent roman épistolaire dont le dessein apologétique n'apparaît guère de façon gênante.

Il est vrai que l'apologétique a beaucoup évolué dans le cours du siècle, comme l'ont remarqué Masson et Monod ; moins attentives à l'exactitude dogmatique qu'à la rationalité, à la fidélité scripturaire qu'à la religiosité, les Églises chrétiennes ont suivi l'évolution des idées et des mœurs ;

non sans retard, d'ailleurs, car le renouveau illuministe atteste la déception d'esprits religieux devant la sécularisation croissante du christianisme. Mais si Grimm définit « le goût anti-philosophique » comme « de l'aversion pour tout ce qui est raisonnable et sage » (décembre 1767, *CL*, VII, 507), le christianisme de la plupart des apologistes se veut sage et raisonnable. Dans son grand ouvrage, Vernet affirme : « la vraie piété doit avoir pour objet d'inspirer surtout les vertus sociables. Elle doit être tournée non tant à la spéculation qu'à la pratique » (*Traité de la vérité de la religion chrétienne...*, t. 2 (1740), p. 162). Les prédicateurs évitent de parler piété et dévotion[5] et prêchent l'amour de l'agriculture, de l'esprit de tolérance et de la vertu[6]. C'est là toute l'ambiguïté, dans sa plus grande part, de l'apologétique au dix-huitième siècle : elle est *une apologétique des Lumières*. Le cas le plus typique est celui de l'abbé Bergier, un des apologistes les plus distingués et les plus « éclairés » du siècle. Érudit, plein d'esprit, bonne plume, il fréquentait volontiers les cercles « philosophiques » de la capitale. Grimm l'appelle « le brave Bergier » (VII, 297). Bergier est le modèle de l'*apologétique éclairée*, pleine de concessions à l'égard des adversaires, plus soucieuse de compromis que de conversions ; il évacue sans trop de regrets la théodicée et la christologie, abandonne sans scrupules les miracles et le respect de la tradition apostolique[7]. Aussi Grimm le loue-t-il bien volontiers : « M. l'abbé Bergier est un homme très supérieur aux gens de son métier, c'est-à-dire à ceux qui se battent pour la cause de l'Église contre tout venant. Il a de l'érudition et même de la critique. C'est dommage que sa bonne foi lui fasse exposer les objections de ses adversaires dans toute leur force, et que les réponses qu'il leur oppose ne soient pas aussi victorieuses qu'il se l'imagine » (VII, 295, avril 1767). Grimm reconnaît dans l'apologétique de Bergier l'esprit des Lumières et l'accepte comme tel[8]. Sans pitié (souvent injustement) pour l'apologétique classique (parfois dépassée, il est vrai), la *CL* peut parfois reconnaître le tour d'esprit commun aux adversaires et aux partisans de la religion, réconciliés par le positivisme et le sécularisme ambiants. La seule inquiétude

---

5. « Prêcher la dévotion plus que la vertu, ce serait méconnaître l'objet propre et essentiel du sermon », Trublet, *Panégyriques des Saints*, Réflexions sur l'éloquence XL (2e édition, 1764).
6. La *CL* (XIII, 153) loue l'abbé de Boismont pour un sermon « éclairé » prononcé pour une assemblée de charité. Sur l'éloquence de la chaire, voir Bernard, *Le Sermon au 18e siècle*, Paris 1901, et, surtout, Monod pp. 460-463.
7. MONOD, p. 449 : « Bergier contaminé par le *Vicaire* ».
8. Non sans occasionnels grincements (VI, 293 : Bergier accusé de chercher à se procurer un bon bénéfice par l'apologétique). Grimm mentionne aussi Holland, réfutateur du *Système de la Nature* : « on dit que ce M. Holland est un homme de beaucoup de mérite. Je ne connais pas son livre ; ainsi je me dispenserai d'en parler » (février 1773, X, 194). La dérobade est facile !

des rédacteurs de la *CL* demeure en face des précurseurs de l'apologétique romantique, qui ne s'obstinent pas à plaider pour un christianisme raisonnable, mais choisissent la voie du sentiment. La réaction de Grimm à la profession de foi du Vicaire Savoyard, dans l'*Émile*, révèle son inquiétude ; il va donner quelques louanges aux *Lettres* du pasteur Vernes *sur le christianisme de M. J.-J. Rousseau* : « ces lettres ne sont pas mal faites, et je crois que Jean-Jacques avec toute sa subtilité et toute son adresse, aura de la peine à y répondre » (V, 382). C'est que le pasteur défend l'autorité contre le sentiment intérieur[9], et les critiques de la religion ne découvrent pas sans consternation que « l'infâme » en train d'être écrasée dans la société peut prendre racine dans le cœur des hommes, dans le sentiment, dans cet « enthousiasme » tant haï par le doux d'Holbach.

« Sa folie est d'être bon chrétien (...) Il l'est d'une manière si nouvelle qu'il n'y a point de déiste, point de sceptique qui ne puisse se dire chrétien comme lui » (VI, 126/177). C'est bien la nouveauté du dessein rousseauiste qui inquiète ce bon Grimm, comme Meister s'inquiète de *La Religion considérée comme l'unique base du bonheur et la véritable philosophie* que la Marquise de Sillery (Madame de Genlis) publie à Orléans en 1787 : c'est un ouvrage proche des meilleurs traités de La Luzerne et de Lamourette, rendant Dieu « sensible au cœur » et la religion chrétienne nécessaire au *bonheur*, ce maître mot des temps nouveaux. L'embarras ou le silence de la *CL* devant l'apologétique du sentiment et le flamboiement de l'illuminisme mystique, témoignent l'un et l'autre, avec exactitude, des limites de l'« esprit philosophique » : face aux apologistes comme dans d'autres domaines, la *CL* est l'exemple le plus cohérent, jusque dans ses hésitations, de la force créatrice de cet esprit, puis de son dépassement rapide dans une société en mutation.

---

9. Autre contradicteur de Jean-Jacques, le pasteur Claparède est, pour la *CL*, « un homme d'esprit » (VI, 407).

QUELQUES ASPECTS DE LA CRITIQUE DE MEISTER
par Jacques VIER (Rennes)

Le chantier de la critique[1]

Au XVIIIe siècle, la critique littéraire devient un principe de divisions tranchées, de violentes querelles, de dures inimitiés. Elle s'exprime aussi, bien entendu, par de longues dissertations et recourt volontiers aux exposés académiques sur le beau et sur le goût. Mais les empoignades de Voltaire et de Fréron donnent le ton, fixent la mode, et malgré les grands thèmes sur lesquels, pratiquement, tout le monde tombe d'accord, c'est l'humeur et la bile qui règlent les jugements. Si l'on voulait user du jargon du XXe siècle, on parlerait d'une critique *caractérielle*. En fait les lignes générales de l'esthétique ne sont invoquées que comme de pieuses références et, à l'époque où Jacques-Henri Meister prenait la succession de Grimm, connaissait-on plus beau chantier que celui qu'offraient les genres traditionnels en état de transformation permanente ?

On la voit, en effet, cette critique, s'interroger sur l'essence du spectacle, à propos du renouvellement de la tragédie, par une intelligence estimée plus moderne de l'Antiquité, la révélation du théâtre d'Outre-Manche, le droit de cité enfin généralisé,..., du merveilleux chrétien, discuter à perte de vue sur les privilèges de la gaieté et du pathétique dans la comédie, s'escrimer pour ou contre le drame sérieux, traiter à fond des rapports à établir entre le livret et la partition dans la comédie musicale, l'opéra comique, l'opéra, se jeter à corps perdu dans le labyrinthe de la poésie, à la recherche de sa substance, de sa forme et de ses droits, mais aussi maintenir et développer ceux de la prose, encourager les pionniers lancés à la découverte et à la colonisation du roman, en débroussailler la forêt vierge, mais circonscrire aussi les réserves

---

1. La seconde partie de cet exposé se situe dans l'ensemble de l'œuvre de Meister. La troisième concerne plus particulièrement la *CL* de 1773 à 1794.

propices à une faune sélectionnée, assurer la jonction ou du moins les relations du vice suprême et de la non moins suprême vertu, parcourir, gourmande, indignée, résignée ou blasée, toute la gamme des péchés et, malgré les dégoûts du bon goût, s'inquiéter si le cloaque ne recèle pas de gemmes, raffiner sur les beaux sentiments en bravant le risque de mauvaise littérature, obliger la science à ne s'exprimer qu'en bon langage et, justement, mettre à la mode des cadres qui introduisent la discussion et le jugement littéraires partout où se trouvent réunis dans les salons, les cercles, les académies, les sociétés de pensée, des gens bien élevés qui lisent et qui causent, multiplier les correspondances, les éloges, les discours de façon que le style soit aussi excellent porté par la voix que poli sous la plume, ne pas se contenter de moucher les chandelles, mais s'exercer au feu d'artifice, telle fut l'œuvre d'une discipline littéraire qui ne s'est jamais vantée d'inaugurer quoi que ce fût, et, à plus forte raison de se constituer en souveraine autonome, mais dont le contrepoint ne cesse d'accompagner les chefs-d'œuvre afin de bien faire entendre que leurs auteurs ne sont pas des dieux.

L'Europe des Lumières

Un bon correspondant littéraire, surtout s'il est d'origine suisse et lié d'amitié avec une cosmopolite comme Mme de Staël, ne se contente pas de démêler les emprunts possibles des Français aux capitales européennes. Il sait que ce qui se pense, se dit, s'écrit, se joue à Versailles et à Paris, intéresse le monde entier, mais la Cour et la Ville dont on imite les modes intellectuelles et artistiques sentent leur propre fonds s'appauvrir et si elles appellent les étrangers pour les éblouir, elles aspirent à se renouveler à leur contact. Il est vrai que l'Espagne depuis longtemps, plus récemment l'Angleterre, peuvent revendiquer l'exercice d'une influence[2] ; l'Allemagne entend à son tour faire rayonner au dehors sa propre vitalité. Les premiers héros de Gœthe passent difficilement la frontière, mais Meister se réjouit de voir la scène française sensible à un pathétique dérivé de *Nathan le Sage* et de *Minna de Barnhelm*. Car la recension de maintes froides tragédies le persuade que le genre qu'il admire entre tous, à cause de Corneille, de Racine et de Voltaire, doit être profondément renouvelé. Le tour de l'Allemagne est venu. Capable d'aller de Klopstock[3] à Winckelmann, le goût de Meister n'est pas tributaire d'une étroite philosophie. Et pourtant, les tendances majeures de la pensée germanique, dans la mesure où Kant la domine, ne seront pas sans l'inquiéter. Meister dis-

---

2. Meister, on le sait, s'élève contre l'anglomanie. Cf. *CL*, XIV, p. 359 sqq.
3. Sur Klopstock. cf *CL*, VIII, p. 253.

cerne-t-il déjà le danger contre lequel réagiront plus tard ceux qui accuseront Victor Cousin de s'être laissé intoxiquer par les fumées d'Outre-Rhin ? A la fin du siècle, il est vrai, il écrit : « Une chose assez digne d'être remarquée et qui, je crois, ne l'a guère été jusqu'à présent, c'est la tendance secrète qu'eut depuis longtemps la métaphysique des plus grands philosophes d'Allemagne vers le matérialisme et le fatalisme, et, par une conséquence trop naturelle, vers l'athéisme, ou, du moins, vers des systèmes sur la nature, dont le résultat moral est à peu près le même, quelques efforts que l'on fasse pour ne pas être obligé d'en convenir[4] ». Meister semble craindre, un peu trop sur le ton du prêche, qui certes n'égaie point la traversée des *ismes* que, par une autre voie, ne soient renforcées les négations de l'esprit philosophique.

Lié avec de nombreuses personnalités italiennes[5], Meister n'est ni le premier ni le dernier à souhaiter l'unification de tant de frêles États. Il ne va pas, comme le président de Brosses, jusqu'à la mettre à la charge et sous le patronage du Pape[6] ; instruit par la réalité de l'histoire contemporaine, il fait de l'Italie un empire sans se prononcer, bien entendu, sur la nationalité de l'empereur.

Il y aurait toute une étude à faire sur l'image que se forge Meister de la personne et du pouvoir de Catherine II. Il la loue de ressembler à Minerve[7]. Qu'en sait-il au juste ? A moins que Bernardin de Saint-Pierre ne l'ait renseigné. Comme les philosophes, il reconnaît et célèbre son mécénat, et prend parfois un plaisir délicat à faire ressortir sa finesse ironique, surtout si celle-ci s'exerce aux dépens d'un régent des « lumières ». D'Alembert s'y fit prendre (XIII, 464). Il exalte son rôle dans les grandes causes même si celles-ci ne la concernent pas. Son appétit de justice, surtout destiné à l'exportation, touche Meister, qui estime que son nom répand sur l'affaire Calas un éclat et une importance que n'eût pas obtenus « la voix isolée du solitaire de Ferney » (XV, 277). Il emboîte le pas aux philosophes, Grimm compris, qui dépréciaient à plaisir les *Anecdotes sur la révolution de Russie*, et, à propos du refus de l'auteur, Rulhière, de ne pas publier, il parle de « grand étalage d'honneur, de vertu, de sensibilité[8] ». Pourtant, dans les inquiétudes que nourrit Meister sur l'agressivité des peuples du Nord, qui constituent pour l'Occident une menace permanente, ne trouverait-on pas un souvenir de ce même Rulhière dépeignant l'énorme masse russe comme un repaire de barbares[9] ? Il est vrai que Meister compte sur l'heureuse contagion de la

---

4. *Esquisses européennes*, Paris et Genève 1818, p. 265.
5. Galiani, Caraccioli, Beccaria, Monti, Ugo Foscolo, etc. Cf. Yvonne de Athayde Grubenmann. *Un cosmopolite suisse* : *Jacques-Henri Meister*, Genève, 1954, p. 156.
6. Président de Brosses, *Lettres familières écrites d'Italie en 1739 et 1740*.
7. En fait c'était un lieu commun que Voltaire avait mis à la mode.
8. Cité par Albert Lortholary, *Le Mirage russe en France*, Paris 1951, p. 190.
9. Cf. *ibid.*, p. 188.

civilisation[10]. Car il croit à une Europe des Lumières. Pourtant, si l'on ose employer ce terme, le *marché commun* pour lui ne se borne pas à un libre échange littéraire, artistique ou scientifique. Sans parler encore d'États-Unis d'Europe, il envisage une fédération des puissances dont une diète fixerait les rapports. Il tenait d'autant plus à son idée qu'il était convaincu que le Nouveau Monde, au fur et à mesure qu'il sentirait croître sa force, tendrait à l'isolement. En somme l'Europe devait être forte pour parler avec l'Amérique sur un pied d'égalité[11]. Au XVIIIe siècle du moins, la bonne critique n'est pas incompatible avec la haute politique.

La doctrine littéraire

Un bon rédacteur de *Correspondance* doit être un gourmet de littérature, de façon à faire partager son plaisir. Grimm est hargneux, Diderot exubérant, Raynal bavard. Meister hante, bien entendu, les réceptions académiques. Il n'en sort pas blasé mais tout prêt à réserver à son public les meilleurs passages en guidant, avec discrétion, les applaudissements. Ni La Harpe ni Marmontel ne le subjuguent. Il sait faire ressortir la finesse de l'un, pour une fois amène dans son touchant portrait de Colardeau, et la mordante ironie de l'autre (XI, 267 sqq.). Que ce soit à l'Académie, au théâtre ou dans les salons, le spectacle littéraire le passionne. L'esprit devient au XVIIIe siècle tributaire des cinq sens. Ceux de Meister sont convenablement exercés.

Une forte culture classique l'empêche de céder à quelques modes du temps. Il n'éprouve pas, comme Grimm ou comme Marmontel, le besoin de rabaisser Corneille, pour mieux exalter Racine et surtout Voltaire, premier responsable et, en fait, seul bénéficiaire de ce déséquilibre (X, 443 sqq.). On ne peut pas dire qu'il renouvelle le parallèle qui commence à se généraliser entre Racine et Shakespeare ; du moins, il le fait partir d'une comparaison assez piquante entre Mlle Dumesnil et sa grande rivale Mlle Clairon (XI, 302 sqq.). Quant à ses réserves sur ce qu'il faudrait appeler l'enracinement de Shakespeare en terreau français, elles font voir en Meister un bon historien de la littérature comparée. Son culte pour Molière donne la mesure de son intelligence, car il ne cesse de reconnaître l'universalité de ce génie (XV, 139 sq.). L'aurait-il aussi vivement proclamée si, à travers toutes les tentatives de renouvellement de la comédie, il n'avait perçu à quel point le genre, malgré Beaumarchais, se rétrécissait et même s'étranglait[12] ? Bien qu'il ne soit pas trop sensible à la volonté, marquée par tout le siècle, de

---

10. *Esquisses européennes, op. cit.*, p. 320.
11. *Esquisses européennes, op. cit.*, p. 335, note 1.
12. L'étude de Meister sur *Le Mariage de Figaro* (*CL*, XIII, 517 sqq.) est l'une des meilleures.

transformer les cadres poétiques et de leur insuffler une vie nouvelle, même s'il juge trop vite Delille et Lefranc de Pompignan[13], il est l'un des rares à goûter le primesaut et la grâce de Dorat. Mais s'il semble approuver le plaidoyer de Chabanon (*XIV*, 228 sqq.) pour la fraternité des arts, il est muet sur Malfilâtre et trop loquace sur Parny.

On l'attend aux philosophes. Serait-on tenté de lui reprocher quelques hymnes en l'honneur de Voltaire, il ne faut pas oublier qu'au XVIIIe siècle la voltairomanie quand elle s'exerçait sur le poète tragique ou épique, l'historien et surtout sur le virtuose de la contrebande philosophique, faisait partie de l'acquit obligatoire de tout homme cultivé[14]. Meister, qui, avec son *Origine des principes religieux* (1768) a débuté sous le signe de Voltaire, célèbre le culte sans originalité excessive, et préfère adresser ses critiques à Rousseau, dont il conteste le point de départ et dont il réprouve le *Contrat social*[15]. On le souhaiterait plus avisé sur les œuvres de confidences, qu'il ne sait pas rattacher à un pays qui est, après tout, le sien. Cela ne l'empêche pas de célébrer le retour à la nature, quoique convaincu que Jean-Jacques lui-même le concevait comme un accès à l'idéal, et de se placer avec enthousiasme sous l'autorité du précepteur d'*Émile* (XII, 273 sqq.). Toutefois il restera à mi-côte et redevenu dans sa maturité déiste judicieux, il manquera toujours de la chaleur du prédicant. N'oublions pas, en effet, que les orages de sa vie privée obligèrent Meister à résilier ses fonctions pastorales. Il ne semble pas comprendre que c'est le couronnement religieux des appels de sa conscience qui firent de Jean-Jacques Rousseau, pour les philosophes en général et pour Voltaire en particulier, l'homme à abattre. A porter au compte de Meister une appréciation favorable de *Pygmalion* (XI, 139 sqq.) et du *Devin du village*. En somme il a cru aux vertus dramatiques de l'auteur de la *Lettre à d'Alembert*. Il finira par réconcilier Voltaire et Rousseau dans l'entretien de sa propre hygiène mentale et par se satisfaire de leurs façons de dire beaucoup plus que de leurs façons de penser.

S'il loue l'*Encyclopédie*, surtout parce qu'elle sort de la tête embrasée de Diderot[16], il se garde de l'esprit de secte, mais les flèches qu'il décoche volontiers à d'Alembert, Condorcet (XIII, 83 sqq.), Marmontel, épargnent Helvétius et surtout d'Holbach (XVI, 115). Il verrait plutôt en ceux-ci d'honnêtes laboureurs du champ de la perfectibilité, leur athéisme provenant surtout d'un excès de conscience philosophique[17]. Pourtant il a ses têtes et l'on ne peut pas dire que cet amateur du beau

---

13. Sur Delille, cf. *CL*, XIII, 178 sqq. Sur Lefranc de Pompignan, *CL*, XIV, 27 sqq.
14. Cf. surtout son chant de deuil à l'occasion de la mort de Voltaire, *CL*, XII, 108 sqq.
15. *Esquisses européennes*, op. cit., p. 121.
16. *CL*, passim, mais surtout avril 1789 (XV, p. 449).
17. Ce qui ne veut pas dire qu'il ne s'élève pas contre l'athéisme en lui-même ni qu'il ne trouve pas d'Holbach profondément ennuyeux.

sexe épargne les dames qui écrivent. Un vrai don Juan n'aime pas les raisonneuses ; il se moque un peu trop longuement peut-être, de Mme de Genlis et de ses commérages apologétiques, qui lui inspirent de parodier Saint-Paul (XV, 45 sqq.). Ou bien croit-il qu'il suffit d'un soleil, celui de Mme de Staël, pour faire pâlir jusqu'à l'extinction toutes les constellations rivales ? Si l'on ajoute qu'en fervent abonné de l'Opéra, il n'a jamais séparé dans ses nombreuses critiques musicales et chorégraphiques la cause du librettiste et celle du musicien[18] et qu'il s'est efforcé de ne point trop trancher entre gluckistes et piccinistes, qu'il a pris un plaisir délicat à ne louer le *Discours sur l'universalité de la langue française* que pour mieux reprocher à son auteur quelques menues impiétés grammaticales et stylistiques (XIV, 38 sqq.), on voit que la critique de Meister répond à une triple vocation, peut-être difficile à servir et à honorer dans un temps que couronne une Révolution, souhaitable en son avènement (selon Meister), interminable et odieuse en ses effets : maintenir l'harmonie entre le siècle de Louis XIV et le siècle des Lumières, grâce à la qualité des services rendus à une langue qui, par l'équilibre enfin conquis entre la raison et le cœur, est devenue la souveraine de l'Europe ; engager la critique littéraire dans l'extension de l'humanisme et l'abolition des frontières de l'esprit ; restituer au christianisme, à défaut de toute contrainte dogmatique, la capacité d'inspirer et d'accroître les vertus morales et sociales.

Bonne devise de confort intellectuel, acceptable définition de civilisation occidentale, cet équilibre précaire serait, dans les siècles suivants, aussi bien contredit par le déchaînement des bas instincts que par l'élan des passions sublimes. La sagesse des livres ne fait pas forcément la sagesse des nations. Reste à savoir si la critique de Meister était bien outillée pour détecter tous les explosifs abrités par la littérature. Fréron avait beaucoup mieux compris que lui que le sol était miné.

---

18. De façon à bien marquer que poésie et musique se renforcent mutuellement.

LA *CL* TÉMOIN DU GOÛT POUR LA FORME ÉPISTOLAIRE

par Bernard BRAY (Saarbrücken)

Une collection homogène de comptes rendus critiques s'étendant sur une période de plusieurs dizaines d'années constitue une mine de renseignements, dont l'exploitation pour être complète doit évidemment s'opérer selon des méthodes très diverses. C'est ainsi qu'une étude des formes et des genres littéraires, relevant d'un système d'approche à base sociologique, utilisera commodément ce vaste répertoire que constitue la liste des ouvrages recensés par un périodique. Claude Duchet a récemment démontré, à propos du roman romantique, l'intérêt de la « titrologie »[1] Il est un genre dans lequel au XVIIIe siècle le titre ou le sous-titre d'un ouvrage communique presque immanquablement la forme dans laquelle celui-ci est écrit : c'est le genre épistolaire. Dans la *CL* entre 1747 et 1793, quelque quatre cent soixante-quinze ouvrages se trouvent ainsi désignés, ordinairement par la présence dans le titre ou le sous-titre du mot *lettre* ou *lettres*, parfois par des expressions synonymes : *correspondance, réponse, épître, portefeuille*[2], éventuellement par le seul contenu du commentaire. Le rôle des rédacteurs du périodique étant non seulement de signaler mais encore de juger les productions littéraires françaises, en particulier en reproduisant et en critiquant les verdicts émis sur ces productions par la société lettrée, il est tentant d'interroger la *CL* comme un témoin perspicace du goût régnant, et puisque, comme on sait, la forme épistolaire eut jusqu'à l'excès la faveur de la mode durant toute cette époque, il serait normal que les présentations de Raynal, Grimm ou Meister[3] fassent apparaître implicitement ou explicitement quelques-

---

1. In *Littérature*, 12, déc. 1973, pp. 49-73.
2. Dans l'héroïde, on a des titres du type : « Gabrielle d'Estrées à Henri IV », « Marie Mancini à Louis XIV », dont la formulation est suffisamment claire par elle-même.
3. Je n'ai pas eu à tenir compte de l'identité du rédacteur de chaque notice. En l'oc-

unes des raisons de cet engouement, et éclairent par là le genre épistolaire lui-même, ses lois internes, son statut, et les conditions de son emploi. Je ne livre ici qu'un premier état de cette recherche, qu'il faudrait évidemment élargir par l'examen d'autres séries parallèles, et étayer par des vérifications bibliographiques. Dans le domaine du roman épistolaire par exemple, on dispose déjà de panoramas critiques très étendus : je pense à l'introduction de l'édition Mornet de la *Nouvelle Héloïse*, aux compléments apportés par Servais Étienne, et surtout à la récente thèse de Laurent Versini.

J'ajoute que je n'ai pas tenu compte dans mon recensement des nombreuses lettres *insérées* par les auteurs dans leur périodique : elles mériteraient d'ailleurs d'être étudiées à part. Il s'agit là d'illustrations, comparables aux chansons, impromptus, jeux divers, poésies de circonstance, tous textes en principe non encore imprimés, et qui répondent à une esthétique différente, puisque leur fonction est de distraire les abonnés de la *CL* en leur apportant un échantillonnage des petites productions éphémères qui passaient de main en main dans les salons parisiens[4].

**

Il sera nécessaire d'examiner d'abord l'accueil qui est réservé aux publications de lettres authentiques, et en premier lieu de reconnaître une attitude vis-à-vis des modèles épistolaires traditionnels fournis par la littérature du XVIIe siècle. Raynal mentionne Guez de Balzac et Voiture, qui ne sont plus que des références classiques, passées de mode : « on ne les lit presque plus », dit-il. A côté d'eux, Bussy-Rabutin est jugé défavorablement pour la froideur laborieuse de son style, aggravée par son insupportable orgueil. Coulanges, le charmant cousin de Mme de Sévigné, est cité au passage. Mme de Maintenon suscite peu d'intérêt : ses œuvres, nous dit-on, manquent de gaieté, de variété et de brillant.

Mme de Sévigné, en revanche, dont la période qui nous occupe voit paraître plusieurs éditions partielles[5], est l'objet de jugements extrêmement favorables, qui ont le même accent chez nos trois chroniqueurs.

---

currence, les jugements émis ne sont pas sensiblement divergents, et semblent donc témoigner d'un goût commun et constant.

4. D'intéressants travaux portant sur l'étude quantitative et statistique des titres dans lesquels, au XVIIIe siècle, figurent les termes *histoire* et *méthode* sont parus dans le recueil *Livre et société dans la France du XVIIIe siècle*, t. II, Paris-La Haye, Mouton, 1970. Mon propos est d'un autre ordre, puisque je ne m'arrête pas aux divers aspects des titres comportant le mot *lettres* ou ses synonymes. Il y aurait certainement une recherche utile à mener dans cette direction. Voir aussi, dans le t. I du même recueil (1965), l'article de Jean Ehrard et Jacques Roger.

5. Voir leur relevé dans Fritz Nies, *Gattungspoetik und Publikumsstruktur : zur Geschichte der Sévignébriefe*, Munich, W. Fink Verlag, pp. 262-265.

Les qualités qui lui sont reconnues sont la délicatesse et le naturel, la liberté et l'aisance. Sous sa plume les anecdotes sont vivement menées, les tableaux dépeints avec finesse, les jugements sensés. Sa manière est originale et constitue un modèle inimitable. En fin de compte sa correspondance peut être considérée comme l'un des grands chefs-d'œuvre du siècle de Louis XIV : l'épistolière a vécu en accord avec son époque, l'a bien comprise et a su en transmettre l'esprit.

Au sujet des écrivains contemporains, on découvre également quelques notations révélatrices. Toutefois l'appréciation est ici d'un autre ordre, parce qu'on recherche non plus la séduisante perfection d'un modèle classique, mais plutôt une impression d'authenticité, des témoignages sur la vie, les occupations, les modes de pensée d'écrivains admirés.

C'est ainsi que lors de la publication, en 1767, par les soins de l'abbé de Guasco, d'un volume de *Lettres Familières* de Montesquieu, Grimm dénonce le rôle suspect de l'éditeur, et remarque à ce propos combien il est difficile de protéger l'image posthume des grands hommes. L'édition est décevante par son manque d'objectivité : c'est une image factice qui nous est proposée, au lieu d'un portrait naturel.

A l'égard de Voltaire, les chroniqueurs ne font preuve d'aucune idolâtrie. Certaines lettres émanant de l'officine de Ferney sont purement et simplement condamnées, parce qu'elles ne « signifient rien du tout ». D'autres (il s'agit de lettres à l'abbé Moussinot, l'un des hommes d'affaires de Voltaire) sont relativement intéressantes quoiqu'elles traitent surtout d'opérations financières, parce que l'homme y est incontestablement présent. D'autres éditions enfin, d'ailleurs procurées frauduleusement, rassemblent des « morceaux curieux et agréables », où se reconnaît « une âme prête à s'ébranler, à se livrer à toutes les impressions ». Dans la période de Cirey on loue la grâce, le charme, la politesse, la modestie de l'épistolier. Et on note avec satisfaction que le genre ne dissimule pas, mais au contraire souligne les contradictions de la personnalité, ou son évolution au fil des années. C'est donc la véridicité du témoignage qui est recherchée ici aussi.

Je mentionnerai encore trois exemples significatifs. Voici d'abord deux épistoliers ridicules : le marquis de Lassay, dont le *Recueil de différentes choses*, publié pour la première fois en 1727, n'est qu'un insipide registre de compliments et de formules, une série de « lettres de bonjour et de bonsoir » parfaitement illisible et inutile ; puis Mme du Bocage, qui, inversement, dans ses lettres de voyage, adopte un style trop pompeux : Grimm se moque d'expressions pseudo-poétiques telles que « la plage où le Pô vomit ses eaux dans la mer ». En revanche, on trouve dans les lettres qu'envoie à sa mère le Chevalier de Boufflers, lui aussi voyageur, un « tour original et plein d'agrément ».

On le voit : l'exigence formulée est triple. Elle concerne d'abord l'authenticité textuelle (il s'agit d'éviter mutilations et retouches), puis l'intérêt humain du contenu, enfin la simplicité naturelle du style.

Ces critères à peine transposés s'appliqueraient encore à une catégorie épistolaire que nos chroniqueurs apprécient particulièrement, celle des documents émanant des archives et des chancelleries d'État. Ils sont avides de lire les missives du pape Clément XIV, de la malheureuse reine Caroline-Mathilde de Danemark, ou, plus lointainement dans le passé, de Christine de Suède. Seul le pape d'ailleurs trouve grâce à leurs yeux, sa sagesse et sa pureté d'âme s'ajoutant aux qualités propres de ses lettres. On s'instruit, plus qu'à la lecture de traités didactiques, en pénétrant, sur les pas des principaux acteurs, dans les cabinets diplomatiques, en lisant les rapports établis par les officiers généraux sur leurs campagnes, en suivant les correspondances ministérielles. Ce qui est apprécié ici, c'est, toutes barrières supprimées, la possibilité de se faire une idée directe du rôle politique qu'ont joué les hommes d'État, l'impression qu'on dispose d'un ensemble d'informations de première main, antérieures à toutes les interprétations tendancieuses. Le lecteur attentif a alors la possibilité d'analyser par lui-même le déroulement des faits historiques, et de porter des jugements objectivement fondés.

Mais il est temps de quitter le domaine des lettres authentiques, pour aborder celui de la fiction. Je mentionne simplement les supercheries littéraires, par exemple des lettres faussement attribuées à Mme Du Barry, à Mme de Pompadour, à Ninon de Lenclos. S'agissant des *Lettres de la Religieuse Portugaise*, considérées comme un modèle de style passionné, le problème de leur véritable auteur n'est pas abordé. Il ne l'est pas davantage à propos des lettres de Mlle Aïssé. Ce type de littérature s'apparente à nos actuelles biographies romancées : les auteurs de la *CL* s'en soucient fort peu.

Il en va de même, d'une manière générale, pour l'ensemble du genre romanesque. A lire le périodique, ce genre semble le lieu par excellence de la convention et de la platitude. Nous ne relèverons donc qu'exceptionnellement des remarques à valeur positive, touchant à l'art du romancier. Et sur ce point même, la technique de présentation des personnages compte bien moins que l'intrigue, l'originalité et la vraisemblance des situations.

Certes *La Nouvelle Héloïse* se trouve assez longuement commentée, mais rien ne nous indique que Grimm a prêté attention à la forme épistolaire du roman, sinon ce mot méprisant à l'égard du style des personnages, qui, dit-il, parlent tous « le langage emphatique de Rousseau ». Et en effet, l'indulgence du critique n'ira guère qu'aux quelques romanciers ayant su varier les tons épistolaires de leurs personnages, et respecter ainsi une certaine vraisemblance. Non pas donc à Mme de Graffigny, sévèrement jugée malgré l'« élégante naïveté » qu'elle apporte à la peinture des sentiments de sa Péruvienne. En revanche Mme Riccoboni est à plusieurs reprises élogieusement jugée. Grimm, suprême compliment, va même jusqu'à croire authentiques les *Lettres de Mrs. Fanny Butler* : « on le voit bien, écrit-il, par la chaleur, le désordre, la folie, le naturel, et le tour original qui y règnent » ; il y reconnaît donc les caractéristiques, observées auparavant dans les *Lettres Portugaises*, du style propre à l'expression de la passion. Les *Lettres de Milady Juliette Catesby* sont également vraisemblables. En revanche celles de l'héroïne, dans *Adélaïde de Dammartin*, ne sont pas d'un style conforme à son caractère mélancolique, car l'auteur leur a communiqué son propre esprit vif et pétillant. « C'est une grande affaire, conclut Grimm, que de donner à chaque personnage son style, et il faut du génie pour cela ».

On retrouve la même mise en garde à propos des romans épistolaires de Crébillon, de Restif de la Bretonne (chez qui Meister admire les créations de Gaudet et de Mme Parangon dans *Le Paysan perverti*), de Mme Le Prince de Beaumont, de Mme de Genlis. Donnons une attention particulière aux *Liaisons dangereuses* : l'une des qualités reconnues par Meister au roman est l'habileté avec laquelle Laclos varie le style de ses lettres, qui correspondent exactement à la diversité des caractères. L'échange de lettres entre Valmont et son chasseur Azolan est signalé à cet égard comme remarquable. Certes, nous reconnaissons aujourd'hui la valeur limitée de cet éloge, cependant l'individualisation des styles est en effet l'une des conditions nécessaires de la vraisemblance romanesque.

Les quelque quarante héroïdes, recensées pour la plus grande part entre 1760 et 1770, sont toujours traitées avec ironie ou lassitude : dans l'artifice des situations présentées, dans la convention du lyrisme oratoire, rien qui doive retenir l'attention. Seuls seront ici intéressés les collectionneurs et bibliophiles, car ces publications sont d'une typographie soignée et joliment illustrées, au point que, au dire de Grimm, la vignette y remplace le talent !

Enfin il faut mentionner une autre forme semi-romanesque, promise elle aussi à un succès exagéré, et qui se manifeste surtout dans les premières années de notre périodique, c'est celle qu'ont lancée les *Lettres Persanes* de Montesquieu. En 1766 Grimm fustige avec mépris les *Lettres d'Assi à Zurac*, « une des cent cinquante mauvaises copies qui ont paru successivement des *Lettres Persanes* ». La condamnation de ces opuscules lui fournit d'ailleurs souvent l'occasion de redire son admiration pour l'ouvrage original de Montesquieu.

On comprend bien que les imitateurs soient séduits par ce type d'œuvre épistolaire, qui leur permet à la fois de représenter sous un jour romanesque un pays étranger, voire une contrée exotique ou imaginaire, et de mêler à cette évocation une satire de la vie parisienne. Mais dans ce domaine aucun écrivain ne trouve grâce devant nos critiques : régulièrement sont condamnés le manque de puissance créatrice, l'insuffisance d'information, bref une conception commerciale de la production littéraire. Je crois qu'on peut rappeler à ce propos l'intéressante argumentation apportée par René Pomeau dans son article sur « Les *Lettres philosophiques*, œuvre épistolaire ? »[6] : de même que Voltaire n'a pas voulu refaire les *Lettres Persanes*, encombrées d'une affabulation qui lui paraissait suspecte, de même les auteurs de la CL se détournent d'un genre trop mondain, où dorénavant triomphent les médiocres, où aucune pensée forte et nouvelle ne trouve plus à s'exprimer.

Le troisième et dernier domaine à considérer est celui qu'on pourrait appeler des « affaires », c'est-à-dire de ces innombrables questions à l'ordre du jour, à propos desquelles des écrivains occasionnels ou plus ou moins professionnels font appel à l'opinion publique. La lettre s'apparente alors au pamphlet, au mémoire. Nous l'appellerions aujourd'hui une « lettre ouverte ». Il est fréquent qu'elle ne soit pas signée, ce qui n'empêche que l'auteur en général en est rapidement identifié, au moins avec vraisemblance.

Ici une des raisons de la prolifération du genre paraît être l'éloignement réel où se trouvent, les uns par rapport aux autres, plusieurs protagonistes du débat philosophique. Les *Lettres écrites de la Montagne*, pour prendre cet exemple, sont réellement expédiées du Jura à Genève. A Rousseau, à Voltaire, ce sont des lettres, fictives ou réelles, qu'on adresse de Paris, de Lyon ou d'Allemagne. S'y ajoutent les lettres envoyées de la capitale vers les provinces, par des citoyens au gouvernement, de Paris à Londres, etc. Il se dessine donc un entrecroisement de trajets épistolaires, éventuellement fictifs, je le répète, mais qui symbolisent souvent de façon claire la situation de l'auteur et du destinataire relativement aux différents groupes d'opinion, par exemple philosophiques ou anti-philosophiques. La lettre est une arme de combat, ou une déclaration d'alliance. Sa rédaction signifie en général une prise de position ferme, un enrôlement dans tel ou tel des partis qui se forment et se déforment sans cesse dans ce siècle si amoureux de la polémique.

Parcourir les titres des productions épistolaires de cette série, c'est donc reconnaître la suite des questions qui ont marqué l'actualité, tantôt de façon très éphémère, tantôt plus durablement. Un des chapitres privilégiés de ces querelles est celui, sans cesse renouvelé, qui concerne le théâtre et la musique. Soit qu'il s'agisse simplement de pièces nouvelles et discutées, comme le *Catilina* de Crébillon, ou du vaste problème de la réforme des théâtres et notamment de la Comédie-Française, ou de la fusion de l'Opéra-Comique et de la Comédie-Italienne, qu'il soit

---

6. Dans les *Beiträge* offerts à Werner Krauss, Berlin, Akademie-Verlag, 1971.

fait allusion à une querelle de comédiens, ou naturellement à l'affrontement d'écoles musicales comme celles des Gluckistes et des Piccinistes, beaucoup de ces polémiques empruntent la forme épistolaire. Les lettres s'ajoutent les unes aux autres, constituant une sorte de tribune du haut de laquelle ces questions qui passionnent les salons sont indéfiniment remises en discussion.

Les querelles littéraires sont également très nombreuses. Dans la période qui nous occupe, la plus importante de beaucoup est celle que soulèvent les écrits et la personnalité de Jean-Jacques Rousseau. On se rappellera les *Lettres* de Mme de Staël à ce sujet encore, commentées par Meister en janvier 1789. Mais du vivant même de Rousseau, chacune de ses nouvelles publications, chaque événement de son existence est suivi de l'éclosion de violents pamphlets épistolaires, adressés à lui-même, à des partisans ou adversaires déclarés, enfin à des interlocuteurs neutres ou fictifs.

Mais le plus amusant est certainement la chronique de l'actualité parisienne, le déroulement des modes, les inquiétudes aussi d'une société extrêmement réceptive et sensible. La distance épistolaire, l'anonymat fréquent autorisent parfois l'ironie, les allusions voilées. Ailleurs les attaques se font pressantes. Ailleurs encore les questions font l'objet de mémoires complets et sérieux. Les sujets de ces discussions sont connus : c'est, parmi bien d'autres, le désastre de Lisbonne, la prise de Port-Mahon et l'occupation de Minorque, la controverse sur l'inoculation de la petite vérole, l'aventure conquérante et politique des jésuites du Paraguay, l'incendie et la reconstruction de l'Hôtel-Dieu, l'apparition d'une comète, le lancement de la mode des jardins anglais, la guerre d'Amérique, les automates, la montgolfière. Ce sont aussi, plus régulièrement ou continûment, des controverses d'ordre esthétique comme celles qu'occasionnent les salons de peinture et de sculpture du Louvre, économique au sujet de la circulation des grains ou de la question du luxe, social sur l'éducation des jeunes gens, politique sur la répartition des impôts et plus tard sur le rôle des assemblées, religieux sur la tolérance des huguenots, savant lorsqu'il s'agit de la Chine ou de l'origine de l'écriture.

On voit quelle est la surprenante souplesse d'une forme littéraire susceptible de se prêter à des exigences si diverses. Du plaisant au sévère, du fugitif au durable, du bref au long, la lettre propose à la curiosité publique tous les types d'argumentation. Elle se parodie elle-même lorsque, par la plume de Vadé par exemple, s'échangent les galantes *Lettres de la Grenouillère entre M. Jérôme Dubois pêcheux du Gros-Caillou et Mademoiselle Nanette Dubut blanchisseuse de linge fin*, ou, mieux encore, dans le texte du marquis de Bièvre, dont le titre à lui seul révèle l'assez médiocre humour (1770) : *Lettre à Mme la Comtesse Tation, par le*

Sieur de Bois-Flotté, étudiant en droit-fil : ouvrage traduit de l'anglais, nouvelle édition augmentée de plusieurs notes d'infamie. A Amsterdam, aux dépens de la compagnie de perdreaux.

Si j'ose proposer ici une conclusion forcément provisoire, je crois que l'analyse de ce corpus mènerait sans trop de peine à une définition relativement précise de l'esthétique de la lettre à l'époque qui nous occupe. La lettre est, en théorie, le domaine incontestable de l'authentique et du naturel. C'est ce que nous ont révélé les commentaires de nos critiques sur les correspondances historiques. S'agissant de fiction, son emploi vise à la création d'une illusion réaliste, par la variété des voix des personnages, par la dissimulation plus ou moins heureusement obtenue du point de vue de l'auteur. Dans le domaine de la controverse et de l'actualité, la lettre est le genre propice aux propositions originales, aux suggestions individuelles, c'est-à-dire à la participation de chacun aux débats communs. Elle est comme un bulletin de vote qui permet à chaque citoyen d'exprimer son opinion personnelle.

En principe la lettre refuse l'éloquence, l'ornementation oratoire. Cette sorte de style épistolaire a disparu, on le sait, depuis Guez de Balzac. Peut-être Jean-Jacques Rousseau le remit-il en honneur, et c'est l'un des reproches que lui font nos chroniqueurs, de mettre trop d'emphase dans ses lettres, qu'elles appartiennent à ses romans ou à son œuvre doctrinale. Il n'est pas indifférent de voir ainsi Grimm, en 1769, préférer certaines *Lettres sur les animaux* de Le Roy, à l'*Histoire naturelle* de Buffon : les *Lettres* de Le Roy montrent un « style correct, naturel, facile » ; or « c'est ainsi que l'histoire naturelle devrait toujours être écrite », tandis que, ajoute Grimm, le style de Buffon tente de nous séduire par d'inutiles harmonies poétiques. A ce signe on reconnaît la pensée philosophique : il est significatif que la lettre ici en paraisse le véhicule approprié.

L'emploi proliférant de la forme épistolaire, et l'affectation avec laquelle cette forme est proclamée dès le titre ou le sous-titre de l'ouvrage (dans la position d'un archonte, selon la formule de Derrida[7]), peuvent donc recevoir un début d'explication à partir de l'engagement intellectuel qui est de rigueur dans le combat idéologique. Peu importe, finalement, que la lettre soit anonyme ou signée. Elle prétend en réalité par sa forme substituer à l'ordre des valeurs reconnues, figées par la tradition, l'ordre d'un débat ouvert à tous et en constant progrès. Comparable à bien des points de vue au genre du dialogue, le genre épistolaire signifie comme lui, et plus nettement encore, une foi dans la liberté et le pouvoir créateur de chaque individu.

---

7. Citée par Leo H. Hoek, in *Nouveau roman, hier, aujourd'hui*, Paris, U.G.E., coll. 10/18, 1972, I, p. 288. Voir sur cette contribution à une « Théorie du titre » le commentaire de Cl. Duchet, art. cit., p. 61.

ASPECTS DE L'IRONIE DANS LA CL

par Willi Hirdt (Bonn)

Je me permets de vous exposer un aspect particulier de la critique littéraire de Grimm — celui de l'ironie. Je dois pourtant préciser que je ne prends, à titre d'exemple, que deux genres littéraires, comme ils se présentent à Grimm en 1766. Premièrement l'*oraison funèbre,* un genre, dont on pourrait dire, en modifiant légèrement une parole célèbre de Bossuet : « L'oraison funèbre se meurt, l'oraison funèbre est morte. » Le coup de grâce qu'on lui donne au XVIIIe siècle est précisément de nature ironique. Et deuxièmement, le *roman* qui cherche encore sa nouvelle voie, pour s'affranchir des liens d'une tradition de plus en plus futile et dépassée.

« On peut remarquer », observe l'éditeur (M. Tourneux) dans une note (VII, 61), « que toutes les fois que Grimm veut juger un ouvrage sans le lire, il se tire d'affaire par une assez mauvaise allusion au nom de l'auteur, à sa qualité, à son pays, à la matière qu'il traite, ou à quelque autre cause capable d'exciter le sourire, mais peu faite pour contenter la raison... ». Dans un grand nombre de cas cette observation est cependant valable aussi pour des œuvres que Grimm a bien pris la peine de lire. Que Grimm veuille non seulement informer, mais en même temps « exciter le sourire », cela est absolument vrai. « Peu faite pour contenter la raison », dans ce cas-là, se révèle donc moins un reproche qu'on pourrait lui adresser, mais plutôt le signe d'une qualité particulière dans le domaine de la critique littéraire qui, conformément à une tradition séculaire, préfère se passer du sourire (et de l'ironie) en faveur d'une analyse aussi sèche qu'ennuyeusement sérieuse. L'histoire et critique littéraires comme provocation — Grimm ne l'exige pas, il la pratique, et sous forme d'une ironie parfois si agressive qu'il risque, comme dans le cas du pauvre Guyot de Merville, d'outre-passer consciemment les bornes de la bienséance. « On vient de recueillir », nous fait savoir Grimm, « les *Œuvres de théâtre* de M. Guyot de Merville... Il paraît que ce pauvre poète n'a jamais eu d'aussi cruel ennemi que lui ; il aurait fallu avoir autant de talent qu'il avait bonne opinion de lui-même, et il eût été heureux ; mais malheureusement ses pièces sont froides, ennuyeuses et sans naturel... » Après bien des malheurs, nous dit Grimm, Merville « s'expatria de chagrin, et, après avoir erré quelque temps en Suisse et autour du séjour de M. de Voltaire, il finit par se noyer, d'ennui et de désespoir, dans le lac de Genève, en 1755, âgé d'environ soixante ans ». Et Grimm d'ajouter d'une manière mordante : « Il fallait noyer ses pièces de théâtre avec lui » (VII, 14).

I. *Oraison funèbre*

L'oraison funèbre, un discours religieux prononcé à l'occasion des obsèques d'un personnage illustre, comme on sait, est un genre littéraire assez vieux qui a son origine dans la *Laudatio funebris* des Romains, se maintient pendant tout le Moyen-âge et atteint son point culminant avec les oraisons funèbres de Bossuet comme chefs-d'œuvre de l'éloquence de la chaire. Celui-ci idéalise la vie du héros pour la faire servir à l'édification des fidèles : Portraits, tableaux d'histoire, développements de morale et de politique s'y mêlent avec un art profond. L'oraison funèbre vit encore au XVIIIe siècle — seulement, il faut savoir la faire !

La mort du Dauphin en 1765 mène à une renaissance considérable du genre. Grimm écrit le 1er avril 1766 (VII, 3) : « Paris n'est occupé depuis trois mois que d'oraisons funèbres, dont aucune n'occupera la postérité ». Il se contente donc d'analyser les « morceaux qui ont fixé l'attention du public ». Et il exerce cette analyse à la manière qui lui est propre, c'est-à-dire avec ironie.

Quant au *Portrait de feu monseigneur le Dauphin*, attribué au marquis de Saint-Mégrin, il écrit : « Si cet éloge est l'ouvrage d'un homme de lettres, il n'y a rien à en dire, parce qu'il n'y a point d'idées... » (VII, 4). Si l'on sait que cet éloge-là est encore « ce qui a paru de mieux » à l'occasion de la mort du Dauphin, on devine facilement le jugement de Grimm à propos des autres.

L'*Oraison funèbre* de l'archevêque de Toulouse, prononcée dans l'église de Paris, est qualifiée tout bonnement de « ramage » : « Ce qu'il y a de plus beau dans cette Oraison funèbre, c'est une vignette, gravée d'après le dessin de Cochin, qu'on a mise à la tête, et qui a paru d'un grand goût » (VII, 5).

Du reste : « On ne s'attendait guère à rire dans une occasion si lugubre ; le R. P. Fidèle, de Pau, capucin de la province d'Aquitaine, a cependant trouvé le secret de divertir Paris avec son oraison funèbre... ». Ce R. P., comme affirme Grimm, a tous les avantages et dons pour faire une excellente oraison : il a « de l'esprit, de la chaleur, et peut-être plus de talent qu'aucun de ceux qui se sont escrimés sur le même sujet » (VII, 5). Seulement, il a un défaut fondamental qui, d'emblée, condamne à l'échec tous ses efforts : il est capucin — et « comme il a partout le goût d'un capucin, il a été ridicule partout » (VII, 5). Il ne peut donc réussir qu'à faire, en somme, « un tableau *capucinièrement* magnifique ». La critique caustique de Grimm repose, dans ce cas-ci, sur des motifs d'ordre idéologique, car le bon R. P. est « d'ailleurs un ardent défenseur de l'Église contre la philosophie de nos jours ». Sont donc ironiques en ce sens aussi les commentaires dont Grimm fait accompagner les divers points de son analyse. Quant au passage concernant la Reine, le R. P. prétend « que les cinq siècles passés ne virent point de telle mère, et il demande si les six siècles à venir verront un tel fils ». « Question sentant l'hérésie », remarque Grimm en passant, avec un plaisir évident (VII, 5), « surtout dans la bouche d'un capucin, qui doit croire la fin du monde prochaine, et ne pas s'attendre à dix autres siècles après un siècle aussi pervers que le nôtre ».

Quant à l'oraison funèbre de M. l'abbé de Boismont, Grimm ne la traite que brièvement, mais en revanche avec une savoureuse métaphore. Bien qu'exécrable, cette oraison « a encore trouvé des partisans », et Grimm d'ajouter avec une feinte indulgence : « je leur pardonne ». Et voilà les raisons pour cette attitude clémente : « M. l'abbé de Boismont est un habile joaillier qui travaille fort bien en faux. Il sait brillanter ses pierres et leur donner de l'éclat ; il est vrai que quand on les approche du feu, elles fondent comme du beurre ».

Ce qu'on doit entendre par sa pratique d'« approcher quelque chose du feu » peut être démontré, à titre d'exemple, par un regard sur sa manière d'analyser l'oraison funèbre de M. Thomas, « orateur profane, (qui) a cru devoir confondre sa voix avec celle de tant d'orateurs sacrés » (VII, 7). Je me permets de citer un passage un peu plus long, car il me semble particulièrement significatif (8 ; toujours avril 1766) :

> « M. Thomas dit des choses merveilleuses du sentiment et de ses effets sur l'âme d'un prince. Il dit que c'est lui qui humecte ses yeux de toutes les larmes qui se répandent, qui le fait frissonner à tous les gémissements, qui le fait palpiter à la vue de tous les malheurs, qui porte sur son cœur le contre-coup de tous les maux, épars sur trois cents lieues de pays. Si cela était, qu'un prince serait à plaindre ! Il ne résisterait pas vingt-quatre heures au spectacle affligeant et aux cris de l'infortune. Mais comme la sensibilité ne donne point d'oreilles pour entendre de trois cents lieues, ni d'yeux pour percer, à travers le faste des demeures royales, dans la chaumière du pauvre et dans le réduit de l'opprimé, ni de cœur qui se sente déchirer à chaque injustice qu'on commet à son insu et en son nom ; comme, au contraire, la sensibilité peut exposer le souverain à favoriser le courtisan qu'il aime aux dépens du citoyen qu'il ne connaît pas, et à d'autres actes de prédilection, de com-

> passion, très-touchants dans un particulier, très-opposés à la justice dans un prince, il faut que M. Thomas permette à la froide et calculante sagesse de balancer si un prince juste n'est pas un plus grand présent du ciel, pour des peuples nombreux, qu'un prince sensible. »

Nous constatons que, dans des occasions comme celle-ci, l'intention d'une vigoureuse critique sociale se joint à la critique littéraire teintée d'ironie. Les cas cités doivent suffire, vu le temps limité que nous avons à notre disposition. La liste pourrait être complétée bien entendu par des analyses analogues de bien d'autres oraisons funèbres.

II. *Le roman* (ou : La technique du dénigrement ironique)

« La malveillance et le dénigrement sont les deux caractères de l'esprit français », disait Châteaubriand. S'il en est ainsi, le baron de Grimm se révèle, dans son analyse de la production romanesque de 1766, le plus Français des Français. Je vous présente une petite liste contenant quelques détails techniques de sa manière ironique de porter des jugements (VII, 34-36).

1) *Le conseil « d'ami » de ne pas perdre son temps avec la lecture de tel ou tel roman :*

> « Ne lisez pas les plats et tristes *Mémoires du Chevalier de Gonthieu*, publiés par M. de La Croix, en deux volumes. Ce M. de La Croix a bien les meilleures intentions du monde. C'est dommage que les gens à bonnes intentions soient de si pauvres poètes et de si ennuyeux auteurs » (VII, 34).

2) *L'ironique mise en évidence d'un détail ridicule :*

> « Les *Mémoires d'une Religieuse*, écrits par elle-même, et recueillis par M. de L... (= il s'agit de l'abbé de Longchamps, mort à Paris, en 1812, dans une grande misère), en deux parties, sont d'une platitude bien plus amusante. Du moins on y trouve une amante qui, quand on la chagrine, a un débordement de bile tout prêt qu'elle vomit sur ses persécuteurs. Son amant s'était sauvé sur un toit, et là, s'appuyant sur une cheminée, il entend les gémissements de sa triste maîtresse. Tout aussitôt ses forces l'abandonnent, les pieds lui manquent, et il tombe évanoui par le trou de la cheminée aux pieds de sa tendre amie, plein de sang et de suie. Je ne vous parle ici que des moindres merveilles de ce roman, dont le style répond parfaitement à la dignité et au pathétique du fond. »

Et cette observation se trouve complétée par cette autre, non moins mordante :

> « Après cela, je ne vous conseille pas de lire *Mahulem*, histoire orientale, ni la *Reine de Benni*, nouvelle historique, ni *Almanzaïde*, histoire africaine. Tout cela, c'est de l'eau tiède auprès de notre *Religieuse* » (VII, 35).

3) *Le commentaire persifleur sur la technique narrative d'un auteur en général* :

> « J'en dis autant des *Lettres galantes et historiques d'un chevalier de Malte*. L'auteur de cette rhapsodie a un secret sûr pour se défaire des gens dont il n'a plus besoin. Il les envoie à la guerre en détachement. Ils sont blessés et crèvent. Le pauvre chevalier de Malte périt ainsi lui-même sur les galères de la religion, le tout pour désoler une pauvre maîtresse qui de désespoir prend le voile. »

4) *La glose malicieuse de l'appareil préliminaire d'un roman* (titre, introduction, préface etc.).

> « *Célianne, ou les Amants séduits par leurs vertus*, est un nouveau roman publié par l'auteur d'*Élisabeth*, autrement dit Mme Benoist... J'approuve fort, commente Grimm, qu'un auteur mette sur le titre de ses nouvelles productions la notice de ses péchés précédents. Quand je vois un roman fait par l'auteur de l'insipide *Elisabeth*, je suis dispensé de le lire » (VII, 35).

Le fait de rappeler ses « péchés » littéraires précédents fait partie, du reste, d'une longue tradition du prologue qui, dans la littérature française, remonte au moins à Chrétien de Troyes, aussi bien que l'annonce exordiale des intentions que l'auteur poursuit avec son œuvre. A propos de ce dernier point nous trouvons cette glose de Grimm :

> « Mme Benoist se flatte que son roman sera un puissant préservatif contre l'amour pour toutes les jeunes femmes de Paris ; et cet effet serait immanquable, si l'on pouvait leur persuader que l'amour est réellement aussi insipide que Mme Benoist a le talent de le peindre. »

Suit une condamnation aussi générale que mordante de tous les romans parus en 1766 :

> « En faisant passer toute cette cargaison de romans aux îles, on n'oubliera pas d'y joindre les *Passions des différents âges, ou Tableau des folies du siècle*, contenant quatre historiettes : *le Jeune homme, le Vieillard, la Jeune fille, et la Vieille*. Je crois ce détestable chiffon d'une certaine chenille appelée Nougaret.
> Les *Mémoires du marquis de Solanges*, en deux volumes, sont ce qu'il y a de plus passable dans cet énorme fatras d'insipidités et de platitudes. Je ne sais qui est l'auteur de *Rose*, à qui nous le devons ; mais parmi les aveugles il est aisé à un borgne de faire le voyant. »

Et Grimm conclut cette rapide revue de romans par ce conseil indulgent :

> « Je conseille à l'auteur de *Rose* d'épouser l'auteur d'*Élisabeth*, et de nous laisser en repos. » (VII, 35f.)

Que l'avis de Grimm concernant les romans soit encore le même en 1768, que, au contraire, la métaphore caustique de la chenille n'ait été qu'un assez timide début, nous est prouvé par le jugement que Grimm porte, à la manière qui lui est propre, sur la production romanesque de la fin de 1767 ; sous le titre suggestif *Faiseurs de romans et autres vermines* :

> « Les mois de novembre et décembre sont la saison de l'année où cette vermine se multiplie avec le plus de force et de vitesse. C'est le contraire des autres insectes, qui meurent à l'entrée de l'hiver. Ici, si vous ne mettez pas le feu sans miséricorde, vous courez risque d'en être importuné tout l'hiver. »

Et après avoir passé en revue aussi rapidement qu'ironiquement les diverses œuvres en question, Grimm revient à la métaphore initiale :

> « Quand on pense que dans tout ce fatras il n'y a rien qui donne la moindre espérance pour la récolte prochaine, rien qui annonce le moindre talent, rien qui présage le plus petit succès, on ne se sent pas infiniment gonflé de gloire. »

« Ceux qui ne pouvaient venir ou revenir vers le commun centre de tous les esprits », dit Lanson dans son *Histoire littéraire*, « la France allait les trouver. Il y avait d'abord les *correspondances littéraires*, manuscrites comme celle de Grimm, imprimées comme celle de Métra ». Ce n'est pas tout à fait sans raison que Lanson met en rapport la *CL* de Grimm avec celle de Métra. Nous avons vu le caractère ironique et satirique de la critique de Grimm, et déjà le premier volume de la *Corr.* de Métra abonde d'écrits en vers et en prose qui s'attaquent à quelque chose ou à quelqu'un en s'en moquant — c'est-à-dire de satires. Le ton mordant des deux *correspondances* se ressemble. La *Corr.* de Métra ne craint pas les hommes puissants de la politique, elle critique aussi les omnipotents de la littérature. Elle publie p. ex. un dialogue d'une satire dirigée contre les Encyclopédistes qui allaient conquérir l'hégémonie de la littérature française. L'éditeur observe avec quelque malice qu'un voyageur allemand lui avait raconté qu'en Allemagne aussi de tels encyclopédistes infestaient le pays. Ce coup ironique fait penser un peu à celui contre la nomination de sept maréchaux nouveaux, qui, selon Métra, assurent à la France la paix éternelle. Mais, affirme-t-il dans sa *Corr.*, en France les armes de la satire, employées d'une façon adéquate, produisent des effets bien plus grands qu'un agent de police. Le but de Métra est de combattre l'absence d'esprit critique, but qui le rapproche de Grimm, qui, lui, combat, aussi par son attitude ironique, le creux pathétique, le faux déclamatoire, les hyperboles, le fait répandu d'écrire pour le seul avantage personnel, aux dépens du raisonnement exact, de la vérité, de la simplicité, de l'impartialité. Finissons par un mot de Grimm qui remonte à juin 1766 (VII, 55f.) et résume assez bien sa manière de voir les choses :

> « C'est une chose effrayante que de voir à quel point les faiseurs d'Esprits, d'Abrégés, de Pensées, de Dictionnaires, de compilations de toute espèce, se sont multipliés depuis quelques années. Ce sont des chenilles qui rongent l'arbre de la littérature, et qui le mangeront enfin jusqu'à la racine. »

QUELQUES RÉFLEXIONS SUR LA SIGNIFICATION CULTURELLE DE LA CL EN ALLEMAGNE

par Victor HELL (Strasbourg)

Il me paraît opportun, sans faire preuve d'esprit de clocher, de rappeler que la seule et unique pièce de théâtre que le principal artisan de la CL ait composée, la tragédie « Banise » de Friedrich Melchior Grimm, une œuvre de jeunesse d'un genre particulièrement délicat à cause de la facilité avec laquelle des effets pathétiques trop insistants versent dans le comique, a eu sa première théâtrale à Strasbourg en 1747. Le fait, pour anecdotique qu'il paraisse, est important parce qu'il indique le rôle prééminent de la capitale alsacienne dans la vie intellectuelle et spirituelle en Europe, dans les rapports franco-allemands tout spécialement, depuis le Moyen-Age jusqu'à notre époque, avec des fortunes diverses, il est vrai.

Mon thème de réflexion — qui n'est qu'une première ébauche d'un travail de recherches dans un domaine de la littérature comparée particulièrement fécond — porte sur la signification culturelle de la CL ; c'est une tâche complexe, mais, me semble-t-il, digne d'intérêt pour des raisons que j'indiquerai très brièvement. Les unes sont connues, d'autres le sont moins ; je me contenterai d'indiquer les premières et d'esquisser quelques aspects concernant les secondes. Tout d'abord, quelques remarques liminaires au sujet de la complexité de mon propos ; elle est due à la fois à la nature d'une époque révolutionnaire, à la prodigieuse richesse de la vie culturelle en Allemagne à la fin du XVIIIe siècle — n'oublions pas que le développement du Sturm und Drang et l'instauration du classicisme allemand, la genèse du romantisme et la naissance de l'idéalisme allemand sont des phénomènes pratiquement concomitants — à l'intensité des relations intellectuelles dans une Europe cosmopolite et enfin à la multiplicité des rapports de filiation, très souvent méconnus, entre l'ère des Lumières et les mouvements littéraires et philosophiques que je viens d'évoquer. Il faut avoir présent à l'esprit tout cet arrière-plan politique et culturel pour qu'apparaissent, au moins dans leur contexte général, les influences, proches et lointaines, de la CL dans les pays de langue allemande. Pour des raisons méthodologiques, je grouperai ces effets sous quatre rubriques dont les différents éléments se conditionnent cependant réciproquement. Il s'agit :

1) de la diffusion en Allemagne de l'œuvre et de la pensée des Encyclopédistes, de Diderot en particulier,

2) de l'intérêt suscité chez certains poètes et penseurs allemands — je songe plus précisément à Schiller — par les multiples problèmes d'une grande ville telle que Paris,

3) de la fonction sociologique et culturelle du discours littéraire dans sa conception critique et totalisante,

4) du développement de l'esthétique, théorique et pratique, et de la philosophie de l'art, en Allemagne, à la fin du XVIIIe siècle.

Ce dernier domaine est particulièrement complexe, car il nous faut reconnaître la continuité entre certains éléments de l'esthétique de l'époque des Lumières et l'esthétique de l'idéalisme allemand — dont Schiller me paraît le représentant le plus important — qui aboutira à cette véritable philosophie de l'art qu'est, selon l'expression de Georg Lukacs, l'Esthétique de Hegel ; prendre conscience de l'originalité de cette esthétique de type idéaliste et, à cette fin, éviter toute conception trop systématique pour discerner les multiples interférences entre la création poétique et la réflexion philosophique.

En ce qui concerne le premier point, je renvoie au très méritoire travail de Roland Mortier, *Diderot en Allemagne (1750-1850)*, au chapitre V de cet ouvrage intitulé « Diderot romancier »[1]. La « National-Ausgabe » (N.A.) des œuvres de Schiller, en cours de publication depuis 1943, résume dans son tome 16, p. 454-455, les circonstances qui ont amené Schiller à traduire et à adapter un épisode de « Jacques le Fataliste » sous le titre « Merkwürdiges Beispiel einer weiblichen Rache », (Thalia, 1. Heft, 1785)[2]. C'est von Dalberg, l'intendant du théâtre de Mannheim qui, depuis 1779, portait le titre de Hof-und-Nationaltheater » et, à partir de 1839, sera la première scène allemande sous gestion municipale, qui transmit à Schiller le manuscrit de Jacques le Fataliste, paru, en tranches, dans la CL de novembre 1778 à juin 1780. Le commentateur de la « National-Ausgabe » fait ressortir quelques caractères stylistiques du récit de Schiller : le renforcement de l'expression « in der Leidenschaftlichkeit und Heftigkeit seiner (des Dichters) Natur begründet », l'usage de l'hyperbole et il ajoute ce jugement sur lequel je reviendrai

---

1. R. MORTIER, *op. cit.*, pp. 210-301.
2. Gonthier-Louis FINK : ' Schiller et Jacques le Fataliste de Diderot ', in : *Hommage à Maurice Marache*, Paris, 1972, pp. 231-253.

parce qu'il me paraît contestable « Aber die Masslosigkeit des « Räuber » — stils ist auch sprachlich bereits über — wunden »[3].

Pour concrétiser les autres aspects que je viens d'énumérer, de façon très schématique, et pour respecter les contingences d'une simple communication je me référerai, pour l'essentiel, à des exemples empruntés à la vie et à l'œuvre du jeune Schiller. C'est une étonnante aventure que la confrontation entre un jeune poète révolutionnaire, prisonnier de sa subjectivité, comme tout auteur débutant, impatient de libérer ses aspirations et de faire éclater son génie, mais en même temps très lucide, soucieux de s'adapter aux conditions objectives de son art, et les divers aspects d'une institution culturelle, fondée, dans ses principes, sur les conceptions esthétiques de la deuxième moitié du XVIIIe siècle. L'intendant von Dalberg, lecteur de la CL ?, est un homme de goût, assez libéral pour accueillir l'œuvre tumultueuse d'un jeune médecin militaire, mais, tout comme son compatriote Friedrich-Melchior Grimm, il n'a rien d'un révolutionnaire. Malgré le succès retentissant de la première à Mannheim des « Räuber », le 13 janvier 1782, qui marque une étape décisive dans l'histoire du théâtre allemand, le jeune poète garde tout son sens critique pour reconnaître les défauts inévitables dans l'œuvre d'un débutant et, surtout, les problèmes que pose la conciliation entre un « poème dramatique », expression d'une subjectivité ignorant toute contingence, et une œuvre théâtrale qui, pour exister, doit être mise en scène, interprétée, devenir un spectacle. Écrire pour la scène engage le jeune poète à réfléchir sur les fondements d'une institution culturelle et à se familiariser avec les conditions pratiques de son métier. L'activité inlassable de Schiller à Mannheim, à Oggersheim et à Bauerbach n'est pas conforme à l'image d'Épinal d'un jeune révolté qui, témérairement, lance un défi à son prince et à la société de son temps et se jette allègrement dans l'aventure révolutionnaire. Le jeune poète, dès son arrivée à Mannheim, se consacre aux problèmes du théâtre ; avec une ardeur de néophyte, il veut connaître tous les aspects de la vie d'une scène ; il étudie le jeu des acteurs, les conditions de la mise en scène, le répertoire d'un théâtre qui reflète l'esprit cosmopolite du XVIIIe siècle : en 1785 figurent au programme du « National-Theater », entre autres pièces, le « Roi Lear » de Shakespeare, le « Déserteur » de Mercier, « Emilia Galotti » de Lessing. Pour von Dalberg la règle essentielle reste la bienséance en dépit de toutes les audaces langagières du « Sturm und Drang » ; il essaie de cultiver le bon goût en mettant au concours des questions sur lesquelles il invite les acteurs à se prononcer :

— Qu'est la nature et quelles sont ses limites au théâtre ?
— Qu'est-ce que la vraie bienséance sur la scène et comment l'acteur

---

3. Schillers WERKE, Nationalausgabe (N.A.), t. 16, p. 455.

peut-il la conquérir ? Des tragédies françaises peuvent-elles plaire sur les scènes allemandes ? Comment doivent-elles être présentées pour recevoir l'approbation générale ?[4] Le souci de plaire, l'importance accordée aux problèmes de la forme, le libéralisme, dans certaines limites, sont conformes à l'esprit de la *CL*. Schiller, dans sa volonté de s'associer à ce qu'il appelle lui-même « une fondation académique », à laquelle von Dalberg s'efforce de donner « une belle forme », est amené à pousser plus avant son étude des auteurs français. Le poète des « Brigands » qui, dans la « préface supprimée » accable Corneille sous de violentes diatribes à l'emporte-pièce, découvre le bénéfice personnel de son commerce avec les classiques français. Un des documents les plus significatifs pour comprendre l'esthétique du jeune Schiller nous est fourni par la lettre que le poète a adressée le 24 août 1784 à von Dalberg :

> « ... A présent j'ai partagé mon temps entre mes propres travaux et la lecture d'auteurs français. Votre Excellence approuvera certainement les motifs de cette dernière activité. Tout d'abord elle étend, d'une façon générale, mes connaissances en matière d'art dramatique et enrichit mon imagination, d'autre part j'espère ainsi trouver un salutaire équilibre entre deux extrêmes, entre le goût anglais et le goût français. De plus, je caresse le secret espoir d'apporter une importante conquête à la scène allemande, en transposant les pièces classiques de Corneille, Racine, Crébillon et Voltaire[5]. »

Retenons cette formule : trouver un salutaire équilibre entre le goût anglais et le goût français ; nous le retrouverons tout à l'heure dans un autre contexte.

Ces quelques considérations nous permettent de mieux nous représenter les conditions réelles de la vie théâtrale à Mannheim à la fin du XVIIIe siècle qui, bien sûr, n'étaient pas déterminées exclusivement par la *CL* mais qui correspondaient aux tendances les plus marquantes de cet organe d'informations culturelles ; de mieux nous imprégner du climat intellectuel et moral, pour employer une expression quelque peu passée de mode, qui entourait le jeune dramaturge. Elles ont pour effet de faire ressortir l'intérêt que présentent, pour une étude de la signification culturelle de la *CL* en Allemagne, les trois autres aspects que j'ai évoqués : le rôle de Paris, la fonction sociologique et culturelle du discours littéraire dans sa conception totalisante, et dont la spécificité par rapport à la poésie nous sera révélée par Schiller, enfin par les problèmes esthétiques communs à l'ère des Lumières et à l'idéalisme

---

4. Schiller, WERKE, N.A., t. 22, (Dramatische Preisfragen), p. 321.
5. *Briefe*, Gesamtausgabe, hrsg. von Fritz Jonas, 7 t., Stuttgart 1892-1896, t. 1, pp. 207-208.

allemand. Pour résumer dès à présent ma pensée, je dirais que les trois domaines entrent dans la conception globale que Schiller se fait et de la culture et de l'éducation adaptées aux exigences de son temps ; que l'image d'un jeune révolté, impatient d'ébranler les fondements de la société et de déclencher la révolution, doit être nuancée ; dès ses débuts littéraires et malgré son succès initial tout à fait inhabituel, Schiller sait que, si une des tâches du poète et de l'écrivain est d'aider les autres à se cultiver, une des premières, c'est de se cultiver soi-même. Il ne cessera de le faire durant toute sa vie, somme toute relativement brève.

Schiller est un des premiers écrivains allemands qui, dès la fin du XVIIIe siècle, ait pressenti l'importance historique, politique, sociale et culturelle de la grande ville et qui, tout en appréciant les avantages, pour la vie de l'esprit qu'offrait le calme presque campagnard des cours princières ou des petites villes universitaires qui étaient, dans une Allemagne morcelée en une multitude d'États, sans véritable pôle politique, les très efficaces foyers culturels, ait pris conscience de la discordance entre les conditions d'existence des poètes et des penseurs en Allemagne à cette époque et les profondes mutations que la nouvelle ère économique devaient provoquer dans le devenir de l'homme et dans les formes de la civilisation. Très significative est, à cet égard, aussi bien en ce qui concerne le réalisme si souvent méconnu de Schiller que l'ouverture du poète aux indispensables transformations politiques, sociales et avant tout morales qui devaient, à ses yeux, déterminer l'instauration d'États, fondés à la fois sur la liberté individuelle et sur les principes de la vie communautaire, la lettre que Schiller a adressée à Caroline von Beulwitz le 27 novembre 1788. J'en extrais les passages suivants :

> « Mir für meine kleine stille Person erscheint die grosse politische Gesellschaft aus der Haselnusschale, woraus ich sie betrachte, ohngefähr so, wie einer Raupe der Mensch vorkommen mag, an dem sie hinaufkriecht. Ich habe einen unendlichen Respekt für diesen grossen, drängenden Menschenozean... Der grösste Staat ist Menschenwerk, der Mensch ist ein Werk der unerreichbaren, grossen Natur... ».

Dans cette même lettre se trouvent quelques remarques pertinentes de Schiller qui laissent entrevoir la fonction totalisante du discours littéraire dont l'importante correspondance de Schiller est, ne l'oublions pas, un élément constitutif. A propos d'un jugement défavorable de Wolzogen sur Paris, le poète précise judicieusement qu'il convient d'adapter son point de vue aux choses, petites ou grandes, que l'on veut juger et qu'il faut se méfier d'une échelle des valeurs, imposée par l'habitude : le citoyen d'une petite ville, transplanté subitement dans une grande cité, a tendance à ne voir que les inconvénients et à les grossir. Et Schiller, dans un passage empreint de sagesse et de réalisme, trouve soudain une phrase étonnante qui établit la grandeur des hommes, unis par un même projet :

> « Der Mensch, wenn er vereinigt wirkt, ist immer ein grosses Wesen, so klein auch die Individuen und Detaille ins Auge fallen. Aber eben darauf, düngt mir, kommt es an, jedes Detail und jedes einzeln Phänomen mit diesen Rückblick auf das grosse Ganze, dessen Teil es ist, zu denken, oder, was ebensoviel ist, mit philosophischem Geiste zu sehen[6].

« Voir avec un esprit philosophique », c'est là une notion essentielle dans la pensée esthétique de Schiller mais trop complexe pour que je puisse l'analyser ici. Elle exprime aussi cette fonction totalisante du discours littéraire que j'ai évoquée[7]. Schiller a très tôt compris — son œuvre de publiciste et d'épistolier en témoigne — que les fonctions du poète et de l'écrivain (des Schriftstellers) sont complémentaires bien qu'elles correspondent à des critères esthétiques différents. Dans les limites d'une simple communication les choses apparaissent nécessairement quelque peu schématiques, dépourvues de toutes ces nuances qui, pour la littérature en tant qu'expression vivante, sont essentielles. Mais j'insiste volontairement sur cet aspect parce qu'il concerne une des conditions pour saisir, dans leur originalité, la pensée esthétique et l'œuvre poétique de Schiller, ce grand méconnu. Le poète instaure des formes nouvelles ; il revendique la liberté du génie créateur ; il déroute et il choque, il encourt même des risques pour ne pas être l'imitation de soi-même. L'écrivain par contre a une fonction éminemment sociale ; il est un médiateur qui, selon l'expression de Schiller, respecte

---

6. *Briefe*, éd. Jonas, t. 2, p. 162.
7. Cet intérêt de Schiller pour Paris — loin d'être motivé uniquement par les événements révolutionnaires que le poète a suivis de près jusqu'à l'exécution de Louis XVI, le 21 janvier 1793 — pose quelques problèmes intéressants à la littérature comparée. Tout d'abord en ce qui concerne la diversité des sources d'information. Les connaissances livresques, que lui ont procurées les œuvres de Louis Sébastien Mercier (Tableau de Paris), de Restif de la Bretonne et de Saint-Foix (Essais historiques sur Paris), ont été complétées et vivifiées par les témoignages que l'historien Friedrich, le diplomate Reinhard et Guillaume de Humboldt ont adressés à Schiller. Ces épistoliers ont-ils été en rapport avec Grimm ? En 1792, Schiller envisagea même de visiter Paris sous la conduite de Humboldt.
Les divers projets de drames que Schiller a ébauchés pour représenter la vie d'une capitale retiennent notre attention pour diverses raisons : ils caractérisent le réalisme du poète (qui fait partie intégrante de sa poétique) ; ils révèlent son don d'intuition : pour maîtriser une matière très ample, représenter la totalité (« Allheit ») d'une grande ville et donner une unité aux multiples événements il choisit comme thème « La Police ». L'abandon de certains projets, en nous indiquant la complexité des rapports entre matière et forme, est aussi une des manifestations de l'activité créatrice. Les thèmes qui obsédaient Schiller ne trouveront-ils pas leurs possibilités d'expression dans le roman réaliste ?

la « liberté républicaine du lecteur ». Schiller en tant qu'épistolier, historien, penseur exposant des théories esthétiques, et j'ajouterai en tant que narrateur, est « Schriftsteller ». C'est pour ces raisons que le jugement sur le rôle du récit qu'il a tiré de Jacques le fataliste me paraît erroné ; les problèmes poétiques et esthétiques que Schiller se pose en tant que poète et en tant qu'écrivain ne sont pas du même ordre.

En tant qu'écrivain, Schiller est fidèle à l'ère des Lumières ; sa conception du discours littéraire, dont l'exemple, sinon le modèle, se trouve dans la *CL*, ressort nettement du passage suivant où se manifestent toute la lucidité et tout le sens critique d'un esprit considéré le plus souvent comme exclusivement idéaliste. Il est extrait d'une lettre que le poète a adressée, le 5 avril 1795, à son bienfaiteur, le duc d'Augustenburg :

> « Was Eure Durchlaucht in Ansehung der Schwierigkeit des Vortrags bemerken, ist sehr gegründet, und es verdient allerdings die grösste Aufmerksamkeit der Schriftsteller, die erforderliche Gründlichkeit und Tiefsinnigkeit mit einer fasslichen Diktion zu verbinden. Aber noch ist unsere Sprache dieser grossen Revolution nicht ganz fähig, und alles, was gute Schriftsteller vermögen, ist, auf dieses Ziel von Form hinzuarbeiten. Die Sprache der feinen Welt und des Umgangs flieht noch zu sehr vor der scharfen, oft spitzfindigen Bestimmtheit, welche dem Philosophen so unentbehrlich ist, une die Sprache der Gelehrten ist der Leichtigkeit, Humanität und Lebendigkeit nicht fähig, welche der Weltmann mit Recht verlangt. Es ist das Unglück der Deutschen, dass man ihre Sprache nicht gewürdigt hat, das Organ des feines Umgangs zu werden, und noch lange wird sie die übeln Folgen dieser Ausschliessung empfinden...[8] ».

J'aborde très rapidement le dernier point, qui nous offre un exemple de filiation entre certains éléments de l'esthétique à l'époque des Lumières et des aspects de l'esthétique pratique de Schiller.

Il y a, dans le vaste domaine de la littérature comparée, deux possibilités de recherches très différentes mais que j'estime complémentaires :

d'une part l'étude de la genèse des idées et des formes en fonction des multiples interférences, influences, rapports dialectiques qui déterminent le devenir de la pensée et la vie de l'art dans l'espace et dans le temps

et, d'autre part, la comparaison, par une confrontation a posteriori entre les œuvres achevées, appartenant à des domaines linguistiques distincts, afin d'en faire ressortir la spécificité, les similitudes et les différences.

J'ajouterai que l'étude des rapports entre l'esthétique de l'époque des

---

8. Friedrich SCHILLER, *Briefe*, München 1958-1959, p. 334.

Lumières, avec ses multiples courants et celle de l'idéalisme allemand ressortit aux deux domaines.

A propos de la traduction de Shakespeare par le comte de Catuélan, Le Tourneur, etc... la *CL* a publié, en mars 1776, les réflexions suivantes, que je cite d'après l'édition de 1813 :

> Ceux qui, nourris dès l'enfance dans la crainte et dans le respect de nos grands modèles, leur rendent ce culte exclusif et superstitieux qui ne diffère en rien de l'intolérance théologique ont regardé les traducteurs de Shakespeare comme des sacrilèges qui voulaient introduire au sein de la patrie des divinités monstrueuses et barbares... (p. 124).
> M. Marmontel a dit assez plaisamment que le Shakespeare de ces Messieurs ressemblait à un sauvage à qui l'on aurait mis des dentelles, quelques broderies, un plumet, et que l'on aurait laissé d'ailleurs dans son costume naturel, sans coiffure et sans culottes... (p. 125).
> L'homme de génie qui parle à une Nation encore barbare lui commande et dispose pour ainsi dire de tous ses goûts et de toutes ses affections. Pour peu qu'un peuple commence à être policé, les mœurs, les usages, les préventions de ce peuple sont autant de liens que l'homme de génie est obligé de respecter, et qui rendent nécessairement sa marche moins libre et moins hardie... (pp. 127-128).
> Si l'on reproche à nos poètes de s'être écartés de la vérité de la nature en s'efforçant de l'embellir, ne reprochera-t-on pas aussi aux Anglais de l'avoir perdue de vue en se permettant de l'exagérer ? Si le style de nos ouvrages dramatiques est souvent froid et monotone, celui du Théâtre anglais n'est-il pas souvent très gigantesque, très ampoulé, et ne pêche-t-il pas surtout par un mélange de tons que le goût ne saurait avouer... (p. 129).
> Il y a certainement une nuance très marquée entre le ton que doit avoir un roi et celui qui convient à son confident ; mais il n'est ni vrai ni naturel qu'ils parlent une langue absolument différente, parce que ceux qui approchent leur maître doivent parler à peu près la même langue que lui. Il y a quelque chose de plus ; dans tous les arts point de perfection sans harmonie... (pp. 129-130).

Dans son écrit théorique de jeunesse « Sur le théâtre allemand contemporain », publié en 1782 — l'année de la représentation des « Räuber » dans le « Wirtemberisches Repertorium der Litteratur » — qui fait partie de tout cet ensemble d'essais et de petits traités que négligent les « Histoires de l'Esthétique » — Schiller distingue lui aussi deux manières en matière d'art dramatique : la manière française et la manière anglaise (ou allemande) entre lesquelles se situent la vérité et la nature. D'un côté, l'art dégénère pour n'être plus qu'artifice et de l'autre, le prétexte de copier la nature donne libre cours à tous les excès. Les Français sont devenus efféminés à force de préciosité, les Allemands se rapprochent des Anglais par leur virilité qui leur permet de se montrer plus audacieux dans le choix de leurs moyens d'expression, mais leur penchant pour la démesure les porte à grossir les effets, à se complaire dans l'évocation de scènes grotesques, à déformer la nature au point d'en faire une sorte de monstre. Et pour caractériser l'art des acteurs, le poète des « Brigands » emploie une formule apparemment surprenante : « die Natur mässigen »[9].

La comparaison des deux textes concrétise certains des aspects que revêt la signification culturelle de la *CL* en Allemagne à la fin du XVIIIe siècle ; il nous permet de discerner quelques-uns des rapports entre l'esthétique de l'époque des Lumières et l'esthétique — qui deviendra une véritable philosophie de l'art — du jeune Schiller ; d'entrevoir aussi — je songe aux remarques sur le langage avec ses implications sociologiques — où se situent la rupture et la mutation qui conditionnent l'originalité d'une pensée esthétique et d'une poétique à la fois idéalistes et révolutionnaires.

---

9. N.A., t. 20, p. 83.

DISCUSSION

J. Vercruysse

J'aurais voulu demander à Jean-Robert Armogathe, à propos de l'abbé Bergier, apologiste éclairé, s'il a tenu compte des liens d'amitié très réels qui unissaient Bergier et Diderot, et je dirai même plus, Bergier et d'Holbach. Il est à peu près certain que Bergier avait montré au baron d'Holbach le plan de sa *Réfutation*, et d'Holbach lui aurait fait comprendre qu'il n'avait pas tellement bien saisi le nouveau matérialisme. Quant au ton de Grimm, il s'agit là d'un ton nettement voltairien : imprégnation voltairienne de l'anti-apologisme de Grimm ?

J. R. Armogathe

L'amitié entre Bergier et les philosophes est connue (et le sera davantage après la thèse de Mme Paulette Charbonnel), j'y ai fait allusion d'un mot. Sur la critique de Grimm par rapport à Bergier, permettez-moi trois remarques : d'abord le ton, « le brave Bergier », c'est quelqu'un de familier, une sorte de grand épagneul bien gentil (je suis méridional, l'épithète de « brave » m'est bien familière !). En second lieu, Bergier a si bien exposé le système des philosophes, si exactement présenté le matérialisme que ses objections pour la défense du christianisme paraissent, à côté, d'une faiblesse insigne. Bergier est au XVIIIe siècle le meilleur diffuseur de la pensée des Philosophes (au XVIIIe siècle et, par le relai de Migne, au XIXe siècle également !). Grimm reconnaît en Bergier un homme de système : il joue le jeu, il sait de quoi il parle, il a compris ce qu'il entreprend de réfuter. Troisième remarque, enfin ! à un retour de plume, Grimm dit que Bergier donne dans l'apologétique par l'épicerie, pour faire carrière : c'est parce qu'il cherche quelque bon bénéfice au bout du chemin, parce que c'est plus payant qu'une autre activité, dit Grimm, que Bergier combat les philosophes. Je lui laisse la responsabilité de son jugement, mais je constate que l'accusation est bénigne, sous la plume de quelqu'un pour qui les apologistes, la plupart du temps, sont des benêts et des dégénérés. Traiter quelqu'un de filou, d'« habile homme », c'est presque un éloge !

J. Vercruysse

Bergier a justement reçu son canonicat à cause de ces excellentes réfutations. On peut se demander si finalement Grimm n'était pas au courant des intentions des apologistes ; il règne une ambiguïté assez extraordinaire. Et on voit aussi Bergier dans le *Dîner du comte de Boulainvillier*. Il participe à ce fameux dîner. C'est tout de même une présence très équivoque après tout. Nous attendons tous la publication du travail de Mme Charbonnel qui, s'il est permis d'utiliser encore ce terme aujourd'hui, apportera bien des lumières sur cette épineuse question.

J. Varloot

Je voudrais demander à Jean-Robert Armogathe ce qu'il entend par « positivisme » en parlant des philosophes du XVIIIe siècle. Le terme est assez anachronique selon moi, mais j'aimerais qu'il précise le sens qu'il lui donne.

J. R. Armogathe

D'un mot, par positivisme j'entends une pensée qui exclut, dans l'ordre de la nature, la possibilité du miracle.

J. Varloot

Avouez que cette définition n'est pas la plus courante.

J. R. Armogathe

Cela nous entraînerait loin et longtemps ; je pense que l'impact du malebranchisme sur la pensée du XVIIIe siècle est de type positiviste : la réduction des idées générales en un ciel inaccessible permet aux idées particulières de s'exercer dans l'autonomie du sublunaire, ce qui exclut les miracles, la providence, l'intervention d'un Dieu personnel et toute intervention transcendante en général.

J. Varloot

L'influence malebranchiste est assurément fort important dans les années 1710-1720. Une gazette comme l'*Europe savante*, que j'ai eu le temps d'étudier, est bourrée de textes pro-malebranchistes. Mais il me semble voir apparaître très tôt l'influence de Newton et Leibnitz.

J. R. Armogathe

C'est jusqu'à la fin du siècle que perdure, dans la pensée philosophique, l'influence de Malebranche jusqu'à Lamourette, jusqu'à Benjamin Constant. Le manuel de philosophie de l'abbé Sauri distille le malebranchisme à l'intention des « gens du monde », et Kéranflech n'apparaît pas dans un désert ! Mais bien dans un bain culturel où bien des choses — parfois apocryphes, souvent hétéroclites — sont attribuées à Malebranche ou, selon la mode, à Berkeley. Voltaire, d'Holbach, Diderot, sont pétris de malebranchisme : c'est, pour les deux premiers du moins, la philosophie qui leur a été enseignée au collège.

J. Varloot

J'avais une autre question. Ne pensez-vous pas que l'importance donnée à la vertu vers 1760 est, dans une certaine mesure, une affaire de mode ? Je songe d'abord à la traduction par Diderot de l'Essai de Shaftesbury : « le mérite, c'est la vertu » (car le véritable titre de Shaftesbury est *merit or virtue* et non pas *and virtue*, mais auparavant dès 1743, est publié dans *Nouvelles libertés de penser* le texte *Le Philosophe* qui dit nettement que la grande qualité du philosophe est d'être vertueux, de chercher à être sociable ; vous avez parlé aussi de sociabilité.

J. R. Armogathe

Il n'y a pas de modes innocentes, surtout pas dans le langage. Et de fait, la « sociabilité » pullula dans les années 1740-1750, d'une façon qui est certainement liée à la lecture et à la diffusion des *Lettres* de Sénèque. Le Marquis de Mirabeau ruisselle de « sociable » (et de « socialisme » !). Quant à « vertueux » et « vertu », c'est le *De Officiis* de Cicéron, souvent traduit à ce moment-là, qui les répand (cf. mon étude sur « Holbach, lecteur de Cicéron », *Wiss. Zeitschr. der Martin-Luther Universität*, Halle-Wittenberg, à paraître en 1975, où j'aborde les lectures cicéroniennes de Holbach à partir de sa bibliothèque). L'homme en société (« sociable ») est mû par la « vertu » (qui est « la perfection de la nature ») : mode peut-être, qui a permis d'exprimer une anthropologie marquant profondément la réalité intellectuelle.

J. Chouillet

Je voudrais poser une question à Bernard Bray. Votre communication analysait les jugements de la *CL* sur le style épistolaire. Autrement dit vous établissez, je crois, avec beaucoup de précision, qu'il y a une esthétique explicite de la lettre dans la *CL*. Cependant la *CL* elle-même est une lettre, une vaste lettre, si l'on veut. Autrement dit elle dégage une esthétique implicite de la lettre. Est-ce que vous pensez que les deux modes de pensée esthétique de la *CL* se rejoignent ? Est-ce que l'on trouve dans le style épistolaire de la *CL* quelque chose qui va dans le sens de ce que vous dites, qui est la théorie de la lettre ?

B. Bray

Oui, j'avais pensé à cette question. Je dois dire que même cet aspect m'a attiré d'abord, et que j'ai eu l'intention d'analyser cette *Correspondance...* comme une correspondance. Mais dans cette perspective, on est très vite déçu. Bien entendu le genre a une de ses origines dans la forme épistolaire, mais on l'observe beaucoup plus nettement au XVIIe siècle, par exemple dans la gazette de Loret, *La Muse historique*, qui est adressée à Mlle de Longueville, la princesse Marie d'Orléans : Loret utilise constamment le *vous*, et il tient compte des goûts et des désirs de la destinataire. Comme vous savez, les destinataires de la *CL* sont divers et si par-ci par-là on trouve un *vous* dans le texte, ce *vous* ne saurait se rapporter à une personne précise. Sur ce plan-là donc on ne peut aller très loin. Dans l'expression *Correspondance Littéraire* il faut plutôt interpréter le substantif comme signifiant que Grimm est à Paris le « correspondant » littéraire de ses abonnés. Mais il n'y a dans le texte aucune idée d'échange épistolaire.

F. Moureau

Je désirerais poser une question à Victor Hell qui nous a parlé de la signification culturelle de la *CL* en Allemagne. A-t-il trouvé dans ses enquêtes des documents nouveaux sur la diffusion du périodique parmi les Princes et surtout parmi les hommes de théâtre allemands ? Vous avez signalé que von Dalberg aurait pu, à Mannheim, servir d'intermédiaire dans cette diffusion. D'autres noms vous ont-ils été suggérés par vos recherches ? Je sais que toute enquête dans ce domaine est difficile puisque le principe premier de la *CL* était la discrétion des abonnés. D'autre part, comparer l'idéologie de la *CL* à celle du jeune Schiller, par exemple, comporte un grand danger. Nous connaissons mal les circuits d'information en Europe à la fin du XVIIIe siècle. Un journal comme *Le Courier du Bas-Rhin* est presque inconnu aujourd'hui, mais il dut avoir une influence importante pour la diffusion en terre germanique des thèses holbachiques et d'autres textes philosophiques non conformistes. On peut évidemment établir des correspondances idéologiques entre la *CL*, Schiller et le *Sturm und Drang*, mais cela suffit-il pour affirmer qu'il y ait eu un lien direct ?

V. Hell

Lien direct, oui, parce qu'il y a eu l'impact culturel, pour employer un terme à la mode, qui n'a pu se produire qu'aux endroits où se développa la vie intellectuelle en Allemagne. Un des endroits les plus importants et qui marque d'ailleurs le passage sociologiquement important de la vie des petites cours à la grande ville, c'est Mannheim, le théâtre de Mannheim. L'autre pôle sera Weimar, Weimar et Iéna, où œuvrèrent Herder, Schiller, Gœthe, et le Iéna des philosophes. Alors je crois qu'il faut commencer par le commencement, c'est-à-dire par Mannheim. Je ne connais pas d'autres études sur le climat intellectuel à Weimar que celle de l'Anglais Bruford [W. H. Bruford, *Culture and society in classical Weimar (1775-1806)*, Cambridge, 1962] sur Weimar à l'époque de Gœthe et Schiller. La grande difficulté pour la littérature comparée, c'est de ne pas dissocier les multiples éléments d'information. Par exemple en ce qui concerne la ville, et c'est en cela que c'est également important, ces penseurs et ces poètes ont compris que tôt ou tard c'est la grande ville qui sera le foyer culturel futur. Schiller a eu conscience de la discordance entre les conditions réelles d'existence des poètes, mettons à Weimar (Gœthe en souffrira mais s'en accommodera, parce que Francfort — qui avait à l'époque 30 000 habitants — était une trop grande ville, alors que Weimar comptait 6 000 habitants : c'est une cour et un village)... Schiller par contre voulait aller à Paris, et il serait certainement allé à Berlin, dans l'intérêt de son théâtre, et je crois que le phénomène culturel important à la fin du XVIIIe siècle, c'est le théâtre et ce sont les grandes villes, Hambourg, Vienne, qui présenteront Shakespeare. Alors pour répondre à votre question, il faudrait évidemment faire une étude sur Weimar et Iéna. Je pense en particulier à une étude sur les influences (je n'aime pas beaucoup ce terme) qu'a pu subir Jean-Paul, parce que je m'attache à l'esthétique. Cela me paraît un domaine important. Mais nous n'avons pas encore d'études réelles sur la question : il faudrait en entreprendre !

J. Lacant

En ce qui concerne Gœthe à Weimar, je me souviens fort bien qu'en un endroit (cf. *supra*, p. 72), Gœthe affirme lui-même qu'il lisait la *CL* grâce à la bienveillance de « hauts protecteurs » — qui ne peuvent être que les familles ducales de Saxe-Weimar ou de Saxe-Gotha. Il y a dans ce passage un éloge de Grimm. C'était en fait une situation assez exceptionnelle : cet Allemand venant à Paris et pénétrant dans les milieux intellectuels les plus choisis, et en profitant pour faire tenir aux princes allemands un abrégé de la vie parisienne ! Il est indéniable que Gœthe en tout cas, puisqu'il l'affirme lui-même, a pu consulter au moins une partie de la *CL*.

V. Hell

J'ai fait le relevé des passages dans l'édition de Hambourg où Gœthe parle de Grimm. C'est extrêmement intéressant. Mais alors, ce qui rend la chose difficile c'est qu'il y avait de multiples informateurs. Il faudrait également voir quels étaient les rapports, mettons entre Reinhard qui deviendra baron d'Empire à Paris, et Grimm. Reinhard est un des informateurs de Schiller en ce qui concerne la vie économique et sociale à Paris et le devenir politique. Très souvent, tout cela tombe dans la rubrique très générale « Schiller et la Révolution française », mais la Révolution française, c'est pour l'époque une vue de l'esprit, c'est un concept beaucoup trop général ; alors que les intérêts étaient beaucoup plus différents, plus divergents. Le correspondant important pour Schiller c'était Reinhard. Je renvoie à l'article de Josef Eberle. [J. Eberle, « Das Glück ihrer Bekanntschaft... Ein Brief K. F. Reinhards aus Paris an Schiller », *Antares*, 3, 1955, pp. 19-27].

K. Bender

Si je peux encore faire allusion à votre remarque sur la prédilection de Schiller pour la grande ville sur le plan du théâtre, il faut tenir compte d'un fait social très important, à savoir que les petites villes ou les petites résidences n'avaient pas de théâtre professionnel, elles avaient seulement un théâtre d'amateurs. Même Weimar n'avait qu'un théâtre d'amateurs au début de Charles-Auguste et de Gœthe. Il fallait déjà que la résidence ait une certaine grandeur comme Mannheim, c'est-à-dire au niveau de l'électorat ou d'un grand-duché pour qu'on puisse se permettre un théâtre et un poète. Un poète qui a voulu faire sérieusement du théâtre avait quand même besoin d'un théâtre de spécialistes. Je crois que cela est encore un point de base très primitif peut-être et très technique, mais qui obligeait un poète dramatique à se diriger vers une grande ville.

V. Hell

En effet ; d'ailleurs l'acteur qui a joué *Die Räuber*, Ifland, est allé à

Berlin. Il était le correspondant de Schiller. C'est une des raisons du retard du réalisme en Allemagne, cette discordance entre les conditions sociologiques des poètes et des penseurs et la ville. Mais dans le domaine du théâtre, ce sera tout de même Hambourg.

K. Bender

Oui, naturellement, il ne faut pas seulement voir les résidences des princes, mais aussi les très grandes villes commerciales, Hambourg par exemple.

V. Hell

Si je ne m'abuse, c'est bien à Hambourg qu'a eu lieu la première de *Don Carlos* ?

K. Bender

Je me réfère maintenant à la conférence de W. Hirdt. Vous avez parlé de l'ironie dans la *CL* et notamment à l'occasion des oraisons funèbres, ce qui est un sujet très charmant — l'ironie à l'occasion des oraisons funèbres — et vous avez mis l'accent sur des tendances de critique sociale notamment à l'occasion des oraisons funèbres concernant le Dauphin. Je crois que ces passages sont très révélateurs pour la décadence du prestige de la monarchie déjà à cette époque, mais je me demande quand même s'il n'y a pas également de la malveillance individuelle, puisque parmi les abonnés de la *CL* il y avait de nombreux princes qui étaient pour ainsi dire des confrères de feu Mgr le Dauphin. Si l'on se rend compte que feu Mgr le Dauphin n'avait pas la réputation d'être une tête forte dans le sens du siècle des lumières, je me demande si des petits princes et des grands princes comme Catherine II, etc., ne lisaient pas avec un certain plaisir ces allusions aux oraisons funèbres qui se rapportaient au fils de Louis XV.

U. Ricken

W. Hirdt, j'aimerais poser une question complémentaire pour vous permettre d'y répondre en même temps. Vous avez montré que les oraisons funèbres étaient une cible de choix pour l'ironie de la *CL*. Grimm connaît-il alors des éloges académiques dont quelques philosophes mêmes, et non les moindres, s'étaient fait une spécialité ? Ces éloges académiques, sortes d'oraisons funèbres sécularisées, si vous voulez, est-ce que nous en trouvons l'écho dans la *CL* ? Le discours de réception est au fond une oraison funèbre.

W. Hirdt

Votre rapprochement est tout à fait original. Il y a pourtant moins d'intentions moralisantes dans les éloges académiques que dans les oraisons funèbres d'un Bossuet, d'un Bourdaloue ou d'un Massillon. Je ne vois pas que Grimm traite des éloges académiques avec cette ironie que nous avons constatée pour les oraisons funèbres. Quant à la question de Karl Bender, vous avez certainement raison. Il n'y a, je crois, rien à ajouter à ce que vous venez de dire.

E. Lizé

Il me semble que Grimm était incapable de comprendre l'ironie des autres. Je pense notamment à son incompréhension face au « mordant » de *Candide*. A votre avis, Willi Hirdt, est-ce là un simple accident de parcours ou plutôt une constante dans l'attitude de Grimm ?

W. Hirdt

La réaction de Grimm vis-à-vis de *Candide* est en effet décevante et quelque peu naïve, surtout quand on pense qu'il y trouve « beaucoup de choses de mauvais goût, d'autres de mauvais ton, des polissonneries et des ordures qui n'ont point ce voile de gaze qui les rend supportables ». Aussi le passage où Grimm accorde à *Candide* « la gaieté, la facilité » qui rendent la lecture « fort amusante » ne peut cacher le fait qu'il n'y a pas vu, au fond, — ou n'a pas voulu voir ? — l'ironie voltairienne. Laissons de côté qu'il trouve aussi certains mérites dans *Candide* (Pococurante, par exemple, serait « un assez bon personnage »). Mais ce n'est pas cela qui intéresse ici. Le problème se situe sur un plan différent. Malgré son incompréhension évidente il ne faut pas oublier que même dans ses quelques pages sur *Candide*, Grimm fait preuve de cette ironie qui, selon moi, le caractérise. Je pense aux phrases où il dit :

> « Au reste, si jamais l'ordre et la chronologie des ouvrages de M. de Voltaire se perdent, la postérité ne manquera point de regarder *Candide* comme un ouvrage de jeunesse. Vraisemblablement, dira un critique judicieux dans deux mille ans d'ici, l'auteur n'avait que vingt-cinq ans lorsqu'il écrivit *Candide*. C'était son coup d'essai dans ce genre. Son goût était jeune encore ; aussi manque-t-il souvent aux bienséances, et sa gaieté dégénère souvent en folie. Voyez, continuera-t-il, comme ce goût s'est formé et rassis ensuite ! Comme par gradation il est devenu plus sage dans les ouvrages postérieurs, *Scarmentado*, *Babouc*, *Zadig*, *Memnon* ! Vous voyez les nuances par où l'auteur s'est approché de la perfection. *Ainsi le critique, à force de sagacité et de finesse, aura exactement renversé l'ordre de ses ouvrages.* » (IV, 87f.).

Cela est exactement dans le style des attaques ironiques contre le roman que nous avons regardées de plus près.

CINQUIÈME SÉANCE

L'ACADÉMIE FRANÇAISE VUE PAR GRIMM [1]

par Karlis RACEVSKIS (Dayton, Ohio)

Tout lecteur de la *CL* remarquera dès l'abord la place importante qu'occupe l'Académie française dans les comptes rendus de Grimm et de Meister. En effet, les deux écrivains suivaient fidèlement les activités de la Société des Immortels et assistaient fréquemment aux séances publiques de la Compagnie. Aussi, la *CL* a-t-elle toujours été une source extrêmement féconde pour les historiens de l'Académie. Comme document historique, l'œuvre de Grimm et de Meister est remarquable, non seulement pour le grand nombre de faits et d'anecdotes qu'elle rapporte, mais surtout pour les commentaires que les deux auteurs nous offrent sur la signification historique et sur l'influence culturelle de la Compagnie. Néanmoins, dans le cas de la correspondance rédigée par Grimm, on peut observer un phénomène assez curieux. Si les historiens s'en remettent à la *CL* pour les menus renseignements et anecdotes qu'elle renferme, ils prisent beaucoup moins les opinions personnelles de l'écrivain. Ces remarques devraient pourtant constituer une contribution précieuse à la compréhension du rôle que l'Académie a joué dans l'histoire des idées aux dix-huitième siècle. Le point de vue de Grimm étant celui d'un étranger, ou plutôt celui d'un observateur cosmopolite, il lui était possible de voir l'Académie d'une manière relativement détachée. D'autre part, la nature privée et secrète de sa correspondance favorisait la franchise et la liberté d'expression. On peut donc s'étonner que ses observations n'aient pas eu l'écho qu'elles méritaient. L'objet de mon étude sera d'abord de rassembler et d'examiner ces opinions pour éclairer et préciser la position de Grimm. Ceci nous permettra de comprendre les raisons pour lesquelles ses vues ont été généralement négligées par les historiens de l'Académie française.

---

1. Je remercie le Département de langues modernes de Wright State University, dont la subvention m'a permis de participer à ce colloque.

La période couverte par la Correspondance de Grimm est une époque très mouvementée dans l'histoire de l'Académie. La Compagnie subit alors de profonds changements, car ce sont les années de la fameuse conquête des philosophes. Voltaire y était entré dès 1746, d'Alembert en 1754, mais la conquête a lieu surtout dans les années soixante. Le Franc de Pompignan attaque les philosophes en 1760 dans son discours de réception, et d'Alembert, qui avait conçu le projet de transformer l'Académie française en un bastion de la philosophie, se voit obligé d'intensifier ses efforts et va mener ouvertement sa campagne contre l'hégémonie des dévots à l'Académie. C'est avec l'élection de Thomas en 1766 qu'on peut considérer le parti philosophique comme établi solidement. Les philosophes, cependant, n'arriveront jamais à dominer complètement la vie académique, et leur règne, ou plutôt l'illusion de leur règne, ne durera que quelques années. Ce sera ce même Thomas qui déclenchera une réaction contre l'ascendant philosophique en 1770, à l'occasion d'un discours prononcé à une séance publique. Un des membres les plus éminents de l'Académie, Séguier — le premier avocat général du Parlement de Paris — interpréta ce discours comme une attaque qui le visait personnellement. Il avait prononcé, quelques jours auparavant, un réquisitoire contre certains ouvrages philosophiques, et ceux-ci avaient été par la suite condamnés à être brûlés par le Parlement. Séguier se plaignit à Maupeou, et Thomas, non seulement se vit interdire la publication de son discours, mais aussi de jamais parler dans une séance publique de la Société. Un an plus tard, l'Académie fut sommée par le roi lui-même de respecter un ancien statut et de soumettre préalablement tous les discours concourant pour le prix d'éloquence à deux docteurs de la Sorbonne. Finalement, en 1772, l'élection de deux candidats du parti philosophique fut annulée par le roi. Les ambitions de d'Alembert étaient définitivement tenues en échec. Voilà, brièvement, les principaux événements qui, outre les élections et réceptions, seront rapportés par Grimm dans sa Correspondance.

Si nous examinons ces comptes rendus de la *CL*, nous remarquons tout d'abord que l'attitude de Grimm envers l'Académie est presque entièrement négative. En ceci, la *CL* n'a rien d'original, car l'écrivain allemand ne fait que condamner les défauts et abus déjà relevés par d'autres critiques de son temps. En effet, c'est un lieu commun au dix-huitième siècle que de trouver les discours académiques détestables, de dire que les candidats élus aux places vacantes sont des hommes médiocres et sans talent, qu'ils y accèdent par intrigue et par cabale, tandis que les écrivains de mérite sont souvent écartés. Mais les commentaires de Grimm vont bien plus loin que ces quelques observations banales. Dans les premiers volumes de la *CL*, l'auteur cherche principalement une justification pour l'existence de la Société et tente de découvrir ce que la Compagnie apporte à la langue et à la littérature française. Il note que les discours attirent de plus en plus l'attention du public et applaudit chaque fois qu'un académicien réussit à éviter les platitudes et la rhétorique traditionnelles. Ainsi, à la réception de Buffon en 1753, il trouve que celui-ci a traité « une matière digne de sa plume et digne de l'Académie » (II, 275) dans son discours sur le style. De même, l'année suivante, Grimm se réjouit d'entendre Gresset parler de Molière à l'Académie (II, 415). Mais ce sont là des exceptions, et le philosophe allemand se voit obligé, le plus souvent, de constater « qu'il y a dans la nature peu de choses aussi insipides qu'un discours de réception » (II, 360) et que le style académique représente une influence qui peut même être nuisible à la langue, car, « si ce style s'établit jamais, écrit-il, nous pouvons tenir notre goût pour perdu » (III, 27). Quelques années plus tard, il exprime sa conviction que « la langue française se corrompt à proportion que les académies se multiplient » (V, 369). A la publication de la quatrième édition du dictionnaire de l'Académie en 1761, Grimm semble être complètement désabusé quant à la signification littéraire de la Société et conclut : « Voilà du côté de l'utilité, tout ce qu'on peut attendre de cette compagnie » (V, 19). Tout en critiquant l'Académie pour son rôle dans le domaine des lettres, Grimm examine aussi les causes de cette insuffisance et de temps en temps note un défaut qui n'était peut-être visible qu'à son œil étranger. Il trouve, par exemple, que jugeant d'après certains discours de réception, les candidats aux places vacantes sont choisis parce qu'ils « aiment le roi et la patrie à la folie, et il n'y a que cela qui fasse un bon académicien » (V, 275). Cette insistance sur les sentiments patriotiques dans les fastes de l'Académie est un fréquent sujet d'irritation pour Grimm qui adopte alors un ton sarcastique : « Nous croyions bêtement, remarque-t-il en 1763, que le mérite littéraire entrait pour quelque chose dans le choix que l'Académie faisait de ses sujets » (V, 275).

Cependant, si Grimm, l'amateur de lettres n'a plus d'illusions sur l'utilité littéraire de l'Académie, il commence à percevoir le rôle qu'elle pourrait tenir dans le domaine des idées, et désormais c'est en philosophe surtout qu'il va la juger. C'est ainsi qu'en 1763, il trouve pour la première fois qu'un discours prononcé à l'Académie a un mérite philosophique. Il s'agit d'un *Éloge de Sully*, par Thomas, qui vient de remporter le prix d'éloquence pour la quatrième fois. Jusque là, Grimm ne voyait en Thomas qu'un « faiseur de phrases » (IV, 506) dont les œuvres n'étaient que du « verbiage » (IV, 139) et la pensée qu'une « affectation de l'esprit philosophique » (IV, 506). Maintenant, Grimm constate que « c'est un philosophe qui parle » (V, 390). De même en 1765, quand Thomas remporte de nouveau le prix d'éloquence avec un *Éloge de Descartes*, Grimm signale chez l'orateur « une profonde honnêteté, une âme pleine d'élévation et fortement touchée du sort de la philosophie et de la cause du genre humain » (VI, 354). Pour Grimm, le mérite de Thomas est d'autant plus grand, que la philosophie se trouve persécutée à cette époque. L'auteur de la *CL* est très pessimiste quant au progrès des Lumières en France : il lui semble qu'« il faudra encore un peu de temps avant que la philosophie fasse quelque révolution sensible en France. Le siècle des philosophes et le règne de la philosophie sont deux époques très différentes » (VI, 338). Aussi est-il reconnaissant envers Thomas qui a fait « l'apologie de la philosophie dans un moment où elle est plus que jamais haïe et calomniée » (VI, 354). Thomas, malheureusement, ne conservera pas longtemps l'estime de Grimm. Une année plus tard, le philosophe allemand sera sévère pour un *Éloge du Dauphin*, dans lequel Thomas chante la gloire du prince décédé et fait un tableau de la religion d'une manière qui est, selon Grimm, « peu digne d'un philosophe » (VII, 8). De même, quand Thomas est finalement récompensé par un fauteuil à l'Académie pour ses œuvres d'éloquence, Grimm le trouve très timide dans son discours de réception et le blâme pour avoir manqué l'occasion de défendre les philosophes contre les injustices et les persécutions dont ils sont les victimes. La réception de Thomas, qui a lieu le 22 janvier 1767, est l'une des plus brillantes du siècle ; cette époque est généralement considérée comme l'apogée du règne philosophique à l'Académie française. Chose curieuse : on chercherait en vain quelque mention de « règne », ou de « victoire » philosophique dans la *CL*. La réponse à cette énigme nous est fournie quelques pages plus loin, dans un passage où Grimm observe que « tout est aujourd'hui philosophe, philosophique et philosophie en France » (VII, 225). Il fait la remarque à propos d'un mauvais livre sur la philosophie qui vient de paraître, dont l'auteur est « le philosophe le plus sot et le plus borné qu'il y ait en ce royaume, »[2] et il ajoute, « l'on remarque que la sottise prospère infiniment depuis quelques années » (VII, 225). Grimm déplore ainsi l'apparition d'une variété populaire et banale de la philosophie, une pose philosophique qui est soudain en vogue dans le pays et qui, selon toute apparence, s'est installée à l'Académie française. Il est alors facile de comprendre pourquoi Grimm ne manifeste aucun enthousiasme pour les prétendues victoires de d'Alembert et de son groupe. Il a compris que l'esprit et la constitution de la Société des Immortels ne peuvent être favorables qu'à une philosophie mondaine et édulcorée. La faiblesse de cette philosophie académique est d'ailleurs un mal que Grimm avait diagnostiqué dès le jour où d'Alembert avait été reçu à l'Académie en 1754. Il avait trouvé le discours du géomètre timide et son attitude trop conciliante. Selon Grimm, « il eût été digne d'un philosophe d'exposer

---

2. Il s'agit du *Discours sur la philosophie de la Nation* de Merlin.

aux yeux d'un public éclairé le magnifique tableau de tous les biens que la philosophie a faits au genre humain ». Au lieu de cela, d'Alembert avait essayé de réconcilier la philosophie et la religion en déclarant que « la religion doit à la philosophie l'affermissement de ses principes » (II, 461). La réaction de Grimm avait été semblable en 1761, quand il avait trouvé que le sujet traité par d'Alembert dans un discours n'était « guère digne de l'attention d'un philosophe » (IV, 350) ; et il avait souhaité que les philosophes « n'écrivissent que lorsqu'ils ont des idées fortes, grandes et belles à donner au public, sans quoi il vaut mieux se tenir tranquille » (IV, 351).

On voit que les idées de Grimm sur le rôle des philosophes et sur les progrès des Lumières étaient fort différentes de celles de d'Alembert. Pour l'Allemand, les philosophes sont en 1765 « quelques hommes de lettres paisibles et isolés, étrangers à l'art de manier les esprits et les affaires, sans intrigue, sans parti, sans crédit » (VI, 338). Aussi les intrigues de d'Alembert lui semblent-elles peu dignes d'un philosophe. En 1761 par exemple, Grimm est d'avis qu'on s'occupe trop de Pompignan et de Fréron, et il observe : « Si cela dure, les gens de lettres n'auront bientôt plus d'autre occupation en France que d'écrire des satires et des libelles les uns contre les autres, et cela nous fera un honneur infini » (IV, 224). Quelques années plus tard, au moment où les efforts de d'Alembert sont couronnés par le brillant succès que représente l'élection de Thomas, Grimm fait la remarque que « tout homme qui rend des services au genre humain ne doit en espérer aucune récompense de son vivant » (VII, 215). Ce jugement est provoqué par le discours de Thomas, et son intention est évidente : pour Grimm, ce n'est ni l'Académie, ni aucun de ses membres à Paris qui contribueront au progrès des Lumières[3]. Ce sera une élite d'hommes de génie, désintéressés de leur propre gloire, dévoués au bonheur de l'humanité, qui « changeront à la longue infailliblement la face du genre humain » (VII, 215). Or, à l'Académie, Grimm ne voit qu'un idéalisme pusillanime, une ambition qui se limite à des satisfactions d'amour-propre. Les efforts que fait d'Alembert pour convertir l'Académie en un centre de propagande philosophique lui semblent mesquins, leur effet dégradant pour la véritable philosophie. C'est pourquoi il finit par voir une grande ressemblance entre la tactique des philosophes et celle des dévots, ainsi qu'il l'explique en 1770 : « On a appelé point d'orgue ou *cadenza* la sortie formelle et régulière que les évêques et tous les prédicateurs font depuis quelque temps contre les philosophes, et qui est devenue l'essence de tous les sermons qui se prêchent en France. Je vois que les

---

[3]. La précision « à Paris » est nécessaire ici, car les sentiments de Grimm étaient entièrement différents à l'égard de Voltaire.

philosophes commencent aussi à avoir leur point d'orgue, et qu'il n'y aura plus de discours prononcé à l'Académie sans réclamation contre le point d'orgue des prêtres, et sans apologie de la liberté de penser » (IX, 87). L'opinion de Grimm sur la valeur de cette prédication philosophique se trouve exprimée encore plus clairement une année plus tard, à l'occasion d'un ouvrage de Gaillard, publié pour marquer son entrée à l'Académie. L'auteur de la *CL* écrit alors : « On n'est pas philosophe pour savoir répéter les lieux communs de la philosophie à la mode ; il faut être penseur » (IX, 339).

Puisque Grimm n'a plus d'illusions sur la réalité académique vers 1770, il présente les événements de cette époque d'une manière beaucoup moins dramatique que ne le feront plus tard les historiens de l'Académie française. Tout d'abord, il semble ignorer le fait que d'Alembert poursuit, depuis environ 1760, un plan bien arrêté pour établir la philosophie à l'Académie, ou du moins, il n'y attribue pas une très grande importance. Ainsi, tandis que pour d'Alembert les péripéties de 1770-1772 représentent un grave échec, pour Grimm ce sont des incidents qui n'ont pas besoin d'être expliqués dans le contexte d'une longue lutte opposant la philosophie à une alliance du gouvernement et des dévots de l'Académie. L'auteur de la *CL* présente ces luttes comme des conflits mesquins qui n'intéressent en réalité ni les ministres ni le roi. En 1770, par exemple, quand Séguier réussit à faire censurer Thomas par Maupeou, l'avocat général ne jouit pas longtemps de sa victoire. Quand, quelques mois plus tard, les parlements sont dissous, le chancelier lève l'interdiction qui avait été faite à Thomas de lire dans les séances publiques. Grimm explique que l'Académie « gagna quelque chose à la suppression du parlement de Paris. M. Séguier ayant subi le sort de cette compagnie n'eut plus le crédit de tenir la bouche fermée à M. Thomas » (X, 16). Grimm interprète d'une façon semblable les événements qui marquent les élections de 1772. Au début de l'année deux vacances se produisent à l'Académie. Peu après le roi adresse une lettre à la Société dans laquelle il l'avertit de choisir ses membres avec le plus grand soin et d'examiner préalablement les discours qui seront lus aux séances publiques. L'avertissement est prophétique, car deux mois plus tard, l'élection de deux candidats philosophiques, Suard et Delille, est annulée par Louis XV. Toutefois, le triomphe des dévots est loin d'être complet, car si d'une part le roi semble favoriser leur parti, d'autre part il nomme Marmontel historiographe de France et confirme l'élection de d'Alembert au poste de secrétaire perpétuel de l'Académie, ces deux charges étant vacantes depuis la mort de Duclos. De plus, comme l'exclusion de Suard et de Delille n'était due qu'aux intrigues du maréchal de Richelieu, l'un des chefs du parti dévot, les protecteurs du parti philosophique tels que le duc de Nivernois et le prince de Beauvau ont vite fait de convaincre le roi que les accusations qu'on a pu porter contre les deux candidats étaient injustifiées, et Louis XV finit par permettre aux deux écrivains de se présenter de nouveau. Pour Grimm, il n'y a qu'une explication possible à cette série d'événements, c'est que « le roi, suivant les principes d'une exacte neutralité ou d'une parfaite indifférence, a cédé alternativement aux insinuations de l'un ou de l'autre parti » (X, 17). C'est pourquoi Grimm n'interprète pas cet épisode comme le conflit décisif qui déterminera le destin de l'Académie. Pour lui, il existe deux raisons pour lesquelles les philosophes ne parviennent pas à étendre une domination complète sur la Compagnie. Tout d'abord, les dévots se sentant menacés par la suprématie philosophique, réussissent à freiner l'invasion des philosophes au moyen d'intrigues et grâce à leur influence politique. Ensuite, d'Alembert et ses amis n'arrivent pas, tout simplement, à recruter assez de candidats d'un mérite reconnu pour renforcer leurs rangs, car, ainsi que l'observe Grimm en 1771, « la disette des sujets est extrême et augmente tous les jours » (IX, 308).

Les deux partis seront donc obligés de vivre l'un avec l'autre, et l'Académie rentre dans une période relativement stable. Quoique Grimm s'indigne encore en 1772 que la Société n'ait pas songé à donner comme sujet du prix de poésie le massacre de la Saint-Barthélémy pour commémorer le bicentenaire de l'événement, sa surprise nous apparaît plutôt comme un procédé de rhétorique, car il reconnaît en même temps que les progrès de l'esprit philosophique « sont si mesquins, si peu sensibles, qu'on ne s'aperçoit que trop que la lumière, qui point de tous côtés, ne frappe encore que des yeux faibles qui ne sauraient la soutenir » (X, 50). Et cependant, il est obligé de constater que « nous vantons tous les jours les progrès de l'esprit philosophique ». Pour Grimm, ce soi-disant progrès n'est qu'une imposture, car les dévots eux-mêmes commencent à adopter des poses philosophiques. C'est ainsi qu'à l'Académie française, le jour de la fête du roi, on essaye de prononcer le Panégyrique de Saint Louis dans le jargon à la mode, et Grimm trouve que « c'est le comble de l'extravagance de nos orateurs sacrés de vouloir être moitié philosophes et moitié chrétiens » (X, 77).

Selon Grimm donc, l'existence de l'Académie française contribue fort peu au progrès des Lumières, son influence est négligeable, parfois même négative sur la littérature. L'opinion que la Compagnie des Immortels « représente un principe élevé, qu'elle le défend et le fait triompher », qu'elle constitue, en fait, « l'Aréopage des lettres »[4], est un point de vue qui semble avoir toujours servi de critère à ceux qui ont écrit l'histoire de l'Illustre Société. Cette immortalité décernée à un écrivain par une

---

4. Lucien BRUNEL, *Les Philosophes et l'Académie française au dix-huitième siècle* (Paris : Hachette, 1884), p. 262.

élection à l'Académie n'impressionne guère le philosophe allemand. Il ne voit dans la « gloire académique » qu'une simple satisfaction d'amour-propre pour les Quarante. Il remarque aussi qu'une élection à l'Académie est beaucoup plus importante pour un homme de lettres que pour un homme de cour. Pour celui-ci, c'est une distinction parmi tant d'autres ; il en va tout autrement pour l'écrivain : « Le jour de sa réception est pour lui un jour de triomphe, et il prétend en prolonger la pompe le plus qu'il lui est possible » (XI, 124). Aussi Grimm comprend-il très bien que les principales fonctions académiques soient irrémédiablement marquées de cette vanité que les membres dérivent de leur rang académique, pour qui les discours et les cérémonies servent à rehausser la gloire du titre. Pour Grimm, la fonction de l'Académie devrait être d'assembler une élite intellectuelle composée d'hommes de génie, qui ne tireraient aucune gloire du titre d'académicien, puisque le fait d'appartenir à la Compagnie ne pourrait ajouter en aucune façon à leur mérite véritable. Par conséquent « tous ceux qui tirent quelque illustration de ce qu'ils sont agrégés à une société littéraire sont par là même indignes d'en être » (V, 438). C'était évidemment le cas pour la plupart des membres de l'Académie française tels que les voyait Grimm. Nous comprenons à présent pourquoi les opinions du philosophe allemand n'ont pas retenu l'attention des historiens de l'Académie : c'est que le témoignage de Grimm nie les valeurs sur lesquelles leurs histoires reposent. Pour lui, l'Académie ne sert ni la cause de la littérature, ni celle de la philosophie ; son prestige repose essentiellement sur des illusions.

Néanmoins, cela ne veut pas dire que l'auteur de la *CL* sous-estime l'influence de l'Académie sur l'opinion de ses contemporains, sur celle des Français aussi bien que des étrangers. Il voit très bien que l'Académie a une influence considérable sur le développement et le mouvement des idées au dix-huitième siècle. Il constate, avec quelque étonnement, l'énorme prestige de la Société ; mais il ne partage pas l'estime générale de son époque pour cette renommée quelque peu mystique de la Compagnie. C'est là, précisément, que réside le principal mérite de son témoignage sur l'Académie française. La *CL* a pour effet de démythifier les interprétations traditionnelles du rôle de la Société des Immortels, et, si nous acceptons de croire à la justesse des observations de Grimm, nous sommes obligés de constater qu'une partie essentielle de l'histoire de l'Académie française reste encore à faire.

GRIMM JUGE DE MARIVAUX

par Jacques LACANT (Paris)

Quand Friedrich Melchior Grimm commence à rédiger sa *CL*, Marivaux a encore près de dix ans à vivre ; mais, depuis ce 6 août 1746 où les Comédiens-Français représentèrent pour la première fois *Le Préjugé vaincu*, aucune pièce nouvelle de lui n'a paru en public. La précédente comédie, *La Dispute*, avait été retirée dès le premier soir[1]. La reprise (en 1747) de son unique tragédie, *Annibal*, ne lui a valu qu'un succès d'estime. Marianne et Jacob, le paysan parvenu, sont abandonnés depuis longtemps et leur destin reste inachevé. Marivaux se contente d'être assidu à l'Académie et d'y lire des *Réflexions* sur des sujets divers que le *Mercure* publie. Dans le clan des « philosophes », peu enclin à apprécier un auteur jugé à la fois trop frivole par ses sujets et trop « métaphysique » par sa manière subtile et le style singulier dans lequel il les traite, l'opinion prévaut que Marivaux est oublié dès son vivant, et donc voué inéluctablement à l'oubli de la postérité. La boutade cruelle qu'on lit au début du *Neveu de Rameau* (« Car personne n'a autant d'humeur, pas même une jolie femme qui se lève avec un bouton sur le nez, qu'un auteur menacé de survivre à sa réputation, témoins Marivaux et Crébillon le fils ») exprime un dédain général dans le parti « philosophique ». Deux siècles plus tard, cette confusion dans un même sort contraire de deux écrivains d'envergure si différente nous fait un peu sourire : la réputation de Marivaux n'a jamais été aussi brillante, quatre pièces de lui sont actuellement à l'affiche à Paris et leur mise en scène suscite des commentaires passionnés[2], tandis que les Crébillon père et fils n'ont plus d'existence que dans les histoires littéraires. Encore serait-il bon de préciser que la pointe de Diderot

---

1. Reçue « tout d'une voix pour être jouée sur-le-champ et avant toute autre » par les Comédiens-Français le 22 septembre 1744, la pièce fut représentée une seule fois sur leur théâtre, le 19 octobre ; « non goûtée du public », elle fut retirée par l'auteur. Elle ne devait y reparaître que près de deux siècles plus tard !

2. De la scène la plus modeste à la plus illustre, ce sont *Le Prince travesti*, *Les Fausses Confidences*, *La Dispute*, *L'Ile des Esclaves*.

témoigne de quelque partialité : dans l'ensemble des années 1750 et 60, Mme Sylvie Chevalley dénombre plus de deux cents représentations de Marivaux au Théâtre-Français[3], qui n'était pas pourtant celui auquel il avait donné le plus de pièces, ni où il avait obtenu ses meilleurs succès. Ce sont des *Œuvres de Théâtre* bien vivantes que Nicolas-Bonaventure Duchesne publia en 1758.

Il n'y a toutefois aucune apparence que Grimm dût avoir sur ce chapitre une opinion différente de celle de son maître et ami Diderot ; mais ses jugements sur Marivaux ne peuvent manquer de susciter de la curiosité quand on songe à la fortune de cet auteur en Allemagne, et notamment dans ces Cours allemandes que visait dès le début la *CL*. Altesses Sérénissimes et leur entourage jouaient par prédilection Marivaux pour les fêtes et anniversaires, et j'ai montré le duc de Weimar venant jouer chez ses voisins de Gotha le rôle d'Iphicrate, le mauvais maître repenti de *L'Ile des Esclaves*... On pensait participer un peu, de cette façon, à la vie raffinée des salons parisiens. Les grandes troupes allemandes, Schönemann, Koch, Ackermann, etc., jouaient de leur côté beaucoup de Marivaux dans les villes et les résidences d'été, surtout après la publication à Hanovre, en 1747-49, des deux volumes de traductions de Krüger, et Ekhof prêtait à plusieurs rôles l'éclat de son immense talent de comédien[4]. Au lieu de décliner après 1760, comme celle de ses rivaux Destouches et La Chaussée, la fortune de Marivaux prit un nouvel essor quand commença l'ère des adaptations libres publiées par les Pfeffel, Gotter, etc. Marivaux n'était certainement pas, pour les « chalands » de Grimm, un auteur indifférent et, par le jeu du décalage chronologique, à l'époque du silence relatif de Marivaux à Paris correspond au contraire une forte poussée de ses comédies dans les répertoires allemands. En 1753, quand Grimm se met au travail, Ekhof lui-même — qui deviendra plus tard directeur du Théâtre de la Cour de Gotha au château de Friedenstein — publie sa traduction de *L'École des Mères* (*Die Mütterschule*) de Marivaux.

Outre l'opinion dédaigneuse de ses amis, d'autres facteurs ont pu influencer le jugement de Grimm. Il avait été l'élève empressé de Gottsched à l'Université de Leipzig, et l'on sait que le maître fameux, plus critique que ses adversaires ne l'ont dit à l'égard du théâtre français, triait parmi les auteurs l'ivraie du bon grain : pour avoir négligé les règles édictées

---

3. *Marivaux*, monographie éditée en 1966 par la Comédie-Française, pp. 46-47. Avec 116 représentations — uniquement en reprises — durant la période 1751-60, on voit presque doubler le total atteint au cours de chacune des deux décennies productives qui ont précédé.

4. Une gravure d'époque montre le célèbre comédien dans ce rôle de Jürge (Maître Blaise de *L'Héritier de Village*) qui fut l'un de ses triomphes. Sur l'étonnant succès du plus raffiné des auteurs français en dépit de la proverbiale « rusticité tudesque », un ouvrage de l'auteur de cet article (*Marivaux en Allemagne*) vient de paraître aux Éd. Klincksieck.

par Horace et employé le « monstre welche » Arlequin, Marivaux ne figure pas dans la *Deutsche Schaubühne* (1740-45), recueil modèle à l'usage des scènes allemandes, et Krüger, qui avait prétendu réparer cette omission et soutenir dans une préface ce mauvais exemple, s'était vu comparer, dans un grand mouvement d'éloquence vengeresse, à l'incendiaire du Temple de Diane à Éphèse !...[5] Il faut dire cependant qu'à Paris Grimm ne suivit plus guère les décrets du réformateur de la scène allemande : le favori du ménage Gottsched était Destouches[6] et Grimm n'a guère parlé de lui que pour le trouver froid et languissant ; mais à Paris, justement, l'ensemble des opinions critiques n'était pas non plus très favorable à Marivaux : il suffit pour s'en convaincre de consulter les jugements placés par Frédéric Deloffre en appendice à sa remarquable édition du *Théâtre Complet*. L'esprit philosophique rejette avec mépris la métaphysique et c'est la « *métaphysique du cœur* » qu'on ne cesse de reprocher à Marivaux.

Grimm ne figure pas parmi les censeurs cités par F. Deloffre ; c'est cette petite lacune que nous nous proposons de combler. Quant à Jeanne R. Monty, dans son étude sur *Grimm critique littéraire*, elle s'attache à ses jugements sur les grands écrivains (Rousseau, Diderot, Voltaire, Buffon...), puis sur quelques « auteurs secondaires », mais Marivaux — sans doute parce que sa carrière était déjà trop avancée, qu'il n'appartenait plus à l'actualité quand l'informateur des Cours s'assit sur sa chaise de paille — ne fait partie ni des uns, ni des autres. A vrai dire, malgré l'intérêt majeur qu'il annonçait dès le début pour les spectacles, « cette partie si brillante de la littérature française », Grimm a trouvé peu d'occasions de citer le nom de cet auteur discret, si ce n'est de façon tout à fait fortuite, par exemple à propos du portrait exposé par Louis-Michel Van Loo au Salon de l'Académie Royale de Peinture et de Musique[7], et qu'il trouve d'ailleurs fort médiocre. Une occasion se présenta pourtant quand on apprit en 1763 la mort de Marivaux ; c'est à ce moment-là, en général, qu'on se permet de juger de haut les mérites et démérites d'un écrivain. Grimm, tout juste revenu de ses séjours en Westphalie, à Gotha et à Francfort, où il avait bien dû percevoir quelques échos des succès de Marivaux, n'y faillit point. Après avoir annoncé brièvement la mort de Louis Racine, surnommé Racine-la-Grâce[8], il écrit :

---

5. Cf. J. LACANT, ' Gottsched « législateur » du théâtre allemand..., ' in : *Revue de Littérature Comparée*, janvier-mars 1970, p. 9.

6. Les deux premiers volumes du recueil modèle de Gottsched, *Die deutsche Schaubühne*, parus en 1740-41, contenaient, traduites par sa femme Luise Adelgunde, trois comédies de Destouches.

7. *CL* du 15 septembre 1753. Elle signalait aussi les portraits de Nivelle de la Chaussée et de « M. Rousseau, citoyen de Genève ».

8. *CL* du 15 février 1763 (III, 182). Louis Racine était l'auteur d'un poème sur la grâce.

> « Nous avons perdu un autre écrivain célèbre. M. de Marivaux, de l'Académie Française, est mort ces jours passés, âgé de plus de soixante-seize ans. Cet auteur a fait quelques tragédies détestables, un grand nombre de comédies, la plupart pour le Théâtre-Italien, et quelques romans qui ont eu du succès et qu'il n'a pas achevés. Sa *Marianne* et son *Paysan parvenu* sont très connus... ».

Permettez ici une brève interruption de ce bulletin nécrologique. Je sais bien qu'à l'époque on ne se piquait pas d'exactitude, mais force est de noter la négligence avec laquelle Grimm, plus précis d'habitude, parle du défunt : il se trompe sur l'âge, attribue à Marivaux plusieurs tragédies qu'il dit, de confiance, détestables — lui qui jadis fit *Banise*[9]... ! ; quant aux comédies, si l'on veut que *la plupart* aient été données au Théâtre-Italien, il faut prendre cette expression dans son sens le plus strict, qui n'est pas le plus habituel, car Marivaux a tout de même fait jouer au Théâtre-Français neuf de ses comédies, dont *La Seconde Surprise de l'Amour*, *Les Serments indiscrets*, *Le Legs*, et les deux dernières : *La Dispute* et *Le Préjugé vaincu*. Cette négligence est celle avec laquelle on traite un auteur dont le public est bien revenu. Et aucune allusion, chez ce journaliste, aux journaux de Marivaux... Mais poursuivons :

> « Il avait un genre bien à lui, très aisé à reconnaître, très minutieux, qui ne manque pas d'esprit, ni parfois de vérité, mais qui est d'un goût bien mauvais et souvent faux. M. de Voltaire disait de lui qu'il passait sa vie à peser des riens dans des balances de toile d'araignée ; aussi le marivaudage a passé en proverbe en France. Marivaux avait de la réputation en Angleterre, et, s'il est vrai que ses romans ont été les modèles des romans de Richardson et de Fielding, on peut dire que, pour la première fois, un mauvais original a fait faire des copies admirables. Il a eu parmi nous la destinée d'une jolie femme, et qui n'est que cela : c'est-à-dire un printemps fort brillant, un automne et un hiver des plus durs et des plus tristes. Le souffle vigoureux de la philosophie a renversé depuis une quinzaine d'années toutes ces réputations étayées sur des roseaux. Marivaux était un honnête homme, mais d'un caractère ombrageux et d'un commerce difficile ; il entendait finesse à tout ; les mots les plus innocents le blessaient, et il supposait volontiers qu'on cherchait à le mortifier ; ce qui l'a rendu malheureux et son commerce épineux et insupportable. »

C'est, comme on voit, un morceau très soigné, qui voudrait constituer un portrait complet en raccourci : l'œuvre et l'homme ; mais ce n'est pas un jugement autonome : on y retrouve les opinions, les termes du clan. Dans son *Éloge académique*, quatorze ans plus tard, d'Alembert — avec

---

9. Cette piètre tragédie, œuvre d'extrême jeunesse, fut pourtant insérée par Gottsched dans le tome IV de sa *Schaubühne*.

beaucoup plus d'analyse, de détours et de nuances — dira les mêmes choses. La comparaison avec une jolie femme a été employée par Diderot, peut-être Grimm l'a-t-il retenue du manuscrit du *Neveu*, et développée ? Gœthe, d'ailleurs, la reprendra dans les notes de sa traduction : « Une vieillesse malheureuse attend l'auteur qui ne se résigne point, comme une femme qui n'accepte pas de renoncer à des charmes fanés. Marivaux fut acculé à cette triste situation (...), il en conçut de l'aigreur... »[10]. Entretemps, le fameux professeur Jakobs, mesurant (en 1800) le caractère de Marivaux à la virilité prussienne, lui avait trouvé « un esprit féminin dans un corps masculin »[11]. Grimm ne semble donc représenter qu'un maillon de cette chaîne qui tend à rejeter du côté des femmes l'analyste du cœur et de l'amour-propre féminins.

Le « souffle vigoureux de la philosophie », brandi par Grimm contre Marivaux pour dénier tout avenir à son œuvre, prête à sourire, même si l'on aimerait atténuer un peu le verdict sévère de Jean Fabre : « La philosophie de Grimm, aussi imperturbable que courte, lui permet de trancher en maître sur tout sujet et fait de sa critique, aux yeux des landgraves, l'oracle de l'intelligence et du bon goût »[12]. Grimm, justement, reproche à Marivaux un goût « bien mauvais et souvent faux », la nuance entre les deux épithètes restant indécise. Il n'est pas le premier à formuler ce grief ; Raynal avait déjà écrit dans ses *Nouvelles Littéraires*, à propos des romans de Marivaux : « C'est incontestablement un des hommes de France qui ont le plus d'esprit. On ne lui accorde pas aussi universellement le goût »[13]. Sans doute Grimm pense-t-il aussi aux romans, qu'il avait évoqués dix ans plus tôt à propos de ces « romans domestiques » anglais qu'il admirait, ceux de Fielding surtout, « si agréables, même pour les étrangers qui n'ont jamais été à portée de connaître les mœurs anglaises ». Et de soutenir que les Français, eux, n'ont point de romans domestiques, voire n'en auront jamais, parce qu'ils n'ont plus de mœurs. C'est que les Anglais ont « conservé, avec leur liberté, le privilège d'être, chacun en particulier, tel que la nature l'a formé. ». Grimm, non sans lucidité, s'en prenait à la « loi de la bienséance » qui fait que tout le monde se ressemble et qu'« il ne reste, dans un pays comme celui-ci, que l'état d'homme du monde, et par conséquent d'autre ridicule que celui du

---

10. *Jubiläums-Ausgabe*, t. 34, pp. 168-169.
11. *Nachträge zu Sulzers allegemeiner Theorie der schönen Künste* (vol. 6, première partie, p. 110), Leipzig, J.-G. Dyck, 1800.
12. J. Fabre, *Stanislas-Auguste Poniatowski...*, op. cit., p. 334.
13. Ce grief d'un manque de goût, qui est à l'inverse de ce que nous ressentons aujourd'hui, avait été justifié par Raynal dans la phrase précédente : « ... un esprit qui dégénère souvent en raffinement, (...) une profondeur qui va jusqu'à l'obscurité, une métaphysique parfois ridicule, une hardiesse d'expression qui approche peut-être du burlesque ». (I, 139) Ce sont en somme les excès du novateur qui sont incriminés.

petit-maître... »[14]. On pense à l'exclamation de Dorval : « Ah ! bienséances cruelles, que vous rendez les ouvrages décents et petits !... »[15] ; mais on ne peut s'empêcher de penser aussi que le champ d'observation de Grimm était bien restreint et qu'il a tendance à ne voir la société que dans le prisme de la littérature...

Dans la littérature même, le « roman domestique » français, où se montrent les mœurs des différentes classes de la société, ne serait-ce pas par exemple... *La Vie de Marianne* ? Grimm y a songé, mais pour repousser aussitôt l'objection : « Le quartier de la Halle et de la place Maubert a sans doute ses mœurs, et très marquées même, mais ce ne sont pas les mœurs de la nation. On est excédé, par exemple, de cette querelle de la lingère et du fiacre dans la *Marianne* de M. de Marivaux : rien n'est mieux rendu d'après nature, et d'un goût plus détestable que le tableau que je cite ». (II, 269). La vérité n'est donc pas en cause, c'est encore le goût qui est incriminé — avec cette épithète *« détestable »* que Grimm rencontre spontanément quand il s'agit de Marivaux. Mais alors, on ne comprend plus guère : voilà un critique qui regrette que les bienséances aient nivelé les mœurs, qu'on ne trouve plus dans le roman que l'état *d'honnête homme*, et qui se plaint d'une scène populaire prise sur le vif, sous prétexte que ce ne sont pas les mœurs de la nation, mais celles du menu peuple de Paris ! Pour Grimm, Paris n'est donc pas la France ; mais que connaît-il des mœurs de la province ? Je crois qu'il est surtout victime ici d'un goût trop aristocratique et méprisant. Relisons l'altercation en cause dans la deuxième partie de *La Vie de Marianne* : quel sel et quelle finesse de touche, quel discernement des différents états ! Et la réflexion qui broche sur le tout : « Vous ne vous seriez peut-être pas trop souciée de le connaître [le peuple], mais une définition de plus ou de moins, quand elle vient à propos, ne gâte rien dans une histoire : ainsi laissons celle-là, puisqu'elle y est... » ; il est à craindre que cet humour n'ait été perdu pour l'ironiste Grimm.

Les rapports privilégiés entre Marivaux et l'Angleterre, son renom dans ce pays, c'est aussi une remarque courante de l'époque. Diderot, dans sa *Lettre sur les Aveugles*, en 1749, avait analysé ce fait apparemment paradoxal d'un écrivain (qu'il appelle M. de M.[16]) à l'imagination vive, s'écar-

---

14. *CL* du 1er août 1753 (II, 267-69).
15. Diderot, *Entretiens sur le Fils Naturel*, second entretien (*Œuvres Complètes*, éd. P. Vernière, Garnier fr., Paris, 1965, p. 117).
16. « Voilà pourquoi M. de M. est de tous les auteurs français celui qui plaît le plus aux Anglais ». On a cru longtemps qu'il s'agissait de Montesquieu ! L'analyse que fait Diderot du style de tels écrivains, montrant que « les nuances délicates qu'ils perçoivent dans les caractères » leur font adopter « des tours de phrase qui sont admirables toutes les fois qu'ils ne sont ni précieux ni obscurs », est en quelque sorte à mi-chemin entre le blâme habituel et le plaidoyer qu'avait développé Marivaux lui-même dans la sixième feuille du *Cabinet du Philosophe* (1734), où il écrivait notamment : « Voyez combien les

tant à tout moment des façons de parler ordinaires, et qui est plus apprécié que tout autre de lecteurs étrangers ; d'Alembert rivalisera avec lui, dans *l'Éloge académique* de Marivaux, pour expliquer par diverses raisons le succès de ce langage « affecté » chez les Anglais[17]. Moins féru d'analyse, Grimm se contente d'une formule à effet. Quant aux comédies, Grimm pouvait-il les estimer ? Il est difficile de le croire quand on voit sa conception du genre, le touchant et le pathétique qu'il prône inlassablement, les éloges qu'il fait du *Fils Naturel*, du *Père de Famille*, et plus encore du *Philosophe sans le savoir* de Sedaine, dont il écrit : « Non seulement c'est une comédie, mais c'est là la vraie comédie et son véritable modèle ». (VIII, 129). Et puis : « Qu'est-ce donc que le fond de la comédie ? C'est le vice, la vertu, le bien, le mal, le bonheur, le malheur, la lâcheté, la fourberie, la bassesse, les caractères avec toute leur noirceur, les passions avec toute leur frénésie, les mœurs avec toute leur énergie et toute leur dépravation, les préjugés avec tous leurs mensonges ». (IV, 262). Voilà une foule de choses qui s'accordent mal avec la manière propre à Marivaux. En 1768, Grimm en arrive à avancer que « la véritable comédie n'est pas encore créée en France ». (VIII, 130). C'est au même moment que Lessing, dans sa *Dramaturgie de Hambourg*, s'efforce de prouver que la véritable tragédie n'est pas encore créée en France[18]. Optique très semblable...

La publication des *Œuvres diverses* de Marivaux provoque, dans la *CL* du 1er juin 1765, un dernier accès de mauvaise humeur :

> « La plus grande partie de ce recueil est occupée par le *Don Quichotte moderne* et par *L'Iliade travestie*, deux ouvrages détestables ; le reste est une bigarrure de toutes sortes d'écrits, trouvés dans les papiers de l'auteur, et qu'il fallait jeter au feu. Marivaux n'est déjà pas trop supportable quand il est bon, mais c'est bien pis quand il est mauvais. Le premier volume de ces rapsodies se trouve orné d'un portrait de l'auteur, qui est assez ressemblant. »

---

critiques profiteront contre lui de la singularité inévitable de style que cela va lui faire. Que son style sera précieux ! Mais aussi de quoi s'avise-t-il de tant penser, et d'apercevoir, même dans les choses que tout le monde connaît, des côtés que peu de gens voient, et qu'ils ne peuvent exprimer que par un style qui paraîtra nécessairement précieux ? » (*Journaux et Œuvres diverses*, éd. de F. Deloffre et M. Gilot, Garnier fr., Paris, 1969, p. 386). Diderot admet que les étrangers de beaucoup d'esprit manient le français de la même manière et que, lorsqu'ils lisent, ils en ignorent — ou pardonnent plus facilement — les anomalies.

17. Voir Marivaux, *Théâtre Complet*, éd. de F. Deloffre, Garnier, Paris, 1968, II, pp. 986 et 991. D'Alembert renchérit sur Diderot : « On croit entendre dans ses pièces des étrangers de beaucoup d'esprit qui, obligés de converser dans une langue qu'ils ne savent qu'imparfaitement, se sont fait de cette langue et de la leur un idiome particulier... » etc. Quant aux raisons de l'estime des Anglais : « Comme l'auteur ne parle pas le français ordinaire, ils croient, en l'entendant, avoir fait beaucoup de progrès dans notre langue, et ils lui savent gré de les avertir de ce progrès ; ils le lisent à peu près comme un érudit lit un auteur grec ou latin difficile à traduire... », etc. (1785).

18. Voir notamment les feuilletons 80 et 81 datés des 5 et 9 février 1768.

Encore une formule apparemment brillante, cette jonglerie un peu monotone avec « *bon* » et « *mauvais* »... mais ne serait-il pas à propos de rappeler que 1765 a son importance et marque même une sorte de tournant dans la fortune de Marivaux en Allemagne ? C'est cette année-là que Conrad Pfeffel insère dans le premier volume de ses *Divertissements de théâtre sur des modèles français* une adaptation nouvelle de *L'Ile des Esclaves*, avec un éloge de cette pièce qui s'achève ainsi : « Ce sont là de ces traits qui trahissent la main d'un maître et qui m'ont déterminé à risquer une traduction nouvelle de cette comédie[19] ». Toute une floraison d'adaptations va faire briller encore en Allemagne l'astre de Marivaux, bien au delà de la fin du siècle[20].

Que peut-on conclure de ce cas particulier, assez significatif ? Jeanne R. Monty, à l'issue d'une enquête plus étendue, relève à l'actif de Grimm son coup d'œil pour distinguer les grands écrivains des auteurs secondaires[21]. Cette clairvoyance ne vint pas à son secours dans le cas de Marivaux, mais il me semble difficile de lui en tenir par trop rigueur : nous l'avons vu, il suit, il répète en cherchant la formule plutôt qu'il ne prend l'initiative[22] et le dédain pour Marivaux était très répandu dans son cercle ; on y était imbu de l'idée de progrès, on voulait aller de l'avant, percer les grandes avenues, et cet auteur de la première moitié du siècle, avec sa minutie « microscopique », ses chemins détournés, ses arabesques, semblait appartenir à un passé révolu ; si la notion ultérieure et très controversée de style *rococo* a un sens, ne pourrait-on s'inspirer, pour essayer de la définir, des griefs affichés par les tenants du parti philosophique contre la manière et la langue de Marivaux[23] ? Jeanne R. Monty reconnaît encore à Grimm du bon sens, mais « un bon sens étroit, sans nuances, sans subtilité, sans délicatesse, et parfois même sans goût »[24] ;

---

19. Il s'agit de la succession harmonieuse du plaisant et du touchant, du parti que l'auteur a su tirer de la fable pour forcer le spectateur à rentrer en lui-même ; pourtant, le traducteur a tenu à rendre toute l'affaire plus crédible et plus actuelle : il remplace les maîtres grecs par des aristocrates anglais, naufragés en voguant pour recueillir un gros héritage dans le Nouveau-Monde...

20. En 1774 — l'année de *Werther* — paraît à Gotha une version des *Fausses Confidences* qui ornera longtemps les répertoires. Dans le dernier quart du siècle, les adaptations se multiplient : *La Dispute*, ignorée à Paris, en aura deux la même année 1778, et l'on verra quatre versions concurrentes du *Jeu de l'Amour et du Hasard* !

21. MONTY, *op. cit.*, p. 133.

22. Nous regrettons de ne pouvoir corroborer l'opinion flatteuse de Sainte-Beuve : « bon esprit, fin, ferme, non engoué, un excellent critique en un mot sur une foule de points, et venant le premier dans ses jugements, n'oublions pas cette condition » ! (*Causeries du Lundi*, VII, p. 287).

23. En puisant entre autres dans les *Éléments de Littérature* de Marmontel, à l'article « Affectation ». Rappelons que dans un ouvrage récent (*The Rococo*, New York, Pegasus, 1972), Helmut Hatzfeld, interprétant cette notion d'une façon très positive (« érotisme, esprit, élégance ») reconnaissait en Marivaux l'auteur *rococo* « par excellence ».

24. MONTY, *op. cit.*, p. 134.

voilà donc, avec ce dernier trait, son principal grief retourné contre lui-même ! Le manque de subtilité de Grimm est certain ; il l'aurait rendu impropre à pénétrer dans l'œuvre de Marivaux, même si une partialité évidente ne lui en avait ôté le désir.

ASPECTS DE LA CRITIQUE DU ROMAN CHEZ F.-M. GRIMM
(CL, 1753-1773)

par Walter KUHFUSS (Trier)

La composition chronologique de la *CL* en articles se succédant en l'espace de deux semaines ou d'un mois et le vaste champ de recherche qui s'étend sur vingt ans suggère une perspective diachronique pour l'analyse de la critique du roman de Grimm. En effet, la plupart des réflexions théoriques de Grimm sur le roman se situe au courant des dix premières années de sa rédaction de la *CL*. Ces années seront considérées dans la première partie de ma communication. C'est en 1763 que Grimm expose ses réflexions poétiques sur le genre romanesque dans un long dialogue, qui sera étudié dans la seconde partie, et dont les résultats font varier l'opinion du journaliste Grimm envers le roman dans la deuxième décade de sa critique littéraire.

I

Le temps qui s'est écoulé entre la prise en charge de la *CL* jusqu'en 1763 est marqué par l'effort, jamais trop grand, de Grimm pour arriver par la critique de quelques romans concrets à une conception du roman que l'on pourrait appeler d'après G. May un *réalisme social modéré*[1]. Il préfère de beaucoup le roman domestique anglais, dont la considération critique fait changer les conceptions clés mais vieillies de la doctrine classique. Les réflexions de Grimm sur la validité et sur les limites de l'esthétique

---

1. Cf. G. MAY, *Le dilemme du roman au XVIIIe siècle. Étude sur les rapports du roman et de la critique (1715-1761)*, New Haven, Paris, 1963, chap. VI et VII, pp. 162-203.

classique[2] se réduisent dans sa critique du roman en une discussion de la notion d'*imitation de la nature*, discussion pendant laquelle il n'utilise les valeurs persistantes de *goût* et de *génie* que pour en tirer les limites. En attribuant l'*imitation de la nature* au *goût*, Grimm diminue le cadre social de la réalité représentable tandis que la référence à la notion de *génie* doit empêcher l'écrivain de copier directement la nature.

L'effet des romans de Fielding, de Smolett (à un moindre degré) et particulièrement de Richardson sur le lecteur consiste, selon Grimm, en un appel d'identification avec les personnages décrits (II, 248, 266-69). C'est parce qu'il réfléchit sur les conditions psychologiques du plaisir esthétique éprouvé par le lecteur que Grimm réclame plus de *naturel* et de *vérité*[3] dans les romans. Le plaisir de la lecture est pour lui avant tout la reconnaissance du *vrai*. Ainsi, il fait la remarque suivante à l'occasion du roman de Crébillon fils, intitulé *L'Étourdie, histoire de miss Betsy Tatless* : « En général ce roman m'a beaucoup attaché ; c'est que le vrai plaît toujours et attache toujours : le pouvoir de la vérité sur nos cœurs est sans bornes » (II, 375). Or, si l'écrivain doit transposer le cadre individuel et social du lecteur en situation romanesque, pour que le lecteur puisse s'y reconnaître, le nombre toujours croissant des lecteurs a pour conséquence l'élargissement de la réalité sociale à imiter (III, 16-18). Cette conception de l'imitation comme identification du lecteur est dirigée par Grimm en une polémique contre le roman français — à l'exception de très rares romans comme ceux de Crébillon fils et de Madame de Riccoboni. Par son style uniforme d'exubérance emphatique de sentiments ou par sa manie d'enseignement dogmatique de morale — la *Nouvelle Héloïse* n'en étant pas exclue[4] — le romancier français pèche contre la revendication esthétique, qui consiste à rendre d'une manière individuellement nuancée l'idiolecte et le caractère des personnages de provenance sociale différente.

---

2. Cf. S. JÜTTNER, *op. cit.* ; dans son étude sur la critique du théâtre, M. Jüttner a bien montré — en en réclamant une valeur qui dépasse les limites du genre dramatique — que les concepts normatifs d'*imitation de la nature*, du *goût* et du *génie* sont les critères essentiels de la critique littéraire de Grimm dans son débat avec les répercussions accablantes de la doctrine classique. Sans qu'elles soient par ailleurs trop dépassées, les limites de l'esthétique néo-aristotélicienne sont atteintes par un élargissement du cadre social digne de représentation, par le développement de nouvelles stratégies illusionnistes et par la tension du critique entre la compréhension historique de l'œuvre d'art et son estimation normative ; Grimm s'aperçoit de l'antinomie entre l'orientation subjective de son goût personnel et de sa valeur objective, de la diversité des phénomènes historico-géographiques du beau et de sa réclamation d'un universalisme.

3. Cf. *CL*, III, 16-18 /V, 216 /V, 231 etc.

4. *CL*, IV, 342. Grimm n'aime pas non plus l'*Émile*. Cf. *CL*, V, p. 111. Il va sans dire que la brouille de Grimm avec J.-J. Rousseau en 1757 influence fortement ses jugements sur les romans de Rousseau. Cf. à ce sujet E. SCHÉRER, *Melchior Grimm*, Paris, 1887, pp. 145-148.

Les directives poétiques concernant la technique de la représentation prennent deux directions différentes. D'une part, il faut que l'individualité des personnes représentées soit nuancée par la description complexe de détails particuliers ; la diversité du comportement individuel doit être expliquée par la contradiction des motifs d'actions. D'autre part, Grimm réclame la description de toutes les dépendances et liaisons sociales qui déterminent le comportement des protagonistes, la multiplicité des expériences et des types humains jointe à la représentation de leur entourage quotidien. L'habileté du romancier dans la production d'une illusion de la réalité individuelle et sociale repose dans son contre-balancement subtil en introduisant plus ou moins fortement dans le roman le champ des rapports sociaux, sans que pour cela les droits de représentation des protagonistes ne trouvent plus leur compte[5]. Ces réflexions sur la technique du roman réaliste sont fondées pour Grimm sur l'*expérience de la vie*, qui devient alors une catégorie normative[6] d'après laquelle doit apparaître comme le comble de l'art du roman réaliste la capacité de Fielding de « rendre la physionomie commune et vraie d'un dadais » (V, 231). Il est évident que cette remarque ne cache pas sa proximité avec l'*Éloge de Richardson*[7].

L'exigence d'un agrandissement du cadre des personnes dignes d'être représentées dans le roman est donc justifiée par le recours à l'expérience de la vie et par l'envie des lecteurs de s'identifier avec les protagonistes. Mais chez Grimm, cette revendication ne dépasse jamais les limites d'un ordre social défini par son rang. Bien qu'il reprenne l'argument de La Bruyère en plaidant en faveur d'une description exacte des mœurs[8], il souhaite pourtant de ne voir dans les romans que des hommes de son entourage quotidien — exigeant ainsi que le groupe social auquel il appartient joue un rôle important dans la littérature (V, 231). Un des personnages, Miss Betsy, dont la vie fictive est pour Grimm un fait exemplaire d'une personne digne d'être représentée, est *une fille très-bien née* (III, 29). L'expérience psychologique invoquée par Grimm, qu'« on ne s'intéresse qu'à ses semblables », qui amena à l'exigence d'une représentation plus large de la réalité, trace simultanément les frontières de son réalisme. C'est la norme du *bon goût* — et non pas la crainte de l'immoralisme — qui évite l'apparition du comportement et du parler

---

5. *CL*, II, 248 ; II, 374 ; III, 29 ; VII, 233-4.
6. *CL*, V, 221 ; VI, 274.
7. Diderot, *Éloge de Richardson*, in *Œuvres esthétiques*, éd. P. Vernière, Paris, 1959, pp. 29-48. Le dialogue dont il sera question plus tard est pour une large partie le reflet des pensées de Diderot sur Richardson et le roman. Ceci explique que, dans ce texte, Grimm met en relief plus que d'habitude la fonction morale du roman.
8. *CL*, VII, 250 ; cf. G. May, *Le dilemme du roman, op. cit.*, p. 110.

de la populace dans le roman[9]. Le cocher de fiacre et la marchande de linge, mais aussi un étudiant en droit dans une famille d'un juriste campagnard font partie de ceux qui — selon Grimm — « n'ont point d'existence dans la société » et qui, par conséquent, ne devraient point avoir d'existence dans le roman[10].

Outre le bas-fonds de la société, une partie du public aristocratique, ces « femmes, petits-maîtres et gens oisifs et frivoles »[11], est exclue du roman ; or c'est justement ce groupe de lecteurs qui avait considérablement contribué à son succès.

Les personnes représentées doivent leur préférence à la qualité exemplaire de leur comportement : leur manière individuelle d'agir reflète pour Grimm des qualités nationales. Dans cette optique idéologique, Grimm réduit l'extension du réalisme social à une peinture de caractères appartenant à un seul secteur de la société et à des modèles de comportement qui paraissent exemplaires pour toute la société. C'est le public des gens éclairés, de ces bourgeois vertueux et sentimentaux dont parle H. Coulet[12] et de la partie active de la noblesse.

Mais ce déplacement de l'action romanesque dans le milieu bourgeois et privé reste tout de même dans la dépendance de la hiérarchie sociale de l'Ancien Régime. La liberté dans laquelle Grimm voit la cause des

---

9. *CL*, IV, 472. Sont également bannis du roman : deux moines fainéants « privilégiés sans vocation » (*CL*, II, p. 391), Jonathan Wild le Grand, « le Cartouche de Londres » (*CL*, V, p. 246), les « filles des chœurs » (*CL*, VI, p. 220), les filles de l'Opéra (*CL*, VII, p. 323), une paysanne (*CL*, VII, p. 182). — La critique littéraire des revues était en somme plus progressiste que celle de Grimm ; cf. H. Mattauch, *Die literarische Kritik der frühen französischen Zeitschriften* (1665-1748), München, 1968 (= Münchener Romanistische Arbeiten, 26), pp. 278-293. Malgré sa prédilection pour le roman anglais, Grimm condamne sévèrement « les propos et les quolibets du bas peuple » dans *Les Aventures de Roderic Random* de Smolett (*CL*, IV, p. 472).

10. Grimm s'exprime vivement contre Marivaux et sa querelle célèbre du cocher de fiacre et de Mme Dutour : « Rien n'est mieux rendu d'après nature, et d'un goût plus détestable ». (*CL*, II, p. 269).

11. *CL*, II, 391 ; sont également exclus : « cette bégueule de Julie » (V, 321), Mlle Renaud, « ancienne maîtresse du Comte de Bruhl » (VI, 300), une « vieille fille de qualité qui s'est coiffée de son laquais, et qui l'a épousé ». (VI, 372), la Duchesse ***, femme perdue (VIII, 206). Cf. F.L. Ford, *Robe and Sword : the regrouping of the French aristocracy after Louis XIV*, Cambridge, Mass., 1962 ; L. Knapp, « Das ' mondäne ' Wirklichkeitsbewußtsein in der französischen Literatur des 18. Jahrhunderts », in *Zeitschrift für französische Sprache und Literatur* LXXIX (1972), pp. 302-327.

12. H. Coulet, *Le Roman jusqu'à la Révolution*, Paris, 1967, t. I, p. 419. — Grimm admet la représentation de « nos financiers (qui) sont, en général, très aimables », grossière flatterie du jeune Grimm en 1753 (*CL*, II, 246), il admet également tous les personnages de *Clarisse* (II, 248), Lovelace (II, 391), des moines, qui « finissent par être de très-honnêtes gens et d'assez bonne compagnie » (II, 391), cette *gentry* anglaise qui constitue les protagonistes des romans anglais de l'époque, mais aussi les personnages bourgeois des *Illustres Françaises* comme p. ex. le vieux Dupuis, « hommes d'un caractère naïf et vrai tels qu'on les rencontre dans le monde » (V, 221), le ministre de Wakefield (cf. la remarque de Grimm : « j'ai vu des gens faits comme lui », VII, 310).

nombreuses variantes de comportement en Angleterre[13], et donc pour la possibilité d'un roman domestique, serait détruite en France par une révolution dans la société, qui abolit toutes les cloisons sociales par les contraintes qu'exerce la bienséance. Dans cet état d'égalité sociale en France, les mœurs des nobles, des magistrats, des financiers et des artistes s'harmonisent : « Tout le monde a à peu près les mêmes propos, parle le même jargon ; tout le monde se ressemble, c'est-à-dire que nous ne ressemblons proprement à rien » (II, 268). En Angleterre, en revanche, la liberté qui repose sur l'existence de couches sociales bien différenciées avec le résultat d'une foule de comportements individuels, cette liberté est la cause même de la qualité des romans domestiques anglais. Pour Grimm, le roman bourgeois serait menacé à même titre que les libertés féodales. Le philosophe éclairé exige l'intégration de la bourgeoisie dans la structure sociale de l'Ancien Régime.

La modération dans l'extension du secteur des phénomènes sociaux digne de représentation est complétée par une réflexion sur le rapport spécifique entre l'imitation et l'imagination. Simuler la nature et exciter sans contrôle l'imagination sont les dangers parmi lesquels le roman doit se réaliser (IV, 429). Grimm ne veut pas atteindre l'abolition ambivalente des limites entre le naturel vrai et la beauté artistique dans une conception esthétique de l'imitation qui le rapprocherait de Diderot. L'imitation doit être clairement différenciée de la copie immédiate et matérielle de la nature par le *génie* de l'écrivain[14], qui, pour Grimm, consiste avant tout dans son imagination. Grimm se situe ainsi à mi-chemin entre la conception classique du *génie* et celle de Diderot. Pour lui, le génie n'est plus le don inexplicable du ciel, mais il n'est pas encore l'individualité créatrice de Diderot. Toutefois, par sa référence à l'imagination, la notion de *génie* implique une ouverture aux problèmes de la naissance du roman dans la conscience de l'auteur.

Imitation et imagination sont pour Grimm deux valeurs corrélatives qui se définissent réciproquement : l'imagination ne dépasse jamais le cadre de la vie de tous les jours parce qu'elle est engagée dans un programme sensualiste[15] qui dénigre la fantaisie exotique et inconsidérée

---

13. *CL*, II, 268. — Sur les différences dans la conception du réalisme de Grimm et de Fielding cf. G. MAY, *Le dilemme du roman, op. cit.*, p. 185.

14. *CL*, VI, 430/433/472 ; VII, 118. — Cf. H. DIECKMANN, *Cinq leçons sur Diderot*, Paris, 1959, pp. 120, 123 et sqq. ; H. DIECKMANN, « Die Wandlung des Nachahmungsbegriffs in der französischen Ästhetik des 18. Jahrhunderts », in *Nachahmung und Illusion*, éd. H. R. Jauß, München, 1969, pp. 48 et sqq. ; S. JÜTTNER, *Grundtendenzen der Theaterkritik, op. cit.*, pp. 16-24.

15. Cf. la définition de l'imagination que Grimm donne en 1756 : « L'imagination est la faculté de trouver et de rassembler des images ; mais cette faculté tient immédiatement à nos sens ; toutes les images qu'elle se forme, elle doit en avoir reçu le modèle de la nature par le moyen des sensations. De plusieurs sensations éprouvées en différents temps, elle en peut faire un seul tableau ; mais toutes les parties de ce tableau sont

des contes de fées orientaux (III, 40-43), mais peut-être aussi des contes de Voltaire (IV, 85). Si l'imagination reste axée sur la combinaison libre des sensations éprouvés dans la nature, la créativité de l'écrivain est orientée vers l'imitation exacte des types humains et des relations sociales. Cette réduction de l'imagination libre dans le cadre du genre romanesque ne marque pas seulement pour Grimm la limite vers la fantaisie excessive des contes de fées, mais aussi vers l'histoire : « Il n'y a certainement rien de si opposé que l'histoire et le roman », affirme-t-il (III, 25). Les auteurs de roman ont recours aux faits historiques lorsqu'ils manquent d'imagination romanesque. C'est donc cette imagination qui constitue pour Grimm le critère le plus important de différenciation entre le roman et l'histoire, critère qui cache tant bien que mal le voisinage du roman et de l'histoire quand l'imagination est comprise comme une combinaison de fragments de réalité[16].

Avec son programme de réalisme social, Grimm a nettement pris position dans le dilemme du roman entre la représentation exacte de la réalité et l'enseignement moral. Il ne pense pas pouvoir changer le comportement des lecteurs par la description détaillée de quelques vies exemplaires. C'est justement l'accentuation du sentiment et l'exemple des protagonistes vertueux particulièrement mis en évidence par Diderot[17] dans les romans de Richardson qui restent visiblement abrégés dans les commentaires de Grimm. Ceci est d'autant plus remarquable que la fonction morale avait entre-temps pris le premier rôle dans la justification théorique du nouveau genre.

La composante éducative que Grimm découvre néanmoins dans le roman ne trouve son origine ni dans son influence sur la morale sexuelle ni dans un catalogue de règles de comportement. Ce sont plutôt les possibilités immanentes du roman qui servent comme véhicule de la philosophie des Lumières. Grimm développe ces idées en discutant la conception mi-didactique, mi-romanesque de l'*Émile* (V, 111 sqq.). Il voit la valeur exemplaire d'un roman d'éducation dans l'insistance et la simplicité d'une narration qui évite toute allusion directe aux règles d'éducation. Dans son intention didactique, le philosophe se sert des

---

nécessairement un résultat de ce que nous avons vu et senti dans la réalité ». (*CL*, III, 229). Ailleurs (III, 115) Grimm parle d'« un esprit de combinaisons », d'une « imagination vive, forte, brillante et cependant réglée ». A rapprocher de Diderot, *De la poésie dramatique*, in *Œuvres esthétiques, op. cit.* p. 218.

16. Cf. H. DIECKMANN, *Die Wandlung des Nachahmungsbegriffs, op. cit.*, p. 52, H. R. JAUß, « Nachahmungsprinzip und Wirklichkeitsbegriff in der Theorie des Romans von Diderot bis Stendhal », in *Nachahmung und Illusion, op. cit.*, p. 163 ; W. KRAUSS, *Zur französischen Romantheorie des 18. Jahrhunderts*, in *Nachahmung und Illusion, op. cit.*, p. 63 et sqq. ; G. MAY, *Le dilemme du roman, op. cit.*, pp. 139-161.

17. DIDEROT, *Éloge de Richardson, op. cit.*, pp. 31-33. — Cf. G. MAY, *Le dilemme du roman, op. cit.*, p. 150.

structures narratives parce que seul le roman peut représenter fidèlement la variété des situations d'éducation dans le milieu bourgeois privé et donc la variété des problèmes d'éducation.

Mais ce sera malheureusement l'unique tentative de Grimm pour définir la fonction et l'efficacité du roman dans le cadre de la philosophie des Lumières. C'est ici qu'apparaît l'individualité de la critique du roman de Grimm. Elle réagit contre la variété littéraire en présence sans pousser davantage l'originalité d'une pensée critique.

II

Le roman obscur de la Marquise de Saint-Aubin intitulé *Le Danger des liaisons, ou Mémoires de la baronne de Blémont* (V, 226-35) donne à Grimm l'occasion de discuter dans un long dialogue entre une Marquise — représentante de la partie mondaine des lecteurs du roman — et un philosophe éclairé les problèmes spécifiques au genre romanesque contemporain. A ces problèmes s'ajoute à la fin du dialogue, en une volte-face inattendue, une dimension qui dévoile le caractère ambigu de la position théorique du philosophe. Mais c'est justement par là que Grimm va au delà de la médiocrité de ces théoriciens de service[18] qui forment la physionomie de la critique du roman au XVIIIe siècle.

Le philosophe ouvre le feu avec la position rigoriste que les romans vraiment bons sont rares, ce à quoi la Marquise soutient que même les romans médiocres peuvent être intéressants à la lecture. Mais la réaction de la noble dame à la réponse de son vis-à-vis intellectuel fait apparaître sa réception restreinte de l'amusement littéraire : avec une indignation hypocrite, elle repousse les allusions malicieuses du philosophe aux aventures galantes de la protagoniste, une religieuse ; ce sont pour la Marquise des écarts inconvenants. Ayant ainsi montré que l'interdit mondain insère le plaisir de la lecture dans les barrières morales de la bienséance, Grimm vérifie la fonction du roman en tant que porteur d'instruction morale et sociale. Maintenant, c'est le philosophe qui n'est plus d'accord. Lorsque la Marquise avoue que la vie singulièrement malheureuse d'une jeune fille gravement touchée par le destin ne peut la laisser indifférente, le philosophe la convainc que le changement du comportement individuel et social ne peut être effectué par l'émotion du lecteur à travers une suite d'aventures invraisemblables, mais qu'elle est tout juste capable de « mouiller les yeux de Mad. la Marquise pour un moment » (p. 229).

---

18. Cf. W. KRAUSS, Contribution à la discussion, in *Nachahmung und Illusion*, op. cit., p. 187.

La diminution de la jouissance individuelle due à la morale et la mise en question sceptique de la puissance affective du roman pour acquérir un changement social constituent le dilemme du roman français. Selon le philosophe, le roman anglais en revanche justifie la confiance optimiste dans ce genre littéraire discriminé par une quantité de romans médiocres. Les œuvres de Richardson deviennent alors pour le philosophe des modèles classiques du nouveau genre à même titre que les œuvres de Diderot sont classiques pour le drame bourgeois. La Marquise est finalement convaincue de la supériorité des arguments du philosophe. La conception du *réalisme social modéré,* dans laquelle le philosophe résume toute la première phase de la critique romanesque de Grimm, semble s'imposer contre le penchant intuitif et sentimental de la Marquise. La critique éclairée du roman triomphe du lecteur.

Un retournement surprenant du dialogue dénonce finalement la supériorité de la critique du roman par la complicité des intérêts économiques de la Marquise et du philosophe. La Marquise est surprise lorsqu'un valet de chambre apporte encore vingt exemplaires du roman en question. Le philosophe n'hésite point lorsque la Marquise lui propose d'échanger dix exemplaires contre un livre tout aussi mauvais sur la satire. Ainsi ce n'est pas seulement cette représentante de la société mondaine, mais aussi le philosophe, qui entreprend sans mauvaise conscience la distribution d'une œuvre littéraire qui ne répond pas à ses propres principes de la critique. Cette opposition entre la réflexion théorique et l'action économique est caractéristique selon Grimm de tout le groupe des philosophes : « Si nos philosophes ne veulent pas lire le *Danger des liaisons*, ils l'achèteront du moins ; je vous en réponds, et ils n'en diront point de mal ». (p. 234). Même la ferme décision du philosophe d'envoyer les livres le plus tôt possible en Allemagne du Nord ne cache pas l'antinomie profonde entre une réflexion esthétique anodine, parce que théorique, et les restrictions économiques d'une vie littéraire dans laquelle l'écrivain dépend de son éditeur de même que le journaliste Grimm dépend de ses lecteurs nobles pour le renouvellement des abonnements.

A l'apogée de son travail de rédacteur, Grimm discute en 1763 tous les éléments de la théorie du roman au XVIIIe siècle. Ce répertoire de réflexions poétiques ne dépasse pas visiblement la théorie conventionnelle du roman. Mais c'est dans cette contradiction entre la réflexion esthétique et l'orientation du philosophe vers le profit que Grimm aperçoit une nouvelle dimension du dilemme où se trouve le roman sous les conditions sociales de l'Ancien Régime. Le dialogue montre comment Grimm prend conscience des contradictions de la littérature, et du critique littéraire, dues à l'existence nécessairement corruptrice d'une fabrication de roman orientée vers le profit et cela en plus à une époque où lecteurs, écrivains et théoriciens avaient accepté la solution morale du problème de la représentation romanesque de la réalité. Le nouveau dilemme n'est pas seulement axé sur le roman, mais Grimm le voit ici avec une clarté exemplaire.

Les comptes rendus qui caractérisent la critique romanesque de Grimm dans la deuxième décade sont brefs, souvent sarcastiques ou cyniques[19]. Ils développent le désappointement que Grimm éprouve envers un genre littéraire qui n'a pas accompli les promesses des premières années de la *CL*.

Alors qu'après 1760[20] le roman jouit d'une reconnaissance générale dans le public, le jugement de Grimm va à l'encontre de ce courant. Après les premiers commentaires positifs des années 1753-1755, le genre subit une décadence continuelle de son prestige dont les causes sont expliquées dans le dialogue du philosophe avec la Marquise. Ce sont les mêmes romans anglais qui assureront le succès du genre romanesque dans le public vers 1760, romans que Grimm apprécie déjà vers 1753-55. Mais à la suite d'une comparaison avec l'*Éloge de Richardson*, l'on aperçoit que Grimm n'adopte que le réalisme social dans la représentation de la réalité. Grimm est d'accord avec Diderot en ce qui concerne les techniques illusionnistes pour créer une réalité romanesque. Les deux écrivains sont du même avis en exigeant la représentation réaliste des protagonistes et la vraisemblance des situations actuelles et présentes, tout ceci d'ailleurs sans que Grimm n'ait jamais fait allusion à la théorie des petites circonstances.

Grimm supprime en revanche presque totalement l'effet moral et sentimental que Diderot avait reconnu dans les romans de Richardson. Or, ce sont les effets d'un sentiment de commisération, constaté par Diderot, et l'espérance qu'un roman inspire à la vertu et laisse parler les passions qui ont livré les arguments pour le prestige littéraire du roman dans le public. Ainsi, le jugement de Wellek, caractérisant la critique du roman de Grimm de *réalisme sentimental*[21], insiste à notre avis trop injustement sur sa dépendance vis-à-vis de Diderot. Déjà, au début de sa rédaction de la *CL*, Grimm se rend compte du fait que la littérature romanesque change de fonction sous le slogan de roman moral, évolution sinistre qui pour lui sera renforcée par la suite des événements.

Résumons : bien que Grimm sollicite fortement dans sa critique littéraire la représentation des classes bourgeoises dans le roman, il reste encore

---

19. C'est pour cette période de la critique littéraire de Grimm que nous sommes pleinement d'accord avec W. Krauss, qui, dans une intervention au colloque sur les problèmes de l'imitation au XVIIIe siècle, avait qualifié la critique du roman de Grimm de « souverain mépris » envers la production romanesque. Cf. *Nachahmung und Illusion*, op. cit., p. 192. L'on sait d'ailleurs que Grimm se lassait de son travail de journaliste à cette époque.
20. G. May, *Le dilemme du roman*, op. cit., p. 248.
21. R. Wellek, *Geschichte der Literaturkritik* (1750-1830), Neuwied, 1959, pp. 80-82.
— Je remercie vivement M. Bouvet qui m'a beaucoup aidé à établir la version française de cet exposé.

dans les normes de la doctrine classique en évitant un agrandissement des couches sociales représentables par la fonction de contrôle qu'exercent *goût* et *bienséance*. Grimm restreint donc socialement la partie de la société digne de représentation, il réduit l'*imagination* sensualiste à une combinaison de fragments de réalité, et il interdit la reproduction immédiate de la réalité par le recours à la norme du *génie*.

Finalement, Grimm se rend compte de l'opposition existant entre le jugement esthétique de la critique littéraire et sa manière d'agir orientée vers le profit. Il s'aperçoit de la dépendance économique du succès littéraire sous les conditions sociales de l'Ancien Régime. Ces vues ont pu influencer plus nettement ses jugements sur le roman que son jugement sur l'épopée et sur le théâtre, puisque les genres traditionnels, sous la protection de la doctrine classique, étaient délivrés d'une considération trop relative.

L'auteur du roman, mécontent de l'évolution du genre, a pu chercher d'autres moyens littéraires. Le critique littéraire en revanche ne peut que réagir contre la réalité de la vie littéraire : déçu, il tourne alors le dos au roman.

LA DÉFINITION DE L'ÉCRIVAIN DANS LA CL
(1753-1773)

par Alfred OPITZ (Nancy)

Dans le domaine de la recherche littéraire, l'approche psychologique dont l'individu est l'objet — aussi génial et original qu'il soit — reste insuffisante, comme d'ailleurs toute approche critique qui néglige la totalité historique de son objet. La biographie de Grimm donne lieu à une interprétation d'autant plus psychologique que ses faiblesses évidentes ne sont pas compensées par une œuvre vraiment originale. « Je ne suis, il est vrai, qu'un des moindres parmi les enfants de cette sainte famille », déclare Grimm dans son sermon sur les encyclopédistes de 1770 (VIII, 426). En tant qu'individu, il est certes un cas douteux, mais ici son aspect psychologique ne nous intéresse pas. Bien au contraire, son manque d'originalité nous est précieux, moins il pense et plus il devient transparent pour les idées de son époque, un miroir qui reflète la pensée d'une classe sociale en pleine évolution. La définition du travail littéraire et ses coordonnées politiques et économiques seront donc l'objectif de notre étude.

Au milieu du XVIIIe siècle, la bourgeoisie française est devenue consciente de ses forces et de ses possibilités, les idées qui accompagnent et soutiennent son essor économique se font de plus en plus entendre. Cette conscience soudaine dont l'origine est généralement datée du milieu du siècle (VI, 466 ; VII, 461), est comprise comme un fait nouveau. Les arguments, déjà en partie développés depuis le siècle classique, se rangent maintenant dans une perspective politique, et derrière l'agonie de l'ancien régime se forme une nouvelle totalité historique : le monde bourgeois.

Ce monde est d'abord conscience critique qui découvre la réalité sous les croûtes de la tradition. « Les faits seuls sont intéressants, tout le reste est erreur et mensonge » (V, 468). Le bourgeois, lui, n'a pas de références divines ou sociales pour soutenir ses revendications, son pouvoir est matériel. Il attachera donc une importance primordiale à tout ce qui concerne la reproduction matérielle : agriculture, commerce, industrie.

Et Grimm présente en détail toutes les publications qui traitent de ces matières et entre autres un calendrier des laboureurs et des fermiers qui lui donne l'occasion d'affirmer : « L'esprit philosophique commence à s'étendre sur ces objets si importants, et à ramener les hommes aux études utiles dont ils s'étaient trop écartés sans doute... » (II, 488)[1]. Sous le signe de cet esprit philosophique s'amorce l'émancipation politique du bourgeois, qui se fait citoyen.

Aussi la *CL* propage-t-elle tous les grands dogmes de l'idéologie bourgeoise du XVIIIe siècle. D'abord : la tolérance religieuse, une idée basée sur une activité sociale et économique pour qui les guerres de religion et les querelles dogmatiques ne sont qu'obstacles et entraves inutiles[2]. La bourgeoisie commerçante a besoin de la paix politique et religieuse, les encyclopédistes ne cessent d'affirmer cette nécessité. L'autonomie de l'individu aussi bien que la découverte de la réalité dans les sciences et les arts, correspond à une production qui demande sa parfaite disponibilité — qu'il soit ouvrier, commerçant ou fabricant — ainsi que le savoir technique nécessaire à l'exploitation des ressources de la nature. Les rapports économiques rendus multiples par la production du marché impliquent « la prompte communication des Lumières d'une extrémité de l'Europe à l'autre, le mouvement prodigieux porté dans toutes les parties par l'industrie et le commerce, l'établissement des postes et de l'imprimerie » (VI, 377). C'est le début de l'appropriation du monde, la première phase du capitalisme moderne.

En prenant son essor, la bourgeoisie peut encore croire « que le genre humain, à mesure qu'il vieillira, deviendra de plus en plus éclairé, sage et heureux » (VI, 377). Mais à l'époque de Grimm, ce rêve s'est déjà trop souvent heurté à la réalité politique et l'optimisme d'un progrès linéaire si répandu au début du siècle s'affaiblit devant la situation désastreuse de la France. D'où des révolutions périodiques au lieu d'un progrès linéaire. Les objectifs politiques se déguisent en événements naturels : inévitables comme un changement de saison. Ainsi se prépare la démolition définitive de l'ancien régime.

Grimm condamne également la justice de classe qui, sous l'ancien régime, est encore plus arbitraire qu'elle ne le sera dans la société bourgeoise. « La loi n'est parmi nous qu'un moyen d'opprimer le faible dans les formes et avec une apparence de justice » (VI, 84)[3]. La loi naturelle, proposée par Grimm et ses collègues de l'Encyclopédie comme seule base

---

[1]. Sur l'esprit philosophique et la philosophie voir, aussi IV, 421/423, V, 459, VI, 330.
[2]. Voir à ce sujet aussi III, 192 et suiv., V, 422.
« Cet ouvrier simple et honnête, ce commerçant actif dont le travail et l'industrie enrichissent continuellement l'État, deviendrait-il coupable parce qu'il ne croit pas à la façon de Rome ? » (III, 195).
[3]. Voir également V, 335.

valable du comportement humain, s'inscrit dans le cadre critique de l'idée de nature qui s'oppose de plus en plus à l'ordre ancien, métaphysique et arbitraire. Le principe de la nouvelle société exige des rapports juridiques bien définis, son premier objectif étant la garantie de la propriété privée et de la liberté individuelle sous toutes ses formes. Grimm propose même une loi « qui ordonnerait la publicité de tous les procès criminels » (VIII, 507) pour soumettre le pouvoir au contrôle du public.

Selon ces idées, l'État se voit destitué de sa souveraineté absolue et de sa justification divine, il perd successivement ses droits. L'histoire de la lutte pour la liberté de presse au XVIIIe siècle montre clairement ce recul progressif du pouvoir absolu et le libéralisme de Grimm en annonce déjà la nécessaire abolition.

« Ce sont les grands ressorts d'un État qu'il s'agit de régler avec génie, le reste est l'ouvrage de chaque citoyen qui sait bien ce qu'il faut qu'il fasse pour faire prospérer les siens... Bergers, c'est des pâturages qu'il faut vous occuper, tâchez de les rendre gras et bons » (VI, 325), et aux moutons de s'empiffrer à volonté. Cette image précise de l'État bourgeois devait se heurter à la réalité d'une politique qui ne comprenait que trop tard d'où soufflait le vent. Donc le programme idéologique de Grimm ne préconise pas seulement une société à construire, il est d'abord et surtout critique d'une société existante. Malgré la « véritable gloire » que les lettres et les arts ont acquis sous la monarchie absolue, « ...les professions utiles sont restées parmi nous sans aucune considération. Je ne parle point du cultivateur, qui vit dans l'oppression et dans la misère, je parle de cet ordre nombreux et utile de commerçants, de fabricants, de manufacturiers, d'artisans... » (III, 450/51). Les règlements corporatifs qui les gênent dans leur activité sont un objet permanent de la critique de Grimm et des encyclopédistes[5].

L'opposition entre le jardin anglais et le jardin français (IX, 348) illustre la confrontation de ces deux idéologies, sujet d'ailleurs fort débattu au siècle des Lumières. La nature dans la monarchie absolue est strictement arrangée, violée, et soumise à une évidence de pouvoir qui trahit en même temps une peur profonde, l'arrangement rigide tenant lieu de domination réelle. La bourgeoisie, par contre, se plaît dans l'image d'une nature apparemment libre, elle ne la craint plus, car elle l'a dominée par la culture et le travail. La contrainte fait place à une liberté qui se veut naturelle ; la fonction critique de cette image de la liberté est évi-

---

4. Comme tous les encyclopédistes, Grimm se déclare partisan de la liberté de penser et d'écrire : III, 381, IV, 339, V, 332, 333. Voir également les articles « PRESSE » et « LIBELLE » de l'Encyclopédie.

5. Voir à ce sujet aussi III, 47, 104 et suiv., 107, 155, 177, 179, IV, 4, VII, 464 et suiv. « Pas trop gouverner est une des plus précieuses maximes de tout gouvernement sensé ». (VII, 464).

dente. « ...il y a une infinité d'objets dans un grand État dont le gouvernement ne doit jamais s'occuper » (VI, 30). Donc : liberté de pensée et de presse, tolérance religieuse, liberté de commerce et d'industrie[6]. Doivent disparaître : les monopoles, les privilèges exclusifs, « les inventions de l'esprit fiscal et la fureur de tout régler » (V, 170). Loin de comprendre que ces règlements sont la conséquence d'un mode de production dépassé, Grimm a cependant très bien saisi le principe qui va déterminer le développement économique pendant plus d'un siècle. A quoi bon tous ces règlements, « si la machine va d'elle-même ? » (VI, 30). Ce libéralisme économique, étroitement lié aux théories politiques et littéraires de l'époque, est un des foyers de la philosophie des Lumières. Dans les écrits des encyclopédistes on retrouve donc toujours les mêmes noms avec toujours les mêmes éloges : Vincent de Gournay[7], les deux Trudaine, Turgot. Les relations de ces administrateurs libéraux avec les encyclopédistes font apparaître une base commune : le mouvement de la bourgeoisie vers le pouvoir politique. Dans ce but, les mots d'ordre se répètent : il faut encourager l'agriculture, le commerce et l'industrie, mettre les terres en valeur et punir l'oisiveté sous toutes ses formes.

Travail et mise en valeur, telle est la nouvelle éthique. Au bout de la route s'ouvrirait le paradis : aisance, bonheur, et abondance. Mais comme l'ancien régime s'obstine à gêner les activités de la bourgeoisie, il faut lui faire comprendre que les intérêts du commerce sont ceux de l'État. L'intérêt particulier se nomme ici sans vergogne intérêt général et cela avec une entière sincérité et non sans justification historique.

Progrès donc, mouvement et une interprétation de l'univers qui met l'homme et la nature sous la même loi. « Tout est révolution dans l'esprit humain, ainsi que dans l'ordre physique et morale de l'univers » (III, 333). Les implications de cette théorie de l'histoire naturelle et politique sont connues, mais n'oublions pas qu'à cette époque la révolution politique doit encore se déguiser en loi universelle ; les aspirations d'une classe sociale se veulent ordre absolu et donc inévitable pour se réaliser d'autant mieux. Cela n'empêche aucunement que Grimm craint subjectivement cette « révolution sinistre » qui s'annonce (III, 329). Mais cette crainte n'est que le point d'interférence d'un mouvement politique et d'une ambition personnelle.

Depuis le siècle classique, la critique de l'oisiveté « si pernicieuse aux hommes de tous les états » (III, 5) est une constante de la pensée bourgeoise, se concrétisant ici dans l'opposition entre le citoyen de l'antiquité qui participait au gouvernement de la « chose publique » (III, 282) et l'écrivain

---

6. Voir également IV, 146, VI, 30.
7. Sur cet idéologie réformiste, voir surtout « l'Essai d'un catéchisme pour les princes » (III, 218 et suiv.), puis II, 407, III, 123.

moderne. Dans l'antiquité il n'y aurait pas eu ces querelles littéraires mises à la mode par le XVIIe siècle, et l'orientation de la littérature vers un but pratique les rendait ridicules et superflues. Grimm résout la fameuse Querelle « en deux mots » : supériorité des modernes dans les sciences et réhabilitation de la littérature ancienne dans le cadre nouveau et conscient de la propre valeur du XVIIIe siècle (II, 455).

Pour Grimm, le grand nombre des écrivains de son époque « prouve aussi une énorme quantité de gens désœuvrés et oisifs, et c'est un grand fléau dans un État, qui suppose une corruption fort avancée et dès longtemps préparée » (V, 334). L'image d'un malade entouré d'une foule de médecins préconise la fin de l'ancien régime, « le moment où tout le monde se mêle de dire son avis est ordinairement celui de l'agonie » (V, 334). Le symptôme le plus grave est l'entrave des activités économiques de la bourgeoisie, et Grimm prédit aux médecins que leur malade périra à coup sûr s'ils ne réussissent pas à faire disparaître ce symptôme. Ainsi l'état de la république des lettres reflète l'état politique de la nation. Le remède selon Grimm s'impose : liberté politique et économique, du travail pour tout le monde et une fonction sociale pour l'écrivain. Comme ses collègues de l'Encyclopédie, Grimm cherche d'abord la possibilité d'une réforme qui reste dans les limites de l'ancien régime ; l'image du monarque éclairé[8] porte les espoirs de la bourgeoisie tant qu'elle n'est pas entièrement démentie par la politique de l'aristocratie qui se refuse à un compromis à l'anglaise. Grimm réprouve cette idéologie dépassée qui se met au travers du développement de la société, « comme si une loi divine pouvait avoir pour objet des choses purement humaines » (III, 100). Ainsi Grimm affirme la nécessité d'une idéologie qui correspond à la société bourgeoise : matérialiste et scientifique en ce qui concerne la production, utilitaire et morale pour ce qui est de la vie sociale.

Mais la science de gouverner, indispensable pour établir le bonheur des peuples, est d'après Grimm encore peu développée en France, « les anciens ont à cet égard des avantages immenses sur nous » (III, 98). La réalité de l'absolutisme rend Grimm sceptique sur les possibilités d'une réforme dans le cadre de l'ancien régime. « Il faudrait supposer une chimère, savoir, que les plus sages fussent toujours les chefs de la nation, pour espérer de les voir profiter des conseils et des lumières d'un philosophe » (III, 389).

La distance critique envers le pouvoir incite l'écrivain à s'éloigner de la bonne société. Tandis que les auteurs de la première moitié du siècle chantaient encore les avantages de fréquenter le monde, Grimm constate « qu'en général, il est plus nuisible qu'avantageux aux hommes de génie »

---

8. Grimm insiste sur l'importance de « la voix publique » (III, 270, 335, 336, VI, 403) et sur la relation entre le commerce et la culture (VII, 263).

(V, 89). « ...les devoirs d'un courtisan et les occupations d'un homme de génie ne sauraient s'allier ensemble » (VIII, 307). L'écrivain dans le monde, c'est « une dissipation continuelle d'autant plus condamnable que de toutes les pertes, celle du temps est la plus irréparable » (VII, 314). Au fond de cette pensée se dessine une vision du monde où la vie est avant tout travail, utilité, bonheur comme on disait à l'époque et profit comme on l'a constaté depuis.

La critique du bel esprit avec ses productions frivoles s'inscrit dans la même ligne ; Grimm lui oppose l'écrivain philosophique qui écrit en rapport avec la pratique sociale.

Surtout en ce qui concerne l'administration publique, une discussion libre serait « le moyen le plus sûr et le moins dispendieux » (VII, 462) pour atteindre la vérité. Obliger le pouvoir à consulter la majorité n'est rien d'autre qu'une limitation et un contrôle du gouvernement : « l'homme public, dans ses projets, peut et doit consulter tout le monde. C'est du choc des opinions que la vérité sort enfin étincelante de toute sa clarté, et le ministre qui ne veut pas qu'on écrive des sottises sur les opérations qui l'occupent est bien menacé d'en faire » (VII, 462). Cet avertissement est clair, le pouvoir doit se plier à l'intérêt de la bourgeoisie[9], car tel est, chez les encyclopédistes, le sens fondamental de la notion de vérité dans les affaires d'État.

La liberté d'écrire et la liberté de penser sont donc les deux revendications principales de l'intelligentsia bourgeoise à cette époque. Comme les encyclopédistes, Grimm est convaincu que la libre discussion est le seul moyen d'arriver à la vérité qui, elle, par définition, doit être publique. « ...il n'y a point de vérité dangereuse ni nuisible. Il est donc faux de dire qu'il faut cacher de certaines vérités aux hommes » (II, 485), un principe qui sera vivement révoqué par les encyclopédistes après la Révolution.

En citant l'exemple de l'Allemagne, Grimm pose l'état bourgeois ou tout au moins l'absolutisme centraliste et éclairé comme condition nécessaire à une création artistique de quelque importance (II, 447). Grimm se plaint « qu'on regarde en général la liberté d'écrire comme dangereuse, et ceux qui en usent, comme de mauvais citoyens » (IV, 420). Les véritables ennemis de l'État seraient, au contraire, ceux qui dénoncent la liberté de presse et de pensée. Les affirmations réitérées de loyauté ne peuvent effacer la perspective d'un changement inévitable. « Il est cependant de fait que jamais la philosophie n'a causé de révolution subite ; car pour celles qui se préparent lentement et imperceptiblement, qu'elle est la puissance dans le ciel ou sur la terre qui puisse les arrêter ? » (IV, 420).

---

9. Sur l'idée de Révolution dans la *CL*, voir aussi II, 339, IV, 493, VI, 246, 378, VIII, 13 et suiv.

Une perspective peu encourageante pour les apologistes de l'ancien régime[10].

Les écrivains, eux, devraient s'efforcer de rétablir la situation idéale de l'antiquité où « l'amour de la patrie et de la vertu, l'esprit de la liberté » et « la facilité qu'avait chaque citoyen de prendre part aux affaires publiques... faisait des écrivains graves, des hommes d'État et de profonds politiques ; au lieu que les nôtres, retirés dans leur cabinet, éloignés de toute administration de la chose publique, ne peuvent être que des pédants, de froids dissertateurs ou de minces et faibles beaux esprits » (III, 19). Ici apparaît très clairement la relation entre d'une part les formes sociales dans lesquelles la littérature de l'ancien régime se présente et une revendication politique — la participation au pouvoir — d'autre part.

Mais les choses sont déjà en train de changer, le nouveau souverain s'appelle opinion publique : « l'homme d'État doit connaître l'esprit de son siècle, et s'y plier » (IV, 421). La transformation du livre en denrée commerciale est nécessaire pour la formation d'une opinion publique, le pouvoir réel de l'écrivain dépend de la diffusion de ses œuvres. L'histoire de la censure est donc étroitement liée au développement de l'imprimerie. L'ouverture sur le marché implique une définition de l'homme de lettres qui s'éloigne nettement de l'érudit et du poète des siècles précédents. A propos de la souscription pour la statue de Voltaire, Grimm propose la définition suivante : « pour donner une signification précise au terme d'homme de lettres, on regarderait comme tel tout homme qui aurait fait imprimer quelque chose » (IX, 16). Dans la deuxième moitié du XVIIIe siècle, l'écrivain est définitivement devenu un travailleur au sens où il produit une marchandise pour un marché et la discussion des droits d'auteur éclaircit le fond juridique et économique de cette question.

Chez Grimm, la nostalgie de l'antiquité qui apparaît aussi très clairement dans sa définition du théâtre[11], est d'ordre critique, n'en déplaise aux historiens des idées qui n'y voient que la perpétuation d'une tradition culturelle. Comme les encyclopédistes, Grimm présente les deux visages de l'écrivain au siècle des Lumières : philosophe et génie. La soi-disant conformité du philosophe est contredite par une conscience sûre de sa valeur sociale : « Les philosophes ne sont rien aujourd'hui, mais ils auront

---

10. Grimm veut rendre au théâtre « la dignité et l'importance d'une institution publique et religieuse » (VI, 171). Les théâtres de son époque ne servent « qu'à l'amusement de l'élite d'une nation, tandis qu'ils étaient consacrés anciennement à l'instruction publique du peuple... » (VI, 95, 96). Voir aussi II, 335.

11. « Je remarque, depuis quelque temps, qu'il n'arrive pas un malheur en France sans qu'on l'attribue aux philosophes ; ils sont trop odieux à la cour pour avoir à espérer un sort plus heureux que celui de vivre ignorés : il faut donc se tenir tranquille ». (VI, 338) Voir aussi VIII, 468.

leur tour : on parlera d'eux, on fera l'histoire des persécutions qu'ils ont essuyées... » (IX, 54).

Dans ce sens, Grimm se voit partisan du « parti philosophique que les dévots appellent encyclopédique, qui est composé de tous les gens de lettres qui pensent avec un peu d'élévation et de hardiesse, et qui préfèrent l'indépendance et une fortune bornée aux faveurs qu'on n'obtient qu'à force de ramper et de mentir » (IX, 308). Par ces définitions, l'écrivain prend sa distance à l'égard de l'ancien régime ; porté par un nouveau public, il se voit enfin sortir de la situation humiliante où il se trouvait par rapport à l'aristocratie. « Le philosophe est le précepteur du peuple, ...soit qu'il traite la morale ou la politique, soit qu'il se livre à la littérature ou aux arts, c'est toujours pour l'instruction publique qu'il doit écrire » (V, 376).

Le 22 janvier 1767, Thomas est reçu à l'Académie française. Son discours de réception porte sur l'homme de lettres citoyen. Malgré certaines remarques critiques, Grimm approuve ce que dit Thomas en ce qui concerne l'influence de l'écrivain sur l'esprit public. « ...l'homme de génie est devenu réellement l'arbitre des pensées, des opinions et des préjugés publics, l'impulsion qu'il donne aux esprits se transmet de nation en nation, se perpétue de siècle en siècle, depuis que l'imprimerie et la facilité d'écrire ont établi cette communication de lumières et ce commerce de pensées qui s'étendent d'un bout de l'Europe à l'autre, et qui changeront à la longue infailliblement la face du genre humain... » (VII, 215). Ceux qui refusent à l'écrivain cette importance réelle, « ne font en cela que rendre publique leur secrète nullité » (VII, 215). Il apparaît encore une fois dans cette citation la relation étroite qui unit le développement du commerce à celui des Lumières.

Pour Grimm, cette définition de l'écrivain est seulement valable pour une « sorte d'hommes supérieurs dont il n'y en avait pas du temps de Louis XIV ». Ces « philosophes de génie », comme il les appelle en citant Montesquieu, Buffon et Diderot, font « aujourd'hui la principale gloire de la France et (donnent) à notre siècle un avantage réel sur le précédent » (II, 303). Les écrivains subalternes par contre, « les mirmidons de la littérature », se trouvent encore dans les brouillards de l'ignorance, « la lumière qui s'est répandue sur les sciences et les arts » et « les influences de l'esprit philosophique passent par-dessus leurs têtes et ne descendent pas jusqu'à eux ». Grimm leur conseille de labourer la terre au lieu de passer leur vie inutile à célébrer l'excellence de leur vocation. « Le dernier parmi les gens de lettres ne vaut pas, à beaucoup près, un honnête ouvrier, ni même un honnête laquais » (III, 172).

L'écrivain doit être à la hauteur de la pensée scientifique de son époque, et par cela même se voir intégré dans le mouvement intellectuel et politique qui prélude à l'émancipation de la bourgeoisie. La révolte contre les contraintes d'un régime suranné trouve son expression dans le génie qui, « ouvrage de la nature » (V, 375), « n'a pas besoin de poétique ni de règles » (IV, 455). Avec l'idée de génie, l'individu a trouvé son autonomie idéale.

Les relations entre l'écrivain et le pouvoir ont occupé Grimm tout au long de sa *Correspondance Littéraire*, mais au cours des années 60, l'optimisme modéré de ses débuts fait place à un scepticisme profond. Les philosophes « qui n'ont jamais pris part à l'administration et aux affaires » (VI, 85) sont pour lui inférieurs à ceux « dont le génie a été secondé par l'expérience acquise dans différentes charges de l'État » (VI, 85). Comme exemple, il cite encore une fois l'antiquité.

Bien que le goût de l'instruction et de la philosophie se soit répandu en France, il ne faudrait se faire aucune illusion sur la portée de la littérature, elle n'a pas « la moindre influence réelle sur la prospérité publique » (VII, 430). « Le gouvernement seul est l'instrument efficace de la félicité commune ou du malheur public ; ses opérations peuvent seules hâter ou retarder les effets d'une administration heureuse » (VII, 430). Le fait que les écrits sur « des matières en apparence si utiles » (IV, 105) se multiplient est pour Grimm un signe de décadence. Dans un état florissant et sous un gouvernement juste et sage, « personne ne songe à discourir, tout le monde travaille et s'enrichit ; et ceux qui font aujourd'hui de mauvais ouvrages pour gagner du pain trouvent alors une ressource plus sûre et plus honnête dans le travail de leurs mains » (IV, 105). Or, la France montre un visage bien différent : luxe, corruption, mauvaise administration. La pensée se fait substitut de la pratique, « l'on ne montre de l'énergie et de la vertu dans les livres que lorsqu'on n'en est plus capable dans les actions... » (IV, 105)[12]. Grimm a indiqué les causes de cette situation déplorable ; la littérature ne serait à nouveau intégrée dans la vie sociale que dans un État qui pratiquerait les intérêts de la bourgeoisie.

La morale est devenue une affaire d'État, corruption ou perfectionnement sont indépendants de la littérature, « les livres n'y font rien » (IX, 422), le manque de lumière est un phénomène politique. « Qu'importe qu'une poignée de philosophes la salue et l'adore à son aurore, leur culte ne perce que lentement au delà de leurs retraites ou ignorées ou calomniées, et les gouvernements redoutent toujours son éclat et son heureuse influence » (IX, 50). Si « la raison a peu de défenseurs dont elle puisse se glorifier » (V, 55), ses ennemis ne se trouvent pas seulement au gouvernement, mais aussi dans le clergé. Grimm se moque de ces messieurs qui « ont leurs bonnes raisons pour plaquer leur boutique immédiatement contre le palais du gouvernement, et pour persuader aux

---

12. Le refus de la littérature comme substitut de la pratique sociale revient à plusieurs reprises dans la *CL* : IV, 105, 153 et suiv., 317, 401, V, 90, 333, 410, 415, VII, 183.

imbéciles que ses fondements s'en ressentiraient si l'on venait à abattre cet absurde et impertinent édifice qui menace ruine de toutes parts » (VII, 4). Dans une image semblable, Grimm résume encore une fois l'opposition de la philosophie à l'idéologie de l'ancien régime et invite les rois et les ministres de laisser faire « les philosophes dont ç'a été de tout temps le métier de démasquer et de débarrasser votre édifice ». Ils porteront « en bons et intelligents charpentiers la cognée dans le vieil échafaud qui l'entoure » (VII, 466). Or, en détruisant l'échafaud de la vieille société, les philosophes en reconstruisent déjà un autre. Ils étaient probablement convaincus de demeurer, avec leurs propositions de réforme, dans les limites du système — l'horreur qu'inspire la révolution aux encyclopédistes qui l'ont vécue le prouve — mais objectivement ils ont néanmoins largement contribué à détruire l'ancien régime qui, après 1750, n'est plus guère soutenu que par un appareil administratif de plus en en plus branlant.

Ainsi nous découvrons dans la *CL* la définition d'un écrivain critique[13] qui, au niveau des connaissances théoriques de son époque, crée de sa propre force, un monde qui pourtant se réfère encore à la réalité. La morale, par contre, ne relève plus de l'individu comme dans toute philosophie idéaliste ; elle est devenue une affaire publique et par cela, le gouvernement est confronté avec ses responsabilités. L'opinion s'érige comme pouvoir véritable, par lequel la bourgeoisie exprime sa volonté en attendant de prendre part à « l'administration de la chose publique » (IV, 106). L'écrivain s'éloigne de plus en plus des cercles mondains et oisifs, « le monde » est devenu le reflet négatif d'une vie sociale révolue. La critique, l'influence sur le gouvernement pour augmenter le bien public, sont les nouveaux objectifs du travail littéraire[14]. Dans la mesure où cette influence se révèle inefficace, l'image de l'inévitable révolution se développera. La base de l'ancienne société est donc remise en question par une critique qui a renoncé à l'illusion de pouvoir changer la société par la littérature.

Dans sa critique, Grimm est un représentant décidé du libéralisme bourgeois, il véhicule les idées d'une nouvelle société tendant au pouvoir politique. Les positions révolutionnaires de Grimm ne devraient pas faire oublier le cadre dans lequel se définit sa critique. Il proclame la

---

13. « Disons la vérité. Nous souffrons des abus, des mauvaises lois, des vices de notre siècle et de notre nation ; ils nous blessent les yeux, ils nous heurtent et nous froissent à tout instant, et nous laissent enfin une impression douloureuse et déplaisante ». (VIII, 116).

14. Suzanne Fiette voit deux étapes dans l'émancipation de l'écrivain : « d'abord le passage d'une sorte de domesticité littéraire à l'égalité sociale », puis un nouveau « pouvoir que leur donnent leur influence et leur ascendant sur l'opinion publique ». « La Correspondance de Grimm et la condition des Écrivains dans la seconde moitié du XVIIIe siècle » dans : *Revue d'histoire économique et sociale*, 69, 4, pp. 501/502).

libre discussion, mais refuse en même temps et anxieusement la publicité de son travail. « La véritable place de ces feuilles est dans une casette ou dans une cheminée »[15]. Il frappe, mais il ne veut pas se montrer l'auteur des coups. Ce refus des conséquences de sa propre théorie de l'écrivain n'est pas seulement un problème personnel, comme montre la justification de l'anonymat par Grimm (VI, 268/269) et les encyclopédistes, il s'explique surtout par les conditions politiques du travail littéraire dans la dernière phase de l'ancien régime.

La CL donne effectivement, Grimm en avait d'ailleurs exprimé l'intention, « une idée exacte de l'état présent des arts et des lettres en France » (II, 332). Mais sa définition de l'écrivain sous l'ancien régime montre clairement d'autre part les possibilités et les limites d'une pensée dont l'extrémisme demeure purement verbal. Ni les philosophes ni les poètes n'ont changé le monde, Grimm le sait très bien, mais il a grand soin de ne pas appliquer à sa propre personne sa critique des auteurs qui écrivent au lieu d'agir.

Telle reste donc la « paille » de cette correspondance ; c'est une pensée qui renonce a priori à être efficace en se vendant exclusivement à la classe qui en constitue la contradiction fondamentale. La construction de la monarchie éclairée ne peut justifier qu'en partie cette attitude. Finalement cette pensée n'est que le reflet d'un changement, elle n'y contribue pas. Mais elle a pourtant le grand mérite d'avoir défini l'écrivain dans une perspective sociale, en étroite relation avec la réalité de son époque et en cela, elle est un terme de référence pour toute littérature qui ne se veut pas autre que la réalité dont elle dépend. Grimm et sa CL d'une part, l'histoire des Lumières d'autre part montrent que la possibilité de transformer une société n'est garantie que si la pensée accepte un public critique et si elle lutte pour sa propre publicité.

---

15. *Correspondance inédite de Grimm, op. cit.*, p. 100, voir aussi p. 185.

DISCUSSION

P. Peyronnet

Une question pour Jacques Lacant : Avez-vous trouvé des traces de l'opinion de Grimm sur le fait qu'on joue tant Marivaux chez les princes destinataires de la *CL* ?

J. Lacant

Non, à vrai dire aucune, mais je crois qu'il est tout de même intéressant, puisque cette Correspondance était destinée en grande partie aux princes allemands, de considérer le point d'aboutissement, de voir ce qui se passait dans ces cours allemandes qui recevaient la *CL* et qui y trouvaient des jugements sur les auteurs français. Or, il se trouve justement que dans ces cours allemandes on jouait très souvent Marivaux, puisque j'ai découvert de nombreux cas où, pour les cérémonies, pour les anniversaires, on jouait une comédie en un acte de cet auteur favori, les acteurs étant d'ailleurs les princes, leur famille et leur entourage de seigneurs, quelquefois des Français de passage ou des comédiens français qui avaient été engagés par ces cours. Alors, je pense qu'il n'est pas sans intérêt d'observer ce contraste. Seulement, les rares bulletins de Grimm dont j'ai fait état concernent l'œuvre de Marivaux en général et ne parlent nullement de sa fortune à l'étranger, pas plus en Allemagne qu'ailleurs. D'Alembert le fera par contre de façon très appuyée dans son *Éloge académique de Marivaux*, en citant notamment « une princesse allemande » (1785).

F. Moureau

Dans le même sens, voici une autre question pour Jacques Lacant. Est-ce que Grimm critique Marivaux en tant que fournisseur de la Comédie-Italienne ou plus généralement en tant qu'écrivain ayant eu quelque réputation dans le roman ? J'ai exposé tout à l'heure que Grimm avait une véritable répulsion pour la Comédie-Italienne : il considère le théâtre d'Arlequin à la manière de la plupart des critiques allemands, ses contemporains ; et pourtant Grimm aurait pu connaître par Mme Riccoboni, belle-fille du grand Lelio, ce qu'il en était du jeu à l'italienne. Grimm a, dans ce domaine, montré peu de curiosité et beaucoup de préjugés. Diderot a mieux senti la grâce et la profondeur du jeu transalpin.

J. Lacant

Il n'y a aucun passage de la CL, à ma connaissance, qui se réfère à Marivaux en tant qu'auteur du Théâtre-Italien. Marivaux est jugé globalement et, finalement, comme très souvent à l'époque, c'est plutôt sa manière — son style plus exactement — qui est critiquée que son appartenance à telle ou telle orientation théâtrale. Si vous lisez par exemple les jugements qui figurent dans l'appendice de l'édition de F. Deloffre, vous voyez qu'on parle évidemment de temps en temps du Théâtre-Italien, mais les critiques lancées contre Marivaux sont toujours des critiques qui s'adressent d'abord à son style et à une certaine subtilité de sa manière, de ses analyses qu'on juge « métaphysiques ». L'appartenance au Théâtre-Italien n'y joue pas de rôle.

H. Scheel

J'ai une question qui s'adresse en même temps à Alfred Opitz et à Jacques Lacant et qui concerne un jugement de la CL sur Sedaine. Grimm l'estime beaucoup et le compare à Shakespeare : « Le génie de Sedaine est infiniment analogue à celui du tragique anglais ; et si je croyais à la métempsycose, je dirais que l'âme de Shakespeare est venue habiter le corps de Sedaine » (VIII, 316). Ne serait-ce pas parce que Grimm trouve dans Sedaine déjà un esprit qu'on pourrait appeler prérévolutionnaire, et l'idée d'une égalité des classes ? Et que pense Grimm du Marivaux de *L'Ile des esclaves* ?

J. Lacant

Il est certain que Sedaine apparaît dans la critique de théâtre de Grimm comme l'auteur majeur. Les raisons sont dues surtout au pathétique de Sedaine. Je crois que Sedaine répond au mieux à la définition de la comédie telle que la conçoit Grimm. La comédie de Marivaux est tout à fait différente, mais si Grimm y avait regardé de près, il aurait trouvé aussi bien des choses qui peuvent paraître révolutionnaires. Ne serait-ce que dans *La Double Inconstance*, où il y a quelques répliques d'Arlequin qui sont fort incisives ; mais d'autre part, comme je l'ai montré, dans les romans de Marivaux ce qui est populaire est exclu par Grimm, réprouvé par Grimm, et cela ne s'accorde pas très bien avec votre remarque.

A. Opitz

Grimm n'est certainement pas un révolutionnaire, mais il propage les idées de son époque qui s'opposent à l'Ancien Régime, d'où leur portée révolutionnaire. Ainsi on retrouve dans *Le Philosophe sans le savoir* de Sedaine, qui est largement commenté dans la CL, les mêmes idées sur la liberté du commerce et sur l'inanité des valeurs aristocratiques. Il n'y a pas seulement une affinité esthétique, mais certainement aussi une affinité de perspective politique.

F. Moureau

A propos de Sedaine, je voudrais ajouter un détail : quand Sedaine compose le livret d'un opéra-comique, Grimm trouve généralement l'œuvrette intéressante, alors qu'il ne fait grâce à personne dans ce genre qu'il tient pour méprisable. L'amitié fait parfois juger différemment des choses, et Grimm en subit l'effet anesthésiant. Je ne crois pas que l'idéologie du *Philosophe sans le savoir* soit si neuve, même au théâtre. Cette pièce est moins importante dans l'histoire du théâtre par ce qu'elle dit que par ce qu'elle a été représentée au bon moment.

K. Bender

Je voudrais d'abord me référer à la communication d'Alfred Opitz et ensuite à celle de Walter Kuhfuss. Alfred Opitz a bien tracé le tableau de l'écrivain et vous avez souligné aussi, qu'à un certain moment, il y a une sorte de revirement, un certain scepticisme vis-à-vis du rôle de l'écrivain. Cela correspond très bien à la position d'un despote éclairé, à la position de Frédéric le Grand qui, d'une part avait de la pratique en matière d'administration, d'autre part se piquait de philosophie, mais qui disait que s'il voulait vraiment punir une province, il la ferait gouverner par des philosophes, vu leur manque d'expérience.

Si je peux me référer à la communication de Walter Kuhfuss, je crois qu'il a très bien démontré l'élargissement ou les limites du réalisme social de Grimm. Cela dépend du point de vue. Et vous avez très bien montré, si l'on veut le dire en quelques mots, que Grimm a trouvé dignes de représentation dans le roman les couches sociales qui se trouvaient en montée à la fin de l'Ancien Régime ; c'est-à-dire ces couches sociales qui ont préparé la Révolution française et qui étaient parmi ses premiers protagonistes. D'autre part Walter Kuhfuss a souligné que Grimm a respecté les normes de la bienséance avec les limites qu'il s'est lui-même imposées. Je crois qu'il fait voir les deux côtés ; d'une part Grimm a bien respecté certaines normes de la bienséance, mais d'autre part ces normes de la bienséance correspondaient exactement à un courant social dont les limites que vous avez tracées sont exactement celles de ces couches sociales en montée. — J'aurais encore une question à poser : Si je vous ai bien compris, Grimm exige une perspective apologétique pour ces couches sociales.

W. Kuhfuss

Je distinguerais une apologie implicite des nouvelles couches sociales d'une apologie explicite. Reconnaître le droit de représentation sérieuse à une couche sociale qui auparavant n'en avait pas est à mon avis une apologie tacite, et cette absence de critique négative caractérise la théorie du roman dans la *CL*. Mais on ne trouve pas l'apologie explicite des nouvelles couches sociales. Je crois que la raison en est évidente : la justification morale des protagonistes bourgeois reste sensiblement abrégée dans la critique du roman. Or ce sont justement ces nouvelles qualités bourgeoises qui pourraient servir d'apologie explicite.

J. Chouillet

Je voudrais m'adresser à Jacques Lacant au sujet de Marivaux. Oui, j'ai tout de même l'impression qu'il y a un arrière-plan idéologique. Il y a visiblement une mauvaise humeur concertée de tous les philosophes contre Marivaux, parce qu'ils sentent et ils savent que Marivaux n'est pas des leurs. Enfin, il désapprouve la secte d'une façon générale. Il y a de Marivaux un texte dont je ne me rappelle plus la référence exacte, dans lequel il émet des jugements très défavorables sur l'orientation du parti philosophique. Ce qui n'empêche pas, comme vous l'avez dit tout à l'heure, qu'il y a dans le théâtre de Marivaux explicitement ou implicitement des attitudes ou des jugements qui sont extrêmement révolutionnaires ; et par conséquent parfaitement lisibles à l'intérieur de l'optique des philosophes. Mais j'ai l'impression tout de même que cette mauvaise humeur des philosophes joue un rôle qui vient s'ajouter à cette condamnation de l'esthétique de Marivaux.

J. Lacant

Oui, je pense aussi que vous avez raison sur ce point ; je ne vois cependant pas le passage auquel vous faites allusion ; je suis beaucoup moins excusable que vous, mais je ne vois pas même où pourrait se trouver cette attaque contre le parti philosophique.

J. Chouillet

Enfin, je l'ai eue sous les yeux un jour. [*Le Spectateur Français*, XVe feuille, in : Marivaux, *Œuvres complètes*, Paris 1781, t. IX, pp. 174-176, et XIXe feuille, *ibid.*, pp. 228-229.]

J. Lacant

Il est très possible que par exemple dans les *Réflexions* de la dernière partie de sa vie, il y ait eu de la part de Marivaux un coup de patte ; ça ne pourrait être d'ailleurs qu'à ce moment-là que le parti philosophique ait été attaqué par Marivaux.

J. Chouillet

Je pense qu'il ne l'a pas été publiquement, mais je crois que les philosophes ont senti en Marivaux quelqu'un qui ne les approuvait pas. Il n'a d'ailleurs jamais milité.

J. Lacant

Oui, il y a aussi, bien entendu, la position prise depuis longtemps par Voltaire, qui a certainement influencé le parti philosophique, et puis l'attitude générale du parti contre tout ce qui est subtil, tout ce qui lui paraît relever de l'affectation. Marmontel, dans ses *Éléments de Littérature*, article « Affectation », parle longuement de Fontenelle et de Marivaux. On les met dans le même sac, n'est-ce pas, tout en distinguant entre eux des nuances, parce que Marivaux passe pour un émule de Fontenelle dans ce domaine ; *l'Éloge* de d'Alembert est de la même encre. Il y a là un ensemble d'incompatibilités.

R. Klesczewski

J'aimerais bien poser deux petites questions à Alfred Opitz. Vous avez donné dans votre exposé passionnant beaucoup de citations. Ce qui m'intéresse c'est le contexte de ces citations. En d'autres termes, est-ce qu'il est toujours possible de discerner avec certitude l'opinion personnelle de Grimm d'une part, et d'autre part les résumés qu'il donne des œuvres dont il parle ? C'est ma première question. La deuxième : est-ce qu'il y a une correspondance entre le développement des idées de Grimm, et le développement des idées des philosophes ?

A. Opitz

Il y a une correspondance très nette entre les idées de Grimm et celles des philosophes, on retrouve les mêmes opinions dans les œuvres des encyclopédistes, dans l'*Encyclopédie* même et dans les autres écrits de l'époque. Malgré les querelles de détail, il y a une base théorique commune.

J'ai dépouillé à peu près vingt années de la *CL*, j'ai seulement utilisé une petite partie de ce matériel qui montre toujours le même procédé critique : Grimm parle d'un ouvrage qui l'intéresse et il le prend comme point de départ pour développer ses idées.

La transition de la description à l'opinion personnelle de Grimm est en général bien sensible, le problème du contexte est donc secondaire, et cela peut justifier les citations isolées ; d'autant plus que je suis parti du fait que Grimm reflète les idées de son époque. S'il les assimile totalement ou seulement en partie, c'est un problème psychologique qui ne nous intéresse pas ici ; il développe ces idées, il les propage, voilà l'essentiel. Cette forme de critique littéraire n'exclut nullement les contradictions ; pour une citation des années 50, on trouvera sans difficultés dans les années 60 une autre plus ou moins contradictoire. Une analyse détaillée devrait donc tenir compte de l'évolution interne de la pensée de Grimm.

J. Garagnon

On vient de soulever la question de savoir si, sur le rôle de l'écrivain, l'évolution des idées de Grimm correspond à celle des autres philosophes. Je répondrais assez volontiers oui, et dans le cas le plus inattendu, donc le plus probant : le cas de Rousseau. Alfred Opitz a dépouillé la *CL* sur les vingt années pendant lesquelles se consomme la rupture entre Rousseau et la « coterie » de Grimm et de Diderot. Or on peut se demander si l'on ne trouve pas dans la *CL*, au même moment, et malgré cette rupture (qui tiendrait peut-être surtout à des questions d'humeur personnelle) des points communs entre l'idée que Grimm se fait de la situation de l'écrivain, et celle que Rousseau adopte à la même époque. Sur deux points au moins, leur position me paraît assez proche. Tout d'abord sur le phénomène de compensation, que vous avez signalé, entre la littérature et la réalité : on n'écrit guère que lorsque les choses ne vont pas dans la société ;

si tout allait bien, on n'aurait pas besoin d'écrire, chacun vaquerait à ses occupations, chacun aurait son travail, son « état », sa place dans la société ; en somme, pour reprendre en substance une citation que vous avez donnée, on ne parle tant de vertu que parce qu'on ne la pratique pas. Rousseau dit des choses exactement semblables : moins il y a de religion, plus il y a de théologie, le manque dans les mœurs est compensé par une surabondance dans les livres ; l'écriture est le signe d'un malaise dans la société ; le philosophe écrit pour créer un jour une société où l'on n'écrira plus, une société si bien équilibrée qu'il n'y aura plus besoin d'écrire.

Le deuxième point de rencontre, c'est ce que vous disiez de l'idée de plus en plus pessimiste que Grimm se fait de l'influence de l'écrivain. Grimm croit de moins en moins que l'écrivain puisse avoir une influence directe et immédiate : il ne prendra pas la tête d'une croisade ou d'un parti. Il n'aura qu'une influence indirecte, en s'efforçant d'éduquer, d'éclairer. Il essaie d'avoir non pas le pouvoir (le philosophe ne sera pas roi), mais de l'influence sur ceux qui ont le pouvoir. La *CL* est secrète, elle n'a aucun impact sur la société, Grimm n'écrit que pour les princes ; mais il espère que les princes, un jour, appliqueront ses idées à la société. Cette idée de l'influence indirecte, à longue échéance, se retrouve chez Diderot, pour qui la scène du théâtre doit représenter l'équivalent laïque de la tribune du prêche, et pour qui les acteurs sont, en quelque sorte, les prédicateurs des temps modernes. Or ne retrouve-t-on pas un peu la même idée chez Rousseau, non plus par le biais de la correspondance comme chez Grimm, ou du théâtre comme chez Diderot, mais par le biais du roman ou de l'essai : est-ce que la *Nouvelle Héloïse* ou le *Vicaire Savoyard* n'ont pas ce but-là, un but de pédagogie à longue échéance, au moment même où l'on renonce à agir directement sur ses contemporains ? [« ... la *Profession de foi du Vicaire Savoyard*, ouvrage indignement prostitué et profané dans la génération présente, mais qui peut faire un jour révolution parmi les hommes si jamais il y renaît du bon sens et de la bonne foi. » (Rousseau, *Rêveries du promeneur solitaire*, 3e promenade)]

A. Opitz

Certainement Grimm ne renonce pas à l'idée d'influencer le pouvoir à travers les personnes de ses abonnés, mais les ressemblances entre Rousseau et Grimm ne devraient pas masquer leurs différences. Grimm par exemple adopte dans les années 60 la théorie cyclique de l'histoire, du développement du goût, des arts et des lettres, comme d'autres encyclopédistes aussi. Mais par la suite, ces écrivains se révèlent assez souvent contre-révolutionnaires — exemple Marmontel — ; c'est-à-dire qu'il y a un point où cette théorie de l'histoire, à travers l'évolution personnelle des écrivains, se sépare du développement de la société : elle devient une idéologie réactionnaire. Les idées de Rousseau, par contre, prennent une direction tout à fait différente dans les dernières années avant la Révolution, une direction qui mène directement à Robespierre.

J. Garagnon

Oui, sinon que Rousseau était mort quand Robespierre s'est réclamé de lui : il est toujours facile de se dire fils spirituel de qui n'est plus là pour vous démentir... Je voudrais encore rappeler un fait curieux et significatif, qui me permettrait de pousser mon parallèle entre Grimm, Diderot et Rousseau. Il existe dans la *CL* du 1er août 1762 un compte rendu, fait par Grimm, de la conversation qu'il a eue avec Diderot sur la proscription de Rousseau. Or, au début de ce compte rendu, Grimm décrit le personnage de Diderot, en qui il voit le type même du philosophe, et il le décrit d'une façon extraordinaire, en des termes qui, dans la conversation elle-même, sont ensuite utilisés par Diderot pour décrire Rousseau : le philosophe méconnu de son siècle, le philosophe vertueux et isolé, isolé parce que vertueux. N'y a-t-il pas là, par delà la rupture, un trait commun ? Rousseau isolé, traqué, proscrit, demeure par là-même un philosophe, et Diderot est le premier à le proclamer. Cela pourrait définir la conception *commune* que Grimm, Diderot et Rousseau se font du philosophe : un juste persécuté par son siècle, et révéré par la postérité. L'image de Socrate les imprègne également tous trois.

A. Opitz

D'autre part presque tous les encyclopédistes critiquent très vivement Rousseau, et pas seulement sa personne, mais surtout sa philosophie. Si on lit les jugements de Marmontel, Morellet ou Duclos sur Rousseau, on voit clairement qu'il s'agit d'un antagonisme politique. Chez Grimm, la définition de la littérature et de l'écrivain fait partie d'une interprétation réformiste de la société, il veut l'impossible, c'est-à-dire une monarchie éclairée qui pratiquerait la philosophie des encyclopédistes. Rousseau est beaucoup plus sceptique face à cette illusion. Les concordances entre Rousseau et les philosophes se multiplient dans la mesure où l'on fait abstraction du contexte social et politique de leur pensée.

J. Varloot

La comparaison de Sedaine avec Shakespeare que H.-L. Scheel a mentionnée est venue naturellement sous la plume de Grimm, dès l'instant qu'il pensait, non pas tellement au *Philosophe sans le savoir*, drame bourgeois, qu'à un drame historique, comme *Le Déserteur* ou *Paris sauvé*, que Diderot, dans le *Paradoxe sur le comédien*, cite dans son éloge rapide de Sedaine (proportion des deux tiers pour le second genre). Quant au *Philosophe sans le savoir*, (là je réponds à François Moureau) : est-il révolutionnaire ? Je le crois. Car que veulent faire Diderot et Sedaine au moyen de leurs drames, appelés depuis bourgeois, sinon tracer les lignes d'un art théâtral qui conviendrait à une société nouvelle qui n'a pas encore le pouvoir politique ? Dans cette perspective, il se fait une espèce d'anticipation sur le mouvement historique. En ce sens, le mot Révolutionnaire vient à l'esprit pour désigner le changement, et dans la perspective de ce que sera 1789. Au reste le public boude, c'est-à-dire le public ordinaire, socialement défini, de la Comédie Française, les représentations se tenant à des heures auxquelles même les commerçants n'étaient pas libres.

De façon générale je crois qu'il faut se remettre dans les conditions du moment pour comprendre les jugements de Grimm. Ils ne sont pas émis à la légère, même si, comme je le pense et c'est une rectification que vous avez déjà opérée tout à l'heure, il faut tenir compte de l'évolution de ses propres idées. En ce qui concerne la littérature, mais aussi en ce qui concerne la société, l'économie etc., ses idées évoluent je dirai chaque année, et d'abord avec chaque volume de *l'Encyclopédie*, dont il entreprend la défense. Il y aurait intérêt à retracer la courbe de ses opinions.

H.-L. Scheel

Oui, il faut sans doute tenir compte de l'évolution des idées de Grimm ; d'un autre côté il ne dit pas toujours dans la *CL* ce qu'il pense. Il fait preuve d'une certaine prudence quand il s'agit d'écrire « ce qu'il n'est pas loisible de dire par le temps qui court » (X, 12). Si nous ne trouvons pas plus d'éléments prérévolutionnaires dans la *CL*, ne serait-ce pas aussi à cause de cette prudence de Grimm et de Meister envers leurs abonnés princiers ?

R. Leipold

Je voudrais bien faire quelques remarques générales sur ce colloque, à la suite de l'exposé d'Alfred Opitz, qui a inséré la Correspondance de Grimm dans le cadre des mouvements de la société du XVIIIe siècle, et c'est justement cette vue d'ensemble qui m'a manqué dans la plupart des exposés que je viens d'écouter. Pour moi la *CL* est le produit d'un journalisme limité, limité non seulement par les moyens techniques utilisés, mais aussi par les thèmes traités et par le nombre et l'état social des lecteurs. Pour un journaliste se posent toujours deux problèmes étroitement liés, c'est le problème de choisir les informations qu'il veut transmettre et le problème de vendre ses informations, cette correspondance. Et ce problème économique n'a pas été traité pendant ce colloque, je le regrette vivement. Je crois que ce colloque a prouvé que les méthodes traditionnelles de la science littéraire sont nettement insuffisantes pour des recherches sur la *CL*. On ne peut pas analyser un journal, même un journal si limité que la *CL*, avec les moyens de l'explication de texte.

J. Schlobach

Vous avez certainement raison quand vous soulignez la nécessité de poser, pour un journal comme la *CL*, le problème économique et de demander des études plus poussées à ce sujet. Je serais même d'accord avec vous, si vous voulez dire que ce colloque a peut-être été trop occupé par les questions érudites concernant le texte et les questions littéraires. De là à juger le colloque d'une façon générale, ce pas me semble peu justifié.

Comme organisateurs, nous acceptons, bien entendu, votre critique. Mais si vous vous représentez un instant en quoi consiste la préparation d'une réunion de spécialistes sur une telle question, relativement limitée, vous verrez qu'il n'est pas possible d'en orienter le contenu. Ceux qui s'intéressent aux problèmes de la *CL* sont venus ici et mettent, dans leurs communications respectives, l'accent sur des aspects divers. Une vue d'ensemble, telle que vous la demandez, ne peut donc être qu'une sorte d'état présent des différentes méthodes à employer et des recherches à réaliser. C'est exactement ce que Jean Varloot a fait dans sa communication d'introduction.

Étudier les conditions économiques et sociales comme base pour la production littéraire et le journalisme au xviiie siècle serait évidemment une tâche extrêmement intéressante. Il serait peut-être utile d'organiser — pourquoi pas à Göttingen — un colloque à ce sujet.

K. Bender

Je voudrais m'avancer un peu dans votre direction en remarquant que la conférence de Victor Hell, de Strasbourg, inviterait à faire peut-être un jour une recherche sur la signification sociologique, ou sur la base sociologique de la *CL*, car finalement l'Allemagne princière de la fin du xviiie siècle a été le pays idéal pour donner naissance à une telle correspondance littéraire, vu que cette Allemagne princière n'a pas eu un grand centre culturel, mais que c'est Paris qui a joué le rôle d'un point d'attraction culturel et politique. Je crois qu'on pourrait envisager un jour une recherche sur ces deux pôles : manque de centres culturels en Allemagne, point d'attraction social, politique et culturel très important qu'a été le Paris du xviiie siècle pour l'Allemagne princière de la fin du siècle.

B. Bray

A défaut d'un bilan (comme le dit Jochen Schlobach, chacun appréciera personnellement nos travaux et en tirera ses propres conclusions), il m'appartient je crois, puisque nous voici parvenus au terme de nos communications et discussions, d'exprimer quelques remerciements et de fournir quelques dernières indications pratiques.

Je dois dire d'abord notre vive gratitude à l'égard de tous ceux qui nous ont apporté le concours de leurs compétences diverses. Je remercie donc en premier lieu tous les auteurs de communications et d'interventions, et naturellement nos trois présidents de séance, Jean Varloot, Jérôme Vercruysse, et Ulrich Ricken. Bien évidente aussi est notre reconnaissance à l'égard de l'administration de l'Université, qui nous a si complaisamment accueillis dans ses différents locaux. Parmi ceux qui ont contribué au bon déroulement de nos débats, je remercie en particulier les étudiants-assistants romanistes, dont la gentillesse et le dévouement ont beaucoup facilité l'accueil des congressistes étrangers, notre bibliothécaire Mme Rurainski-Quien et d'autre part M. Wandel, ici présent, qui de sa cabine d'enregistrement a dominé nos travaux et grâce à qui nous obtiendrons sans doute un texte à peu près convenable de nos discussions, et vous savez combien cette besogne est délicate.

Cela m'amène à un autre chapitre qui est celui de la publication de nos Actes. De plusieurs côtés on me dit, et cela me paraît certain, que cette publication est urgente. Déjà des recherches sont en cours, d'autres sont sur le point de commencer, des collaborations se nouent. Nos *Actes* constitueront donc un livre de référence utile.

Je remercie encore quelques personnes qui ne sont pas dans cette salle, mais dont le concours nous a été précieux pour l'organisation de notre emploi du temps de cet après-midi. C'est tout d'abord le Dr Schleiden, historien réputé de la ville de Sarrebruck, qui nous fera visiter en autocar, entre 16 et 18 h, les monuments anciens de la cité, et nous fera comprendre en particulier ce qu'était Sarrebruck au xviiie siècle. Et ce sont les conservateurs de la Bibliothèque de l'Université, le Directeur Otwin Vinzent et Otto Klapp, qui ont bien voulu réunir, à l'occasion de notre visite à 15 h, de précieux volumes, surtout des éditions d'œuvres de Diderot parues au xviiie siècle, qui ont été empruntées à un grand nombre de bibliothèques de la République fédérale.

Pour terminer je désire me faire votre interprète à tous en disant notre gratitude à Jochen Schlobach. Il a été depuis l'origine la cheville ouvrière de ce colloque, et à chaque instant a contribué par son soin, son attention, sa persévérance, sans parler de sa science, à la réussite de nos travaux. Ensemble donc, nous le remercions amicalement.

J. Varloot

Je voudrais ajouter quelques mots, au nom de tous les participants, pour dire notre gratitude à l'égard des organisateurs du colloque. J'adresse d'abord mes remerciements à la« Wissenschaftliche Gesellschaft » de l'Université de la Sarre, dont la générosité a été décisive, — d'autre part à M. le Doyen Hiller qui nous a assuré l'appui moral de la Faculté des Lettres et qui a ouvert le colloque. Bien entendu, notre reconnaissance va à Bernard Bray et Jochen Schlobach. Ils ont conduit, de main de maître, mais de façon très discrète, le déroulement de ces travaux, sans qu'il y ait eu absolument de heurt. Leur chaleureux dévouement a fait de nous tous leurs amis et ainsi s'est réalisée, jusque dans notre sensibilité, cette coopération internationale que soutient notre raison et qui est l'aspect, selon moi, le plus significatif de ce colloque. Je tiens encore à remercier au nom de tous les congressistes les jeunes gens si sympathiques qui nous ont accordé leur aide. Non que j'établisse une différence de génération entre les congressistes et les auditeurs, car la moyenne d'âge des premiers est relativement basse, ce qui n'est pas très fréquent dans les congrès. Mais les prévenances de ces étudiants ont rendu ces deux journées très agréables et grâce à eux nous emporterons tous de Sarrebruck le meilleur des souvenirs.

APPENDICE

BIBLIOGRAPHIE DES ŒUVRES DE DIDEROT
(parues avant 1770) présentes dans les bibliothèques
de la République Fédérale d'Allemagne

par Otto KLAPP

Nous incluons dans cette liste des titres figurant dans les catalogues *sous le nom* de Diderot.

Le tableau ci-dessous fournit la numérotation de quelques bibliothèques de la R.F.A.

Les chiffres, marqués après chaque titre, indiquent sa présence dans ces bibliothèques.

1a	Staatsbibliothek Preußischer Kulturbesitz Berlin
6	UB Münster
7	Staats- und UB Göttingen
8	UB Kiel
12	Bayerische Staatsbibliothek München
17	Landesbibliothek Darmstadt
18	Staats- und UB Hamburg
20	UB Würzburg
21	UB Tübingen
22	Staatliche Bibliothek Bamberg
23	Herzog-August-Bibliothek Wolfenbüttel
24	Landesbibliothek Stuttgart
25	UB Freiburg
29	UB Erlangen
35	Landesbibliothek Hannover
36	Stadtbibliothek Mainz
37	Stadtbibliothek Augsburg
38	Stadt- und UB Köln
43	Landesbibliothek Wiesbaden
45	Landesbibliothek Oldenburg
51	Landesbibliothek Detmold

	56	Stadtbibliothek Braunschweig
	70	Landesbibliothek Coburg
	75	Stadtbibliothek Nürnberg
	76	Fürstliche Thurn- und Taxis'sche Hofbibliothek Regensburg
	77	UB Mainz
	107	Landesbibliothek Speyer
	121	Stadtbibliothek Trier
	138	Kreisbibliothek Eutin
	146	Städtische Wessenberg-Bibliothek Konstanz
	180	Wissenschaftliche Stadtbibliothek Mannheim
	210	Bibliothek des Deutschen Museums München
	294	UB Bochum
Di	1	Studienbibliothek Dillingen a.d. Donau
Lb	1	Gräflich Solms-Laubachsche Bibliothek Laubach (Oberhessen)

Au petit prophète de Boehmischbroda   22
(Par D. Diderot 21 février 1753)
(sans lieu, sans date). 13 pp.

Die beyden Freunde von Bourbonne   36
(Les deux amis de Bourbonne, deutsch).
Erzählung von Denys Diderot.
Übersetzt von Salomon Gessner.
(Gessner, Salomon : Schriften, Theil 5)
Zürich : Orell, Gessner, Füssli 1770. pp. 136-170.

Les Bijoux indiscrets.   12. 22. 23. 35. 45.
T. 1. 2. Au Monomotapa (Paris 1748)   56. 76.

Les Bijoux indiscrets.   18
T. 1. 2. Monomotapa (Paris, vers 1750)

Les Bijoux indiscrets.   12
T. 1. 2. (sans lieu) 1753.

Les Bijoux indiscrets.   12
Or, the Indescreet Toys.
Translated from the Congese Language.
Tolago 1749. Vol. 1.
Reprint f. Pierrot Ragout, sold by R. Freeman.

De l'Amitié.   12
Amsterdam ; Paris 1761.
Amsterdam ; Paris 1764.

Essai sur la peinture.   7
Paris (sans date)

Explication détaillée du système des connais-   12
sances humaines (tirée de l'Encyclopédie) par

Diderot et d'Alembert.
Weimar 1772.

Le Fils naturel, ou Les épreuves de la vertu.   24. 76. Lb 1
Comédie.
Amsterdam 1757.

Histoire générale des Dogmes et opinions philo-   107
sophiques. Depuis...
T. 1. 2. 3.
Londres : (Bouillon) 1769.

L'Humanité, ou Le Tableau de l'indigence, triste   70
drame par un aveugle tartare.
(Sans lieu) 1761.

L'Hymen réformateur des abus du mariage ou le   76
code conjugal.
Dans l'Univers 1764. 42 p.

Lettre d'Ovide à Julie, précédée d'une lettre à M. 12
(A.F.J.M. de Pézay).
(sans lieu) 1767.

Lettre sur les aveugles.   7. 12. 38.
Londres 1749

Lettre sur les sourds et muets.   7. 12.
(sans lieu) 1751.

Mémoires sur différents sujets de mathéma-   7. 8. 12. 24. 38.
tiques.
Paris : Durand et Pissot 1748.

Die Menschlichkeit (L'Humanité, deutsch) oder   25
Schilderung der Dürftigkeit, übersetzt von Stef-
fens. 1764.

Moralische Wercke. Theil 1 und 2.   12. 20.
(Œuvres morales, deutsch)
Franckfurt ; Leipzig 1770.
(Th. 1 : ... von der Freundschaft.
 Th. 2 : ... von den Leidenschaften)

Œuvres de théâtre de Denis Diderot.   7. 23 (Tome 2). 36.
Avec un discours sur la poésie dramatique.   12. 22. 51.
T. 1. 2. Amsterdam 1759.

Œuvres de théâtre. Avec un discours sur la poésie   1a. 7. 23. 70. 75.
dramatique. T. 1. 2.
Berlin : Nicolai 1763.

Œuvres de théâtre. Avec un discours sur la poésie   24. Lb 1.
dramatique.
T. 1. 2.
Amsterdam 1767.

Les Œuvres morales, contenant, son traité de   7. 12. 48. 138. 146.
l'Amitié et celui des Passions.
T. 1. 2.
Francfort : Au dépens de la compagnie 1770.

Œuvres philosophiques.   29
T. 1. 2.
Paris : Charles-Frédéric Cramer (sans date).
(Collection complète des œuvres de Denis Diderot).

Pensées philosophiques.   7. 23. 25. 56.
La Haye : Aux dépens de la Compagnie 1746.

Pensées philosophiques.   6
In : *Polier*, Georges : Pensées chrétiennes.
    Rouen 1747.

Pensées sur l'interprétation de la nature.   7. 12. 17. 210.
(sans lieu) (Paris) 1754.

Le Père de famille.   12. 77.
Comédie en 5 actes et en prose, avec un discours
sur la poésie dramatique.
Amsterdam 1758.

Le Père de famille.   24. 25.
Comédie en 5 actes et en prose, avec un discours
sur la poésie dramatique.
Amsterdam 1759.

Le Père de famille.   18
Amsterdam 1760.

Le Père de famille.   25
Paris 1769.
(Mélanges de théâtre. Tome 5, 5.)

Das Theater des Herrn Diderot.   7. 8. 23. 35.
(Übersetzt von Gotthold Ephraim Lessing).   56 (Tome 1). 70. 51.
Berlin : Voss T. 1. 2. 1760.   21. 24.

Das Theater des Herrn Diderot.   25. Di 1
Aus dem Französischen (von Gotthold Ephraim
Lessing).
Wien : Trattner 1766. 2 vol.

Unterredung eines Vaters mit seinen Kindern, 36
oder Von der Gefahr, sich über die Gesetze weg-
zusetzen.
(Entretien d'un père avec ses enfants, ou Danger
de se mettre au-dessus des lois, deutsch).
Übersetzt von Salomon Gessner.
(Gessner, Salomon : Schriften. Theil 5).
Zürich : Orell, Gessner, Füssli 1770, pp. 171-226.

Die Verräther. (Les Bijoux indiscrets, deutsch) 12
Nach Diderot.
(Übersetzt von Karl Fr. Cramer).
Monomotapa (Braunschweig : Vieweg) (sans date)
T. 1. 2.

Die Verräther. Nach Diderot. 12
(Mit Vorrede von G.E. Lessing. Titelvignette von
W. Arndt).
Monomotapa (Berlin : Vieweg) (sans date).

Encyclopédie ou dictionnaire... 38
T. 1-17 Recueil de planches. Vol. 1-11 /u. /.
Suite /u. / Suppl. T. 1-4 /u. / Table analytique et
raisonnée des matières. T. 1. 2. Paris 1751-80.

Encyclopédie ou dictionnaire... 121. 180. 291.
Vol. 1-17. Recueil de planches. Vol. 1-12. Nouveau dict. suppl. Vol. 1-4. Table anal. et raisonnée des matières. 1. 2. Paris 1751-80.

Encyclopédie ou dictionnaire... Ser. 1-4 Paris 294
1751-77.

Encyclopédie ou dictionnaire raisonné des scien- 1a
ces 1751 ff. u.ö.

Encyclopédie ou dictionnaire. 37
Paris : Briasson 1751-57.

Encyclopédie ou dictionnaire. 37
Paris : Briasson 1761-72.
Tom. 8-17 Neufchatel 1765.

Encyclopédie ou dictionnaire... 75
T. 1-17. Suppl. 1-4. Pl. Vol. 1-(12), Table T. 1. 2.
Paris : Briasson, (T. 8 ff. : Neufchatel : Faulche ;
Suppl. Amsterdam : Rey) 1751-80.

Encyclopédie ou dictionnaire raisonné... 12
Neufchatel : Faulche 1765.

Encyclopédie ou dictionnaire raisonné. 12

Texte vol. 1-17 Recueil des planches = A, 1. 2, 1.
2. 3-12.
Suppl. = B. 1-4. Table des matières C 1.2. gall.
Paris 1751-80.

Texte 1-17, planches A, 1-12, Suppl. B, 1-4.   12
Table des matières C, 1-12.

éd. 3. Vol. XXVIII Livourne 1770-78.   12
Texte 1-17. Planches A 1-11.

Tom. 1-36 avec planch. Tom. 1-3.   12
Col. XXXIX Genève 1777-79.

INDEX DES NOMS DE PERSONNES

Abbadie J. : 204.
Ackermann C. : 256.
Addison J. : 179.
Adhémar, marquis d' : 56.
Aïssé, Mlle : 216.
Alembert d' : 49, 84, 85, 103, 136, 167, 170, 209, 211, 258-263, 258, 261, 286, 298.
Alibert, J. L. : 96.
Amoia, A. : 122.
Anspach, A. margrave d' : 53, 55, 83, 130, 158.
Argental, Ch. A. F. d' : 85.
Armogathe, Jean-Robert : 69, 127, 182, 184, 201-206, 238-240.
Arnould, S. : 167.
Assézat, J. : 18.
Auger, L. S. : 99.
Auguste Guillaume, prince de Prusse : 82.

Bachaumont, L. P. de : 147, 149.
Bachelier, J. J. : 193.
Baer, F. Ch. : 185, 187.
Balzac, G. de : 214, 220.
Barbier, E. J. F : 142, 171.
Barbier, A. A. : 73, 77.
Barral, P. : 204.
Barthélémy, J. J. : 158, 159.
Barthes de Marmorières : 164.
Basset des Rosiers, G. : 203.
Baurans, P. : 168.
Bayle, P. : 202.
Béat de Muralt : 141.
Beaumarchais : 103, 210.
Beauvau, prince de : 252.
Beck, E. : 120.

Bender, Karl-Heinz : 242-244, 288, 294.
Bengesco : 59-61, 64.
Benoît, Mme : 225.
Bergier, abbé : 205, 238, 239.
Berkeley, G. : 239.
Bermann, M. de : 164.
Bernard, S. : 138.
Bernard : 205.
Bernardin de St Pierre : 103, 209.
Berthet : 94, 98.
Berthier, A. : 96.
Bertin, L. A. de : 30, 31, 41, 44.
Besterman, Th. : 49, 51, 56, 59, 78, 79, 86, 183.
Beuchot, Z. : 51, 56, 61.
Beulwitz, G. von : 233.
Beylon, J. F. : 81.
Bièvre, marquis de : 219.
Biot : 99.
Bissy, H. C. de : 73, 74.
Bitaubé, P. : 97.
Bleterie, abbé de la : 149.
Bocage, Mme du : 215.
Boileau, Mlle : 42, 44.
Boismont, abbé de : 205, 223.
Boissy, L. de : 159.
Bonnet, E. : 169.
Bonnet, Ch. : 183.
Booy, J. de : 8, 17, 25, 31, 59, 73, 77, 78, 85, 86, 89, 98, 108-110, 113, 114, 116-119, 123, 125.
Bossuet : 221, 222, 243.
Bots, H. : 183.
Boucher, F. : 108, 196.
Boudy, J. : 52.

Boufflers, S. de : 17, 96, 99, 103, 215.
Bouhier, J. : 135, 182, 183, 187, 188.
Bouillon : 49.
Bourdaloue : 243.
Bouvet, M. : 273.
Bowen, V. : 83.
Brand, baron de E. : 82.
Bräuning-Oktavio, H. : 24.
Bray, Bernard, 213-220, 240, 294, 295.
Breitholtz, L. : 178.
Breton : 97.
Bridard de Lagarde, P. : 159.
Broglie, E. de : 136.
Brosses, Ch. de : 209.
Brouwer, G. J. : 113.
Bruford, W. H. : 241.
Brunel, L. : 253.
Brunet, P. N. : 165, 180.
Bucheley de : 41, 44.
Buffon : 131, 141, 220, 249, 257, 282.
Buisson : 24.
Buranello, B. : 166.
Burke, E. : 193.
Bussy-Rabutin, R. : 137, 214.

Cabanis, P. : 96.
Cadoux, L. : 145.
Cailly, A. : 104.
Candaux, J. D. : 116.
Canova, A. : 98.
Capelle, P. A. : 94.
Carlez, J. : 165.
Caroline Mathilde de Danemark, 216.
Caroline de Hesse Darmstadt : 121, 124, 130, 185.
Carrache, 192, 197.
Carré, J. : 52.
Carriat, Jeanne : 73, 89-99, 126, 183.
Castel, père : 203.
Castries, E. G. marquis de : 82.
Catherine II : 85, 107, 109, 116, 117, 130, 209, 243.
Catt, H. A. : 49.
Catuelan, comte de : 236.
Caylus, A. Cl. comte de : 193-195, 197.
Cazes, A. : 20, 68, 91, 129.
Chabanon, M. G. : 211.
Chalvet, P. : 96.
Chamfort, N. S. : 104.
Charbonnel, P. : 238, 239.
Chardin, J. B. : 197.
Charles-Auguste, duc de Weimar, 130, 242, 256.

Charlot, T. : 148.
Chateaubriand, 98, 224.
Chatelet, Mme du : 51, 53, 62-65.
Chaudon, L. : 203.
Chaumeix, A. : 203.
Chazet, A. : 95.
Chénier : 94.
Cheron, F. : 54.
Chevalley, S. : 256.
Chimène, E. F. de : 27.
Choiseul : 64, 158, 159.
Chouillet, Jacques : 129, 181, 182, 191-199, 240, 289.
Chrétien de Troyes : 225.
Christine de Suède : 216.
Cicéron : 240.
Clairon, C. de : 86, 104, 158, 176, 178, 210.
Claparède, pasteur : 206.
Clément XIV, pape : 216.
Clogenson : 56.
Cobb, L. : 159.
Cobenzl, Ch. : 183.
Cochin le père : 222.
Cochin le fils : 193, 195.
Cogé, 148, 150.
Coger, F. M. : 203.
Cognet, L. : 70.
Colardeau, C. P. : 173-175, 160, 179, 210.
Collé, C. : 159, 171, 174.
Condillac, E. B. de : 104.
Condorcet, M. S. de : 104, 211.
Constant, B. : 239.
Corneille : 176, 177, 184, 208, 210, 232.
Coste de Pujolas, P. : 160.
Cottin, Mme S. : 97.
Coulanges, P. de : 214.
Coulet, H. : 268.
Cousin, V. : 209.
Coyer, G. F. abbé, : 149.
Cramer, G. : 56.
Crebillon fils : 115, 138, 217, 218, 232, 255, 266.
Crebillon père : 159, 255.
Crebillon père : 159, 255.
Creutz, G. F., comte de : 54.
Croft, chevalier : 96.
Croix, M. de la : 224.
Crueger, J. : 185.
Cuvier, 99.

Dafgard, Sigun : 85.
Dalayrac, N. : 94, 98.
Dalberg, von, intendant : 130, 230-232, 241.
Dalberg, baron de : 129.

INDEX DES NOMS DE PERSONNES

Damilaville, E. N. : 53-55, 57, 58, 86, 87.
Dangeville, 41, 44.
Daubenton, L. : 96.
Dauvergne, A. : 166.
Decandolle, A. P. : 98.
Delafarge, D. : 161, 162, 170, 171.
Delblanc, S. : 84.
Delille, J. : 94, 96, 104, 211, 252.
Delisle de Sales, J. : 21, 24.
Deloffre, F. : 257, 287.
Deprun, J. : 201.
Derrida : 220.
Desfontaines, P. F. : 141.
Deshays, J. B. : 196, 197.
Desmahis, J. : 56.
Destouches, P. : 256, 257.
Destutt de Tracy, A. : 97.
Dibon, P. : 182.
Diderot, Denis : 7, 8, 17, 20-31, 43-48, 57, 59, 68, 69, 72, 74, 78, 85, 86, 93, 97, 104, 108-110, 114, 116, 119, 125, 148, 159-161, 164-166, 171-177, 180-182, 186, 187, 191-198, 210, 211, 238-240, 255-261, 267-273, 282, 286, 290-292, 295, 297, 302.
Dorat, C. J. : 149, 169, 173, 174, 179, 211.
Dorval : 260.
Doucet, Mme : 138.
Douville, J. N. : 63.
Dryden : 179.
Du Barry Mme : 216.
Du Bos : 197.
Dubos-Dilange : 18, 24.
Duchesne, N. : 256.
Duchet, C. : 213, 220.
Du Deffand Mme : 104.
Duckworth, C. : 172.
Duclos, C. P. : 141, 252, 292.
Ducis, J. F. : 104.
Ducray-Duminil, F. C. : 97.
Dulac, Georges : 107-111.
Dulard, P. : 204.
Dumesnil Mlle : 41, 44, 210.
Duni, E. R. : 166, 181.
Dupaty, L. : 95.
Duperron, Anquetil, 103.
Dupont de Nemours : 104.
Duranci, Mlle : 150.
Durazzo, G. comte de : 157.

Eberle, J. : 169.
Ecorcheville, J. : 169.
Egmont, comtesse d' : 51.
Ehrard, Jean : 214.
Ekhof : 256.
Ende, baron d' : 122.

Epinay Mme d' : 21, 31, 52, 56, 57, 115, 160.
Esmenard, J. : 94, 97.
Estourgie, E. : 183.

Fabre, J. : 128, 131, 259.
Fabre, V. : 93.
Faillard, H. : 9.
Favart, C. S. : 158, 160, 163, 165.
Ferrari, P. E. : 169.
Fidèle, R. P. : 222, 223.
Fielding, H. : 258, 259, 266, 267.
Fiette, S. : 284.
Fink, G. L. : 230.
Flahaut, Mme de : 97.
Florian : 104.
Fontenelle : 147, 195, 290.
Ford, F. L. : 268.
Formey, J. : 182.
Fourcroy, B. : 104.
Francœur, F. : 166.
Frédéric-Guillaume de Prusse : 124, 130.
Frédéric II de Prusse : 20, 49, 63, 81, 84, 192, 194, 288.
Fréron, E. : 52, 141, 156, 161, 162, 192, 207, 212, 251.
Freud, H. : 171.
Friedrich, J. : 234.
Frugoni, abbé : 169.
Füllner, W. : 125.
Furstemberg : 117.

Gaiffe, F. : 163.
Gaignat, L. J. : 149.
Gaillard, G. : 252.
Gallitzin, D. A. : 107, 114, 116-118, 186, 187.
Galtier, J. L. : 150.
Gamaches, chanoine : 203.
Garagnon, Jean : 25-48, 70, 74, 187, 290, 292.
Garnier, J. J. : 149.
Gauchat, G. : 204.
Gaudet, Mme : 55.
Gaussin, Mlle : 170, 172.
Genlis, Mme de : 97, 206, 212, 217.
Gérard, Ph. abbé : 204.
Girdlestone, C. : 166-168, 180.
Gœthe : 24, 72, 73, 97, 124, 208, 241, 242, 259.
Goldoni, C. : 26, 30-32, 43.
Gori, A. F. : 187.
Gossmann, L. : 188.
Gotter, F. G. : 124, 256.
Gottsched, J. Ch. : 132, 186, 256-258.
Gottsched, L. A. : 257.
Gournay, V. de : 278.

Graffigny, Mme de : 216.
Gresset, J. B. : 171, 249.
Grisel, abbé : 57.
Greuze, J. B. : 193, 197.
Gros de Besplas, J. M. : 203.
Grot, J. : 107.
Grubenmann, Y. de : 89, 209.
Gruyter de : 114.
Guasco, O. abbé de : 215.
Guignes, J. de : 96.
Guinguené : 99.
Guiroy, abbé : 159.
Gustave III de Suède : 81, 111.
Guyard, bénédictin : 204.
Guyot de Merville, M. : 221, 222.

Hagenbuch, J. : 187.
Hallé, N. : 196.
Hallgren, Agneta : 85.
Hasse, J. A. : 166, 169.
Hatzfeld, H. : 262.
Hegel, G. : 230.
Hell, Victor : 130, 229-237, 241-243, 294.
Helvétius : 20, 211.
Hénault, Ch. : 149.
Hennin, P. M. : 183.
Henri IV : 162.
Herder, J. : 241.
Hesse-Darmstadt, Georges prince de : 130.
Hiller, Friedrich : 9, 10, 295.
Hirdt, Willi : 221-227, 243, 244.
Hoek, L. : 220.
Holbach, baron d' : 57, 77, 143, 145, 148-150, 206, 211, 238-240.
Holland, G. J. : 202, 205.
Holmes, S. : 96.
Homère : 97, 98.
Houdar de La Motte, A. : 166.
Huerne de la Mothe, Fr. : 86.
Humboldt, A. de : 96.
Humboldt, G. de : 234.
Hume, D. : 179.
Hus, A. L. : 30, 31, 41, 44, 180, 181.

Iffland, A. G. : 242.
Ilharart de la Chambre : 202.

Jadelot, J. F. : 96.
Jakobs, Ch. F. : 259.
Jansen, Paule, 23, 70, 143-155, 156, 184, 185, 202.
Jean-Paul (Richter) : 242.
Jouy, V. de : 94.
Juettner, S. : 178, 266, 269.

Kant : 208.

Kelley, R. 187.
Keralio, L. F. Guinement de : 116.
Keranflech, C. H. : 239.
Kingston, duc de : 138, 139.
Kirsop, W. : 18, 19.
Klapp, Otto : 295.
Klesczewski, Reinhard : 290.
Klopstock, Fr. : 208.
Knapp, L. : 268.
Knebel, C. von : 72.
Koch, S. G. : 256.
Kölving-Rodriguez, Ulla : 11, 81-87, 126, 129.
Kratzsch : 120.
Krauss, W. : 218, 270, 271, 273.
Krüger : 256, 257.
Kuhfuss, Walter : 113-118, 186, 187, 265-274, 288.

La Bruère : 159.
La Bruyère : 267.
Lacant, Jacques : 129, 130, 242, 255-263, 286, 287, 289.
La Chaussée, Nivelle de : 141, 156, 257.
Laclos, Choderlos de : 217.
Lagarde, Ph. : 158, 160, 163.
La Fontaine : 149, 167.
Lafortelle : 95.
La Grange, J. de : 148.
La Harpe, J. F. : 24, 49, 104, 210.
La Louptière : 149.
La Luzerne : 206.
Lambert, marquise de : 138.
Lamourette, A. : 239.
Lancaster, H. C. : 173-176.
Langlès, L. M. : 96.
Lanson, G. : 59, 226.
La Place, P. : 159, 160-164, 166-168, 170, 172-177, 179, 180, 182-184.
Larcher, P. H. : 203.
Lassay, marquis de : 215.
La Touche, Mme de : 138.
La Tour, Q. de : 192, 193.
Lattré : 150.
Lauraguais, L. comte de : 30, 44.
Lavater, J. : 93.
Le Blanc, abbé : 135-142, 159.
Le Bon : 96.
Le Brun, P. D. : 94, 104.
Le Couvreur, Mlle : 85.
Le Dru, I. : 52.
Le Febvre, P. : 203.
Lefranc de Pompignan, J. de : 52, 155, 169, 201, 211, 248, 251.
Legge, M. de : 148.
Legouvé, G. : 94.
Leibnitz : 136, 239.

Leipold, Roland : 293.
Le Kain, H. : 178.
Lemierre, A. : 67, 149, 150.
Lenclos, Ninon de : 216.
Léon, M. : 145.
Léopold II, grand-duc de Toscane : 13.
Le Prince de Beaumont, Mme : 217.
Le Roy, G. : 220.
Lescure, M. de, éditeur : 137.
Lessing, G. : 231, 261.
Le Sueur, J. F. : 94.
Le Sueur, E. : 197.
Lesuire, R. : 105.
Le Tourneur, P. : 236.
Leuchsering, F. M. : 187.
Levesque, abbé : 176, 179.
Lewinter, R. : 25.
Lillo, G. : 179.
Lizé, Émile : 49-68, 73, 86, 87, 126, 128, 185, 244.
Longchamps, abbé de : 224.
Longueville, Mlle de : 240.
Loret, J. : 240.
Lortholary, A. : 209.
Louise Ulrique de Suède : 81-83, 130, 178.
Louis XV : 253.
Loutherbourg, J. P. : 197.
Lucrèce : 148.
Lukacs, G. : 230.
Lully, J. B. : 166, 168.

Mac Donald, Fr. : 20, 68.
Mafféi : 187.
Maine, duchesse du : 138.
Maintenon, Mme de : 214.
Malebranche : 239.
Malfilâtre, J. de : 211.
Mallet, général : 95.
Mallet, P. H. : 73, 193.
Malthus, T. : 93.
Mancini, Nivernais : 105.
Marais, M. : 136-138, 142.
Maréchal, S. : 94, 105.
Margency de : 56.
Marin, F. : 105.
Marivaux : 45, 141, 255-263, 268, 286-290.
Marmontel : 29, 68, 105, 158-163, 166, 171, 173, 174, 179, 182, 210, 211, 236, 252, 262, 289, 292.
Marsollié, B. : 98.
Marsy, F. de : 204.
Massillon, J. B. : 243.
Masson, P. M. : 201, 204.
Mattauch, H. : 268.
Maugiron, marquise de : 149.

Maupertuis, P. L. : 203.
Maury, cardinal de : 73, 95.
Mauzi, R. : 10.
May, G. : 265, 267, 269, 270, 273.
Meister, H. : 19, 20, 24, 49, 59, 74, 81, 89-103, 113, 115, 116, 118, 120, 121, 127, 206, 207, 213, 219, 247, 293.
Mellon : 141.
Mercier, L. S. : 96, 105, 231, 234.
Merlin, P. : 250.
Metastase, P. : 150, 169.
Métra, L. F. : 120, 226.
Meulan, Pauline de : 93, 99.
Mézières, marquis de : 168.
Michaud, L. : 54.
Micoud, baron : 95.
Migne : 238.
Miklaïlov, A. D. : 107, 108.
Milcent, J. : 84.
Milon, L. : 98.
Mirabeau, V. : 240.
Moissy, A. : 146, 149, 185.
Molière : 210, 249.
Monod, A. : 201, 203, 204.
Monod-Cassidy, Hélène : 135-142, 182, 183.
Monrevel, Mme de : 51.
Montesquieu : 137, 141, 215, 217, 282.
Montfaucon, B. de : 187.
Monticourt, Duplat de : 167.
Montmorin, Mme de : 98.
Monty, J. R. : 162, 165, 257, 262.
Moreau : 95.
Morellet, A. : 97, 292.
Mornet, D. : 124.
Mortier, R. : 72, 129, 130, 187, 230.
Moureau, François : 155-180, 181-184, 241, 286, 288, 292.
Moussinot, abbé : 215.
Mozart : 169.
Müller, Mme : 117, 186.

Naigeon, J. : 21, 24.
Napoléon : 99.
Naves, R. : 177.
Necker, J. : 105.
Negerie, chevalier de : 159.
Nesselrode, M. J. : 119.
Neuville, comtesse de : 51.
Newton : 239.
Nies, F. : 214.
Nivernais, duc de : 252.
Nocé, M. de : 138.
Nodier, C. : 96.
Nordmann, C. : 83.
Nougaret, P. : 225.

Olivet, P. J. abbé d' : 141.
Opitz, Alfred : 69, 71, 275-285, 287-293.
Orléans, Marie d' : 240.
Orléans, Charles d' : 96.
Oudran, C. : 52.
Oyens, Marez de E. : 71.

Palissot, Ch. de : 30, 31, 41, 155, 161, 162, 165, 170, 171.
Panckoucke, Ch. : 148.
Papas, J. : 171.
Parfaict, C. : 179.
Parny, E. : 94, 105, 211.
Parmentier, A. : 96.
Pergolèse, G. : 167.
Peron, F. : 96.
Persuis, L. : 94.
Peyronnet, Pierre : 183, 286.
Pfeffel, C. : 256, 262.
Philidor, F. : 147.
Pichon, abbé : 203.
Pierre, J. B. : 82, 192.
Pierre le Grand : 173.
Piket, Mme : 114.
Piranèse, G. : 179.
Piron, A. : 138, 159.
Plokoff, J. : 60.
Poinsinet le Jeune, A. H. : 30, 31, 41, 162, 164.
Pomeau, R. : 50, 57, 218.
Pompadour, Mme de : 158, 216.
Pope : 140.
Popiel, comte : 131.
Poussin, N. : 197.
Prévost, abbé : 141.
Prévost, P. : 93.
Proschwitz, G. von : 81, 129.
Proust, J. : 159, 162, 165.

Racevskis, Karlis : 70, 247-254.
Racine : 175, 208, 210, 232, 257.
Radcliffe, A. : 97.
Raimond, M. de : 55.
Rameau, J. Ph. : 138, 166, 167, 169.
Rameau, J. Fr. : 180, 181.
Ramponeau : 155, 168.
Raphaël : 192, 197.
Rault, P. : 64.
Raynal, G. : 19, 49, 123, 128, 159, 192, 202-204, 210, 213, 214, 259.
Rebel, J. : 166, 167.
Regnard de Pleinchesne, R. T. : 147.
Rehn, J. E. : 83.
Reinhard, C. : 234, 242.
Restif de la Bretonne : 105, 217, 234.
Restout, J. : 192.

Reuchlin, P. : 185.
Reveroni, S. C. : 94.
Rey, M. M. : 149.
Riballier, A. : 202.
Riccoboni, M. J. : 217, 266, 286.
Richardson, S. : 258, 286.
Richelet, S. : 41.
Richelieu, maréchal de : 252.
Richelieu, duchesse de : 66.
Ricken, Ulrich : 243, 294.
Rivet, A. : 83.
Robert le jeune, C. : 97.
Robespierre : 291, 292.
Robin : 56.
Rochemore, marquis de : 85.
Roederer, P. L. : 24.
Roger, J. : 214.
Rouquet, A. : 192.
Rousseau, J. J. : 58, 59, 105, 171, 206, 211, 218-220, 257, 266, 290-292.
Rowe, N. : 174.
Rubens : 195, 197.
Rulhière, C. : 209.
Ruppert, G. : 187.
Rurainski-Quien : 294.

Sablier, C. : 26.
Saculaga, S. : 165, 166.
Sade, marquis de : 105.
Saint-Aubin, marquise de : 271.
Saint-Aubin, G. de : 195.
Saint-Étienne de : 162, 170.
Saint-Foix, G. : 159, 234.
Saint-Germain, N. : 159.
Saint-Lambert, J. F. : 105.
Saint-Mégrin, marquis de : 222.
Saint-Réal, C. : 94.
Sainte-Beuve : 262.
Salm, Mme de : 95.
Salomon, A. L. : 185.
Sauri, abbé : 239.
Saurin, B. J. : 147, 160, 163, 164, 175-177, 179, 184.
Save, Maria : 85.
Saxe-Gotha, Ernest II, duc de : 123, 125, 127, 130.
Saxe-Gotha, Auguste, prince de : 124-126.
Saxe-Gotha, Louise Dorothée, duchesse de : 20, 124.
Saxe, Maria Antonia, électrice douarière de : 122, 130.
Schabol, R. : 147.
Scheel, H. L. : 287, 292, 293.
Scheffer, C. F. : 82.
Scherer, E. : 82, 128, 266.
Schiller : 23, 124, 130, 131, 230-235, 241-243.

Schleiden : 295.
Schlobach, Jochen : 8, 10-12, 18, 53, 54, 68, 71, 73, 78, 81-83, 87, 119-125, 126-132, 293-295.
Schnelle, Kurt : 12, 132.
Schöll, G. A. : 120.
Schöll, L. : 121.
Schönemann : 256.
Schöpflin, J. D. : 185, 187.
Schulenbourg, comte de W. : 122.
Sedaine, M. J. : 261, 287, 288, 292.
Séguier, A. L. : 248, 252.
Sénèque : 240.
Sennemaud, P. : 204.
Séran de la Tour : 159.
Servais, E. : 214.
Sévelinges, C. : 97.
Sévigné, Mme de : 137, 142, 214.
Shakespeare : 140, 179, 210, 231, 236, 240, 241, 287.
Sicard, R. abbé : 73, 96.
Sismondi, J. : 73.
Smiley, J. R. : 68.
Smolett, T. : 266-268.
Soulavie, J. : 105.
Spontini, G. : 94.
Staël, Mme de : 93, 99, 208, 212-218.
Stanislas Poniatowski, roi de Pologne : 128, 131.
Stauton, G. : 96.
Steinier : 70.
Studnitz, baron de : 123, 124, 127, 128.
Suard, J. B. : 59, 98, 158, 160-179, 252.
Sudhoff, S. : 117.
Surville, C. de : 96.

Taschereau, J. : 54.
Tessin, C. G. comte de : 192.
Theaulon, M. : 94.
Thiériot : 19, 49, 56, 141.
Thomas, A. : 105, 223, 224, 248-252, 282.
Toland, J. : 149.
Toulouse, archevêque de : 222.
Tourneux, M. : 7, 18, 21, 22, 24, 25, 49, 85, 86, 90-93, 97, 120, 162, 221.
Toussaint, F. : 192-194.
Traetta, T. : 168.
Trublet, N. abbé : 182, 205.
Trudaine, J. : 278.

Turgot : 278.
Vadé, Mlle : 57.
Vadé, J. J. : 219.
Valincourt, J. de : 136.
Vanderbourg, Ch. : 96.
Vandeul, Mme de : 93, 105.
Van Loo, Carle : 192-195, 197-199.
Van Loo, Louis Michel : 194, 257.
Varin d'Ainvelle : 141.
Varloot, Jean : 7, 8, 10, 17, 24, 25, 51, 52, 56, 68-71, 74, 78, 79, 85-87, 89, 123, 125, 127-131, 143, 156, 183, 185-187, 239, 240, 292-295.
Vauger, J. : 63, 64.
Vauvenargues : 68.
Vercruysse, Jeroom : 18, 27, 50, 53, 68, 71, 77-79, 131, 132, 181, 183, 187, 238, 294.
Vernet, C. J. : 192, 193, 196, 205.
Vernière, P. : 18, 19, 70, 114.
Véronèse : 147.
Versini, L. : 214.
Vien, J. M. : 194, 197.
Vier, Jacques : 207-212.
Vinzent, Otwin : 295.
Virgile : 97, 98, 148.
Voiture, V. : 214.
Volland, S. : 42, 44, 161, 172.
Voltaire : 8, 19, 49-68, 86, 87, 93, 97, 105, 114, 119, 128, 137-143, 147-150, 155, 161, 165, 170-173, 176, 177, 183, 184, 186, 204, 207-211, 218, 222, 232, 239, 244, 248, 251, 257, 258, 270.
Voss, Jürgen : 185-187.

Wade, I. O. : 19.
Wagner, J. : 178.
Wandel, P. : 294.
Wehr, M. : 186.
Weil, F. : 183.
Wellek, R. : 273.
Williams, H. : 97.
Winckelmann, J. von : 196, 208.
Wolzogen, W. : 233.

Ximenes, marquis de : 26.

Young, E. : 193.

Zarri, G. P. : 70.
Zimmer, Wolfgang : 72, 73.

INDEX DES ÉDITIONS DE LA CL
(à l'exception de l'édition Tourneux)

Gotha I : 17, 18, 21, 23, 26, 31, 50-60, 62, 64-67, 73, 74, 85-99, 119, 123, 124, 126-130, 143-154, 169.
Gotha II : 119, 123-128, 130.
Ville de Paris : 50, 53-55, 60, 61, 83, 87, 119, 130.
Moscou : 17, 107-113, 119, 130.
Stockholm : 50, 52-54, 62, 64-66, 82-87, 119, 127, 128, 130, 169.
Zürich : 74, 119.
Arsenal : 20, 50, 119.
B.N. 4200 : 50.
B.N. Firmiani : 20, 26, 50, 64, 119.
Upsal : 81, 84, 85, 119.
Weimar : 18, 119, 120, 121, 124.

Dresde : 57, 119, 121, 124, 130.
La Haye : 113-118, 119, 186.

Copies non retrouvées

Berlin : 53, 74, 119, 130.
Zürich (Meister) : 74, 119.
Sarrebruck : 74, 119, 130.
Darmstadt : 119, 130.
Deux-Ponts : 119, 130.
Copie de Léopold II (Florence) : 130.
Copie de Stanislas Poniatowski : 119, 130.

TABLE DES MATIÈRES

Avant-propos des éditeurs 7
Allocution du Doyen de la Faculté des Lettres, M. HILLER *et réponse de M.* VARLOOT 9
Participants 12
Abréviations 14

Première séance

Jean VARLOOT — Prospective et méthodes de recherche 17
Jean GARAGNON — Problèmes d'attribution et de texte ; l'article de Diderot sur *La Suivante généreuse* 25
Émile LIZÉ — Voltaire « collaborateur » de la CL 49
Discussion 68

Deuxième séance

Jeroom VERCRUYSSE — Sur le projet d'une édition critique 77
Ulla KÖLVING-RODRIGUEZ — Les années 1760-1763. Travaux de l'équipe d'Upsal 81
Jeanne CARRIAT — Vingt années inédites : 1794-1813. Inventaire sommaire 89
Georges DULAC — Le manuscrit de Moscou 107
Walter KUHFUSS — Le manuscrit de La Haye 113
Jochen SCHLOBACH — Description de manuscrits inconnus de la CL 119
Discussion 126

Troisième séance

Hélène Monod-Cassidy — De la lettre à la revue. La correspondance de l'abbé Le Blanc et du président Bouhier ; essai sur l'étiologie de la *CL* 135

Paule Jansen — La *CL* et douze périodiques traités par ordinateur 143

François Moureau — En marge de la représentation des *Philosophes*. La critique dramatique dans la *CL* et le *Mercure* en 1760 155

Discussion 181

Quatrième séance

Jacques Chouillet — Grimm critique d'art. *Le Salon* de 1757 ... 191

Jean-Robert Armogathe — Les apologistes chrétiens dans la *CL* . 201

Jacques Vier — Quelques aspects de la critique de Meister 207

Bernard Bray — La *CL* témoin du goût pour la forme épistolaire 213

Willi Hirdt — Aspects de l'ironie dans la *CL* 221

Victor Hell — Quelques réflexions sur la signification culturelle de la *CL* en Allemagne 229

Discussion 238

Cinquième séance

Karlis Racevskis — L'Académie française vue par Grimm 247

Jacques Lacant — Grimm juge de Marivaux 255

Walter Kuhfuss — Aspects de la critique du roman chez F.M. Grimm (*CL*, 1753-1773) 265

Alfred Opitz — La définition de l'écrivain dans la *CL* (1753-1773) 275

Discussion 286

Appendice

Otto Klapp — Bibliographie des œuvres de Diderot (parues avant 1770) présentes dans les bibliothèques de la R.F.A. 297

Index des noms de personnes 303

Index des éditions de la *CL* 310

CET OUVRAGE A ÉTÉ ACHEVÉ
— D'IMPRIMER EN MAI 1976 —
SUR LES PRESSES DE L'IMPRIMERIE
DE L'INDÉPENDANT A CHATEAU-GONTIER
DÉPOT LÉGAL : 2ᵉ TRIMESTRE 1976

Imprimé en France